Erkältungskrankheit

Erkältungskrankheit

Ein Lehrbuch für die Praxis

Herausgegeben
von
D. A. J. Tyrrell

Mit Beiträgen von

Fred Brown · Kay Brune · Malte Bühring
Paul B. v. Cauwenberge · Ron Eccles · Jörg Eller
Mauro Finiguerra · Dietrich Hofmann · Lance Jennings
Florian Länger · Werner Lange · Hartmut Lode
Dieter Loew · Heinrich Matthys · Peter J. M. Openshaw
Rudolf Rott · Markward Schneider · Andy Smith
Dieter Steinbach · Wolfgang Stille · Irene Tegeder
Stefan Zielen

52 Abbildungen und 24 Tabellen

SEMPER BONIS ARTIBUS

Gustav Fischer Verlag
Stuttgart · Jena · New York · 1996

Redaktionelle Bearbeitung: Axel Fischer, München
Grafiken: Hans Walter Glebocki, Industrial Design und Grafik, Frankfurt/M.
Übersetzungen: Die im Original fremdsprachigen Beiträge wurden übersetzt von
Axel Fischer, München
Dr. Wolfgang Linhart, Frankfurt

Die Deutsche Bibliothek –
CIP-Einheitsaufnahme

Erkältungskrankheit : ein Lehrbuch für die Praxis / hrsg. von D. A. J. Tyrrell. Mit Beitr. von Fred Browne ... [Übers.: Axel Fischer ; Wolfgang Linhart]. – Stuttgart ; Jena ; New York : G. Fischer, 1996
ISBN 3-437-00857-9
NE: Tyrrell, David A. J. [Hrsg.]; Browne, Fred

Impressum

Wollgrasweg 49 · D-70599 Stuttgart

Satz: Gulde-Druck, Tübingen
Druck und Einband: Clausen und Bosse GmbH, Leck
Papier: Holzfrei weißes Offsetpapier, 100 g/m², 1,5faches Volumen, elementar chlorfrei (ECF)
Printed in Germany
0 1 2 3 4 5

Anschriften

Herausgeber

Dr. D. A. J. Tyrrell
Centre for Applied Microbiology & Research
Porton Down, Salisbury
Wiltshire SP4 OJG
England

Autoren

Professor Fred Brown
United States Department of Agriculture
Plum Island Animal Disease Center
P. O. Box 848
Greenport, New York 11944
USA

Professor Dr. Dr. h. c. Kay Brune
Institut für Experimentelle und Klinische Pharmakologie und Toxikologie der Friedrich-Alexander-Universität Erlangen/Nürnberg
Universitätsstraße 22, 91054 Erlangen
Deutschland

Professor Dr. med. Malte Bühring
Abteilung für Naturheilkunde im Universitätsklinikum Benjamin Franklin und Krankenhaus Moabit
Turmstraße 21, 10559 Berlin
Deutschland

Professor Dr. Paul B. van Cauwenberge
Abteilung für Otorhinolaryngologie
Universitätsklinik Ghent
De Pintelaan 185, 9000 Ghent
Belgien

Dr. Ron Eccles
Common Cold & Nasal Research Center
University of Wales College of Cardiff
Abteilung für Physiologie
Museum Avenue, Cardiff CF1 1SS
England

Dr. Jörg Eller
Krankenhaus Zehlendorf – Bereich Heckeshorn
Pneumologie I
Schwerpunkt Infektiologie und Immunologie
WHO-Schwerpunkt: Respiratorische Infektionen
Zum Heckeshorn 33, 14109 Berlin
Deutschland

Dr. Mauro Finiguerra
Abteilung für Pneumologie
Krankenhaus Vercelli
Via Carpini 12, 13100 Vercelli
Italien

Professor Dr. Dietrich Hofmann
Zentrum für Kinderheilkunde
Universitätsklinikum
Theodor-Stern-Kai 7, 60596 Frankfurt/M.
Deutschland

Dr. Lance Jennings
Canterbury Health Laboratories
P. O. Box 151, Christchurch
Neuseeland

Dr. Florian Länger
Senckenbergisches Zentrum der Pathologie
Universitätsklinikum
Theodor-Stern-Kai 7, 60596 Frankfurt/M.
Deutschland

Dr. Werner Lange
Robert-Koch-Institut
Bundesinstitut für Infektionskrankheiten und nichtübertragbare Krankheiten
Nationales Influenzazentrum der WHO
Nordufer 20, 13353 Berlin
Deutschland

Professor Dr. Hartmut Lode
Krankenhaus Zehlendorf – Bereich Heckeshorn
Pneumologie I
Schwerpunkt Infektiologie und Immunologie
WHO-Schwerpunkt: Respiratorische Infektionen
Zum Heckeshorn 33, 14109 Berlin
Deutschland

Professor Dr. Dr. med. Dieter Loew
Arzt für Pharmakologie/Klinische Pharmakologie
Lehrbeauftragter in der Abteilung klinische Pharmakologie der Johann-Wolfgang-Goethe-Universität Frankfurt/Main
Katernberger Str. 255, 42113 Wuppertal
Deutschland

Professor Dr. Heinrich Matthys
Abteilung Pneumologie
Medizinische Universitätsklinik Freiburg
Hugstetter Straße 55, 79106 Freiburg
Deutschland

Peter J. M. Openshaw PhD FRCP
Wellcome Trust Senior Fellow and Reader in Respiratory Medicine
Imperial College of Science, Technology and Medicine
St. Marys Hospital Medical School
London W2 1PG
England

Professor Dr. Rudolf Rott
Institut für Virologie
Justus-Liebig-Universität Gießen
Frankfurter Straße 107, 35392 Gießen
Deutschland

Professor Dr. Markward Schneider
Senckenbergisches Zentrum der Pathologie
Universitätsklinikum
Theodor-Stern-Kai 7, 60596 Frankfurt/M.
Deutschland

Professor Andy Smith
Abteilung für Psychologie
Universität Bristol
8 Woodland Road, Bristol B58 1TH
England

Dr. Dieter Steinbach
Präsident der International Pharmaceutical Federation (FIP)
Andries Bickerweg 5, 2517 JP Den Haag
Niederlande

Professor Dr. Wolfgang Stille
Zentrum der Inneren Medizin
Abteilung für Infektiologie
Theodor-Stern-Kai 7, 60596 Frankfurt/M.
Deutschland

Dr. Irene Tegeder
Institut für Experimentelle und Klinische Pharmakologie und Toxikologie der Friedrich-Alexander-Universität Erlangen/Nürnberg
Universitätsstraße 22, 91054 Erlangen
Deutschland

PD Dr. Stefan Zielen
Zentrum für Kinderheilkunde
Universitätsklinikum
Theodor-Stern-Kai 7, 60596 Frankfurt/M.
Deutschland

Geleitwort

Erkältungskrankheiten sind die häufigsten Erkrankungen der Menschheit seit Beginn ihrer Geschichte. Fälschlicherweise auch «Grippale Infekte» genannt sind sie eine Sammelbezeichnung für akute infektiöse, meist virusbedingte katarrhalische Erkrankungen der oberen Luftwege, für die früher eine Abkühlung des Körpers als wesentliche Ursache angenommen wurde. Erkältungskrankheiten weisen eine komplexe Symptomatik auf, bedingt durch die große Zahl unterschiedlicher viraler Erreger.
Trotz der Häufigkeit der Erkrankung ist in der medizinisch-pharmazeutischen Literatur wenig über sie zu finden. Die vorliegende Monographie ist das erste moderne Lehrbuch, das sich ausschließlich mit der Erkältungskrankheit beschäftigt, wobei mit Erfolg versucht wurde, möglichst umfassend alle relevanten Aspekte der Erkrankung zu erfassen bis hin zu psycho-neuroimmunologischen Zusammenhängen und der sozioökonomischen Relevanz der Krankheit.
Die aus aller Welt stammenden Autoren sind sämtlich ausgewiesene und anerkannte Fachleute auf ihren Arbeitsgebieten, die sich große Mühe gegeben haben, die teilweise komplexe und anspruchsvolle Thematik verständlich und nachvollziehbar darzustellen. Das Buch ist in zwei Teile gegliedert. Der erste Teil beschäftigt sich mit den pathophysiologischen Grundlagen der Erkrankung, der zweite Teil mit den Therapiemöglichkeiten und ist von daher für Apotheker und Allgemeinmediziner, die am häufigsten mit dieser Erkrankung konfrontiert werden besonders interessant. Aber auch Studierende der Medizin und Pharmazie sind eine besondere Zielgruppe dieses Lehrbuches.
Neben Kopfschmerzen und Verdauungsstörungen ist die Erkältungskrankheit die am häufigsten durch Selbstmedikation behandelte Erkrankung. Aus den verschiedensten Gründen hat in den entwickelten Ländern dieser Welt der Anteil dieser Selbstmedikation, also die ohne ärztliches Zutun erfolgte Eigenbehandlung von als banal empfundenen Krankheiten und alltäglichen Unpäßlichkeiten, ständig zugenommen.
Die Federation Internationale Pharmaceutique (FIP) hat auf ihrem Weltkongreß 1994 in Lissabon ein Symposium durchgeführt, das sich mit Erkältungskrankheiten befaßte und von Procter & Gamble, einem der weltweit führenden Hersteller von Erkältungspräparaten, unterstützt wurde. Die Idee zu dem vorliegenden Buch wurde im Rahmen des 1990 unter der Leitung von Prof. Dr. Steinmann (Fachbereich Betriebswirtschaftslehre, Universität Nürnberg-Erlangen) durchgeführten Dialogs *ERBE* (*ER*kältungskrankheit und ihre *BE*handlung) zwischen Procter & Gamble und Experten verschiedener Fachrichtungen auf dem Gebiet Erkältung geboren. Diese Initiativen zeigen, daß sich Procter & Gamble

als Hersteller von Arzneimitteln dem Apotheker und Allgemeinmediziner partnerschaftlich verbunden fühlt.

Das vorliegende Lehrbuch stellt für den Apotheker aber auch für den Allgemeinmediziner in Zeiten wachsender Anforderungen an den Beruf im Hinblick auf Gesundheitserziehung und Beratung des Patienten eine wertvolle Hilfe dar. In vielen ausgezeichneten Beiträgen von Experten verschiedener Fachrichtungen wird deutlich, daß auch bei einer scheinbar so banalen Erkrankung die sachgerechte Eigentherapie ohne eine begleitende Beratung durch den Apotheker in vielen Fällen uneffektiv, wenn nicht gar gefährlich sein kann.

Bei der Lektüre des Buches wird man jedoch feststellen, daß selbst bei der so häufig vorkommenden Erkältungskrankheit und ihrer Therapie noch viele Fragen offen sind. Dies sollte Anstoß für Wissenschaftler verschiedener Fachrichtungen sein, Antworten auf diese Fragen zu finden.

Dr. Dieter Steinbach
Präsident der FIP

Inhaltsverzeichnis

I. Allgemeines

II. Grundlagen

III. Symptome der Erkältung

IV. Therapie

V. Die Zukunft

I. Allgemeines

D. A. J. Tyrrell Über dieses Buch

Dieses Buch entstand als Sammlung einzelner Beiträge, die ein weites Feld von Themen in Zusammenhang mit Erkältungskrankheiten abdecken, verfaßt von Autoren, die eine Vielfalt von Fachkenntnissen und Meinungen einbringen.

Als Herausgeber glaube ich an die Anwendung wissenschaftlicher Arbeitstechniken in der Medizin, um sowohl die Ursache und den Ablauf von Erkrankungen aufzuklären, als auch um den besten Weg zu finden, den Patienten zu behandeln und mit ihm umzugehen. Es ist allerdings nicht einfach, die wissenschaftliche «Wahrheit» über Krankheiten und ihre Behandlung zu finden. Wenn beispielsweise erst einmal die technischen Schwierigkeiten beim Aufspüren eines Virus überwunden sind, dann müssen wir Studien entwerfen und durchführen, die zeigen müssen, ob das Virus eine Krankheit auslöst und welche Formen diese Erkrankung annehmen kann. Dazu mag gehören, Freiwillige mit Nasentropfen zu behandeln, die das verdächtige Virus enthalten, dann zu beobachten, ob sie infiziert werden und ob die Krankheit ausbricht. Eine andere oder zusätzliche Möglichkeit kann sein, ganze Gruppen von Personen in ihrer häuslichen Umgebung zu beobachten oder in einer Klinik. Dazu gehören Tests, ob sie mit einem oder mehreren Viren infiziert sind, um nachher herauszufinden, wer sich auf natürliche Weise infiziert hat und erkrankt oder wer sich nicht infiziert hat und gesund bleibt. Nur solche Studien versetzen uns in die Lage, auf einer wissenschaftlichen Basis zu behaupten, daß Rhinoviren Schnupfen verursachen oder unter bestimmten Umständen zum Asthma beitragen. Selbst dann ist es in der Regel kaum möglich mit letzter Gewißheit zu behaupten, daß ein aus einem Patienten isoliertes Virus auch die Ursache seiner Beschwerden ist, auch wenn dies oft sehr wahrscheinlich ist.

Genauso interessiert es uns, ob Medikamente oder andere Behandlungsformen in der Form, in der wir sie einsetzen möchten, auch wirksam und sicher sind – dabei stützen wir uns auf wohlüberlegte und objektive klinische Studien, die möglichst durch mehrfache Wiederholung bestätigt wurden. Für viele Gebiete, die in diesem Buch abgehandelt werden, kann man sich auf solche Studien berufen und die wichtigsten Ergebnisse zusammenfassen. Doch selbst dann interpretieren verschiedene Menschen die verfügbaren Daten unterschiedlich und geben sie auch unterschiedlich wieder. Es wurde hier nicht versucht, alle Autoren auf eine gemeinsame Linie einzuschwören. Es ist zu hoffen, daß der Leser diese Vielfalt als anregend empfindet. Denn ein Autor wie Dietrich Hofmann beschreibt vor dem Hintergrund seiner breiten Erfahrungen eine

Krankheit sicher ganz anders als der Autor eines Standard-Lehrbuchs – ich empfand diese Gedanken als eine wertvolle Herausforderung.
Wer heute mit Patienten umgeht, dem sei geraten, sich dieses wissenschaftlichen und kritischen Ansatzes zu bedienen – wir sollten wirklich «Erfahrungsmedizin» betreiben. Welches Gebiet auch immer wir ansehen, wir stellen immer wieder fest, daß uns in vielen entscheidenden Fragen zuverlässige Belege fehlen. Hier müssen wir uns auf die «gute klinische Praxis» in ihrer ursprünglichen Bedeutung verlassen, nämlich auf die Meinung erfahrener Praktiker, die verschiedenste Formen der Diagnose und Behandlung erprobt haben, ohne jedoch formale Studien unternommen zu haben. Der Leser wird, was er vermutlich auch erwartet, auf Informationen dieser Art stoßen und auf Kompromisse, wo beispielsweise ein offensichtlich vorteilhafter Effekt eines Wirkstoffs aus einem Tiermodell bekannt ist und dieser auch beim Menschen eingesetzt wird, ohne daß formale Studien dies belegen.
Schließlich wurden auch, nach kurzer Diskussion, Kapitel aufgenommen über Behandlungsformen, für deren Mechanismus oder Wirksamkeit es keinerlei Beweis gibt. Sie wurden aus zwei Gründen aufgenommen: Einmal, weil wir in allererster Linie unsere Patienten verstehen müssen und viele von ihnen mit einiger Wahrscheinlichkeit mit solchen Methoden vertraut sind und auch daran glauben. Der zweite Grund ist, daß manche davon, so wie Hydrotherapie oder Kräuter, eines Tages ihre vorteilhafte Wirkung vielleicht auch objektiv unter Beweis stellen. «Im naturwissenschaftlichen Zeitalter rechtfertigt die Empirie nicht alleine den therapeutischen Einsatz eines Arzneimittels», schreibt Dieter Loew in diesem Werk zum Thema etherische Öle – dem kann ich nur von ganzem Herzen zustimmen. Vielleicht fühlt sich ein Leser dazu ermuntert, deren therapeutischen Nutzen einmal genauer zu untersuchen?
Wir hoffen, daß jeder Leser von diesem Werk profitiert, auch wenn dies wohl kein Buch ist, das man der Reihe nach von der ersten bis zur letzten Seite liest. Die Grundlagen sind hier ausführlicher dargestellt als in vielen anderen Werken. Wo es sinnvoll erschien, wurde dennoch eine gewisse Redundanz in Form von Wiederholungen der wichtigsten Grundlagen zugelassen; so erschließen sich einzelne Kapitel auch unabhängig voneinander ohne viele Verweise auf andere Beiträge in diesem Buch. Schließlich möchte ich Joachim Hahn, Schwalbach, für seine wertvolle Hilfe bei der Erstellung dieses Buches an dieser Stelle herzlich danken.

D. A. J. Tyrell

Die banale Erkältungskrankheit

Geschichte

Wann mußte der Mensch erstmals niesen? Wir wissen es nicht. Es ist nicht überliefert, wann der Mensch zum ersten Mal von jener lästigen Infektion der oberen Atemwege geplagt wurde, die wir Schnupfen nennen. Betrachtet man all die Viren, die wir heute kennen, kann man nur raten: Als die ersten Menschen in kleinen Gruppen von Jägern und Sammlern zusammenlebten, verbreiteten sich Viren über mit Fäkalien verunreinigte Nahrungsmittel (fäkal-orale Übertragung). Später, als sich größere und dichtere Gruppen bildeten, paßten sich einige Viren an die Lebensbedingungen in der menschlichen Nase an und begannen, sich über die Luft zu verbreiten. Einige dieser über die Luft übertragenen Viren stammen möglicherweise auch von Tieren. Es liegt auf der Hand, daß Viren nur dann gut durch die Luft von einem Menschen zum nächsten gelangen, wenn sie Symptome wie eine laufende Nase oder heftige, mit Aerosolen durchsetzte Luftstöße hervorrufen: das Niesen. Ohne solche Symptome könnten sie die Atemwege nicht verlassen und hätten keine Chance, das nächste Opfer in der Infektionskette zu erreichen.
Im Altertum kümmerten sich Patienten und Ärzte vor allem um solche Krankheiten, die schwerwiegende Folgen haben konnten. Deshalb widmen die aus dieser Zeit überlieferten medizinischen Standardtexte derart nachrangigen und von selbst wieder verschwindenden Krankheiten wenig Aufmerksamkeit. Manche wurden wohl Erkältung genannt, manche Katarrh; je nachdem, ob die Patienten eher allgemeine oder eher lokale Symptome zeigten. Was man von diesen Symptomen hielt änderte sich mit der jeweiligen Auffassung von der Ursache der Krankheit. Es gab Zeiten, zu denen Götter oder Geister für Krankheiten verantwortlich gemacht wurden, und unter den indischen Göttinnen gab es tatsächlich eine der Erkältungen und ähnlicher Krankheiten. Im frühen Griechenland glaubten schreibende Mediziner wie Galen an eine Siebplatte an der Schädelbasis. Sie dachten, die Krankheit läge an Störungen der Säfte, der vier Körperflüssigkeiten, die ihrer Meinung nach den Körper steuerten. Lief die Nase, so dachten sie, daß die klaren Säfte aus dem Bereich um das Gehirn

freigesetzt würden – ein nützlicher Vorgang in ihren Augen. Heute mögen uns solche Gedanken amüsieren, doch damals kombinierte man offenbar die Vorstellungen von Krankheit mit der geläufigen Beobachtung, daß ein Patient unmittelbar nach einer leichten Infektion ein erhöhtes Wohlbefinden verspürt. Man erkannte allerdings auch, daß so harmlose Symptome wie ein Niesen auch Vorboten einer ernsthaften Erkrankung sein können. Ein englisches Wiegenlied geht angeblich zurück auf die Zeit der Pest in London: Man solle sich mit einer Tasche voll Blumen vor der Ansteckung schützen – aber wenn jemand niest, dauere es nicht mehr lang, bis alle dahinfallen.

Zu Beginn des 19. Jahrhunderts entwickelten sich unsere modernen Vorstellungen der Pathologie Hand in Hand mit denen der grundlegenden Physiologie des Menschen. Beides wurde genutzt, um Symptome und äußere Krankheitszeichen neu zu deuten. Allerdings muß man sich vergegenwärtigen, daß man damals noch nichts von der Existenz und unabhängigen Funktion einzelner Zellen wußte. Die damaligen Mediziner erkannten jedoch, daß es neben der klassischen Entzündung mit Rötung, Schmerz, Schwellung und oft auch Eiterbildung auch eine leichtere Form gab: eine Entzündung, von der die oberen Luftwege oder die Blase betroffen sein konnten, begleitet von klarem Sekret. Dennoch, auch diese harmlosen Anzeichen konnten Vorboten einer eitrigen Entzündung sein. Die Erkältung stellte man sich als Entzündung der Nase vor. Eine der verbreitetsten Erklärungen war, daß die Blutgefäße der Haut erweitert worden waren und so Flüssigkeit an die Oberfläche des Körpers transportierten. Als Schweiß oder unmerkliche Verdunstung entledigte sich der Körper dieser Flüssigkeit. Wurden die Gefäße durch einen auskühlenden Luftzug zusammengezogen, dann wurde der Blutstrom und damit die Flüssigkeit umgelenkt in die Nase. Es gab auch schon den Vorschlag, daß Erkältungen von einem Menschen zum anderen übertragen werden könnten: Schuld daran sollten «tierische Gifte» sein. Dieser Erklärung bediente man sich auch schon, um sich dramatisch ausbreitende Seuchen wie die Cholera zu erklären – hier sah es so aus, als ob sich das Gift auf geheimnisvolle Weise vermehrte. All diese Ideen gerieten natürlich später in Vergessenheit, nachdem sich dank der Erkenntnisse von Louis Pasteur und Robert Koch die Theorie von der mikrobiellen Natur der Infektionskrankheiten durchsetzte.

Doch wie Fossilien im Urgestein überleben manche dieser Ideen aus vergangenen Tagen in den Köpfen der Menschen: Mütter ermahnen ihre Kinder, keine nassen Füße zu bekommen oder sich nicht an zugigen Ecken herumzutreiben, damit sie sich nicht erkälteten. Solche Vorstellungen werden wohl von alltäglichen Beobachtungen am Leben erhalten: Durchgefroren, etwa nach dem Warten an der Bushaltestelle an einem windigen Tag, geht man nach Hause und spürt schon wenige Stunden später die typischen Symptome. Ein Kratzen im Hals oder ein Niesen zeigt an, daß eine Erkältung im Anmarsch ist. Da aber Kälte keine Erkältung hervorruft und der Schnupfen sich im Experiment erst einige Tage nach einer Infektion mit dem Virus entwickelt, müssen wir annehmen, daß sich an der Bushaltestelle die frühesten leichten körperlichen Symptome einer Erkältungskrankheit zeigen – ein Frösteln, das zuhause im Warmen nicht zu spüren ist, aber draußen in der Kälte recht unangenehm auffällt.

Bakterien wurden erstmals Ende des 19. Jahrhunderts entdeckt und gezielt kultiviert. Einige der gefährlichsten Vertreter brachte man mit Seuchen wie Typhus und Cholera in Verbindung. Dann fand man den Zusammenhang zwischen Pneumokokken und Erkrankungen der unteren Atemwege wie der Lungenentzündung. «Filtrierbare Viren» wurden entdeckt: die Ursache ernstzunehmender Krankheiten wie Tollwut, Rinderpest oder Kinderlähmung. Bakterien fand man auch in den Atemwegen von Patienten mit einer Erkältung, aber zwischen diesen Organismen und der Erkrankung wurde lange kein Zusammenhang gesehen. Dann veröffentlichte ein Dr. W. Kruse in der Münchner Medizinischen Wochenschrift einen Artikel, in dem er behauptete, ein Virus als Ursache von Erkältungen ausgemacht zu haben. Er hatte das Nasensekret eines an einer Erkältung leidenden Patienten durch einen Filter passieren lassen, der Bakterien zurückhielt. Mit dem Filtrat hatte er die Nasen Freiwilliger infiziert – einige von ihnen entwickelten innerhalb weniger Tage die typischen Symptome. Im Sommer 1914 erregte dies wenig Aufsehen, doch nach dem Ende des Krieges wurde der Ursache von Erkältungen intensiver nachgespürt. Die verschiedensten Bakterien wurden verdächtigt, inklusive «filtergängiger Anaerobier», die damals nicht identifiziert werden konnten, was allerdings auf die unzureichende Technik jener Tage zurückgeführt werden kann.

In den späten 20er und frühen 30er Jahren spürte das Labor von Dr. Dochez im Rockefeller-Institut in New York City der Ursache des Schnupfens systematisch nach: Zunächst kultivierten die Forscher regelmäßig Bakterien aus den Nasen Freiwilliger und hielten sorgfältig fest, wann sie selbst Symptome einer Erkältung entwickelten. Sie fanden jedoch keinen Zusammenhang zwischen dem Kommen und Gehen ihrer Erkältungen und der Zahl oder Art von Bakterien in Nase und Hals. Deshalb machten sie sich auf die Suche nach einem Virus. Wieder nahmen sie das Nasensekret, filtrierten es peinlich genau, um sicherzustellen, daß ja kein Bakterium den Filter passiere, und infizierten damit streng abgeschirmte Freiwillige (ein Problem der Kruseschen Experimente war, daß seine Freiwilligen nicht voneinander getrennt waren und sich deshalb untereinander angesteckt haben konnten, nicht allein von den verdächtigen Tropfen). Die Freiwilligen entwickelten ebenso wie einige streng isolierte Schimpansen wenige Tage nach der Infektion eine typische Erkältung – und schon in den darauffolgenden Jahren enthielten die medizinischen Lehrbücher die Lehrmeinung, daß das Schnupfenvirus Auslöser der Erkältung sei. Es sollte bis nach dem Zweiten Weltkrieg dauern, bis weitere Fortschritte zu verzeichnen waren, doch davon soll später die Rede sein.

Einführung

Heute gehen wir davon aus, daß es ein breites Spektrum akuter Atemwegsinfektionen gibt, für das eine Vielzahl von Viren verantwortlich ist. Die Erkrankungen können grob eingeteilt werden nach der Region des Respirationstraktes, der die Hauptlast des Angriffs zu ertragen hat. Wenn also die Nase betroffen ist, heißt die Krankheit Schnupfen oder Rhinitis, andernfalls Halsschmerzen oder Pharyngitis, oder Bronchitis. Anzeichen einer Infektion finden sich jedoch auch in anderen Bereichen des Respirationstraktes außer demjenigen, der Pate bei der Namensgebung der Erkrankung stand.

Zwischen einzelnen Viren und dem Verlauf der Erkrankung gibt es keine enge Beziehung, jedes der vielen Viren kann bei fast jeder der Erkrankungen gefunden werden. Bestimmte Viren treten allerdings oft mit bestimmten Krankheitsmustern auf: Obwohl das *Respiratory Syncytial Virus* (RSV) Schnupfen und eine grippeähnliche Erkrankung auslösen kann, verursacht es doch meistens eine Bronchiolitis bei Kindern, und tatsächlich kann man die Präsenz dieses Virus in einer Region am Ansteigen derartiger Fälle in den Wartezimmern der Kinderärzte feststellen. Ein ähnlicher Fall: Grippeviren verursachen normalerweise Grippe, aber leichte Grippeattacken können klinisch nicht von einer normalen Erkältung unterschieden werden.

Allmählich mehren sich die Belege, daß die Mehrzahl der Erkältungsfälle auf Infektionen mit Vertretern der Familie der Rhinoviren zurückgeht, daneben spielen Coronaviren eine wichtige Rolle. Obwohl letztere auch schwerere Infektionen der unteren Atemwege auslösen können, können sie für sich mit Recht die Bezeichnung «Schnupfenvirus» beanspruchen. Detailliertere Zusammenhänge zwischen den einzelnen Viren und Erkrankungen zeigt Abbildung 1.

Im Herbst und im Winter nehmen Erkältungen zu. Dieser bekannte Anstieg ist – wegen der vielen verschiedenen beteiligten Viren – ein sehr komplexes Phänomen: Die eine große Epidemie ist in Wirklichkeit das Ergebnis kleinerer und sich oft überlappender Epidemien, hervorgerufen von verschiedenen Viren. Dies kann allerdings nur im Labor überprüft werden – eine Erkältung kann in der Klinik nicht von einer anderen unterschieden werden.

Einer der Gründe dafür ist die begrenzte Auswahl an Mechanismen, mit denen die Schleimhaut der Nase und anderer Organe auf Verletzungen reagieren kann, gleich wie diese hervorgerufen werden. So sind die Symptome einer allergischen Reaktion auf ein Antigen sehr ähnlich denen der Reaktion auf eine Virusinfektion, und obwohl der Mechanismus einer Entzündung und ihrer Folgen im Prinzip sehr eindeutig ist, so kann doch der Arzt Schwierigkeiten bei der Diagnose haben – es sei denn, der Fall ist insofern klar, als ein kurz zurückliegender Kontakt zu entweder einem Allergen oder einer Infektionsquelle bekannt ist. Die Forschung mag in Zukunft diejenigen Moleküle entdecken, die Reizung,

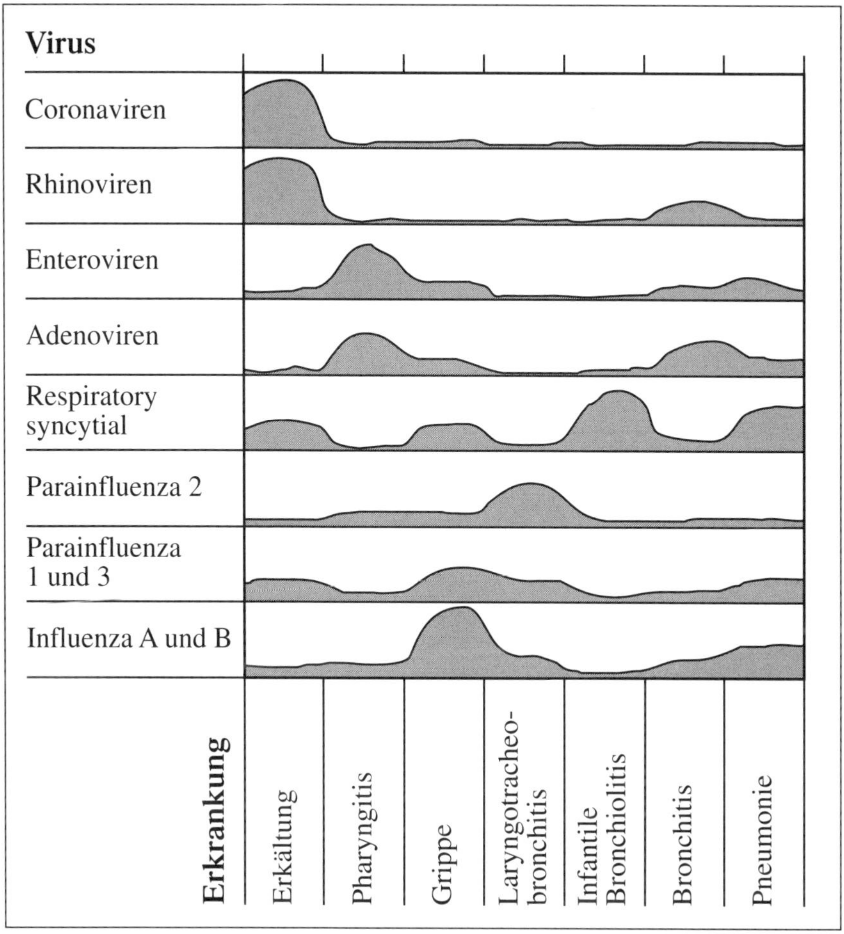

Abbildung 1

Entzündung und Sekretion beim Schnupfen steuern. Dieses Wissen wird uns zu neuen und selektiveren Methoden verhelfen, mit denen die Symptome besser bekämpft werden können.

Es wird oft als selbstverständlich hingenommen, daß eine Erkältung nach etwa einer Woche wieder verschwindet, ohne Spuren zu hinterlassen; dies ist jedoch ein äußerst bemerkenswerter Umstand. Die verantwortlichen Viren dringen nicht immer weiter ins Gewebe des Körpers ein und infizieren auch keine lebenswichtigen Organe wie Lunge oder Gehirn. Aus der Perspektive eines

Evolutionsforschers ist dies wichtig für das Überleben dieser Arten: Da sie offenbar nicht in der Lage sind, sich latent in der Nase oder anderswo einzunisten, müssen sie ständig von einem Hals zum nächsten wandern – sie sind virale Nomaden. Also ist es wichtig, den Wirt, von dessen Gastfreundschaft sie leben, nicht zu zerstören. Mehr noch, wenn der Wirt seinem ungebetenen Gast optimal dienen soll, dann muß er genügend Symptome entwickeln, um infiziertes Sekret um sich herum an andere Menschen zu verbreiten, jedoch darf er sich nicht so krank fühlen, daß er sich zurückzieht und ins Bett geht, wo er nur wenig zur Ausbreitung der Viren beitragen kann.

Der Wirt bedient sich einer Reihe von Verteidigungsmechanismen gegen solche Eindringlinge: Nase und Atemwege sind beispielsweise mit einem klebrigen Schleimfilm bedeckt, der ständig entfernt wird – meistens in den Magen, wo die Viren nicht überleben können. Die primäre Funktion des Schleims mag es durchaus sein, Staub und ähnliche Partikel aus den Atemwegen zu entfernen, doch seine Rolle als erste Barriere gegenüber einem Virus auf dem Weg in Richtung Schleimhautzellen ist nicht zu unterschätzen.

Die Schleimhaut eines Individuums, das schon einmal mit einem bestimmten Virus infiziert war, enthält außerdem spezifische Antikörper, die an die Oberfläche des Virus binden und es an der Infektion einer Zelle hindern, falls es sie doch erreicht. Wird eine Zelle infiziert, dann werden Viruspartikel abgestoßen, die sich in der Nachbarschaft verbreiten und mehr und mehr Zellen in Mitleidenschaft ziehen, bis schließlich die bekannten Symptome auftreten. Es kann allerdings auch Antikörper im Blut geben, die um die Zelle herum freigesetzt werden und die Ausbreitung verhindern. Wenn der Patient dem jeweiligen Serotyp des Virus noch nie begegnet ist, dauert eine solche Antikörper-Antwort länger. Deshalb treten die Symptome häufiger auf bei Personen, die vergleichsweise wenig Antikörper haben.

Es gibt andere spezifische Mechanismen des Immunsystems, die an der Genesung beteiligt sein können. Beispielsweise zerstören cytotoxische T-Lymphocyten solche Zellen, die von Viren infiziert sind, andere Zellen des Immunsystems sind auf die Mitwirkung von Antikörpern angewiesen.

Neuere Arbeiten haben gezeigt, daß Menschen, die im täglichen Leben bestimmten Formen von Streß ausgesetzt sind, empfindlicher gegenüber Infektionen und Krankheiten sind als der Durchschnitt, während andere, die geringe Mengen Alkohols konsumieren, resistenter sein können. Diese Unterschiede können nicht mit Unterschieden in der Anzahl der Antikörper erklärt werden. Hier müssen wir erst noch mehr über natürliche Abwehrmechanismen gegen derartige Viren lernen.

Einige Viren wie Influenza A oder B können erheblichen Schaden an den Zellen der Schleimhaut anrichten. Sie können auch in die Chemotaxis eingreifen, die chemisch gesteuerte Bewegung, mit der Zellen wie polymorphe Neutrophile und Makrophagen sich in Richtung entzündeter Regionen bewegen. Dadurch werden die Abwehrkräfte gegenüber Bakterien geschwächt. Dies ist jedoch eine Ausnahme – andere Viren, die eine Erkältung auslösen, führen meist zu keiner bakteriellen Infektion. Deshalb müssen auch die Versuche scheitern, Erkältungen mit Antibiotika zu kurieren.

Viel Mühe ist darauf verwendet worden, antivirale Medikamente gegen den Schnupfen zu entwickeln, schließlich ist er die häufigste Virusinfektion des Menschen. Zwar wurden einige aktive Substanzen entdeckt, diese sind für einen klinischen Einsatz jedoch nicht effektiv genug. Auch eine Impfung kann den Schnupfen nicht verhindern, da es so viele verschiedene Viren gibt. So bleibt im Moment die Behandlung der Symptome als einzige rationale Therapie. Dies mag zunächst enttäuschen, aber es gibt sicher noch genügend Spielraum für spezifischere, wirkungsvollere und bequemere Behandlungsformen. Daneben ist die allgemeine Philosophie mehr oder weniger identisch mit der, die auf virale und bakterielle Infektionen des Darmtrakts angewandt wird: Es gilt vor allem die physiologische Störung zu beheben, in diesem Fall Durchfall und Dehydratation, im Vertrauen darauf, daß der Körper mit dem infektiösen Agens von selbst fertig wird.

W. Lange

Erkältungskrankheit: Epidemiologie und sozioökonomische Bedeutung

Einführung

Infektionen der oberen Atemwege wurden bereits 1940 als bedeutende Ursache von Krankheiten angesehen («The Cleveland Study», J.H. Dingle, G.F. Badger, W.S. Jordan). Spricht man über Erkrankungen der Atemwege, steht meist die Influenza oder «Virusgrippe» im Vordergrund. Sie gilt als die letzte große Seuche der Menschheit, ihr sind internationale und nationale Überwachungssysteme und Bekämpfungsstrategien gewidmet. Dadurch entsteht in der Öffentlichkeit der Eindruck, daß die Influenza auch zahlenmäßig die wichtigste Erkrankung der Atemwege sei. In Wirklichkeit ist ihr Anteil an allen Atemwegserkrankungen – wenigstens in Deutschland – trotz der alle 10 bis 20 Jahre auftretenden verlustreichen Pandemien geringer als gedacht. Besonders seit dem Auftreten des Subtyps A (H1N1) im Winter 1977/78 hat die Influenza insgesamt an Bedeutung verloren.

Tatsächlich spielen unter den respiratorischen Erkrankungen die banalen Infekte der oberen Atemwege, im deutschen Sprachraum auch als Erkältung oder – fälschlich – als Grippe und im englischen Sprachraum als «*common cold*» bezeichnet, zahlenmäßig die größte Rolle. In der Literatur wird auch von akuter virusbedingter Rhinitis, Pharyngitis oder Laryngitis gesprochen (2). Die breite Vielfalt klinischer Symptome, die hohe Zahl verschiedener viraler und bakterieller Erreger und der weitgehende Verzicht auf eine Erregerdiagnostik machen eine exakte Erhebung epidemiologischer Daten unter strenger Trennung der banalen Erkältung von den übrigen akuten Infektionen des Atemtraktes nahezu unmöglich.

In den meisten Ländern sind Erkältungskrankheiten keine meldepflichtigen

Infektionskrankheiten. In Deutschland müssen nach dem Bundesseuchengesetz Todesfälle durch Influenza gemeldet werden, Erkrankungen des Atemtraktes bleiben unberücksichtigt. Die staatlichen Statistiken fassen Erkrankungen und Todesfälle, soweit sie erfaßt werden, unter der Rubrik «Pneumonie und Grippe» zusammen, obwohl es sich längst nicht immer um Grippe, d.h. Influenza handelt. Das aus diesen Daten zu gewinnende Bild ist unzuverlässig und in Bezug auf die banale Erkältung ohne Aussagekraft.

Überwachungssysteme, die relativ zuverlässige Informationen über die epidemiologische Situation akuter Atemwegsinfektionen liefern, gibt es seit einigen Jahren in verschiedenen europäischen Ländern (insbesondere England, Frankreich und Belgien). Bis vor kurzem gab es in Deutschland kein zuverlässiges Überwachungssystem für Atemwegsinfektionen. Erst 1994 wurde auf der Basis von Sentinelpraxen von der Arbeitsgemeinschaft Influenza (AGI) ein Meldesystem für Atemwegsinfektionen aufgebaut. Ausgewählte Arztpraxen registrieren alle Konsultationen wegen akuter Erkrankungen der Atemwege. Damit gewinnt man recht zuverlässige Informationen über die epidemiologische Situation.

Auch im ehemaligen Ostblock gab es ein gut funktionierendes Netz zur Überwachung von Atemwegsinfektionen. Die Erkennnisse unterlagen jedoch der Geheimhaltung. Deshalb liegen aus diesem Gebiet so gut wie keine Daten zur Morbidität von Atemwegsinfektionen vor. Es gehörte zu den Besonderheiten gerade des sowjetischen Gesundheitswesens, keine umfassenden Morbiditäts- und Mortalitätsstatistiken zu veröffentlichen (18). Lediglich aus Einzelpublikationen kann man einige Informationen gewinnen. Eine Ausnahme unter den früheren Ostblockländern war die ehemalige DDR, wo das Berichtssystem über Laborbefunde bei Infektionskrankheiten auch die wichtigsten Erreger akuter respiratorischer Erkrankungen erfaßte. Dieses System wurde nach der Vereinigung Deutschlands weitergeführt. Ferner richtete die WHO schon 1963 ein System zur Sammlung und Verbreitung von Informationen über Virusinfektionen ein. Es erfaßt auch Infektionen der Atemwege, die hier als «Acute Respiratory Infections» (ARI) bezeichnet werden. Darunter werden alle akuten Infektionen des Atemtraktes verstanden. Die Erkältung (common cold) wurde nicht gesondert registriert.

Der überwiegend milde Charakter der Erkältung führt dazu, daß häufig weder der Arzt konsultiert noch eine Labordiagnose veranlaßt wird. Die hier angeführten Zahlen zur Häufigkeit der banalen Erkältung beruhen deshalb auf Schätzungen und Studien mit begrenzter Teilnehmerzahl oder in ausgewählten Beobachtungsgebieten. Unter diesen Studien steht die Tecumseh-Studie von Monto und Mitarbeitern (26, 27, 28, 29) auch deshalb im Vordergrund, weil sie die akuten Erkrankungen des oberen Atemtraktes mit den für die banale Erkältung typischen Symptomen charakterisiert: der «running nose», dem «sneezing» und der «Coryza».

Alle Überwachungs- und Meldesysteme berücksichtigen die ganze Palette der akuten Atemwegserkrankungen ohne weitere Differenzierung. Basis dieser Erhebungen sind in der Regel Fälle, in denen ein Arzt konsultiert wurde. Da bei banalen Erkältungen nicht immer ein Arzt aufgesucht wird, dürfte es sich um eine Auslese schwerer und länger verlaufender Erkrankungen handeln. Manche Statistiken enthalten sogar nur Daten zur Häufigkeit von Todesfällen durch Infektionen der Atemwege. Die Häufigkeit der banalen Erkältung ist aus ihnen nicht erkennbar.

Aus diesen Feststellungen, aus eigenen Erfahrungen und aus den Ergebnissen des Literaturstudiums ergibt sich das pessimistische Fazit, daß es schlecht um die Überwachung und Bekämpfung der akuten respiratorischen Infektionen steht. Noch schlechter ist aber die Informationslage zur Häufigkeit banaler Erkältungskrankheiten. Es ist deshalb schwierig, ein einigermaßen zuverlässiges Bild der Epidemiologie und der volkswirtschaftlichen Bedeutung der Erkältung zu zeichnen.

1 Erreger von Erkältungskrankheiten

Viren verursachen die Mehrzahl der akuten Erkrankungen der Atemwege. Einige Viren bevorzugen bestimmte Altersgruppen oder bestimmte Bereiche des Atemapparates, andere sind für alle Altersgruppen von Bedeutung oder befallen alle Bereiche des Atemtraktes. So ist das Respiratory Syncytial Virus (RSV) in den ersten zwei Lebensjahren der häufigste Erreger von Erkrankungen des oberen Respirationstraktes, es kann aber auch Bronchiolitiden, Bronchitiden, Pneumonien und Croup verursachen. Rhinoviren sind als die klassischen Erreger der banalen Erkältung bekannt. Weniger bekannt ist, daß sie auch schwere Erkrankungen auslösen können, die klinisch nicht von RSV-bedingten Zuständen zu unterscheiden sind. Coronaviren sind wie die Rhinoviren Erreger milder Erkrankungen der oberen Atemwege. Sie können aber auch schwerer verlaufende Erkrankungen des unteren Atemtraktes hervorrufen.

Parainfluenzaviren spielen in der pädiatrischen Praxis als Erreger fiebriger Erkrankungen des oberen Atemtraktes ebenfalls eine Rolle, sie verursachen aber auch schwere Erkrankungen des unteren Atemtraktes. Influenzaviren, die Erreger der Grippe oder Influenza, werden mit schweren Erkrankungen des Atemtraktes assoziiert. Weniger bekannt ist, daß sie auch milde Erkrankungen hervorrufen können, die nicht von den banalen Erkältungskrankheiten zu unterscheiden sind.

Die Beurteilung der Bedeutung der verschiedenen Erreger banaler Erkältungskrankheiten ist schwierig, weil es keine verläßlichen Meldungen und nur in Ausnahmefällen Laboruntersuchungen zur Sicherung der Diagnose gibt. Auch entsprechen die Labors oft nicht den Ansprüchen an eine schnelle und therapeutisch nutzbare Diagnostik. Die Erfahrung vieler Ärzte, daß die Befunde erst vorliegen, wenn der Patient wieder gesund ist, zwingt geradezu zum Verzicht auf

eine Erregerdiagnostik. Deshalb dürften die verfügbaren Angaben zur Ätiologie vor allem auf Untersuchungen bei schwerer verlaufenden Erkrankungen zutreffen.
Hinzu kommt, daß trotz einer gewissen Assoziation einzelner Viren mit bestimmten klinischen Symptomen aus dem klinischen Bild allein nicht auf die Ätiologie geschlossen werden kann. Auch führen Laboruntersuchungen nur zum Teil zur Klärung der Ätiologie. So konnten in der Tecumseh-Studie (27), in der eine lückenlose ätiologische Abklärung aller Atemwegsinfektionen angestrebt wurde, nur 24,9 Prozent der im Labor untersuchten Fälle geklärt werden.
Ähnlich sind die Erfahrungen mit dem Laborberichtssystem in Deutschland. Hier gelingt nur in maximal 25 Prozent der einer Labordiagnostik zugänglichen respiratorischen Erkrankungen eine Klärung der Ätiologie (Abb. 1). In Deutschland gelten Viren als Ursache von 95 Prozent der Erkältungskrankheiten, nur ca. 5 Prozent werden durch andere Erreger, vorwiegend Bakterien, hervorgerufen (17). Den gleichen Anteil von Virusinfektionen an den Erkrankungen der oberen Atemwege gibt auch die WHO an (40). Es ist festzuhalten, daß die Identifizierung von Viren wesentlich von der Erfahrung des jeweiligen Untersuchungslabors und von den angewandten Untersuchungsmethoden abhängt. Ferner sind Unterschiede in der Virusidentifikation zwischen klinischen Studien und Untersuchungen unter kontrollierten Laborbedingungen zu erwarten. Aus diesen Gründen kann der formale Beweis für die Pathogenität eines Virus schwierig sein, obwohl heutzutage moderne Untersuchungsmethoden (z. B. PCR = Polymerase Chain Reaction) zur Verfügung stehen, die eine weit bessere Virusidentifikation erlauben als in früheren Zeiten.

Tabelle 1: Häufigkeit von Atemwegsinfektionen nach Erregern (nach Monto et al.; 33)

Erreger	Anteil an Erkrankungen (%)	Erkrankungen pro 10000 Personen/Jahr	Erkrankungen mit Arztbesuch (%)
Rhinoviren	34	8325	17,6
Coronaviren	14	3428	17,6
Influenza-Viren	9	2204	37,9
Bakterien	8	1959	48,6
Parainfluenza-Viren	4	979	26,2
Respiratory Syncytial Virus	4	979	55,6
Adenoviren	2	490	43,2
andere Viren	2	490	27,8
unbekannt	23	5630	21,5
Total	100	24484	25,4

Rhinoviren gelten als häufigste Erreger banaler Erkältungskrankheiten: Bei Kindern und Erwachsenen verursachen sie zwischen 20 und 50 Prozent der Fälle (5, 6, 10, 11, 13, 29). Weitere 5 bis 20 Prozent sind durch Coronaviren, ferner durch Influenza-, Parainfluenza-, RS-, Adeno- und bestimmte Enteroviren bedingt (13). Bei schweren Atemwegserkrankungen stehen dagegen bei Kindern das Respiratory Syncytial Virus und Parainfluenzaviren im Vordergrund (24). Parainfluenzaviren verursachten in der UdSSR bei Kindern 12–16 Prozent und bei Erwachsenen 30–36 Prozent der Erkrankungen der oberen Atemwege (1, 10, 12). Diese Daten sind allerdings vor dem Hintergrund der zu dieser Zeit zur Verfügung stehenden technischen Nachweismethoden kritisch zu beurteilen. Unter den in der ehemaligen DDR registrierten Erregern waren Influenza A- und B-Viren, Rhinoviren, RSV sowie Adeno- und Parainfluenzaviren am häufigsten (35).
Das Laborberichtssystem des Bundesgesundheitsamtes für akute Atemwegsinfektionen hat von Oktober 1991 bis März 1994 ca. 78.000 serologische Untersuchungen erfaßt. Abbildung 1 zeigt den Anteil der einzelnen Viren sowie von Mykoplasmen an den Erkrankungen des Respirationstraktes: Häufungen von Influenzafällen gab es im Februar, März und April 1992 sowie im April, Mai und Juni 1993. Deutlich ausgeprägte saisonale Peaks sind außerdem für RSV und Mykoplasmen erkennbar. Ätiologisch geklärt wurden maximal 25 Prozent aller untersuchten respiratorischen Erkrankungen, meist jedoch weniger als 20 Prozent. Leider werden in dem System Infektionen mit Rhinoviren nicht erfaßt oder nicht diagnostiziert. Insgesamt wurden von Oktober 1991 bis März 1994 gemeldet: Infektionen mit Influenza A-Viren in 3 Prozent (zwischen 0,7 und 12,8 Prozent), mit Influenza B-Viren in 0,67 Prozent (0,1–2,6 Prozent), mit Parainfluenzaviren in 1,7 Prozent (0,4–3,9 Prozent), mit Adenoviren in 2,5 Prozent (0,8–5,0 Prozent) und mit RSV in 1,6 Prozent (0–5,2 Prozent) sowie mit Mykoplasmen in 4,9 Prozent (2,4–8,6 Prozent). Kritisch ist anzumerken, daß

Tabelle 2: Respiratorische Erkrankungen nach Alter (nach Monto et al.; 33)

Gruppe	Altersgruppen (Jahre) 0–4	5–19	20–39	>40	Gesamt
Zahl der Atemwegserkrankungen	2.657	4.373	3.326	2.784	13.140
Proben f. Virusisolierung	504	844	581	298	2.227
Virusisolate: n	158	179	108	47	492
%	31,3	21,2	18,6	15,8	22,1
Erkrankungen pro Jahr und Person	4,9	2,8	2,2	1,6	2,5

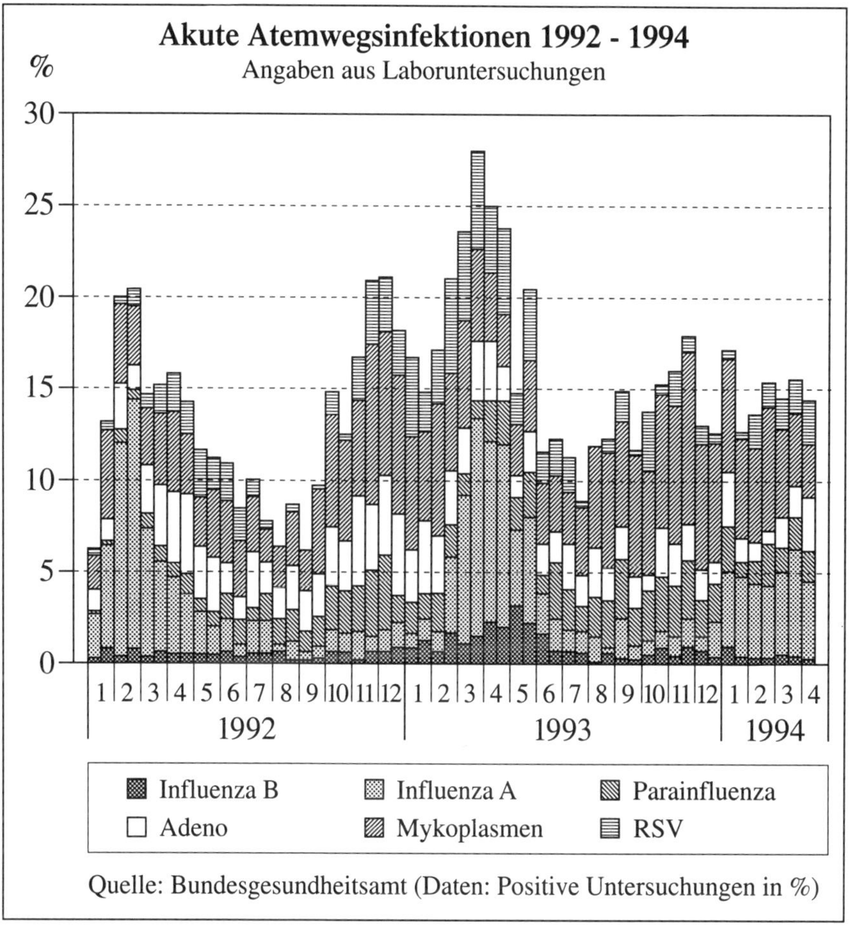

Abbildung 1

die Mehrzahl der untersuchten Erkrankungen schwerer als die übliche banale Erkältung verlaufen sein dürfte, d. h. nur teilweise in den hier zu besprechenden Symptomenkreis gehört.

Die Tecumseh-Studie (28) enthält den interessanten Hinweis, daß der Anteil ätiologisch geklärter Erkrankungen mit dem Alter der Patienten abnahm. Bei Kindern von 0–4 Jahren wurden in knapp einem Drittel der Proben Viren nachgewiesen. Ihr Anteil sank bei Kindern und Jugendlichen, stärker bei jungen Erwachsenen, auf weniger als ein Sechstel bei Personen über 40 Jahre (Tab. 2).

Nach Kendall (16) wurden bei akuten respiratorischen Erkrankungen in den Jahren 1962 bis 1969, die zu Arztbesuchen führten, in 4 Prozent Rhinoviren, in 4,3 Prozent Parainfluenzaviren, 3,7 Prozent Influenza A- und B-Viren, 4,3 Prozent Adenoviren, 6,8 Prozent Coxsackie B-Viren, 1,5 Prozent Herpes simplex-Virus und in 6,2 Prozent hämolytische Streptokokken isoliert. Von 1004 diagnostischen Ansätzen führten nur 32 Prozent zur Klärung der Ätiologie.

2 Übertragungsmechanismen und -bedingungen

Charakteristisch für akute Atemwegsinfektionen ist, daß sie sich sehr schnell in einer Population ausbreiten können. Von einem Indexfall ausgehend kann innerhalb weniger Tage eine hohe Durchseuchung beobachtet werden. Besonders effektive Übertragungsmechanismen sorgen für eine schnelle Verbreitung, dazu kommen die für einige Viren typische Vielzahl von Serotypen und eine nur kurze oder unvollständige Immunität nach Überstehen der Infektion.

Erreger von Atemwegsinfektionen werden in der Regel durch virushaltige Schleimtröpfchen übertragen. Wichtigster Übertragungsmechanismus ist das Einatmen virusbeladener Schleimtröpfchen, die Erkrankte beim Niesen und Husten ausstoßen. Hinzu kommen andere Mechanismen, wie die Weitergabe von Erregern über den üblichen Händedruck. Zumindest für das RSV sind außerdem nosokomiale Infektionen beschrieben (8, 15, 21). Für Enteroviren spielt zusätzlich der fäkal-orale Weg eine Rolle. Nähere Details hierzu werden in dem Kapitel «Übertragungswege der Erkältung» von L. Jennings auf Seite 71 diskutiert.

Offen ist bisher, welche Rolle die UV-Strahlung bei längerem Aufenthalt oder Transport von virusbeladenen Tröpfchen in der Luft spielen könnte. Aus Laboruntersuchungen ist bekannt, daß UV-Strahlen besonders in Objekten mit geringer Schichtdicke Viren inaktivieren können. Bisher fehlen Erkenntnisse über den Einfluß der UV-Strahlung auf die Infektiosität von in Aerosolen dispersierten Viren, obwohl sie möglicherweise ein bedeutender limitierender Faktor für die Überlebensfähigkeit von respiratorischen Viren in Schleimtröpfchen sein könnte.

Menschenansammlungen wie in Verkehrsmitteln, Ämtern, Schulen und Universitäten begünstigen die Ausbreitung respiratorischer Viren in einer Population. Nach Mims (25) genügen wenige Minuten in einem dicht besetzten Raum, um die Infektion von einem infizierten auf zahlreiche andere Menschen zu übertragen. Auch Klimaanlagen können in dicht besetzten Räumen die Verbreitung von Atemwegsinfektionen begünstigen.

Nach den Ergebnissen der Tecumseh-Studie (28) spielen Kinder bei der Einschleppung von Atemwegsinfektionen in Familien eine wichtige Rolle. Folgerichtig erkranken Mütter, die naturgemäß einen engeren Kontakt zu den Kindern haben als die Väter, häufiger an Atemwegsinfektionen. Für die Influenza ist bekannt, daß Epidemien häufig mit explosionsartig auftretenden Erkrankungen bei Kindern beginnen.

Als zusätzlich prädisponierende Faktoren gelten Beeinträchtigungen der Infektionsabwehr und der natürlichen Resistenz (15, 20). In der Literatur und in dem Kapitel «Psychologische Einflußfaktoren bei der Erkältungskrankheit» von A. Smith auf Seite 89 wird ferner der Einfluß von psychischem Streß auf die Empfänglichkeit für Atemwegsinfektionen diskutiert (13). Ferner führt übermäßige sportliche Betätigung (Hochleistungssport, Hard Jogging) zu einer vorübergehenden Beeinträchtigung des Immunsystems. Auch aktives und passives Rauchen können die Resistenz gegen respiratorische Infektionen herabsetzen (13). Eigene Untersuchungen zeigten in vitro und in Tierversuchen eine vorübergehende Unterdrückung der Immunantwort durch Influenzaviren. Es ist anzunehmen, daß andere respiratorische Viren ähnlich wirken (22, 23). Dieser Effekt könnte neben der durch banale Atemwegsinfektionen verursachten Schleimhautläsion eine Ursache für das häufige Angehen bakterieller Sekundärinfektionen sein, die als Komplikationen der banalen Erkältung Beachtung verdienen.

Schließlich scheinen bei Patienten, die durch chronische Erkrankungen der Atemwege vorgeschädigt sind, respiratorische Infektionen schwerer zu verlaufen als bei Gesunden (39).

Nicht jede Infektion mit respiratorischen Viren muß zu einer Erkrankung führen. Inapparent infizierte Personen können daher als unerkannte Infektionsquellen bei der Verbreitung respiratorischer Infektionen eine wichtige Rolle spielen. Daß inapparent Infizierte tatsächlich einen epidemiologischen Faktor darstellen, zeigt die Tecumseh-Studie (29), nach der 27 Prozent der in den ersten 5 Lebensjahren nachgewiesenen Infektionen asymptomatisch verliefen, in der Altersgruppe von 20 bis 30 Jahren sogar 89 Prozent.

Der respiratorische Übertragungsweg scheint am wenigsten durch Bekämpfungsstrategien beeinflußbar zu sein. Besonders in Massenansammlungen und in stark bevölkerten Gebieten sind daher zur Zeit Atemwegsinfektionen immer noch unvermeidlich. Strategien zur Prophylaxe von Erkrankungen der Atemwege haben im Gegensatz zu anderen, z. B. durch Blut und Blutprodukte, Inokulation, fäkal-oral oder durch Sexualkontakt übertragenen Infektionskrankheiten wenig Aussicht auf Erfolg. Die Vielzahl verschiedener Erreger macht zudem eine spezifische Prophylaxe durch eine Schutzimpfung fast unmöglich. Gegen die meisten Erreger von Erkrankungen der Atemwege gibt es keine spezifische Chemotherapie.

3 Morbidität

Aus den oben beschriebenen Gründen ist es schwierig, verläßliche Informationen zur Verbreitung der banalen Erkältung zu gewinnen.
Erkältungskrankheiten kommen sowohl epidemisch als auch endemisch vor. In gemäßigten Klimazonen zeigen sie eine saisonale Häufung im Herbst, Winter und Frühling. Ihre Inzidenz ist bei Kindern höher als bei Erwachsenen. Die Häufigkeit von Erkältungskrankheiten in der Gesamtbevölkerung kann nur aus zahlenmäßig begrenzten Beobachtungen geschätzt werden. Wie vorher ausgeführt, gibt es keine verläßlichen Statistiken über die Morbidität dieser Erkrankungsgruppe. Dennoch sind die Angaben aus verschiedenen Ländern sehr ähnlich.
Grundsätzlich kann angenommen werden, daß viele Menschen jährlich mehrere banale Erkrankungen der Atemwege durchmachen. So wird in Deutschland mit 5–6 Erkrankungen pro Person und Jahr gerechnet (17). In der amerikanischen Bevölkerung stellen respiratorische Erkrankungen bei weitem die häufigsten Ursachen kurzer Erkrankungen dar. Couch (5) schätzt, daß in den USA 2–5 Erkrankungen der Atemwege pro Person und Jahr normal sind.
Ebenfalls für die USA wird von anderen Autoren aufgrund mehrerer Untersuchungen mit 2–4 Erkrankungen an *common cold* pro Person und Jahr gerechnet (11).
In der Tecumseh-Studie (28) wurden bei Kindern bis zum 4. Lebensjahr 4,9 Erkrankungen pro Jahr angegeben, bei Kindern und Jugendlichen zwischen 5 und 19 Jahren 2,8, bei Erwachsenen von 20–39 Jahren 2,2 und bei älteren Erwachsenen 1,6 (Tab. 2).
Nach den Daten des National Center for Health Statistics sind 35,6 Prozent aller Atemwegserkrankungen *common cold* (7), ca. 40 Prozent nach einer Untersuchung von Couch (5). Es wird vermutet, daß nur Fälle mit stärkerer Beeinträchtigung der Gesundheit zum Arzt gelangen. Wenn die leichter verlaufenden Fälle hinzugerechnet werden, ist mit 2–5 Erkrankungen pro Person pro Jahr zu rechnen.
Nach der Tecumseh-Studie (28) machen Erkrankungen der oberen Atemwege 54,3 Prozent aller von 1965–1968 beobachteten akuten respiratorischen Erkrankungen aus (Tab. 3), wobei in der Studie die Erkrankungen der oberen Atemwege weitgehend mit *common cold* gleichgesetzt wurden. Bei Kindern unter 1 Jahr betrafen 60 Prozent der respiratorischen Erkrankungen den oberen Atemtrakt, bei Kindern und Jugendlichen von 1–19 Jahren mehr als 50 Prozent und bei Erwachsenen knapp 46 Prozent.
Der zweite Bericht über die Tecumseh-Studie (29) gibt innerhalb von 6 Jahren in einer Population von 4.905 Personen 14.600 Atemwegsinfekte an. Pro Person und Jahr wird mit 3,5 Infektionen der oberen Atemwege gerechnet. Daraus ergab sich für den Berichtszeitraum eine Morbidität von 24 484 pro 10.000

Tabelle 3: Altersabhängige Häufigkeit von Atemwegsinfektionen (nach Monto et al.; 31)

Alter (Jahre)	n	Anteil der Erkrankungen mit den Syndromen (%) Erkrankung des oberen Atemtraktes	Erkrankung des unteren Atemtraktes	Laryngo-Tracheitis	Husten	Ohren-schmerzen
<1	765	60,9	31,8	3,9	2,5	0,9
1–4	2.494	61,8	23,7	7,3	5,8	1,3
5–9	2.324	54,4	15,8	17,6	9,8	2,4
10–14	1.475	57,0	17,8	19,1	4,7	1,5
15–19	631	58,0	18,4	19,3	2,4	1,9
>20	3.619	45,9	36,0	15,4	1,8	0,9
Total	11.308	54,3	25,5	14,0	4,8	1,4

Personen. Davon waren 8.325 durch Rhinoviren verursacht (Tab. 1). Die Häufigkeit der Atemwegserkrankungen war bei Kleinkindern am größten und ging mit zunehmendem Alter fortlaufend zurück. Erkrankten Kinder von 0–1 Jahr jährlich 6,1mal, so wurde bei Personen im Alter von 60 und mehr Jahren nur noch 1 Episode pro Jahr registriert. Eine Ausnahme machten Erwachsene im Alter von 20–29 Jahren, bei denen die Zahl der Episoden pro Jahr wieder bis 3,5 anstieg. Die Autoren führen diesen Effekt darauf zurück, daß in dieser Altersgruppe der Anteil der Eltern mit Klein- und Schulkindern hoch ist. Die Eltern kommen durch ihre Kinder häufiger mit Erregern von Atemwegsinfekten in Kontakt als andere Erwachsene. Dies deckt sich mit der Erfahrung in unserem Land, nach der Kinder in den ersten Schuljahren und im Kindergartenalter häufig Erreger von Erkältungen in die Familien einschleppen.

Tab. 2 gibt eine Übersicht über die in der Tecumseh-Studie (29) ermittelte Häufigkeit von Atemwegserkrankungen in 4 verschiedenen Altersgruppen. Danach sank nicht nur die Zahl der Atemwegsinfekte pro Person und Jahr von 4,9 bei Kindern bis zu 4 Jahren auf 1,6 bei Erwachsenen mit 40 und mehr Jahren (Mittel 2,5), sondern parallel dazu ging die Zahl der erfolgreichen Versuche der Virusisolierung von 31,3 Prozent bei Kindern bis zu 4 Jahren auf 15,8 Prozent bei Erwachsenen über 40 Jahre zurück.

In einer finnischen Studie wurden pro Person und Jahr 1,6 respiratorische Erkrankungen beobachtet, die Mehrzahl davon waren banale Erkältungen (1,4 pro Person und Jahr) (31).

Die WHO registriert nur Daten zur Mortalität respiratorischer Erkrankungen, nicht jedoch für die Erkältungskrankheit. Danach ist in Entwicklungsländern die durch Atemwegsinfektionen verursachte Sterblichkeit sehr hoch. Weltweit sterben nach Schätzungen jährlich 4,3 Millionen Kinder an Atemwegsinfektionen

(46, 47). In Bangladesch wurde eine Mortalität durch Atemwegsinfektionen von 10,4 pro 1000 Kinder ermittelt, wobei die meisten Todesfälle bei Kleinkindern im ersten Lebensjahr auftraten (Kinder von 0–4 Jahren 18,9/1000, Kinder von 1–4 Jahren 2,9/1000)(43).
Nach den Health Statistics der WHO (45) betrug im Jahre 1990 in der Bundesrepublik die Mortalität an allen Infektionskrankheiten 7,5/100 000, die Mortalität durch akute respiratorische Infektionen 0,7/100000 und durch Influenza 0,8/ 100000. Das entspricht 583 Todesfällen durch akute respiratorische Infektionen sowie 738 Todesfällen durch Influenza. Frankreich meldete für 1990 eine Mortalität von 0,15/100.000 durch akute respiratorische Infektionen und für Influenza von 3,8/1.000.000 bei einer Gesamtmortalität durch Infektionskrankheiten von 12,1/100.000. Hier starben nur 70 Personen an akuten respiratorischen Infektionen, jedoch 2183 Personen an Influenza. Diese Diskrepanz dürfte mit der Ungenauigkeit der Erfassungssysteme zu erklären sein, die auch nicht die Situation für die Erkältungskrankheit wiedergeben.
Über die Häufigkeit von banalen Atemwegsinfektionen bei Personen mit geschädigtem Immunsystem (Patienten mit therapeutischer oder infektiös bedingter Immunsuppression, mit durch die Lebensführung bedingter, meist vorübergehender Immunsuppression) gibt es keine Daten. Hier könnte ein weiteres wichtiges epidemiologisches Potential für die banale Erkältung bestehen.

4 Sozioökonomische Bedeutung

Die banalen Erkrankungen der oberen Atemwege sind allgemein mild und selbstlimitierend. In entwickelten Ländern haben sie überwiegend ökonomische Bedeutung: Durch Fehlzeiten in Schule und Beruf sowie durch Kosten für Arztbesuche und Medikamente belasten sie Volkswirtschaft und private Budgets gewaltig. In Entwicklungsländern können Infektionen mit denselben Erregern jedoch entweder direkt für schwere Erkrankungen besonders des unteren Atemtraktes und für hohe Mortalität verantwortlich sein oder den Boden für bakterielle Superinfektionen bereiten, die ihrerseits Ursachen für schwere Erkrankungen und Mortalität sein können.
Die banale Erkältung ist, wie oben ausgeführt, eine der häufigsten Erkrankungen des Menschen. Wenn Kalkulationen stimmen, daß jährlich bis zu 6 banale Infektionen pro Person auftreten, dann ergibt sich allein für Deutschland bei einer Bevölkerung von ca. 80 Millionen (34) eine Summe von bis zu 500 Millionen Episoden. Rechnet man weiter, daß jede Infektion für 2–7 Tage die normale Lebensführung beeinträchtigt, so ergeben sich daraus 1 bis 3,5 Milliarden Krankheitstage pro Jahr in Deutschland.
Von den ca. 80 Millionen Bundesbürgern waren im Jahre 1991 5.376.812 Personen jünger als 6 oder älter als 65 Jahre. Etwa 40 Millionen Menschen waren berufstätig, weitere 10 Millionen Schüler oder Auszubildende (34). Wenn sich

von den in Ausbildung Befindlichen oder Berufstätigen nur 40 Millionen Menschen bei banalen Erkältungen krank schreiben lassen, ergibt sich bei 5 Fehltagen pro Fall und 6 Episoden einer banalen Erkältung pro Jahr eine Gesamtzahl von 1,2 Milliarden Fehltagen, davon könnten vier Fünftel Fehltage am Arbeitsplatz sein. Hinzu kommt eine unbekannte Zahl von Fehltagen bei Angestellten und Beamten im öffentlichen Dienst, die ohne Arztbesuch und Krankschreibung hintereinander 3 Tage wegen Krankheit fehlen können.

Nach der Gesundheitsstatistik der Regierung der Bundesrepublik Deutschland wurden 1987 insgesamt fast 16 Millionen Fälle von Arbeitsunfähigkeit durch «Pneumonie und Grippe» registriert. Für jeden Arbeitsunfähigkeitsfall wurden bei Männern 8,24 und bei Frauen 7,9 Fehltage veranschlagt. Das ergibt nur für Berufstätige eine Summe von 127,36 Millionen Fehltagen. Nimmt man an, daß ca. 50 Prozent der Fehltage durch banale Erkältungen verursacht sind, ergeben sich ca. 60 Millionen Fehltage.

Über das Ausmaß des Produktivitätsausfalls und die Kosten der Lohnfortzahlung durch den Arbeitgeber als Folge der banalen Erkältung gibt es keine Statistiken. Nach dem Statistischen Jahrbuch des Bundesrepublik Deutschland wurden 1990 für Lohnfortzahlungen im Krankheitsfall insgesamt mehr als 33 Millionen DM aufgewendet. Selbst ohne zu wissen, wie oft Arbeitsunfähigkeit infolge einer Erkältung entsteht, muß doch mit einer großen volkswirtschaftlichen Belastung gerechnet werden.

Berufstätige und Schüler brauchen zur Bestätigung der Arbeits- oder Schulunfähigkeit eine ärztliche Bescheinigung, d.h. die Konsultation eines Arztes. Erfahrungsgemäß nehmen nicht wenige Berufstätige eine banale Erkältung zum Anlaß, sich einige Tage krank schreiben zu lassen. Epidemiologisch und präventiv gesehen ist dieses Verhalten durchaus erwünscht, weil dadurch die Weitergabe der Infektion verringert wird. Es verursacht jedoch hohe Kosten.

Nimmt man an, daß unter den ca. 50 Millionen Berufstätigen und Schülern 40 Millionen wegen banaler Erkältungen einen Arzt aufsuchen, dann ergeben sich daraus ca. 240 Millionen Arztbesuche pro Jahr.

Nach Lode (19) werden 25–50 Prozent aller ärztlichen Konsultationen durch akute respiratorische Erkrankungen verursacht. Nach Wedemeyer (37) machen die akuten Atemwegsinfektionen in «normalen» Zeiten 30 Prozent aller Gründe für eine Konsultation des Arztes aus, in sogenannten Grippezeiten 40–50 Prozent.

Interessant ist, daß der Anteil der Atemwegsinfektionen, die einen Arztbesuch veranlaßten, nach den Ergebnissen der Tecumseh-Studie (26, 27, 28) in Abhängigkeit vom Erreger – der Schwere der Erkrankung – sehr unterschiedlich war (Tab. 1).

Aus den Gesundheitsstatistiken kann kein umfassendes Bild der Kostensituation im Zusammenhang mit der banalen Erkältung gewonnen werden, weil diese Krankheitsform nicht gesondert ausgeworfen wird. Nach dem Statistischen Jahrbuch 1993 wurden im Jahre 1989 bei Pflichtmitgliedern der allgemeinen Krankenkassen insgesamt 11.413.060 Arbeitsunfähigkeitsfälle durch infektiöse und parasitäre Erkrankungen registriert, pro Fall wurden bei Männern 9,13 und bei Frauen 9,03 Fehltage angegeben. Auf Erkrankungen an «Pneumonie und Grippe» entfielen 2.324.693 Fälle von Arbeitsunfähigkeit mit ca. 8 Fehltagen. Ein Drittel aller Fehltage werden durch Atemwegserkrankungen verursacht (7, 34, 40).

Für jede Beratung und einfache körperliche Untersuchung sind in Deutschland nach der Gebührenordnung für Ärzte 28 DM anzusetzen. Für Arztbesuche wegen einer banalen Erkältung ergeben sich nach der oben beschriebenen Schätzung Kosten von ca. 6,9 Milliarden DM. Tatsächlich werden aber von den nicht Berufstätigen ebenfalls viele wegen einer Erkältung den Arzt aufsuchen. Die tatsächlichen Kosten dürften deshalb noch höher liegen.

Einen Hinweis auf die Größenordnung der Kosten durch Erkältungen liefern auch die Aufwendungen für ambulante Behandlungen, die im Statistischen Jahrbuch 1993 (34) angegeben werden. Danach wurden im Jahre 1990 mehr als 56 Millionen DM für ambulante Behandlung ausgegeben, davon fast 36 Millionen DM durch gesetzliche Krankenversicherungen, 871.000 DM durch gesetzliche Unfallversicherungen, fast 4 Millionen DM durch private Krankenversicherungen, 3,3 Millionen DM durch Arbeitgeber und über 10 Millionen DM durch private Haushalte.

Für Arzneimittel wurden 42,9 Millionen DM aufgewendet, für Lohnfortzahlungen 33,2 Millionen DM. Murphy (30) rechnet in den USA mit Kosten von 1 Milliarde Dollar pro Jahr für Medikamente zur Behandlung der *common cold*, hinzu kommen 1,5 Milliarden Dollar für Analgetika.

Nach Couch (5) treten in den USA jährlich 100 Millionen Fälle von *common cold* auf, darauf sind jährlich 250 Millionen Tage mit reduzierter Aktivität und 30 Millionen verlorene Arbeitstage zurückzuführen. Hinzu kommen weitere 30 Millionen Fehltage in der Schule.

Schätzungen der durch respiratorische Erkrankungen verursachten Kosten und Fehltage aus den USA und Deutschland sind wegen der unterschiedlichen Versicherungs- und Erstattungssysteme nur schwer vergleichbar. In den Schätzungen erkennbare Diskrepanzen können diese Unterschiede reflektieren.

Die hier angeführten Zahlen bieten keine sichere Basis für eine realistische Einschätzung der volkswirtschaftlichen Bedeutung der banalen Erkältung, sie genügen auch nicht den Ansprüchen einer Kostenanalyse. Es wird aber deutlich, daß diese zu Unrecht unterschätzte und vermutlich häufigste Infektionskrankheit zu gewaltigen volkswirtschaftlichen Verlusten führt.

Literatur

1. Arnaudova-Todorova, V.: Parallele Untersuchung der Serumantikörper gegen Parainfluenza-Viren bei normalen und frühgeborenen Kindern Vopr.virusol. 14 (1969) 700–704
2. Benenson, A. S. (ed.): Control of Communicable Diseases in Man. 1985. 14. Aufl.
3. Beveridge, W. I. B.: Influenza: The Last Great Plague. London: Heinemann. 1977, 22–23
4. Cohen, S., Tyrrell, D. A., Smith, A. P.: Psychological stress and susceptibility to the common cold New Engl.J.Med. 325 (1991) 606–612
5. Couch, R. B.: The common cold: control? J.Infect.Dis. 150 (1984) 167–173
6. Couch, R. B., Kasel, J. A., Glezen, W. P., Cate, T. R., Six, H. R., Tabor, L. H., Frank, A. L., Grennberg, S. B., Zahradnik, J. M., Keitel, W. A.: Influenza: its control in persons and populations, J.Infect.Dis. 153 (1986) 431–440
7. Davis, D. J.: Measurements of the prevalence of viral infections, J.Infect.Dis. 133/Suppl. A3–5 (1976)
8. Ditchburn, R. K., McQuillin, J., Gardner, P. S., Court, S. D. M.: Respiratory syncytial virus in hospital cross-infection, Brit.Med.J. 3 (1971) 671–673
10. Drejzin, R. S., Vichnovic, E. M. et al.: In Moskau zirkulierende Rhinoviren des Menschen Vopr.virusol. 14 (1975) 592–597
11. Garibaldi, R. A.: Epidemiology of community-acquired respiratory tract infections in adults Amer.J.Med. 78 (1985) 32–37
12. Gileva, Z. P., Kolpakova, V. E.: Serologische Diagnose von Parainfluenza-Infektionen bei Kindern mit akuten respiratorischen Erkrankungen, Vopr.virusol. 13 (1968) 313–316
13. Graham, N. M. H.: The epidemiology of acute respiratory infections in children and adults: A global perspective, Epidemiol.Rev. 12 (1990) 149–178
14. Gwaltney, J. M. jr, Hayden, F. G.: Psychological stress and the common cold, New Engl.J-.Med. 326 (1992) 644–645
15. Hall, C. B., Powell, K. R., McDonald, N. E. et al.: Respiratory syncytial virus infection in children with compromized immune function, New Engl.J.Med. 315 (1986) 77–81
16. Kendall, E. J.: Acute respiratory infections in the population, J.Roy.Soc.Med. 78 (1985) 282–290
17. Kuwert, E.: Influenza und Influenzaschutzimpfung in: Impfschutz heute. 1975. 45–55
18. Lange, W.: Infektionskrankheiten in der Sowjetunion, in: Berichte Osteuropa-Institut der Freien Universität Berlin, Reihe Medizin, Heft 112, 1976. ISBN 3–92 1374–96-5
19. Lode, H.: Infektiöse Erkrankungen des Respirationstraktes, in: Infektions- und Tropenkrankheiten, AIDS, Schutzimpfungen. Berlin, Heidelberg, New York: 1987. 57–76.
20. MacDonald, N. E., Hall, C. B., Suffin, S. C., Alexson, C., Harris, J., Manning, J. A.: Respiratory syncytial virus infections in infants with congenital heart disease, New Engl.J-.Med. 307 (1982) 397–400
21. Madge, P., Paton, J. Y., McCol, J. H., Machie, P. L. K.: Prospective controlled study of four infection-control procedures to prevent nosocomial infections with respiratory syncytial virus, The Lancet 340 (Oct. 31, 1992) 1079–1083
22. Masihi, K. N., Lange, W., Müller, S.: Depression of Chemiluminescence in Mouse Spleen Cells by Infective and Inactivated Influenza Virus, Clin.Immunol.Immunopathol. 33 (1984) 23–30
23. Masihi, K. N., Lange, W., Rohde-Schulz, B., Chedid, L., Jolivet, M.: Depressed Chemiluminescence by Influenza Virus is Enhanced after Conjugation of Viral Subunits to Muramyl Dipeptide, Infect.Immun. 50 (1985) 146–151

24. McIntosh, K.: Pathogenesis of severe acute respiratory infection in the developing world: Respiratory syncytial virus and parainfluenza viruses, Rev.Infect.Dis. 13 (Suppl. 6, 1991), 492–500
25. Mims, C. A.: The origin of major human infections and the crucial role of person-to-person spread, Epidemiol.Infect. 106 (1991) 423–433
26. Monto, A. S., Napier, J. A., Metzner, H. L.: The Tecumseh study of respiratory illness. I. Plan of study and observations on syndromes of acute respiratory disease, Amer.J.Epidem. 94 (1971) 269–279
27. Monto, A. S., Cavallaro, J. J.: The Tecumseh study of respiratory illness: II. Patterns of occurrence of infections with respiratory pathogens. 1965–1969, Amer.J.Epidem. 94 (1971) 280–289
28. Monto, A. S., Ullman, B. M.: Acute respiratory illness in an American community: The Tecumseh study, J.Amer.Med.Ass. 227 (1974) 164–169
29. Monto, A. S., Sullivan, K. M.: Acute respiratory illness in the community. Frequency of illness and the agants involved, Epidemiol.Infect. 110 (1993) 145–160
30. Murphy, D., Todd, J. K., Chao, R. K., Orr, I., McIntosh, K.: The use of gowns and masks to control respiratory illness in pediatric personnel, J.Pediatr. 99 (1981) 746–750
31. Rimpela, A.: Occurrence of respiratory diseases and symptoms among finnish youth. A follow-up survey, Acta Paediat.Scand.Suppl. 0(927) 1982, 5–77
32. Schmidt, J., Kittlick, M., Süss, J.: Ätiologie und Bedeutung der Viruserkrankungen des Respirationstraktes Z.Erkr.Atm.-Org. 154 (1980) 4–17
33. Selb, B.: Medizinische Virusdiagnostik, Umschau-Verlag, Frankfurt/Main: 1992, 159–175
34. Statistisches Bundesamt: Statistisches Jahrbuch 1993 für die Bundesrepublik Deutschland. Verlag Metzler & Poeschel, 1993
35. Süss, J., Schmidt, S.: Einige Aspekte bei der Entwicklung von Impfstoffen gegen akute Respirationstrakterkrankungen (ARE), Z.ges.Hyg. 33 (1987) 487–489
36. Warren, K. S.: Tropical medicine or tropical health. The Heath Clark Lectures 1988. Rev.Inf.Dis. 12 (1990) 142–156
37. Wedemeyer, F. W.: Viruserkrankungen. Köln: Deutscher Ärzte-Verlag. 1984. S. 61–67
38. Welliver, R. C.: Detection, pathogenesis, and therapy of respiratory syncytial virus infections, Clin.Microbiol.Rev. 1 (1988) 27–39
39. Wiselka, M. J., Kent, J., Cookson, J. B., Nicholson, K. G.: Impact of respiratory virus infection in patients with chronic chest disease, Epidemiol.Infect. 111 (1993) 337–346
40. World Health Organization: Viral respiratory diseases, WHO Technical Report Series No. 642, 1980
41. World Health Organization: Surveillance of acute respiratory infections, WER 58 (1983) 171–172
42. World Health Organization: Surveillance of acute respiratory infections, WER 58 (1983) 317–318
43. World Health Organization: Acute respiratory infections, WER 60 (1985) 277–279
44. World Health Organization: Acute respiratory infections programme, WER 66 (1991) 233–236
45. World Health Organization: Causes of Death, WHO Health Statistics, 1992
46. World Health Organization: Global Health Situation. III. Mortality, WER 68 (1993) 33–36
47. World Health Organization: Programme for the control of acute respiratory infection, WER 68 (1993) 353–357

II. Grundlagen

R. Eccles

Anatomie und Physiologie der oberen Luftwege

Anatomie der oberen Luftwege

Die oberen Atemwege reichen von der Nase über den Rachen bis zur Luftröhre. Nebenhöhlen und Mittelohr sind damit verbunden; auch wenn sie nicht im Haupt-Luftstrom liegen, können sie als Teil der oberen Luftwege angesehen werden.

In der Evolution vom fischähnlichen Vorfahren zum Luft atmenden Säugetier sind die oberen Atemwege und die Lunge relativ späte Entwicklungen. Die Nase entwickelte sich aus Riechgruben, die in Richtung Rachen wuchsen, die Lunge entwickelte sich als Ableger des Vorderdarms.

Bei der Geburt sind die oberen Atemwege wie die Lunge voll entwickelte, aber noch kleine Versionen der erwachsenen Organe. Die Nasennebenhöhlen dagegen sind kaum entwickelt, sie wachsen nur langsam und erreichen mit der Pubertät schon annähernd ihre volle Größe.

Abbildung 1 zeigt die normale Anatomie der oberen Luftwege. Das Septum teilt die Nase in zwei separate Luftwege. Jede Hälfte der Nase wird unabhängig von der anderen mit Nerven versorgt. Die oberen Luftwege beginnen mit den Nasenlöchern und laufen, getrennt durch die Nasenscheidewand, separat bis zu den hinteren Nasenöffnungen (*Choanae*), wo sich die Luftwege vereinigen und den Nasenrachenraum (*Nasopharynx*) bilden. Die äußere Nase wird aus Knochen und Knorpel gebildet. Sie umgibt den Nasenvorhof, der mit Gesichtshaut und Haaren bedeckt/ausgekleidet ist. Die Nasenvorhöfe sind trompetenartig geformt; jeder verengt sich von einem Querschnitt von etwa 90 mm^2 zu einem Spalt von etwa 30 mm^2, der ihn von der Haupt-Nasenhöhle trennt. Die Nasenhöhle ist von den Knochen des Schädels umgeben, drei knöcherne Vorsprünge, die Nasenmuscheln (*Conchae*), zeigen von jeder Seite zur Nasenscheidewand. Dieser Bereich wird oft als Nasenventil bezeichnet, da es den engsten Punkt des gesamten Luftwegs darstellt. Hier öffnet sich abrupt die Nasenhöhle, der Luftstrom wird um 90° abgelenkt. Auf diese Weise ändern sich sowohl die Richtung wie die Geschwindigkeit des Luftstroms, wodurch der Luftstrom filtriert wird: Aus dem

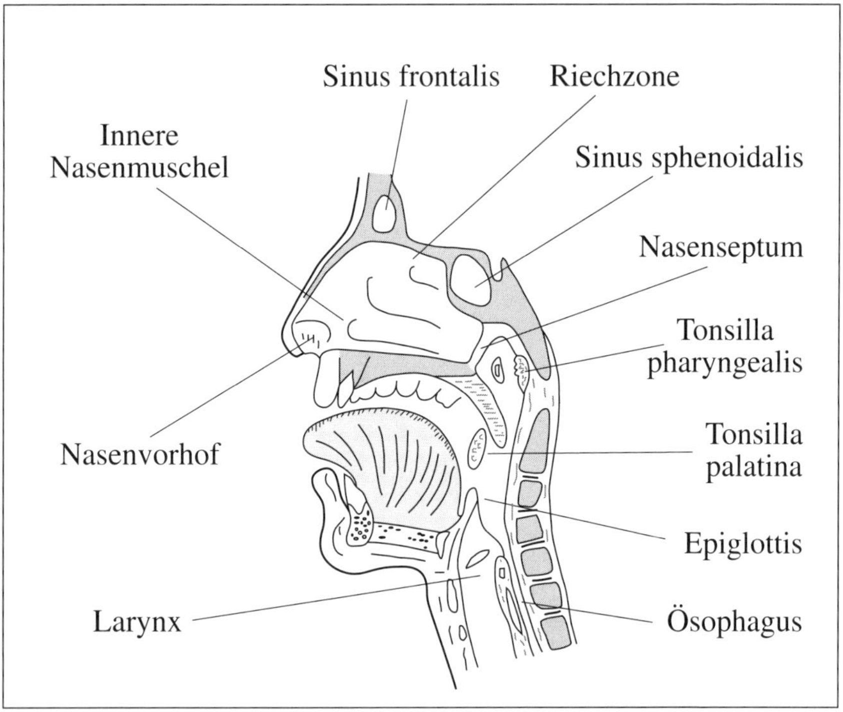

Abbildung 1: **Sagittalschnitt der oberen Luftwege:** Die Schnittführung ist leicht schräg, daher ist nur der hintere Abschnitt des Nasenseptums erkennbar.

Haupt-Luftstrom wird eingeatmeter Staub an die Wände der Nasenhöhle und der Nasenmuscheln geschleudert. Der Knick im Luftweg und die plötzliche Expansion erzeugen einen turbulenten Luftstrom. Dadurch wird die eingeatmete Luft intensiv verwirbelt und kann so gleichmäßig gereinigt und temperiert werden.

Bei normaler Nasenatmung wird der Luftstrom zwischen Nasenscheidewand und unterer Nasenmuschel geleitet. Beide sind von einem dichten Netzwerk von Blutgefäßen durchzogen und mit zahlreichen Drüsen besetzt, durch die die Luft erwärmt und angefeuchtet wird. Beim Schnüffeln wird der Luftstrom beschleunigt und mehr Luft zum Nasendach und zur Riechzone geleitet.

Die Nasennebenhöhlen liegen sowohl oberhalb als auch zu beiden Seiten des nasalen Luftwegs. So dienen sie als isolierende Schicht, die verhindert, daß

eingeatmete kalte Luft das Gehirn abkühlt, welches sich gleich oberhalb dieses Luftwegs befindet. Die Nasennebenhöhlen sind über kleine Öffnungen (*Ostia*) von nur 2–6 Millimetern Durchmesser mit der Nasenhöhle verbunden. Diese Öffnungen sind umgeben von einer Lippe, die venöses Schwellgewebe enthält. Dieses kann die Funktion eines Verschlusses haben und die Nebenhöhle verschließen, wenn das Gewebe geschwollen ist. Ein derartiger Verschluß tritt bei Infektionen der Nase auf, bei denen als Folge einer Entzündung der Nasenschleimhaut eine generelle Verstopfung der Nase zu beobachten ist [1]. Zwischen Nase und Nasennebenhöhlen findet nur ein äußerst geringfügiger Luftaustausch statt; die Nasennebenhöhlen spielen keine Rolle bei der Aufbereitung der Atemluft.
Kehldeckel (*Epiglottis*) und Kehlkopf (*Larynx*) liegen an der Mündung der unteren Atemwege in den Rachen. Beim Schlucken deckt der Kehldeckel den Kehlkopf ab, der so als schützendes Ventil wirkt und das Eindringen fester und flüssiger Nahrung in die Lunge verhindert.

Physiologie der oberen Atemwege

Die oberen Luftwege können in zwei Bereiche unterteilt werden: Die Nase bereitet die Luft auf, der Kehlkopf wirkt als schützendes Ventil. Beim Menschen und einer Reihe von Tieren hat sich die Passage der Luft durch das enge Ventil Kehlkopf als Kommunikationsorgan entwickelt: hier werden Töne erzeugt – die Stimme. Dies ist eine relativ neue Funktion des Kehlkopfes und beim Menschen mit seiner Fähigkeit zur Sprache und zum Gesang besonders hoch entwickelt.

Die Nase

Im Verlauf der Evolution entwickelte sich die Nase als Chemosensor, der später in die oberen Luftwege integriert wurde. Das olfaktorische Areal der Nase verleiht uns den Geruchssinn, der beim modernen Menschen auf die Bewertung von Essen verkümmert zu sein scheint, andere Säugetiere jedoch auch bei der Suche nach Nahrung und nach dem Partner des anderen Geschlechts unterstützt. Die Nase bereitet die Luft auf – sie ist Luftfilter, Wärmetauscher und Luftbefeuchter in einem. Die Ausläufer des Trigeminusnervs, die die Nase versorgen, melden über physikalische und chemische Reize eingeatmete Partikel und Reizstoffe. Die Stimulation dieser Nerven verursacht das Niesen und die Sekretion als schützenden Reflex.

Nasale Sekretion und mukoziliäre Clearance

Die Nase reinigt täglich 10–20000 Liter Atemluft und wirkt so als vorderste Verteidigungslinie. Nur wenige Partikel, die größer als 10 Mikrometer sind, können beim Atmen in Ruhe die Nase passieren. Diese Filterfunktion setzt die Nasenschleimhaut einer ständigen Bedrohung durch Infektionen aus, denn die Atemluft enthält pathogene Viren, Bakterien, Hefen und Pilze. Daher ist die Nasenschleimhaut das am häufigsten infizierte Gewebe des Körpers – allein mehr als zweihundert Viren sind als Auslöser einer infektiösen Rhinitis bekannt. Die Bedeutung der Nase als vorderste Barriere wird noch klarer, wenn man bedenkt, daß sie auch primärer Ort der Infektion ist bei anderen verbreiteten Leiden wie Grippe, Masern, Mumps, Windpocken und vielen weiteren Kinderkrankheiten.

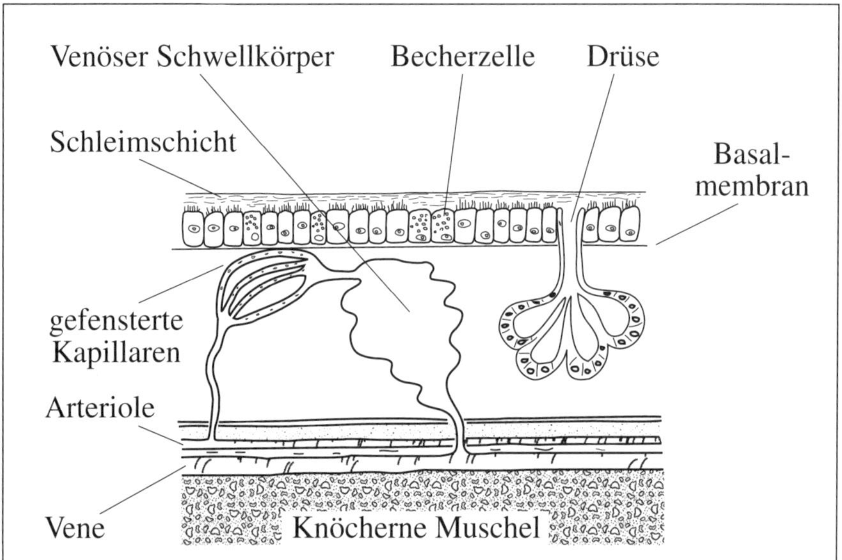

Abbildung 2: **Die Nasenschleimhaut:** Das zarte, zilientragende respiratorische Epithel ist von einer schützenden Schleimschicht bedeckt. Der venöse Schwellkörper ist ein hervorstechendes Merkmal bei der histologischen Untersuchung und besteht aus großen venösen Sinusoiden. Die gefensterten Kapillaren tragen mit einem Plasmatranssudat zu der Schleimschicht bei.

Im Gegensatz zur Haut, die sich mit einer Schicht toter Zellen schützt, ist die Nasenschleimhaut der feindlichen Umgebung unmittelbar ausgesetzt. Ständig lagern sich Teilchen auf ihrer Oberfläche ab. Das Flimmerepithel und die darauf liegende Schleimschicht befördern inhalierte Substanzen ständig wie ein Fließband wieder nach außen («mukoziliäre Clearance») [2]. Jede Störung der mukoziliären Clearance setzt die Nasenschleimhaut daher möglichen Beschädigungen und Infektionen aus. Der Schleim der Nase enthält bakteriostatische Substanzen wie Lysozym und Lactoferrin sowie sekretorische Antikörper gegen virale Infektionen. Diese chemischen und physikalischen Barrieren müssen erst einmal überwunden werden, erst dann treten die nasalen Entzündungs- und Immunantworten in Aktion, um die Nasenschleimhaut zu verteidigen und zu reparieren.
Nasenmuscheln und -scheidewand sind vom in Abbildung 2 dargestellten Flimmerepithel bedeckt, das auch in der Lunge und in der Luftröhre dazu dient, die darauf liegende Schleimschicht zu transportieren. Die Zilien schlagen mit einer Frequenz von 10–20 Mal pro Sekunde und bewegen so die Schleimschicht pro Minute etwa einen Zentimeter. Schmutz und Zelltrümmer werden, eingeschlossen in den Schleim, aus Lunge und Nase in den Rachen transportiert, wo sie verschluckt werden. In der Schleimschicht gefangene Bakterien und Viren werden von der Magensäure zerstört.
Die nasale mukoziliäre Clearance kann beim Menschen wie folgt gemessen werden: Man setzt ein Stückchen Saccharin an das vordere Ende der unteren Nasenmuschel und stoppt die Zeit, bis ein süßer Geschmackseindruck das Eintreffen des Saccharins im Rachen anzeigt, wo es geschluckt wird [3]. Die Geschwindigkeit der mukoziliären Clearance gemessen über diesen Saccharintransport oder andere Methoden variiert über einen weiten Bereich, berichtet werden zwischen einem und 20 Millimetern pro Minute. Es ist unklar, warum beim gesunden Menschen derartige Unterschiede auftreten, dies kann jedoch mit früheren Infektionen der oberen Atemwege zusammenhängen, die in den vorliegenden Studien in der Regel nicht immer ausreichend dokumentiert wurden. Bei körperlicher Anstrengung steigt die Frequenz der Flimmerbewegung, beim Schlafen sinkt sie. Heiße Getränke steigern die Rate ebenfalls, bei Entwässerung sinkt sie ab. Auch akute Infektionen der oberen Atemwege und die Inhalation von Luftschadstoffen verlangsamen die mukoziliäre Clearance. Topische nasale Dekongestiva beeinflussen sie offenbar nicht, allerdings zeigen in-vitro-Studien an tierischen Luftröhren, daß die Konservierungsmittel in Nasensprays einen toxischen Effekt auf die Zilien haben können. Die Rate der Flimmerbewegung muß nicht auf beiden Seiten der Nase gleich sein; es konnte gezeigt werden, daß die Clearance in Zusammenhang mit dem Nasenluftwiderstand steht und um so schneller ist, je geringer der Widerstand ist.
Die Schleimschicht auf der Nasenschleimhaut wirkt als Grenzfläche zwischen feindlicher Außenwelt und dem empfindlichen Epithel der Nasenhöhle. Das Sekret ist eine komplexe Mischung aus vier Quellen: den seromukösen Drüsen,

Becherzellen, Plasmatransudat aus den Kapillaren und Zellbruchstücken. Dazu kommt – durch den Tränenkanal – Tränenflüssigkeit und das Sekret der Bowman-Drüsen der Riechschleimhaut.
Normalerweise ist die Nasenschleimhaut nur von einer dünnen Schicht Schleim bedeckt. Physikalische oder chemische Reizung der sensorischen Nerven in der Nase lösen jedoch einen nasalen Reflex aus – eine heftige wäßrige Sekretion aus tief in der Schleimhaut gelegenen Drüsen. Diese Sekretion dient als Schutzreflex, sie spült reizende Stoffe von der Schleimhaut. Die tief in der Nasenschleimhaut liegenden Drüsen werden vom parasympathischen Nervensystem versorgt: Auch die elektrische Stimulation parasympathischer Nerven löst eine heftige wäßrige Sekretion in der Nase aus [4]. Die Sekretion wird durch den Neurotransmitter Acetylcholin kontrolliert. Anticholinerge Substanzen wie Atropin können diese Sekretion vollständig blockieren. Die operative Durchtrennung der zur Nase führenden parasympathischen Nerven wurde erfolgreich bei einigen Patienten zur Kontrolle heftiger wäßriger Sekretionen aus der Nase eingesetzt.
Die Becherzellen in der Nasenschleimhaut setzen den Schleim frei, der zu den chemischen und physikalischen Eigenschaften der Schleimschicht beiträgt. Diese Sekretionen aus den Becherzellen werden nicht von den gleichen parasympathischen Nerven kontrolliert wie die Drüsen der Nasenschleimhaut, sondern durch die Freisetzung von Peptiden oder Tachykininen aus trigeminalen sensorischen Nerven. In der Lunge übernimmt der Vagus diese Aufgabe. Eine physikalische oder chemische Reizung der Luftwege stimuliert sensorische Nerven, und über einen Axonreflex wird die Schleimproduktion in den Becherzellen ausgelöst. Eine virale Infektion der Luftwege stimuliert ebenfalls sensorische Nerven, wie das begleitende Niesen zeigt, und löst die Produktion von Tachykininen und von Schleim in den Becherzellen aus. Der Schleim stellt einen wichtigen Schutz der Atemwege dar, er schließt Viren und Bakterien ein, die dann durch die mukoziliäre Clearance entfernt werden [6].

Nasale Reflexe

Eine leichte mechanische oder chemische Reizung der Nasenschleimhaut verursacht Niesen, eine wäßrige Nasensekretion und eine Verstopfung der Nase [4, 7]. Diese Reaktionen sind typische Symptome einer Rhinitis. Auf diese Weise soll reizendes Material ausgeschieden werden. Die Verstopfung ist die Folge einer verstärkten Durchblutung der Schleimhaut, wodurch die Gewebereparatur unterstützt und die Abwehr von Infektionen verstärkt wird. Eine stärkere Stimulation der Nasenschleimhaut kann heftige respiratorische und kardiovaskuläre Reaktionen mit Bradykardie (Absinken der Herzfrequenz) und Atemnot zur Folge haben. Derartige Reaktionen zählen ebenfalls zum Verteidigungsrepertoire des Körpers: Durch die Atemnot wird verhindert, daß reizendes Material in die Lunge gelangt, gleichzeitig bewahrt die Bradykardie das Herz vor Sauerstoffmangel.

Die durch die Reizung der Nase ausgelösten Reflexe sind Folge der Stimulation trigeminaler sensorischer Nervenfasern. Sie verschwinden bei einer Durchtrennung der trigeminalen Nerven, wogegen die Abtrennung des olfaktorischen Trakts die Reflexe scheinbar unbeeinträchtigt läßt. Die sensorischen trigeminalen Nerven sind abgeleitet vom N. ophthalmicus und N. maxillaris des trigeminalen Ganglions. Sie versorgen die Nasenschleimhaut mit Fasern, die zwischen den Epithelzellen der Nase liegen und sich auch um Drüsen und Blutgefäße wickeln. Die Anbindung der Nase an den Trigeminus erfüllt eine Reihe sensorischer Aufgaben: Berührung, Schmerz, Temperatur, Juckreiz und Chemikalieneinwirkung werden hier registriert. Bei Untersuchungen des Aufbaus der trigeminalen Nervenenden in der Nasenschleimhaut fand man lediglich blanke Nervenenden; die sensorischen Nerven scheinen ohne jede spezialisierte Struktur zu arbeiten [8].

Die Schutzreflexe werden über trigeminale Schmerzrezeptoren (Nozizeptoren) vermittelt, die über C-Fasern verbunden sind. Die Applikation von Capsaicin (ein Bestandteil von Pfeffer) auf die Nasenschleimhaut aktiviert spezifisch die nichtmyelinisierten afferenten Nervenenden der C-Fasern. Capsaicin wurde daher vielfach als pharmakologisches Werkzeug eingesetzt, um die Funktion dieser Nervenenden zu untersuchen. Bei den C-Fasern selbst scheint es sich um eine heterogene Gruppe zu handeln: Auf die Nasenschleimhaut appliziertes Nikotin löst einen Niesreiz aus, jedoch über andere Nerven als die, die von Capsaicin aktiviert werden.

Die sensorischen Nerven in der Nasenschleimhaut reagieren auf physikalische und chemische Reize, es ist jedoch nicht sicher, ob die Nerven direkt auf den Reiz reagieren oder über die Freisetzung des lokalen Mediators Bradykinin, der bei der Beschädigung von Zellen freigesetzt wird. Wird mit genügend hoher Intensität stimuliert, kann die Nasenschleimhaut Schaden erleiden; das Gefühl des Reizes in der Nase und eventuell auftretender Schmerz können Folge der Bildung von Mediatoren wie Bradykinin sein, die dann sensorische Nervenenden stimulieren. Man vermutet, daß Bradykinin für viele der Erkältungssymptome verantwortlich ist, da eine gezielte Provokation der Nase mit Bradykinin nasale Sekretion, Verstopfung, Reizung und Halsschmerz hervorruft [9].

Das Niesen ist der häufigste respiratorische Reflex. Er ist Teil einer Reihe von Reaktionen auf eine abnormale Stimulation der Nasenschleimhaut. Dazu gehören auch Zuckungen der Nase und im Gesicht, Zwinkern, Tränenfluß und ein wäßriges Nasensekret, das oft begleitet wird von einem vorübergehenden Anschwellen der nasalen Blutgefäße. Niesen kann viele Ursachen haben, beispielsweise mechanische Reizung der Nasenschleimhaut, Abkühlung der Haut, helles Licht, Reizung der Kopfhaut in der Nähe des Haaransatzes an der Stirn, Provo-

kation der Nase mit einem Allergen, mit Histamin oder Capsaicin sowie psychologische Faktoren. Die Reaktion auf helles Licht wird als «Photo-Niesen» beschrieben. Es gibt Anzeichen dafür, daß diese Neigung genetisch bedingt ist. Das Niesen wird in einer Region des Hirnstamms kontrolliert, die als «Nieszentrum» mit einem Schwellen- oder Auslösemechanismus arbeitet: Ein gegebener Reiz wie mechanische Stimulation der Nase kann lediglich das Bedürfnis wecken zu Niesen; anschließend kann ein Niesen ausgelöst werden, indem ein weiterer Stimulus überlagert wird, der ganz anderen Ursprungs sein kann, etwa ein heller Lichtstrahl in die Augen.
Ein ähnlicher natürlicher Reflex wie die Bildung eines wäßrigen Nasensekrets kann auch im Tierversuch durch elektrische Stimulation der afferenten sensorischen Trigeminusnerven oder der afferenten parasympathischen Innervation hervorgerufen werden. Daß es sich bei wäßriger Rhinorrhoe um einen Reflex handelt, kann auch beim Menschen durch Provokation mit einem Allergen demonstriert werden: Eine einseitige Provokation löst auf beiden Seiten eine Sekretion aus. Niesen ist auch ein verbreitetes Symptom bei nasaler Allergie. Man vermutet, daß es hier durch Histamin ausgelöst wird, das spezielle H_1-Rezeptoren an den sensorischen Nervenenden des Trigeminus stimuliert. Daher können Antihistamine, die auf H_1-Rezeptoren wirken, das Niesen wirksam kontrollieren.
Die wäßrige Sekretion ist nur eine Komponente des Nasensekrets, das außerdem Plasmatransudat aus den Kapillaren der Nase enthält [10].

Die Blutgefäße der Nase

Die Nasenschleimhaut enthält ein komplexes Netzwerk von Blutgefäßen, die vereinfacht in Widerstands- und Speichergefäße unterschieden werden können. Die Widerstandsgefäße sind vor allem dünne Arterien, Arteriolen und arteriovenöse Verbindungen (*Anastomosen*). Die dünnen Arterien versorgen die Drüsen und andere Strukturen in der Schleimhaut mit Sauerstoff und Nährstoffen, während die arteriovenösen Anastomosen offenbar an der Wärmeübertragung von der Schleimhaut zur Atemluft beteiligt sind.
Die venösen Sinusoide der Nase, besondere dünne Blutgefäße, werden oft als venöses Schwellgewebe bezeichnet, da sie die gleichen erektilen Eigenschaften haben wie die Blutgefäße im Penis. Besonders ausgeprägt sind sie an der Spitze der unteren Nasenmuschel. Eine Schwellung in dieser Region kann die Nase völlig verstopfen. Die Vasodilatation nasaler Blutgefäße bei einer Infektion oder Allergie führt zu einem Stau in den venösen Sinusoiden. Dies ist Ursache der Verstopfung bei Erkältung oder Heuschnupfen. Die venösen nasalen Sinusoide sind dicht von sympathischem Nervengewebe durchzogen, Noradrenalin und

Neuropeptid Y agieren hier als wirksame vasokonstriktorische Neurotransmitter. Die zur Nase führenden sympathischen Nerven werden durch körperliche Anstrengung aktiviert, sie lösen die Verstopfung und verringern den nasalen Atemwiderstand. Die Blutgefäße der Nase reagieren besonders empfindlich auf Adrenalin; jeder Reflex, der als Reaktion auf Schmerz oder Angst Adrenalin freisetzt, führt unwillkürlich zu nasaler Gefäßverengung. Sympathomimetische Wirkstoffe wie Oxymetazolin haben sich als topische Dekongestiva bewährt, da sie die Wirkung von Noradrenalin nachahmen und so zu einer Verengung der venösen Sinusoide und einer Verringerung des Atemwiderstands in der Nase führen.

Die Entzündung der Nase

Die Nasenschleimhaut ist ständig geringen mechanischen Reizen durch abgelagerte Partikel sowie durch Verletzungen und Austrocknung infolge der eingeatmeten Luft ausgesetzt. Der Verschluß eines Nasenlochs verhindert diese Reizung und führt zu Veränderungen im histologischen Erscheinungsbild der Schleimhaut mit einigen degenerativen Veränderungen des respiratorischen Epithels. Daher mag der ständige leichte Reiz wichtig zur Aufrechterhaltung der Vitalität des Gewebes sein, er kann als natürlicher und nützlicher Stimulus eingestuft werden. Heftigere mechanische oder chemische Reize lösen jedoch die besprochenen Reflexe und eine Nasenentzündung aus. Wird das Gewebe verletzt, entweder mechanisch, chemisch, durch Hitze, Kälte, eine Infektion oder andere Vorgänge, entwickelt sich als Folge der Beschädigung von Zellen und die Bildung einer komplexen Mischung lokaler Mediatoren eine Entzündung. Sie wird charakterisiert durch

- Erweiterung lokaler Blutgefäße
- erhöhte Durchlässigkeit der Kapillaren mit Verlust von Flüssigkeit und Makromolekülen in den Zellzwischenraum (*Interstitium*)
- Koagulation von Fibrinogen im Zellzwischenraum
- die Einwanderung von Granulozyten und Monozyten in das Gewebe und
- eine Schwellung des Interstitiums durch Ödeme.

Wichtige Mediatoren der Entzündung als Immunantwort auch in den Atemwegen sind Histamin, Bradykinin, Prostaglandine, Produkte des Komplementsystems, Tachykinine wie Substanz P und andere Neuropeptide, Lymphokine und weitere von Lymphozyten freigesetzte Substanzen. Entzündungen als Teil der Verteidigung des Körpers treten in allen Geweben auf, besonders ausgeprägt bei der Haut und den Schleimhäuten, die der Umgebung unmittelbar ausgesetzt sind. Im Zuge der Evolution entwickelte sich die Entzündung vermutlich als

einer der ersten Verteidigungsmechanismen. Mit zunehmender Komplexität des tierischen Gewebes wurden nervöse und vaskuläre Komponenten sowie Produkte der Leukozyten in die Abläufe integriert, es entstand ein Komplex überlappender biochemischer und nervöser Reaktionen.
Die Rhinitis ist eine solche Reaktion der Nasenschleimhaut auf eine Infektion oder Allergie. Die Unterschiede in den Symptomen zwischen infektiöser und allergischer Rhinitis sind Folge der unterschiedlich zusammengesetzten «Cocktails», mit denen der Körper auf den Angriff von außen reagiert. Selbst beim Gesunden können in einer Nasenspülung eine hohe Zahl von Leukozyten nachgewiesen werden.
Die Reizung der sensorischen Trigeminusnerven löst nicht nur nasale Reflexe wie das Niesen (siehe oben) aus, diese Nerven haben auch eine efferente Funktion. Eine gegenläufige (*antidrome*) Stimulation der nasalen Trigeminusnerven führt zur Vasodilatation und einer Erhöhung der Kapillarpermeabilität als Folge der Ausschüttung von Neuropeptiden wie Substanz P, *Calcitonin gene related peptide* (CGRP) und der Neurokinine A und B. Diese Familie von Neuropeptiden, die eine gemeinsame Sequenz von Aminosäuren am C-Terminus verbindet, werden auch als Tachykinine bezeichnet [5]. Eine mechanische oder chemische Reizung der sensorischen Nerven oder eine Stimulation durch Beschädigung von Zellen und Bradykininbildung verursacht einen Axonreflex und die Ausschüttung von Tachykininen um Blutgefäße und Drüsen herum. Durch die resultierende Gefäßerweiterung und Erhöhung der Kapillarpermeabilität gelangen Plasmaproteine auf die Oberfläche der Nasenschleimhaut. Dieses Transudat enthält Plasmaproteine, die zur Immunantwort beitragen und auch als Antikörper gegen die Infektion wirken können. Die Kapillaren der Nasenschleimhaut verlaufen dicht an der Oberfläche, sie haben winzige zur Oberfläche der Nasenschleimhaut gerichtete Öffnungen. Dieses subepitheliale Netzwerk steuert das Plasmafiltrat oder Transudat zum normalen Sekret bei; seine Produktion nimmt zu, wenn die Durchlässigkeit der Kapillaren als Folge einer Entzündung ansteigt.

Der nasale Atemwegswiderstand

Bei Erwachsenen macht die Nase zwei Drittel des gesamten Atemwegswiderstandes aus. Dieser Widerstand der Nase kann in drei Teile untergliedert werden: den Nasenvorhof, das Nasenventil und die Passage durch die Nasenmuscheln.
Aufgrund seiner nachgiebigen Wände kann der Nasenvorhof als Folge des beim Einatmen entstehenden Unterdrucks zusammenbrechen und so den Luftstrom durch die Nase begrenzen. Bei Ausatmen wird der Vorhof durch den leichten Überdruck eher erweitert. Der Nasenvorhof ist von Knorpel umgeben, welcher

mit Muskeln verbunden ist, die vom Gesichtsnerv (*N. facialis*) kontrolliert werden. Die Nasenmuskeln stabilisieren hauptsächlich den Nasenvorhof und verhindern, daß auch bei höherem Unterdruck durch schnelles und tiefes Einatmen der weiche knorpelige Eingang kollabiert.
Der niedrigste Querschnitt der Nasenluftpassage bestimmt den dem Luftstrom entgegengesetzten Widerstand, diese Region wird oft als «Nasenventil» bezeichnet. Sie liegt in Höhe der Spitze der unteren Nasenmuschel [11]. Das Nasenventil ist dynamisch, das venöse Schwellgewebe der unteren Nasenmuschel kann nach topischer Applikation von Histamin um bis zu fünf Millimeter wachsen und so die Nasenluftpassage vollständig blockieren. Um die Nasenmuscheln herum ist der Querschnitt der Nasenluftpassage vergleichsweise groß; diese Region hat normalerweise kaum Anteil am Luftwiderstand. Beim Gesunden hängt der Widerstand vor allem vom Grad der Schwellung des venösen Schwellgewebes und der Aktivität derjenigen Muskeln ab, die die Durchgängigkeit der Nasenlöcher beim Einatmen kontrollieren.
Das venöse Schwellgewebe der Nasenschleimhaut zeigt eine dichte adrenerge sympathische Innervation. Deren elektrische Stimulation führt zu einer ausgeprägten Gefäßverengung und einem deutlichen Absinken des in der Schleimhaut gespeicherten Blutvolumens. Unter normalen Bedingungen liegt hier ein kontinuierlicher sympathischer Vasokonstriktortonus vor. Ein Durchtrennen oder örtliche Betäubung der sympathischen Nerven im Nacken, die die Nasenschleimhaut versorgen, führen auf der gleichen Seite zur Verstopfung der Nase und erhöhen den Luftwiderstand in der Nase.
Die zur Nase führenden parasympathischen Nervenfasern steuern die wäßrige Sekretion, damit haben sie jedoch kaum Einfluß auf den Luftwiderstand. Nur der dicke, viskose Schleim, der mit einer Infektion der oberen Atemwege assoziiert ist, kann den nasalen Luftwiderstand beeinflussen und so zu der bei Schnupfen bekannten Verstopfung der Nase beitragen.
Untersuchungen gesunder Probanden ergaben Strömungswiderstände um 0,25 Pa cm^3 s (zwischen 0,15 und 0,4 Pa cm^3 s). Am höchsten ist der Widerstand beim Säugling (1,2 Pa cm^3 s); er sinkt dann bis zum 16.-18. Lebensjahr ab, anschließend sinkt er nur noch langsam mit zunehmendem Alter.
Der Strömungswiderstand der Nase kann mittels Rhinomanometrie gemessen werden. Dazu wird der Luftstrom durch die Nase und der treibende Luftdruck im hinteren Teil der Nase ermittelt. Zur Strömungsmessung verwendet man einen an einer Nasenmaske angebrachten Strömungskopf oder Pneumotachograph, zur Messung des Luftdrucks eine Kanüle durch den Mund, die wie in Abbildung 3 dargestellt Druckunterschiede im hinteren Teil der Nase mißt.
Der Luftstrom durch die Nase ist normalerweise asymmetrisch. Etwa 80 Prozent der Bevölkerung zeigen (ohne es zu bemerken, da der Gesamtwiderstand gleich bleibt) spontane reziproke Veränderungen des Strömungswiderstandes in einem Nasengang, wobei die beiden Nasengänge abwechselnd verstopft sind. Diese

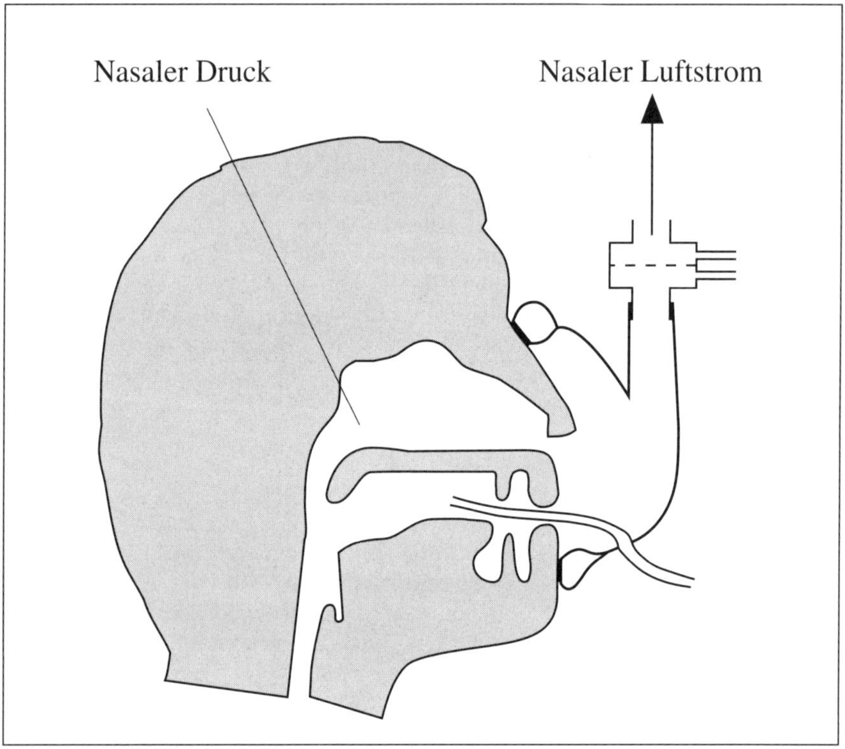

Abbildung 3: **Die posteriore Rhinomanometrie:** Der nasale Strömungswiderstand für Luft wird mit Hilfe einer Gesichtsmaske, eines Strömungsmeßkopfes und eines Mundröhrchens zur Bestimmung des Strömungsdrucks der Luft im hinteren Abschnitt der Nase, gemessen.

reziproken Oszillationen haben eine Periode von zwei bis vier Stunden und werden als «nasaler Zyklus» bezeichnet. Es gibt jedoch kaum Belege für eindeutig zyklische Veränderungen. Ein Beispiel eines solchen Zyklus zeigt Abbildung 4. Es gibt einige Anzeichen dafür, daß dieser nasale Zyklus auf reziproke Veränderungen in der Aktivität der sympathischen Nerven der venösen Sinusoide zurückzuführen sind. Solche Veränderungen wurden auch bei der Ratte, bei Kaninchen, Katzen und Schweinen beobachtet. Tierversuche zeigen, daß Veränderungen des nasalen Strömungswiderstandes von den respiratorischen Bereichen des Hirnstamms kontrolliert werden. Die Funktion dieses Zyklus ist unbekannt, er verhilft möglicherweise den beiden Seiten abwechselnd zu einer Erho-

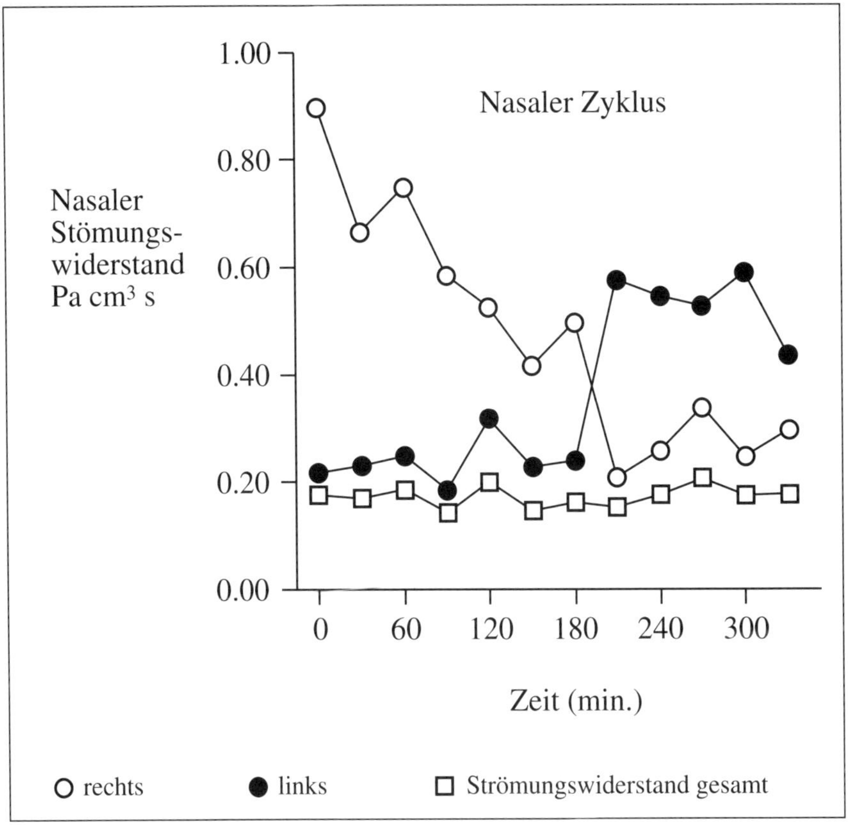

Abbildung 4: **Der nasale Zyklus:** Die beiden Luftwege der Nase weisen normalerweise einen wechselnden, gegensätzlichen Strömungswiderstand auf, während der Gesamtströmungswiderstand relativ konstant bleibt. Die Werte für die rechte bzw. linke Nasenhälfte sind mit den offenen bzw. gefüllten Kreisen, für den Gesamtströmungswiderstand mit den offenen Quadraten gekennzeichnet.

lungsphase. Es gibt einige Anzeichen, daß die reziproken Veränderungen der Schwellung des venösen Schwellgewebes von einer Hemmung der Sekretion in den nasalen Drüsen der verstopften Seite begleitet werden.
Veränderungen der Körperhaltung können über reflektorische Veränderungen der Sympathikus-Aktivität deutliche Veränderungen des nasalen Strömungswiderstandes bewirken. Beim Liegen auf der Seite verstopft so der tiefergelegene Nasengang, der höhere wird frei. Die dafür verantwortlichen Veränderungen

der sympathischen Aktivität werden ausgelöst durch einen asymmetrischen Druckstimulus auf die Haut, wobei die Achselregion hinsichtlich dieses Reflexes am empfindlichsten ist [12]. Dieser Reflex dominiert über den nasalen Zyklus und sorgt dafür, daß jeweils der höhergelegene Nasengang als Luftweg dominiert.

Die subjektive Empfindung eines Luftstroms durch die Nase ist für das Wohlbefinden des Patienten äußerst wichtig, wird jedoch von Klinikern häufig übersehen. Eine verstopfte Nase stört nicht nur, weil so das Atmen erschwert wird, sondern auch weil der normale kühle Luftstrom durch die Nase beruhigend und auch als leichtes Stimulans wirkt. Unsere Wahrnehmung der Atmung und des regelmäßigen Atemrhythmus rührt vor allem von der Stimulation sensorischer Rezeptoren in der Nase her, weniger von Streckrezeptoren der Lunge oder Bewegungsmeldern (*Propriozeptoren*) der respiratorischen Muskeln der Brust und des Zwerchfells.

Der kühle Eindruck eines erhöhten Luftstroms durch die Nase, den die Inhalation von Menthol hervorruft, wird auf die Stimulation von Kälterezeptoren zurückgeführt, welche zur trigeminalen Nervenversorgung der Nase zählen [13]. Diese Rezeptoren liegen vermutlich vor allem im Nasenvorhof, der mit einem schuppigen Epithel ähnlich der Gesichtshaut ausgekleidet ist. Es gibt auch Anzeichen dafür, daß die Nasenschleimhaut an der Wahrnehmung des Luftstroms beteiligt ist: Eine Lokalanästhesie der Nasenschleimhaut verringert diese Wahrnehmung. Menthol ist weit verbreitet um verstopfte Nasen zu behandeln; es verschafft zwar rasch Erleichterung, indem es den kühlen Eindruck der Nasenatmung verstärkt, es hat jedoch keine dekongestive Aktivität.

Der Kehlkopf

Am Eingang der unteren Atemwege wirkt der Kehlkopf als schützendes Ventil. Er besteht aus einem Gerüst von beweglich miteinander verbundenen Knorpeln. Zwei Falten, die obere Taschenfalte (*Plica vestibularis*) und die untere Stimmfalte (*Plica vocalis*), bilden zusammen einen luft- und wasserdichten Verschluß. Die Oberfläche des Kehlkopfes ist äußerst empfindlich gegenüber mechanischen und chemischen Reizen. Dies wird deutlich, wenn man sich verschluckt und so versehentlich Wasser oder andere Substanzen mit dem Kehlkopf in Kontakt kommen. Der resultierende Reflex dient als Schutz der Lunge gegenüber der Außenwelt. Ist der Hustenreflex durch Schädigung der sensorischen oder motorischen Nerven des Kehlkopfes ausgeschaltet, dann kann die Aspiration von Essen oder Getränken in die Atemwege zu Infektionen und Lungenentzündung führen.

Entzündungen und Infektionen des Kehlkopfes reizen die sensorischen Nerven in der dortigen Schleimhaut und lösen so den Hustenreflex aus. Der Husten ist «trocken» und unproduktiv, da er keine Funktion erfüllt wie etwa den Luftweg vor einer Verstopfung zu bewahren. Die sensorischen Nerven im Kehlkopf sind Verzweigungen des Vagus und unabhängig von den Trigeminusnerven der Nase, die am Niesreflex beteiligt sind. Daher lösen auf die Nase beschränkte Irritationen lediglich ein Niesen, jedoch keinen Husten aus. Die mechanische Stimulation von Rachen und Kehldeckel löst einen Würgreflex aus, der den Luftweg verschließt und Essen o. ä. zurück in Richtung Mund schiebt. Daher kann eine Infektion oder Entzündung des Rachens zwar Schluckbeschwerden hervorrufen, es folgt jedoch nicht automatisch auch ein Husten, solange der Kehlkopf nicht betroffen ist.

Dieselben physikalischen und chemischen Reize, die im Kehlkopf Husten auslösen, können auch sensorische Rezeptoren in der Luftröhre stimulieren. Ein trockener Reizhusten kann demnach auch Folge einer Infektion der Luftröhre sein.

Husten kann auch durch die Stimulation sensorischer Nerven in den Bronchien und Bronchiolen verursacht werden (s. a. Kapitel Lode, Husten S. 163). Diese Nerven reagieren offenbar empfindlich auf die Gegenwart dicker Schleimpfropfen und auf die Verlegung der Luftwege. Dickes Sekret tritt auf bei Infektionen der unteren Atemwege (Bronchitis), es kann den «Brusthusten» auslösen, mit dem Schleim aus den Bronchien transportiert wird.

Literatur

Allgemeine Literatur:

The nose. Upper airway physiology and the atmospheric environment. Eds. Proctor, D.F., Andersen, I., Elsevier Biomedical Press, Amsterdam, 509 S., (1982).

Respiratory function of the upper airway. Eds. Mathew, O.P., Sant'Ambrogio, G.. Lung Biology in Health and Disease volume 35, Marcel Decker, New York, 645 S., (1988).

Allergic and non-allergic rhinitis, clinical aspects. Mygind, N., Naclerio, R.M. Eds., Munksgaard, Copenhagen, 193 S. (1993).

Scott-Brown's Otolaryngology. Rhinology volume 4. Fifth edition, Mackay, I.S., Bull, T.R. Eds., Butterworths, London, 385 S. (1987).

Im Text zitierte Literatur:

1. Gwaltney, J.M., C.D. Phillips, R.D. Miller, and D.K. Riker (1994) Computed tomographic study of the common cold. N. Engl. J. Med. 330: 25–30
2. Proctor, D.F. (1982) The mucociliary system, in The nose. Upper airway physiology and the atmospheric environment D.F. Proctor and I. Andersen, Editors. Elsevier Biomedical Press: Amsterdam. p. 245–278.
3. Moriaty, B.G., A.M. Robson, L.A. Smallman, and A.B. Drake-Lee (1991) Nasal mucociliary function:comparison of saccharin clearance with ciliary beat frequency. Rhinology 29: 173–179

4. Eccles, R. (1982) Neurological and pharmacological considerations., in The nose, upper airways physiology and the atmospheric environment D.F. Proctor and I. Anderson, Editors. Elsevier: Amsterdam. p. 191–214.
5. Maggi, C.A. (1993) Tachykinin receptors and airway pathophysiology. Eur.Respir.J. 6: 735–742
6. Plotkowski, M.C., O. Bajolet-Laudinat, and E. Puchelle (1993) Cellular and molecular mechanisms of bacterial adhesion to respiratory mucosa, Eur. Respir. J. Eur. Respir. J. 6: 903–916
7. Baraniuk, J.N. (1991) Neural control of human nasal secretion. Pulmonary Pharmacol 4: 20–31
8. Finger, T.E., M.L. Getchell, T.V. Getchell, and J.C. Kinnamon (1990) Affector and effector functions of peptidergic innervation of the nasal cavity., in, Irritation, Chemical senses B.G. Green, J.R. Mason, and M.R. Kare, Editors. Marcell Dekker: New York. p. 1–17.
9. Proud, D., et al. (1988) Nasal provocation with bradykinin induces symptoms of rhinitis and a sore throat. Am Rev Respir Dis 173: 613–616
10. Persson, C.G.A. (1991) Plasma exudation in the airways: Mechanisms and function. Eur. Res. J. : 1268–1274
11. Haight, J.S.J. and P. Cole (1983) Site and function of the nasal valve. Laryngoscope 93: 49–55
12. Davies, A.M. and R. Eccles (1985) Reciprocal changes in nasal resistance to airflow caused by pressure applied to the axilla. Acta Otolaryngologica (Stockholm) 99: 154–159
13. Eccles, R. (1990) Effects of menthol on nasal sensation of airflow, in Chemical Senses «Irritation». B.G. Green, Editor. Dekker: New York. p. 275–295.

R. Rott Allgemeines über Viren

Viren werden gelegentlich als vagabundierende Träger genetischer Information bezeichnet. Sie enthalten wie jede Zelle ein genetisches Programm, das Mutationen unterworfen ist und damit Anpassungen an wechselnde Umstände ermöglicht. Ihr genetisches Material besteht entweder, wie das jeder Zelle, aus DNA oder aber aus RNA, die in der im Viruspartikel vorkommenden Form in der Zelle als Vermittler der von Genen ausgehenden Direktiven benutzt wird. Beide Nucleinsäuretypen zusammen kommen im Viruspartikel nicht vor. Die in den Viruspartikeln gespeicherte genetische Information ist in 2 000–300 000 Nucleotiden (2–300 Kilobasen, kb) niedergelegt. Mit Ausnahme der Retroviren enthalten die Viruspartikel nur eine Genomkopie. Ihre Nucleinsäure ist durch eine Proteinhülle (Capsid) umgeben. Nucleinsäure und Capsid gehören als sogenanntes Nucleocapsid zur Minimalausstattung eines Virus. Dazu kann bei einigen komplexer aufgebauten Virusarten noch eine zusätzliche Außenhülle (Envelope) kommen, die eine virusspezifisch veränderte Zellmembran darstellt. Auf diese Weise geschütztes genetisches Material kann den Ort seiner Synthese und Wirksamkeit verlassen und so als «Vagabund» andere Zellen befallen.

Virus-Genom

Das Genom DNA-enthaltender Viren besitzt zum Teil besondere Merkmale, die mit ihrer speziellen Replikationsstrategie zusammenhängen. Es besteht bis auf wenige Ausnahmen aus einem doppelsträngigen (ds) DNA-Molekül, das in linearer oder zirkulärer Form vorliegen kann. Die zirkularisierte Form der DNA kann auch erst in der infizierten Zelle gebildet werden. So findet man zirkularisierte DNA bei allen tumorinduzierenden Viren. Sie ist Voraussetzung für die Integration der viralen DNA in das Zellgenom oder, wie bei Papillomviren, zur Bildung von Episomen, d. h. sich autonom vermehrenden Minichromosomen. Verschiedene DNA-Viren enthalten an ihrem Ende sich häufig wiederholende Nucleotidsequenzen (terminal redundancies), die inkomplett sich vermehrenden Molekülen erlauben, sich durch Rekombination zu komplettieren. Andere haben Palindrome oder sog. terminale Proteine an ihren Enden, die als Primer bei der DNA-Replikation dienen. Wieder andere DNA-Viren besitzen Transposon-ähnliche, sog. Terminal Repeats. Die Expression der in DNA-Viren vorhan-

denen Gene wird wie diejenige der Wirtszelle kontrolliert, so bei eukaryotischen Viren durch Promotoren, Enhancer, Initiations- und Stopsignale sowie Spleißstellen, d.h. nichtcodierende Sequenzen, von denen einige, sog. Konsensussequenzen, während der Evolution stark konserviert sind.
Das Genom der RNA-Viren ist ein- (ss) oder doppelsträngig (ds). Es kann aus einem durchgehenden RNA-Strang oder aus RNA-Segmenten bestehen, wobei jedes Segment einem Gen entspricht. Das ssRNA-Genom hat unterschiedliche Polarität: Positivsträngige Genome, die nach Aufnahme in der Wirtszelle direkt als Bote (Messenger) für die Proteinsynthese agieren, oder negativsträngige Genome, die keine Messenger-Polarität haben, und daher in der infizierten Zelle zunächst in mRNA transkribiert werden müssen. Positivstrang-RNAs eukaryotischer Viren sind im allgemeinen genau so strukturiert wie eurkaryotische mRNAs: Sie besitzen ein cap am 5′-Ende und einen Poly A-Schwanz am 3′-Ende. Eine Ausnahme stellen Picornaviren dar, die keine cap-Struktur besitzen, jedoch dafür ein kleines Protein, das kovalent an das 5′-terminale Nucleotid gebunden ist. Die Negativstrang-RNAs haben ebenfalls kein cap. Bei ihnen ist das 5′-Ende durch ein Nucleosidtriphosphat terminiert. Die Replikation der viralen RNA wird durch Kontrollsequenzen gesteuert oder durch Sekundärstrukturen, wie Haarnadelschleifen, die als Signale während der Replikation, Transkription oder Translation dienen.
Die bei den ssRNA-Viren negativer Polarität auftretenden RNA-Segmente (Orthomyxoviren) werden getrennt synthetisiert und sind frei austauschbar. Dadurch kann nach einer Doppelinfektion einer Zelle mit zwei verwandten Viren eine neue Genomkonstellation entstehen. Ein durch ein derartiges genetisches Reassortment gebildetes Virus (Reassortante) kann neue biologische Eigenschaften haben.

Virale Strukturproteine

Die Zahl der Proteine, die das Virusgenom codiert, ist durch die geringe Größe der viralen Nucleinsäure stark eingeschränkt. Das Capsid wird daher durch Vereinigung vieler, aus einer oder relativ wenigen Arten bestehenden Proteinuntereinheiten (Protomere) gebildet. Die am Aufbau der Viruspartikel beteiligten Proteine sind symmetrisch oder quasi symmetrisch angeordnet. Nur zwei Symmetrieformen sind bei den Viren verwirklicht worden: Bei Viren mit *helikalem* Nucleocapsid sind die Polypeptidketten des Capsids in spiralförmigen Zylindern angeordnet. Bei den Viren mit *kubischem* Nucleocapsid bilden die Capsidproteine einen Ikosaeder, d.h. einen Platonischen Körper mit 12 Ecken, 20 dreieckigen Flächen und 30 Kanten. Beim helikalen Capsid ist der Durchmesser durch die Charakteristika der Protomere bestimmt, während die Länge durch die von ihnen eingeschlossene Nucleinsäure determiniert ist. Bei den animalen Viren ist das flexible helikale Nucleocapsid von einem Envelope umgeben.

Die in Größe und Form einheitlichen ikosaedrischen Viren können, ähnlich wie Proteine, kristallisiert werden. Es konnten daher röntgenographische Techniken angewendet werden, um die Architektur dieser Viren, z. B. des Rhinovirus, das die infektiöse Rhinitis (Schnupfen) verursacht, aufzuklären. Entsprechende Analysen zeigten, daß das Capsid dieser Viren einen ungeordneten Kern umgibt, der aus der viralen RNA und einigen mit dieser assoziierten Proteinen besteht. Wegen des sehr begrenzten Kernvolumens muß die RNA sehr dicht verpackt vorliegen. Diese dichte Packung wird durch Neutralisation der negativ geladenen RNA-Phosphatgruppen durch positiv geladene Aminosäurereste ermöglicht. Die Capsidoberfläche weist Schleifen und Vertiefungen auf, die antigene Erkennungsstellen (Epitope) darstellen oder Rezeptorbindungsstellen entsprechen, über die sich das Virus an spezifische Zellen anheftet.

Virale Membranhüllen

Das Envelope der behüllten Viren stellt eine virusspezifisch veränderte Zellmembran dar, die während der Virusreifung durch einen als Knospung (Budding) bezeichneten Prozeß erworben wird. Dabei wird die Lipiddoppelschicht der zellulären Membranen direkt übernommen. Charakteristisch für das virale Envelope sind in diese eingebaute virusspezifische Glycoproteine, die als feinste Fortsätze aus der Virusoberfläche herausragen. Sie stellen wesentliche Immunogene dar und spielen bei der Anheftung der Viruspartikel an die Wirtszelle und beim Eindringen des Nucleocapsids in das Zellinnere die entscheidende Rolle.

Virusvermehrung

Zu ihrer Vermehrung sind Viren auf die chemischen Fließbänder und Generatoren lebender Wirtszellen angewiesen, da sie nicht in der Lage sind, aus der Umgebung Stoffe aufzunehmen und diese so umzubauen, daß sie als Energielieferant und eigene Baustoffe benutzt werden können.

Mit der Infektion durch ein Virus wird in den Wirtszellen eine Reihe von Prozessen in Gang gesetzt, die bei einer produktiven Virusvermehrung mit der Bildung neuer infektiöser Viruspartikel zum Abschluß kommt. Entsprechende Versuche wurden im wesentlichen in Zellkulturen durchgeführt. Durch Anwendung einer breiten Palette virologischer, molekularbiologischer und immunhistologischer Methoden konnten Einblicke in die komplexen molekularen Vorgänge und den Ort der Replikation in der Wirtszelle erhalten werden. Dabei zeigte sich, daß trotz recht unterschiedlicher Vermehrungsstrategien verschiedene Phasen im Vermehrungszyklus von allen Virusarten eingehalten werden. Folgende Phasen können unterschieden werden:

1. *Adsorption.* Die Infektion beginnt mit der Anheftung der Viruspartikel an spezifische Rezeptoren der Plasmamembran der Wirtszelle. Die Rezeptoren variieren in ihrer chemischen Spezifität und ihrer Anzahl an der Zelloberfläche. Einige Rezeptoren sind Glycoproteine, andere Phospholipide oder Glycolipide. Die Anwesenheit der Rezeptoren bestimmt, ob eine Zelle durch ein bestimmtes Virus infiziert werden kann oder nicht. Auf diese Weise determiniert die Rezeptorerkennung weitgehend den Wirtstropismus der Viren. Die virale Rezeptorbindungsstelle (Ligand) ist an Proteinen bzw. Glycoproteinen der Virusoberfläche lokalisiert. Die Ligand-Rezeptor-Erkennung ist weitgehend spezifisch, doch können auch verschiedene Viren, z. B. Ortho- und Paramyxoviren, den gleichen, oder verwandte Viren, wie humane und murine Coronaviren, recht unterschiedliche Rezeptoren benutzen.

2. *Die Penetration*, d.h. die Einschleusung des viralen Nucleocapsids in das Zellinnere, erfolgt in den meisten Fällen durch eine rezeptorvermittelte Endocytose, d.h. einen Prozeß, bei dem Teile der Plasmamembran, an die Fremdpartikel gebunden sind, nach innen abgeschnürt werden. Bei umhüllten Viren erfolgt die Einschleusung des viralen Nucleocapsids durch eine Fusion des Virus-Envelopes mit der zellulären Membran. Das ist der einfachste Weg für das Nucleocapsid die Barriere von zwei Membranen zu überwinden. Membranfusion wird durch bestimmte hydrophobe Regionen viraler Glycoproteine vermittelt, die im allgemeinen erst durch intrazelluläre, limitierte proteolytische Spaltung von Vorläufermolekülen in den aktiven Zustand überführt werden.

3. *Uncoating*, d.h. Freisetzung bzw. Zugänglichmachen des viralen Genoms, beruht zum Teil auf einer Wechselwirkung der viralen *Oberflächenkomponenten* mit Endosomen oder endosomalen Membranen. Auf diese Weise wird bei den *umhüllten* Viren das Nucleocapsid direkt in das Cytoplasma abgegeben. Bei manchen, *nichtumhüllten* Viren werden nur einige *Capsidproteine* entfernt, und das virale Genom exprimiert alle seine Funktionen, ohne daß es vollkommen vom Capsid freigesetzt wird.

4. Während der nun folgenden sog. *Eclipse*, bei der die infizierenden Viren mit den üblichen Methoden nicht mehr nachzuweisen sind, erfolgt die Replikation des Virusgenoms, seine Transkription und seine Translation. Auf diese vielfältigen Prozesse, bei denen, abhängig von der Art und Struktur des Virusgenoms, recht unterschiedliche Mechanismen verfolgt werden, kann aus verständlichen Gründen hier nicht eingegangen werden. Die entsprechenden Analysen haben grundsätzlich gezeigt, daß die Replikation der Virus-DNA zumeist im Zellkern erfolgt und jener des zellulären Genoms ähnelt. Die auf dem DNA-Genom lokalisierten Kontrollelemente sorgen für eine kontrollierte Transkription und Translation. Die Vermehrung der meisten RNA-Viren erfolgt dagegen im Cytoplasma. Da RNA als genetisches Material bei Zellen nicht vorkommt, haben die RNA-Viren ihre eigenen Vermehrungsmechanismen entwickelt.

Das betrifft insbesondere die Bildung RNA-abhängiger RNA-Polymerasen bzw. Transkriptasen. RNA-Viren, welche im allgemeinen keinen Zugang zu den die RNA umbauenden Enzymen im Zellkern haben, mußten eine bemerkenswerte Vielfalt von Mechanismen zur Lösung der mit der Transkription zusammenhängenden Probleme entwickeln. Die von Viren benutzten recht unterschiedlichen Vermehrungsmechanismen mögen darauf hindeuten, daß es kein «Urvirus» gibt, sondern daß die Viren auf unterschiedliche Weise entstanden sind und sich getrennt entwickelten.

5. Nach der getrennten Synthese der Virusbausteine müssen diese während der Virusreifung in der richtigen Weise zu den infektiösen Viruspartikeln zusammengesetzt werden. Neu synthetisierte Proteinmoleküle vereinigen sich spontan zu den Protomeren, die sich dann in einem Selbstassemblisierungsprozeß, zu Procapsiden, und schließlich zu Capsiden zusammenlagern, welche als Nucleocapside die virale Nucleinsäure umschließen. Bei den umhüllten Viren werden die viralen Glycoproteine vom Ort ihrer Synthese am endoplasmatischen Retikulum vermutlich in clathrinumhüllten Vesikeln zu bestimmten Bereichen der Cytoplasmamembran transportiert. Dort sammeln sie sich nach posttranslationaler Modifikation, wie Komplettierung der Glycosylierung, der Fettsäure-Acylierung und ihrer proteolytischen Aktivierung in so großer Zahl an, daß Membranproteine des Wirtes verdrängt werden. Getrennt davon wird das Nucleocapsid an diese Reifungsorte transportiert und entweder direkt mit den Glycoproteinen oder aber über besondere Membranproteine mit diesen verknüpft. Dieser Anheftungsvorgang bewirkt, daß der gesamte Komplex von der Zelloberfläche abgeschnürt wird, wobei ein reifes Virion freigesetzt wird (*Budding*). Diese Art der Virusausschleusung verläuft über mehrere Stunden. Die nichtumhüllten Viren akkumulieren im Cytoplasma oder Kern der Wirtszelle und werden nur durch Lyse der Zelle freigesetzt.

Klassifikation von Viren

In den biologischen Disziplinen liefert allgemein die Morphologie die Grundlage für eine systematische Einordnung der Organismen. Nachdem es möglich geworden ist, die Struktur der Viren aufzuklären, wird sie für deren Klassifikation als wichtigstes Kriterium herangezogen. Diese, auf strukturellen Merkmalen aufgebaute Klassifikation, löste diejenige ab, die lediglich die durch Viren erzeugten Krankheitsbilder bzw. ihre Wirts- oder Gewebsspezifität (Tropismus) berücksichtigte. Die Hauptkriterien einer Einteilung in Virusfamilien sind der Typ der genomischen Nucleinsäure und ihre funktionelle Struktur, die Morphologie des Nucleocapsids, das Vorhandensein oder Fehlen eines Envelopes (s. Tabelle 1 für Viren, die den Respirationsapparat befallen) und schließlich die Strategie der Virusvermehrung. Die einzelnen Familien werden aufgrund feinerer Unter-

Tabelle 1: Klassifizierungsmerkmale von Respirationstraktviren

Genetisches Material		Virushülle		Virusfamilie	Genus
Nukleinsäure	Funktionelle Struktur	Symmetrie der Capsids	Envelope		
DNA	ds	kubisch	–	Adenoviridae	Mastadenovirus
RNA	ss (+)	kubisch	–	Picornaviridae	Rhinovirus
RNA	ss (+)	helikal	+	Coronaviridae	Coronavirus
RNA	ss (–)	helikal	+	Paramyxoviridae	Parainfluenzavirus 1, 2, 3, 4 RS-Virus
RNA	ss (–) segmentiert	helikal	+	Orthomyxoviridae	Influenzavirus A, B, C

ds = Doppelstrang; ss = Einzelstrang; (+) (–) = positive oder negative Polarität
* RS = Respiratory Syncytial

schiede in Genera, Spezies, Typen, Subtypen und Stämme weiter unterteilt. Auf diese Unterteilung wird gegebenenfalls bei der Besprechung der Virusfamilien näher eingegangen werden.

Viren als Krankheitserreger

Die durch die Virusinfektion bedingte direkte oder indirekte Beeinflussung der zellulären Stoffwechselleistung führt zur Viruserkrankung. Ihre Genese ist ein komplexer Vorgang, der sowohl von den Eigenschaften des Virus als auch von der Reaktion des Organismus auf die Virusinfektion abhängt. Kommt es zu einer sog. lytischen Infektion, bei der das Virus die infizierte Zelle rasch zerstört, so entwickelt sich hieraus bei schneller Infektionsausbreitung eine akute Erkrankung. Sie ist durch eine kurze Inkubationszeit von einigen Tagen bis Wochen, einen relativ schnell verlaufenden Krankheitsprozeß mit Entzündungserscheinungen und eine antivirale Immunabwehrreaktion charakterisiert. Die Abwehrreaktionen sind zur Überwindung des Krankheitsprozesses von wesentlicher Bedeutung. So neutralisieren virale Antikörper extrazelluläres Virus und hemmen auf diese Weise seine Ausbreitung im Organismus. Zelluläre Immunreaktionen haben die Aufgabe infizierte Organzellen anzugreifen, um so die Produktionsstätte von neuem Virus zu zerstören. Diese Abwehrmechanismen sind normalerweise erfolgreich und hinterlassen häufig eine lang andauernde Immunität. Sie kann jedoch durch Viren, die eine große antigene Variabilität besitzen, wie z. B. Influenzaviren, immer wieder durchbrochen werden.
Außer diesen akuten Infektionen gibt es aber auch chronische, latente oder langsame (slow) Virusinfektionen, die mit unterschiedlichsten Krankheitsbil-

dern assoziiert sind. Hier liegen offensichtlich ganz besondere Virus-Zell- und Virus-Wirts-Beziehungen vor, die es dem Virus ermöglichen, sich den Abwehrmechanismen des Wirts zu entziehen. Auch wenn diese harmlos erscheinende Viruspersistenz nicht unmittelbar zum Zelluntergang führen muß, können doch über längere Zeiträume zelluläre Dysfunktionen entstehen, die die Grundlage chronischer oder permanenter Krankheitsprozesse darstellen.

Virusbekämpfung

Durch die enge Verknüpfung der Virusvermehrung mit dem Stoffwechselapparat der Zelle scheinen Heilmittel, die nach dem Prinzip der Stoffwechselhemmung arbeiten und die sich bei bakteriellen Infektionskrankheiten hervorragend bewährt haben (Antibiotika, Chemotherapeutika), bei Viruskrankheiten auszuscheiden. Während der Virusvermehrung werden jedoch häufig virusspezifische Enzyme synthetisiert oder Strukturen gebildet, die für die Wirtszelle nicht benötigt werden, für die Replikation der Viren dagegen essentiell sind. Durch ihre Hemmung ist es in einigen Fällen gelungen, die Virusvermehrung allein und gezielt zu beeinflussen. Es besteht einige Hoffnung, daß es durch weitere Aufklärung der viralen Replikationsmechanismen und der dreidimensionalen Struktur der Viruspartikel und ihrer Komponenten in Zukunft auf breiter Basis möglich sein wird, die Virusvermehrung mit relativ einfachen Chemikalien gezielt zu verhindern, und damit zu einer Therapie zu gelangen, die sich wenigstens nicht grundsätzlich von der Therapie bakterieller Infektionskrankheiten mit Antibiotika unterscheidet.

Bei akuten Viruserkrankungen, wie bei Infektionen des Respirationstraktes, hat die Virusvermehrung im betreffenden Zielorgan häufig ihren Höhepunkt erreicht, wenn die ersten klinischen Symptome auftreten. In diesen Fällen können daher spezifische Eingriffe nur prophylaktische Bedeutung haben.

Da alle Virusarten eine für jeden Typ charakteristische antigene Spezifität besitzen, besteht die Möglichkeit der prophylaktischen Immunisierung. Gegen die meisten Virusinfektionen gibt es bewährte Impfstoffe, die eine schützende Immunität erzeugen. Zum Schutz gegen Infektionen des Respirationsapparates sollten, wenn immer möglich, Lebendvakzinen eingesetzt werden, da durch sie in besonderem Maße die Ausbildung einer lokalen Immunität auf der Schleimhaut erreicht wird. Die in Lebendimpfstoffen vorhandenen attenuierten Viren können sich im Zielorgan vermehren und dort eine länger andauernde solide Immunantwort erzeugen, bei der das ganze Spektrum des Immunsystems aktiviert wird. Das lymphoide Gewebe der Submucosa des Atmungsapparates wird durch das von den darüber liegenden infizierten Zellen stammende virale Antigen direkt stimuliert, was in besonderem Maße zur Bildung von lokalen Immunglobulinen vom IgA-Typ führt.

Virusdiagnostik

Auf der antigenen Spezifität der Virusarten beruht auch die serologische Diagnose von Virusinfektionen. Verschiedene serologische Methoden stehen zur Verfügung, mit deren Hilfe schnell virusspezifische Antikörper im Serum oder in Sekreten nachgewiesen werden können. Immunhistologische Methoden, wie die Immunfluoreszenz, werden zum Nachweis von Virusantigen in Geweben oder abgeschilferten Zellen eingesetzt. Zur schnellen Virusdiagnose werden in zunehmendem Maße gentechnologische Methoden angewendet, die sich direkt auf das virale Genom richten. Zu ihnen gehört insbesondere die Polymerase-Kettenreaktion (PCR), mit deren Hilfe kleinste Mengen aus infiziertem Gewebe oder Sekreten und Exkreten gewonnene virale Nucleinsäure in wenigen Stunden millionenfach amplifiziert und auf diese Weise identifiziert werden kann. Dabei ist in der Regel nur die Vervielfältigung eines Teils des viralen Genoms erforderlich.

Viren der Atmungsorgane

Der Begriff «Viren der Atmungsorgane» wird häufig gebraucht ohne wahrzunehmen, daß seine Definition recht problematisch ist. Allgemein wird man unter Viren des Respirationstraktes solche Erreger verstehen, die fähig sind, sich im Bereich des Respirationstraktes zu vermehren und Symptome in den Atmungsorganen hervorzurufen. Das würde einschließen, daß diese Viren auch vom Respirationstrakt isoliert und über diesen verbreitet werden können.
Eine so weit gefaßte Definition erfaßt jedoch eine Reihe von Viren, an die gewöhnlich nicht als Respirationstraktviren gedacht wird, da sie sich – oft vorwiegend – auch in anderen Organsystemen vermehren können und in diesen mehr oder weniger häufig die Hauptmanifestation der Infektion zu finden ist. Tabelle 2 gibt eine Übersicht der wesentlichsten Viren, die gewöhnlich oder gelegentlich über den Respirationstrakt verbreitet werden können. Teil 1 dieser Übersicht führt diejenigen Viren an, die auffällige und schwere Krankheitsbilder im Körper außerhalb der Atmungsorgane verursachen, während sie in den Atemwegen im allgemeinen nur leichte Rhinopharyngitiden hervorrufen. Teil 2 der Tabelle umfaßt die Viren, die sich überwiegend oder ausschließlich im Respirationstrakt vermehren und hauptsächlich oder ausschließlich Symptome in den Atemwegen und Lungen verursachen. Diese wesentlich eingeschränkte Definition erfaßt nur Respirationstraktviren im engeren Sinne. Eine derartige schematische Aufstellung wird nie restlos befriedigen. Ihr Wert liegt einzig darin, daß sie die Vielfalt der Ätiologie bei Viruserkrankungen der Atmungsorgane, die oft verkannt wird, aufzeigt. Im folgenden werden nur die Virusarten besprochen, deren Hauptmanifestation der Infektion im Respirationstrakt liegt.

Tabelle 2: Viren, die den Respirationstrakt infizieren können

	Virus Genus	Typ/Gruppe	Manifestation außerhalb des Respirationstraktes
1. Hauptmanifestation außerhalb des Respirationstraktes	Herpesvirus	Herpes simplex	vesikuläres Exanthem, Meningitis, Encephalitis, viszeraler Herpes
		Varizella	vesikuläres Exanthem, Herpes zoster Encephalitis
	Enterovirus	Poliomyelitis	Meningitis, Paralyse, Encephalitis
		Coxsackie A	Meningitis, Exantheme
		Coxsackie B	Meningitis, Myocarditis, Pleurodynie
		ECHO-Viren	Meningitis, Exantheme, Diarrhoe
	Morbillivirus	Masern	papulo-makuläres Exanthem, Encephalitis
	REO	Typ 1–3	Diarrhoe
2. Hauptmanifestation im Respirationstrakt	Mastadenovirus	Serotyp 1, 2, 3, 4, 5, 7	Conjunctivitis, Exantheme mesenteriale Lymphadenitis
	Rhinovirus	–100 Typen	
	Coronavirus	Antigengruppen A, B	–
	Parainfluenzavirus	Typen 1–4	–
	Pneumovirus	Humanes RS-Virus	–
	Influenzavirus	A, B, C	–

Adenoviren

Die ersten Adenoviren wurden 1953 bei Versuchen isoliert, Gewebe von Rachen- und Gaumenmandeln, wie es häufig operativ anfällt, in Kulturen zu züchten. In der Zwischenzeit wurden 47 serologisch differente Adenovirustypen vom Menschen, außerdem 53 Typen von Säugetieren (Affe, Pferd, Rind, Schaf, Ziege, Schwein, Hund und Maus) und etwa 20 Serotypen von verschiedenen Vogelspezies isoliert. Es handelt sich demnach um eine in vielen Antigenvarianten weit verbreitete Virusfamilie, deren Vertreter bei Mensch und Tier unterschiedliche Erkrankungen, aber auch subklinische und persistierende Infektionen verursachen, wobei das Virus in latenter Form im Rachenring und anderen

Tabelle 3: Charakteristika der Mastadenoviren

Durchmesser 70–90 nm
Lineares dsDNA-Genom, 30–37 kbp
Icosaedrales Nucleocapsid, 252 polygonale Capsomere, 12 Glycoproteinfortsätze (Fiber)
Vermehrung im Zellkern nach komplexem Programm von früher und später Transkription
Intranucleäre Einschlüsse sind parakristalline Virusaggregate
Virus agglutiniert Erythrocyten
Einige Typen sind bei Nagern oncogen

lymphoiden Geweben persistiert. Die von Säugern stammenden Adenoviren werden als Mastadenoviren und die Vogeladenoviren als Aviadenoviren bezeichnet.

Die Viren sind nicht umhüllte, ikosaedrische Partikel mit einem Durchmesser von 70–90 nm (Tab. 3), das Capsid besteht aus 252 deutlich erkennbaren Capsomeren (Abb. 1). Die 12 Eckcapsomere (Pentonbase) besitzen bei den Mastadenoviren einen filamentösen, durch einen Knopf abgeschlossenen Fortsatz von unterschiedlicher Länge. Pentonbase und Fortsatz bilden das Penton. Die Capsomere auf den 20 dreieckigen Facetten werden als Hexons bezeichnet. Daneben sind am Aufbau der Viruspartikel weitere Proteine beteiligt, die entweder mit dem Virusgenom oder dem Capsid assoziiert sind. Das Genom ist ein lineares Molekül einer dsDNA, die aus 30–37 kbp (Kilobasenpaaren) besteht und für 11–15 verschiedene Polypeptide codiert. Die endständigen Nucleotidsequenzen bestehen aus in Gegenrichtung verlaufenden Wiederholungen (inverted repeats) und enthalten an ihren 5'-Enden ein kovalent gebundenes Protein. Diese Besonderheiten des Virus-Genoms spielen bei der DNA-Replikation eine wichtige Rolle.

Die Antigene der Virusoberfläche sind zumeist typspezifisch. Die Hexons und die Pentonfortsätze sind für die Bildung neutralisierender Antikörper verantwortlich. Mit Hilfe monoklonaler Antikörper konnten insbesondere bei löslichen Hexons verschiedene antigene Domänen (Epitope) erfaßt werden, die für übergreifende Antigenität verantwortlich sind. Dabei ist das Genus-spezifische Antigen an der Innenseite und das Typ-spezifische Antigen an der Oberfläche der Hexons gelegen.

Viele Mastadenoviren agglutinieren Erythrocyten, insbesondere von Rhesusaffen und Ratten, durch die Bindung der Pentonfortsätze an spezifische Zellrezeptoren. Antikörper gegen diese Fortsätze hemmen die Hämagglutination. Hämagglutination und deren Hemmung sind bei solchen Adenoviren einfach auszuführende Methoden zur Virus- bzw. Antikörperidentifizierung. Die unterschied-

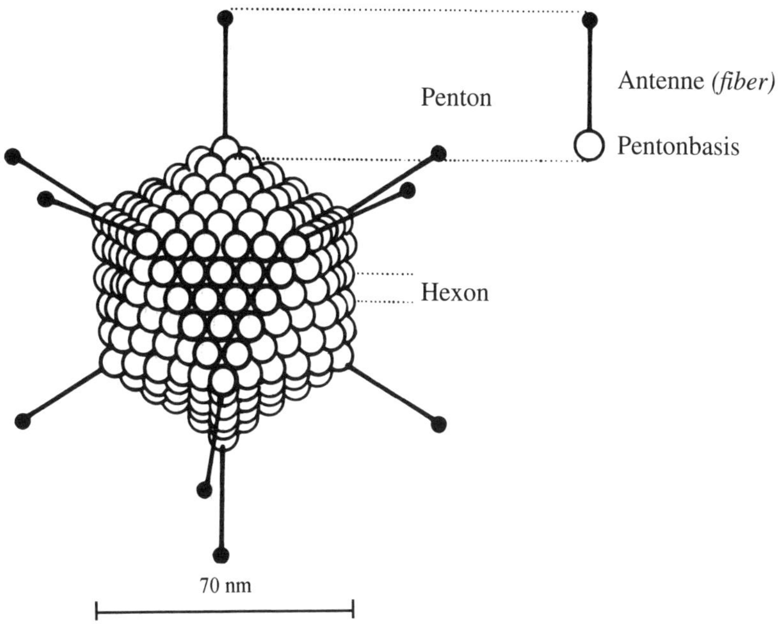

Abbildung 1: Modell eines Adenovirus

liche Fähigkeit verschiedener Erythrocyten zu agglutinieren, wird auch als Merkmal zur Klassifizierung von Adenoviren verwendet.
Die meisten Adenoviren haben ein enges natürliches Wirtsspektrum, das sich auf eine oder wenige verwandte Spezies beschränkt. Von besonderem Interesse ist, daß die humanen Virustypen 12, 18 und 32 mit einer hohen Effektivität eine Tumorbildung bei Nagetieren auslösen können.
Verschiedene Säugerzellen eignen sich zur Viruszüchtung. Die besten Virusausbeuten werden nach Infektion von epitheloiden humanen Zellinien erhalten.
Die Replikation der Adenoviren findet nach rezeptorabhängiger Endocytose und Entfernung des Pentons im Zellkern statt. Ohne auf Einzelheiten eingehen zu können, sei erwähnt, daß die Transkription des viralen Genoms nach einem sehr komplexen Programm abläuft. So werden während der frühen Phase hauptsächlich Nichtstrukturproteine und nach der DNA-Replikation späte mRNAs transkribiert, die in die viralen Strukturproteine übersetzt werden. Der Zusammenbau der Viruspartikel geschieht im Zellkern. Dabei werden Virusaggregate in parakristalliner Anordnung gebildet, die sich im Lichtmikroskop als intranukleäre Einschlußkörperchen darstellen. Während der späten Phase der Virusvermehrung wird die zelluläre Makromolekülsynthese abgeschaltet. Dabei spielen

die Pentons als Toxine eine wichtige Rolle. Durch Lyse der Wirtszelle werden die neugebildeten Partikel freigesetzt. Der Replikationszyklus ist nach 15–20 Stunden abgeschlossen.

Rhinoviren

Bereits vor etwa 80 Jahren war es gelungen, mit ultrafiltriertem Patientenmaterial den Schnupfen auf Freiwillige zu übertragen und so dessen Virusätiologie wahrscheinlich zu machen. Methoden zur Isolierung von Rhinoviren in Zellkulturen wurden zwischen 1953 und 1960 entwickelt. Dies beendete eine lange Periode erfolgloser Versuche, einen Erreger des Schnupfens zu kultivieren und zu identifizieren. Es zeigte sich, daß sich nur humane und einige nichthumane Gewebe für eine effiziente Viruszüchtung eignen, wie embryonale Nierenzellen, Amnion-, Tonsillen-, Leber-, diploide Fibroblastenzell-Linien humaner Provenienz. Darüber hinaus lassen sich *bestimmte* humane Rhinoviren relativ leicht an Affenzellen adaptieren. In frühen Studien des Wachstums dieser Viren hat sich gezeigt, daß sollte der ein pH-Wert des bicarbonatarmen Mediums von 7,0–7,2 betragen sollte und eine die Bebrütungstemperatur von 33°C wichtig sind.
Als Kulturmedium bewährte sich später Eagle's Minimal Essential Medium mit 2% fötalem Kälberserum und Antibiotika-Zusatz. Nach einer Inkubationszeit von bis zu 15 Stunden kann eine Ausbeute von 10–200 infektiösen Einheiten pro Zelle erreicht werden. Zur quantitativen Virusbestimmung können die durch Rhinoviren hervorgerufenen cytopathischen Veränderungen oder der Plaquetest herangezogen werden.
Aufgrund ihrer strukturellen Eigenschaften bilden die Rhinoviren neben den Entero-, Aphtho- und Cardioviren einen Genus innerhalb der Familie der Picornaviridae. Zu ihnen, deren Bezeichnung auf ihrer besonderen Affinität zum nasopharyngealen Bereich beruht, gehören offiziell 100 verschiedene humane Serotypen, sowie jeweils drei bei Rind und Pferd vorkommende Serotypen. Sie besitzen im allgemeinen einen ausgeprägten Wirtstropismus. Eine Ausnahme macht ein equines Rhinovirus, das auch den Menschen infizieren kann.

Tabelle 4: Charakteristika der Rhinoviren

Nicht umhülltes icosaedrales Nucleocapsid mit 32 Capsomeren, 25–30 nm Durchmesser Lineares ssRNA-Genom, positiver Polarität, 7.2–8.4 kb, VPg am 5'-Ende und polyadenyliert am 3'-Ende, wird in ein Polyprotein translatiert, das in 11 einzelne Proteine gespalten wird Cytoplasmatische Vermehrung, optimal bei 33 °C, pH-labil

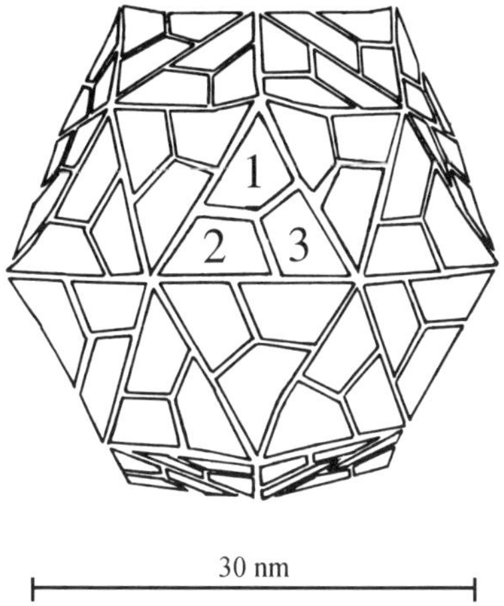

Abbildung 2: Anordnung der viralen Capsidproteine (VP1 (1), VP2 (2) und VP3 (3) im Capsid von Picornaviren.

Die unbehüllten ikosaedrischen Viruspartikel mit einem Durchmesser von etwa 30 nm enthalten wie alle Picornaviren eine genomische Einstrang-RNA positiver Polarität, die aus etwa 7200 Nucleotiden besteht (Tab. 4). Ein Poly-A-Schwanz kennzeichnet sein 3'-Ende, ein kovalent gebundenes kleines Protein, VPg, befindet sich an seinem 5'-Ende. Das Capsid ist aus 60 Proteinuntereinheiten (Protomere) zusammengesetzt, die jeweils aus 4 Strukturproteinen (VP1, VP2, VP3 und VP4) bestehen (Abb. 2). VP4 befindet sich im Innern der Viruspartikel, wahrscheinlich in enger Assoziation mit der genomischen RNA. Die Virusoberfläche wird durch VP1, VP2 und VP3 gebildet; auf ihr sind die hauptsächlichen antigenen Domänen und die Rezeptorbindungsstelle lokalisiert.

Im Gegensatz zu anderen Picornaviren vermehren sich Rhinoviren optimal bei 33 °C, sind relativ stabil gegen Erhitzen bei 50 °C und werden bei pH-Werten unter 5 inaktiviert.

Die Rhinovirus-Infektiosität wird durch spezifische Antikörper neutralisiert. Die entsprechenden Epitope sind um die Rezeptorbindungsstelle an VP1, VP2 und VP3 angeordnet. Die Aufteilung der Rhinoviren in verschiedene Serotypen beruht auf der Neutralisationsreaktion. Zwischen den Typen gibt es keine Kreuzreaktivität. Antigene Variationen scheinen jedoch vorzukommen. Die bisher bestimmten humanen Serotypen lassen sich aufgrund ihrer Affinität zu definierten Zellrezeptoren in zwei Gruppen aufteilen. Der hauptsächliche Zellrezeptor von Rhinoviren wurde als ICAM-I (intracellular adhaesion molecule I) identifiziert, der zur Immunglobulinsuperfamilie gehört und auf dem menschlichen Chromosom 19 codiert wird.

Wie das Virusgenom nach rezeptorvermittelter Endocytose im Cytoplasma vom Viruspartikel freigesetzt wird, ist im einzelnen noch nicht bekannt. Die Replikation der viralen RNA verläuft in cytoplasmatischen Membrankomplexen offenbar über 2 verschiedene «replikative Zwischenformen» (RI). In dem einen RI dient positivsträngige, in dem anderen negativsträngige RNA als Matrize. Funktionelle Proteine werden durch posttranslationale proteolytische Spaltung eines zunächst als Vorläufer produzierten Polyproteins gebildet. Die Capsidproteine werden von der 5′-Hälfte und das kovalent an die genomische RNA gebundene VPg, die für die Polyproteinspaltung erforderlichen viralen Proteasen sowie die Polymerase oder Polymerase-Faktoren von der 3′-Hälfte der Virus-RNA codiert.
Die an Membrankomplexen gebildete positivsträngige RNA wird in reifende Capside verpackt. Die fertigen Viruspartikel, die cytoplasmatische Kristalle bilden können, werden schließlich durch Desintegration der Wirtszelle freigesetzt.
Die Vielzahl der verschiedenen Serotypen, von denen die meisten von epidemiologischer Bedeutung sind, macht eine Vakzination praktisch unmöglich. Es wurden daher verstärkt Versuche zur Entwicklung von antiviralen Substanzen unternommen. Solche Substanzen, welche verschiedene Stadien der Virusvermehrung beeinflussen, wurden zwar gefunden, nur bei wenigen wurde aber über einen jedoch nicht voll überzeugenden prophylaktischen Effekt berichtet, der ihren Einsatz bisher nicht erlaubte. Zudem muß auch bei Rhinoviren wie bei anderen Picornaviren damit gerechnet werden, daß in Anwesenheit solcher die Virusvermehrung inhibierender Substanzen, relativ rasch resistente Mutanten gebildet werden.

Coronaviren

Zur Familie der Coronaviridae gehören eine Anzahl von Virusarten, die bei Mensch und verschiedenen Spezies Infektionen auslösen, die zu verschiedenartiger Manifestation führen. Es wird angenommen, daß 18–20% der Virusinfektionen des oberen Respirationstraktes des Menschen durch Corona- oder Corona-ähnliche Viren hervorgerufen werden. Neben den Rhinoviren sind sie die wichtigste Virusgruppe, die für schnupfenähnliche Erkältungskrankheiten verantwortlich gemacht werden. Humane Coronaviren (HCV) wurden in den Jahren 1965–1966 erstmals unabhängig von zwei Arbeitsgruppen isoliert. Sie entsprachen in ihrer Morphologie dem schon vorher bekannten Virus der aviären infektiösen Bronchitis, dem repräsentativen Vertreter der Virusfamilie.
Die Coronaviren sind mit einer Außenhülle (Envelope) ausgestattete kugelförmige Partikel mit einem Durchmesser von ca. 100 nm (Abb. 3, Tab. 5). Daneben

Tabelle 5: Charakteristika der Coronaviren

Sphärisches Viruspartikel, 75–160 nm Durchmesser
Envelope mit keulenförmigen Peplomeren (E2-Glycoprotein) und 1–2 weiteren Glycoproteinen (E1 und E3)
Helikales Nucleocapsid
Lineare ssRNA positiver Polarität, 27–30 kb, mRNA-Struktur
Replikation im Cytoplasma
Reifung an intrazellulären Membranen

findet man in elektronenmikroskopischen Bildern häufig pleomorphe Partikel, deren Durchmesser von 75–200 nm reicht. Charakteristisch sind die aus ihrer Oberfläche herausragenden 18–24 nm langen, fragilen keulenförmigen Projektionen (Peplomere), die der Virusoberfläche ein kronenähnliches Aussehen verleihen, was zu dem Präfix «Corona» führte. Das aus einer Lipiddoppelschicht bestehende Envelope enthält zumindest zwei Glycoproteine (E1 oder M und E2 oder S). Das Hauptglycoprotein E2 besteht aus 2 Polypeptidketten gleicher

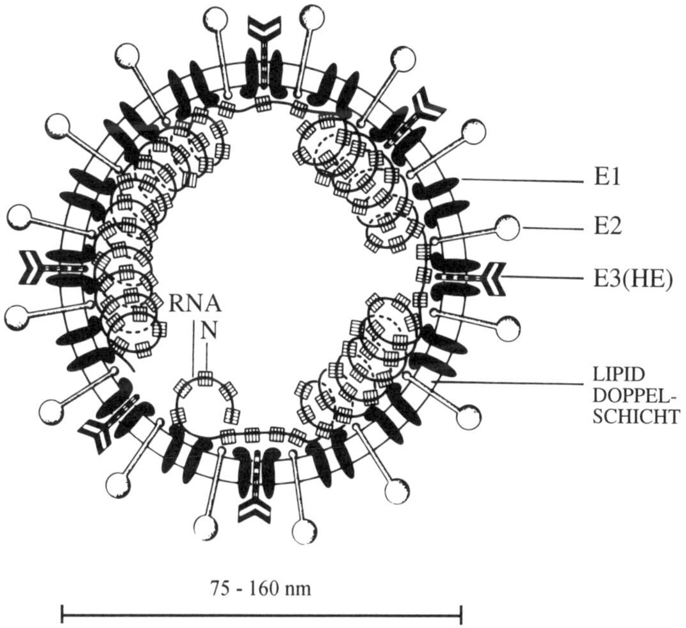

Abbildung 3: Modell eines Coronavirus. Das den Kern des Viruspartikels ausfüllende helikale Nucleocapsid mit dem Nucleoprotein (N) wird von einem Envelope umgeben, das die Glycoproteine E1, E2 und E3 trägt.

Tabelle 6: Funktionelle Eigenschaften der Coronavirus-Glycoproteine

E1 oder M (Matrix)-Glycoprotein
wichtig bei Virusreifung, bindet an Nucleocapsid
E2 oder S Peplomer-Glycoprotein
Bindet an Zellrezeptor
Vermittelt Membranfunktion
Induziert Bildung neutralisierender Antikörper
Löst zellvermittelte Immunität aus
E3 oder HE (Hämagglgutin-Esterase)-Glycoprotein
Löst Hämagglutinin, hat als rezeptorzerstörendes Enzym Neuraminat-O-Acetylsterase-Aktivität

Größe, die durch proteolytische Spaltung eines Vorläufermoleküls entstehen. Bei einigen Coronaviren kommt noch ein drittes Hüllglycoprotein, das E3 (oder HE), hinzu. HE besitzt hämagglutinierende und rezeptorzerstörende, enzymatische Aktivität. Die biologischen Eigenschaften der viralen Glycoproteine sind in Tabelle 6 zusammengefaßt. Das im Innern der Partikel lokalisierte tubuläre, flexible Capsid hat helikale Symmetrie. Es enthält das Virusgenom, eine einsträngige RNA mit positiver Polarität, das mit seinen etwa 30 kb das größte Genom aller RNA-Viren darstellt. Wie alle positivsträngigen RNA-Viren ist die isolierte RNA der Coronaviren infektiös. Sie trägt, wie die zelluläre mRNA, an ihrem 3′-Ende einen polyadenylierten Schwanz und an ihrem 5′-Ende eine charakteristische enzymatisch angefügte Capstruktur.

Die Coronaviren besitzen 3 Hauptantigene, die auf E1, E2 und dem Nucleoprotein (N) lokalisiert sind. Das Peplomer E2 induziert die Bildung von neutralisierenden Antikörpern, die gegen 3 verschiedene Epitope gerichtet sind. Gegen das Membranprotein E1 gerichtete Antikörper neutralisieren das Virus nur in Gegenwart von Komplement. Aufgrund ihrer Neutralisierbarkeit werden bei den Coronaviridae 4 Antigengruppen unterschieden, wobei die humanen respiratorischen Coronaviren mit ihren repräsentativen Vertretern 229E und 0C43, zu den Antigengruppen I bzw. II gehören. Viren innerhalb einer Antigengruppe zeigen antigene Kreuzreaktivität.

Unklar ist, wie viele HCV-Stämme beim Menschen respiratorische Affektionen verursachen, was z. T. darauf zurückzuführen ist, daß ihre Isolierung und Züchtung schwierig ist. Alle humanen Coronaviren wachsen schlecht in Zellkulturen, wobei Unterschiede zwischen den Antigengruppen bestehen. So lassen sich Virusstämme, die zur Antigengruppe II gehören, z.T. nur in humanen embryonalen Trachea-Organkulturen züchten. Stämme, die zur Antigengruppe I gerechnet werden, vermehren sich in primären embryonalen Nierenzellen, in einigen diploiden humanen Fibroblastenzellinien oder wohl am besten in der

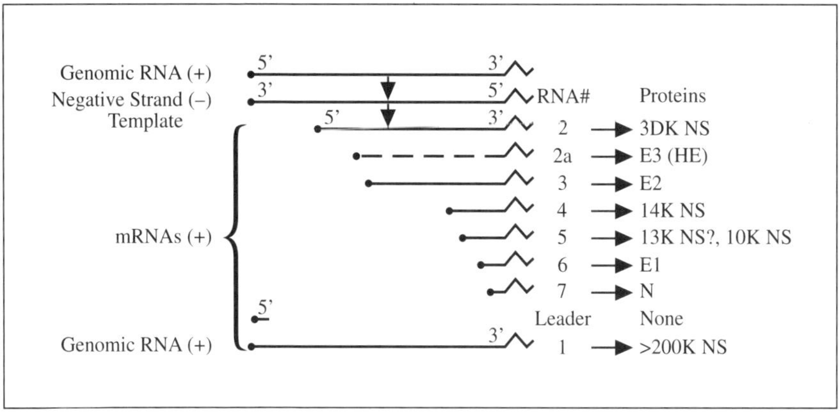

Abbildung 4: Coronavirus-Transkription und Translation. Eine virusspezifische RNA-abhängige RNA-Polymerase translatiert die genomische Plusstrang-RNA in eine Negativstrang-RNA voller Länge, von der neue genomische RNA und eine Reihe subgenomischer mRNA synthetisiert werden. Diese tragen eine Cap-Struktur und einen Poly A-Schwanz (Zick-Zack-Linien). Sie bilden ein «nested set» mit gemeinsamen 3′-Enden und einer gemeinsamen «Leader»-Sequenz am 5′-Ende. Nur die erweiterte Sequenz wird translatiert.

diploiden Intestinalzellinie MA-177, die sich besonders auch zur Virusisolierung aus klinischen Proben eignet.

Die Vermehrung der Coronaviren findet ausschließlich im Cytoplasma statt. Humane Coronaviren der Antigengruppe II, wie HCV, OC43, welche neben dem Glycoprotein E2 (S) auch E3 (HE) besitzen, können mit beiden Glycoproteinen an verschiedene Zellrezeptoren binden. Während der Zellrezeptor für E2 (S) noch nicht erfaßt wurde, wurde derjenige für E3 (HE) als 9-O-Acetylneuraminsäure identifiziert. Da gewisse Erythocytenspezies ebenfalls diesen Rezeptor tragen, besitzen diese Viren auch hämagglutinierende Eigenschaften. Bindung von E2 ist essentiell für die fusionsvermittelte Penetration. Es ist jedoch noch nicht klar, an welchen zellulären Membranen die Penetration abläuft.

Die virale RNA wird, wie jede positivsträngige RNA, direkt translatiert. Eines der primären Translationsprodukte ist eine RNA-abhängige RNA-Polymerase, welche die genomische RNA in eine negativsträngige RNA voller Länge transkribiert. Diese RNA dient als Matrize zur Synthese der genomischen RNA und von 5–7 überlappenden subgenomischen mRNA-Spezies verschiedener Länge (siehe Abb. 4). Jede dieser mRNA-Spezies enthält die Nucleotidsequenz der nächst niedrigeren mRNA und jeweils eine zusätzliche Sequenz an ihrem 5′-Teil. Nur diese zusätzliche Sequenz wird in einem offenen Leserahmen translatiert.

Die getrennt synthetisierten Viruskomponenten bilden während eines Knospungsprozesses (Budding) an intrazellulären Membranen neue, intakte Viruspartikel, wobei sich das virale Nucleocapsid offenbar an das E1-Glycoprotein bindet. Reife Viruspartikel werden entweder durch Lyse absterbender Wirtszellen oder durch Fusion von Transportvesikeln mit der Plasmamembran freigesetzt.

Parainfluenzaviren

Nachdem bei einer epidemischen Viruspneumonie von Säuglingen in Sendai/ Japan 1953 als möglicher Erreger das sog. Sendai-Virus (Hemagglutinating virus of Japan) beschrieben wurde, wurden in der Folgezeit weitere ähnliche Viren bei Mensch und Tieren isoliert und Respirationskrankheiten zugeordnet, die als Parainfluenzaviren (PIV) zur Familie der Paramyxoviridae gehören. Sie gehören

Abbildung 5: Modell eines Parainfluenzavirus. Das Envelope mit den HN- und F-Glycoprotein-Peptiden wird innen von einem Matrix-Protein ausgekleidet. Es umhüllt das helikale Nucleocapsid, das aus NP, P und L-Proteinen besteht.

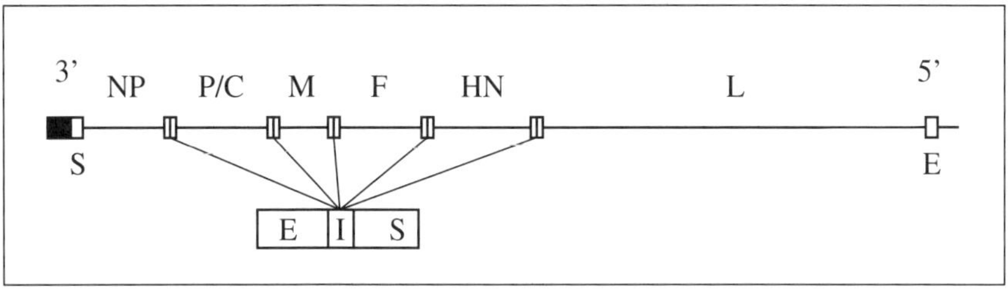

Abbildung 6: Anordnung der Gene am Genom eines Parainfluenzavirus. Die einzelnen Gene enden mit einem Stop (E)-Kodon, sind durch eine intergenische Sequenz GAA verbunden (I) und beginnen mit einem Start-Kodon (S).

zu den wichtigsten Krankheitserregern der Atemwege, insbesondere bei Kleinkindern. Aufgrund antigener Spezifitäten werden bei PIV die Serotypen 1 bis 4 unterschieden, wobei der PIV-Typ 4 noch in die eng verwandten Subtypen a und b unterteilt wird.

Die PIV sind umhüllte RNA-Viren (Abb. 5, Tab. 7). Die Viruspartikel sind pleomorph, wobei die sphärische Form mit einem Durchmesser von 150–300 nm vorherrscht. Die aus etwa 15 500 Nucleotiden bestehende genomische RNA ist einsträngig und von negativer Polarität. Sie enthält eine lineare Anordnung von 6 Genen, die durch eine intergenetische GAA-Sequenz verbunden sind. Sie beginnen alle mit einem gleichen Startkodon und enden mit einem gleichen Stopkodon (Abb. 6). Das helikale Nucleocapsid ist aus etwa 2000 Nucleoproteinmolekülen zusammengesetzt, welche mit der viralen RNA und der RNA-Polymerase assoziiert sind. Es hat eine Länge von 1000 nm und einen Durchmesser von 13–18 nm. Das Envelope ist an seiner Innenseite von einem nichtglycosylierten Matrix (M)-Protein ausgekleidet und besitzt an seiner Oberfläche stachelartige Protrusionen, welche aus zwei verschiedenen Arten von Glycoproteinen bestehen. Das eine hat hämagglutinierende und Neuraminidase-Aktivität und wird entsprechend als HN-Glycoprotein bezeichnet. Das zweite, das F-Glycoprotein

Tabelle 7: Charakteristika humaner Paramyxoviren

Neben sphärischen häufig pleomorphe Partikel ≥ 150 nm Durchmesser
Envelope mit 2–3 stachelartigen Peplomeren (HN, H oder G sowie F) und ein nicht-glycosyliertes M-Protein
Helikales Nucleocapsid mit NP, P (Phosphoprotein) und L (Polymerase)-Protein
Lineare ssRNA, negative Polarität, etwa 15,5 kb mit 7–8 offenen Leserahmen
Replikation im Cytoplasma
Virusreifung an Plasmamembran
Syncytiumbildung durch F-Glycoprotein

hat Membran-fusionierende Eigenschaft, welche erst durch postranslationale proteolytische Spaltung seines Vorläufermoleküls F0 in die Polypeptide F1 und F2 aktiviert wird. Dadurch wird ein Fusionspeptid freigelegt, das die Membranfusion auslöst.

PIV lassen sich relativ leicht in Kulturzellen züchten. Dafür eignen sich neben humanen embryonalen Nierenzellen vor allem Zellkulturen aus Affennierenzellen. Insbesondere Erstisolate führen nicht immer zu cytopathischen, auf Syncytiumbildung beruhenden Effekten. In diesen Fällen kann eine Virusvermehrung durch Hämadsorption, d.h. Anlagerung von Erythrocyten an die Membran der Wirtszelle, nachgewiesen werden.

Bei den initialen Prozessen der Virusvermehrung spielen die viralen Glycoproteine die entscheidende Rolle. Das HN-Glycoprotein ist verantwortlich für das Anheften der Viruspartikel an neuraminsäurehaltige Rezeptoren der Wirtszelle und das F-Glycoprotein für die Penetration durch Fusion der Virushülle mit der Zellmembran. Antikörper gegen beide Glycoproteine sind in der Lage, die Infektion zu verhindern.

In die Wirtszelle eingeschleuste negativsträngige genomische RNA wird durch eine virusgebundene RNA-abhängige RNA-Polymerase in 6 getrennte mRNAs transkribiert. Daneben wird an ihr auch eine positivsträngige RNA voller Länge gebildet, welche als Matrize der negativsträngigen genomischen RNA dient. Im Verlauf der Virusreifung werden die viralen Glycoproteine, welche durch Glycosylierung, Fettsäure-Acylierung und proteolytische Spaltung modifiziert werden, in die Plasmamembran der Wirtszelle eingebaut. Das an die Innenseite der Zellmembran angelagerte M-Protein dient als Verbindungsglied zwischen den viralen Glycoproteinen und dem vorgebildeten Nucleocapsid. Die Bildung und Ausschleusung der neu synthetisierten Viruspartikel erfolgt durch «Budding». Die Eclipsephase beträgt etwa 5 Stunden.

Respiratory Syncitial Virus (RSV)

Das RSV gleicht morphologisch den Parainfluenzaviren. Das Nucleocapsid hat jedoch mit 14–24 nm einen geringeren Durchmesser als das der PIV. Durch Fehlen einer Neuraminidase- und einer hämagglutinierenden Aktivität, was auf eine verschiedene Rezeptorspezifität hinweist, unterscheidet es sich in seinen biochemischen Eigenschaften vom PIV. Aufgrund dieser und weiterer in Abb. 7 zusammengefaßter genetischer Unterschiede wurde es in eine gesonderte Subfamilie Pneumoviridae der Familie Paramyxoviridae eingeordnet.

Die humanen RSV sind aufgrund ihrer Antigenität heterogen, jedoch scheinen die Unterschiede keine große praktische Bedeutung zu haben. Neutralisierende Antikörper sind gegen beide Glycoproteine, F und G, gerichtet. Der während

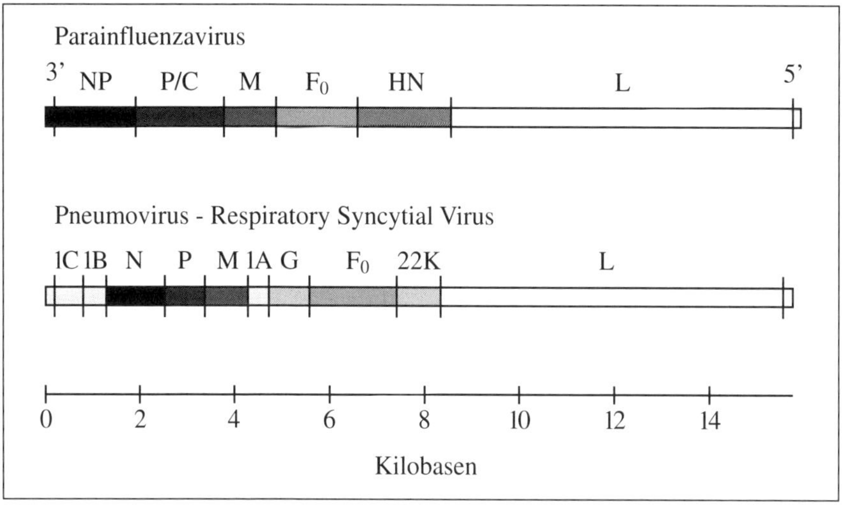

Abbildung 7: Der Unterschied in der Anzahl und der Anordnung der Gene von Parainfluenza- und Pneumoviren.

einer Infektion entwickelte Schutz vor einer Reinfektion ist kurz, wahrscheinlich deshalb, weil die IgA-Titer schnell abnehmen. Obwohl die Serumantikörper für längere Zeit persistieren, verleihen sie nur einen unvollkommenen Schutz. Das erklärt auch, warum Kleinkinder so empfänglich sind.

RSV vermehrt sich in einer Anzahl verschiedener Zellinien. Zur Erstisolierung aus klinischem Material eignen sich besonders HEp-2 oder HeLa-Zellen. Daneben können verschiedene RSV-Stämme auch in humanen embryonalen diploiden Fibroblasten oder primären Affennierenzellkulturen zur Vermehrung gebracht werden. Der cytopathische Effekt zeigt sich, wie bei Parainfluenzaviren, vornehmlich in einer Syncytiumbildung (polynucleäre Riesenzellen), einer charakteristischen Eigenschaft, die diesen Viren ihren Namen gab. Syncytien können auch im Autopsiematerial von Pneumonien gefunden werden, doch entspricht die RSV-Pneumonie nicht der Riesenzellpneumonie der Masernvirus-Infektion.

Die Grundzüge der RSV–Vermehrung entsprechen weitgehend denjenigen der anderen Paramyxoviridae.

Influenzaviren

Die Influenzaviren gehören zur Familie der Orthomyxoviridae. Aufgrund struktureller Besonderheiten werden der Genus Influenza A-, B-Virus von dem des Influenza C-Virus unterschieden. Nur Influenza A-Viren können auch bei verschiedenen Tierspezies zu Erkrankungen führen, wie bei Pferd, Schwein, Nerz, Kamel, Seehund, Wal und einer Reihe von Vogelarten.

Die Viruspartikel mit einem Durchmesser von etwa 100 nm enthalten ein helikales Nucleocapsid, das von einer mit feinen Stacheln besetzten Außenhülle (Envelope) umgeben ist. Ihr Genom ist insofern ungewöhnlich, als es aus 8 (Influenzavirus A und B) bzw. 7 (Influenzavirus C) einzelnen, verschieden langen Segmenten einzelsträngiger RNA von negativer Polarität besteht. Jedes Segment entspricht einem Gen (vergleiche Abb. 8, Tab. 8). Im Nucleocapsid sind die RNA-Segmente mit 4 verschiedenen Proteinen assoziiert: Dem Nucleoprotein (NP), von dem ca. 1000 Kopien vorhanden sind und den am Polymerase-Komplex beteiligten 3 weiteren Proteinen, PA, PB1 und PB2, die jeweils mit 30–60 Kopien vertreten sind. Wie bei allen umhüllten Viren besteht das Enve-

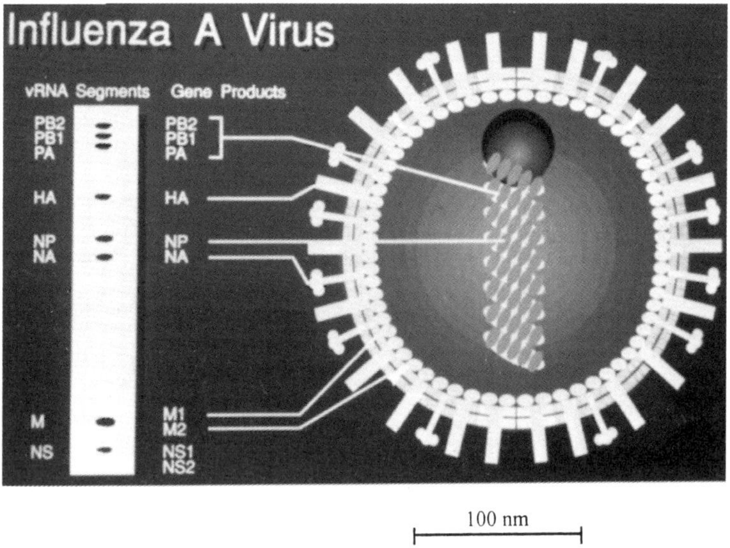

Abbildung 8: Zuordnung der durch Polyacrylamidgel-Elektrophorese aufgetrennten RNA-Segmente eines Influenzavirus zu ihren Proteinprodukten.
PB1, PB2, PA = Polymeraseproteine, HA = Hämagglutinin, NP = Nucleoprotein, NA = Neuraminidase, M1 und M2 = Membranproteine, NS1 und NS2 = Nichtstrukturproteine.

Tabelle 8: Charakteristika der Influenzaviren

Sphärische, filamentöse oder pleomorphe Viruspartikel, 80–120 nm Durchmesser
Envelope enthält Hämagglutinin (H) und Neuraminidase (NA)-Peplomere (Influenza A und B), ein Matrix (M)-Protein und ein Transmembranprotein M2 (NB), das Ionenkanal-bildende Eigenschaft hat
Nucleoprotein helikal
Lineare, segmentierte ssRNA, negativer Polarität, 13.6 kb
Transkription und RNA-Replikation im Zellkern
Reifung an Plasmamembran
Genetisches Reassortment häufig

lope der Influenzaviren aus einer Lipiddoppelschicht zellulären Ursprungs, die bei Influenzaviren A und B mit 2 Arten von viralen Glycoproteinen (Stacheln) durchsetzt ist: dem Hämagglutinin und der Neuraminidase. Der Hämagglutininstachel (HA) besteht aus drei identischen Molekülen (ein sog. Homotrimer). Es zählt zu den am besten bekannten Membranglycoproteinen und ist das Hauptimmunogen der Influenzaviren; es induziert die Bildung neutralisierender Antikörper. Darüber hinaus ist es für die Erkennung der Wirtszelle verantwortlich, indem es wie die Parainfluenzaviren, spezifisch an neuraminsäurehaltige Zellrezeptoren bindet, aber auch für die fusionsvermittelte Penetration. Die pilzförmige homotetramere Neuraminidase (NA) ist ein rezeptorzerstörendes Enzym, das die Bindung zwischen einem terminalen Neuraminsäuremolekül und einem anderen Zucker hydrolysiert. NA ermöglicht den Transport des Virus zum und vom Ort der Infektion, indem es die Passage durch den Schleim (Mucin) gewährleistet und verhindert, daß die viralen Glycoproteine selbst zu Virusrezeptoren werden. Influenza C-Viren besitzen nur einen Glycoproteintyp, das HEF-Protein, welches ***h***ämagglutinierende, ***e***nzymatische und ***F***usionsaktivität besitzt. Im Gegensatz zu den Influenza A- und B-Viren ist ihr rezeptorzerstörendes Enzym keine Neuraminidase, sondern wie bei Coronaviren eine O-9-Acetylneuraminylesterase.

Die lipidhaltige Außenhülle enthält ein kleines nicht glycosyliertes Transmembranprotein M2 (Influenza A) oder NB (Influenza B) und sie wird innen von etwa 3000 Kopien des Matrixproteins, M1, ausgekleidet. Die Proteine NP und M1 sind typspezifisch für die Influenza A-, B- und C-Virusstämme. Eine weitere Unterteilung berücksichtigt epidemiologische Kennzeichen, wie Wirt (nur bei animalen Influenzaviren), Ort und Jahr der Isolierung. Bei den Influenza A-Viren folgt dieser Beschreibung die Bezeichnung des Antigensubtyps des Hämagglutinins und der Neuraminidase.

Es werden bei Influenza A-Viren von Mensch und Tier insgesamt 14 HA-Subtypen (H) und 9 NA-Subtypen (N) unterschieden, wobei bei humanen In-

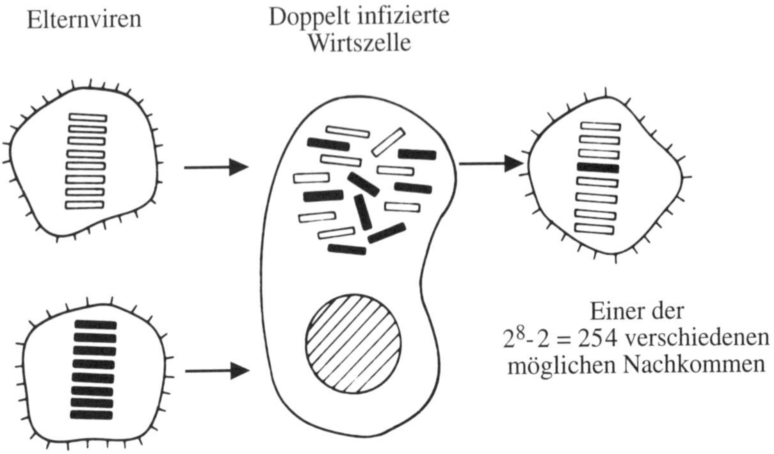

Abbildung 9: Gen-Reassortment bei Influenzaviren. Nach simultaner Doppelinfektion einer Zelle mit zwei verschiedenen Influenza A-Viren entstehen durch den freien Austausch der RNA-Segmente Viren mit veränderter Genom-Konstellation.

fluenza A-Viren die Subtypen H1 bis H3 sowie N1 und N2 vorkommen. Die Bezeichnung ihrer Prototypstämme lautet also A/Puerto Rico/8/34 (H1N1), A/Japan/305/57 (H2N2) und A/Hong Kong/1/68 (H3N2).
Sukzessive Antigenvariationen, die von einem aufgetretenen Prototyp wegführen, kommen hauptsächlich bei den Oberflächenantigenen vor, die auf Mutationen an Genen beruhen, welche die verschiedenen antigenen Domänen kontrollieren (besonders des Hämagglutinins). Da das Hämagglutinin die Viruskomponente ist, welche die Bildung neutralisierender Antikörper im Organismus induziert, kann eine derartige Veränderung seiner Antigenität dazu führen, daß sich das Virus auf diese Weise einer vorgegebenen Immunität entzieht. Solche von einem einmal aufgetretenen Prototyp wegführenden Mutationen werden als Antigendrift bezeichnet. Neben dem Hämagglutinin unterliegt auch die Neuraminidase einer *Antigenvariation*. Die gegen die Neuraminidase gerichteten Antikörper blockieren die Ausschleusung neugebildeter Viruspartikel aus der Wirtszelle und hemmen dadurch ihre Ausbreitung im Organismus, so daß sie auf diese Weise ebenfalls zum Schutz gegenüber einer Infektion beitragen.
Durch die Antigendrift des Hämagglutinins wird die Epidemiologie der Influenza beim Menschen weitgehend bestimmt und sie könnte für sich allein ausreichen, ihr jährlich wiederkehrendes Auftreten zu erklären. Sie erklären jedoch nicht das Entstehen neuer Influenzavirus-Subtypen, bei denen zumindest ein neues Hämagglutinin auftritt. Alle zur Verfügung stehenden Daten sprechen dafür, daß die bekannten Subtypen durch einen als Reassortment bezeichneten

Austausch von Genen verschiedener Influenzaviren, auch animaler Provenienz, entstanden sind. Dieser Vorgang wird als *Antigenshift* bezeichnet.
Die besondere, segmentierte Struktur des Influenzavirus-Genoms erlaubt nach Doppelinfektion einer Zelle mit verschiedenen Influenzaviren den freien Austausch der in der Wirtszelle neu synthetisierten RNA-Segmente beider Elternviren (Abb. 9). Wird bei einem derartigen Gen-Reassortment ein neues HA-Gen in ein vorherrschendes Subtypvirus eingeführt, so entsteht ein neuer Subtyp, der zu einer pandemischen Ausbreitung der Influenza führt, wie 1957 durch das Asien (H2)-Virus und 1968 durch das Hong Kong (H3)-Virus.
Die bisher bei Influenza B-Viren aufgetretenen Veränderungen der Antigenität sind weniger stark ausgeprägt als bei Influenza A-Viren und alle Influenza C-Viren zeigen ein hohes Maß an immunologischer Kreuzreaktivität.
Bei der Infektion einer empfänglichen Zelle wird das Influenzavirus an spezifische Neuraminsäure-haltige Zelloberflächenrezeptoren gebunden und anschließend durch Endocytose in die Zelle aufgenommen. Dabei kommt es wie bei allen umhüllten Viren zu einer Fusion der Außenhülle des Virus mit zellulären Membranen.
Das dadurch freigelegte Nucleocapsid wird in den Zellkern transportiert, wo die Transkription der viralen RNA (vRNA) beginnt. Dabei werden Fragmente gerade hergestellter zellulärer mRNAs als Primer für die Synthese von viralen mRNA-Molekülen benutzt. Diese Primer bestehen aus der cap-Struktur (7-Methyl-G) und einer Kette aus 10–13 Nucleotiden, die mit A oder G endet.
Es wird angenommen, daß PB2 die 5'-cap-Struktur erkennt, während PB1 als Endonuclease wirkt, welche die benötigten Primer von den zellulären mRNA-Molekülen abspaltet. Die virale mRNA besitzt ebenso wie die meisten reifen zellulären mRNAs an ihrem 3'-Ende einen Poly A-Schwanz. Da virale mRNA nicht als Matrize für die Replikation der vRNA eingesetzt werden kann, wird durch einen zweiten Transkriptionsprozeß, der keine Primer benötigt, vollständige, zu der vRNA komplementäre RNA (cRNA) hergestellt. Die cRNA-Moleküle dienen als Matrize für die Synthese von vRNA, wobei der genaue Reaktionsmechanismus noch nicht aufgeklärt werden konnte. Die viralen Glycoproteine werden an Ribosomen am rauhen endoplasmatischen Reticulum synthetisiert, im Golgi-Apparat durch Komplexierung der Glycosylierung und durch Fettsäure-Acylierung modifiziert und schließlich in Membranvesikeln zu bestimmten Bereichen der Cytoplasmamembran transportiert. Es wird angenommen, daß das M1-Protein eine Hülle um die Nucleocapside bildet, die an der Innenseite der Cytoplasmamembran an die HA- und NA-Moleküle bindet. Dieser Anheftungsvorgang bewirkt, daß der gesamte Komplex von der Zelloberfläche abgeschnürt wird, wobei ein reifes Viruspartikel durch Budding freigesetzt wird. Die ersten neugebildeten Viruspartikel lassen sich 3–4 Stunden nach der Infektion nachweisen und das Maximum der Virusproduktion wird nach 8–10 Stunden erreicht.

Weiterführende Literatur

Brandis, H., H. J. Eggers, W. Köhler, and G. Pulverer (1994): Lehrbuch der Medizinischen Mikrobiologie. 7. Auflage. Gustav Fischer Verlag, Stuttgart.

Davis, B. D., R. Dulbecco, H. N. Eigen, and H. S. Ginsberg (1990): Microbiology, Fourth Edition. J. P. Lippincott Comp., Philadelphia.

Fields, B. N., and D. M. Knipe (1990): Virology, Vol. 1–2, Second Edition. Raven Press, New York.

Hahn, D., D. Falke, and P. Klein (1991): Medizinische Mikrobiologie. Springer-Verlag, Heidelberg.

Lennette, E. H., A. Balows, W. J. Hauser, Jr., H. J. Shadowy (1985): Manual of Clinical Microbiology, Fourth Edition. American Society for Microbiology, Washington.

Webster, R. G., and A. Granoff (1994): Encyclopedia of Virology, Vol. 1–3. Academic Press, London.

L. C. Jennings

Übertragung der Erkältungs-krankheit

Einführung

Erkältungen beim Menschen sind charakterisiert durch Husten, Niesen und einen Sekretfluß aus der Nase. Sie werden verbreitet über Viren, die durch Sekret von einem Menschen zum anderen gelangen. Dieses Sekret gelangt als Aerosol kleinerer oder größerer Partikel in die Atemwege des neuen Wirts – übertragen durch direkten oder indirekten Kontakt mittels kontaminierter Gegenstände.

Die rasche Verbreitung von Erkältungskrankheiten hat seit Beginn dieses Jahrhunderts zahlreiche Forscher beschäftigt [Kruse, 1914; Dochez et al., 1930; Van Logheim, 1928; Paul und Freese, 1933; Frost und Gover, 1941, Lidwell und Somerville, 1951; Dingle et al., 1964]. Erst in den 50er Jahren gab es erste Fortschritte bei der Suche nach dem auslösenden Agens: Das erste Rhinovirus wurde unabhängig voneinander sowohl von Mogabgab [Pelon et al., 1956] als auch von Price [Price et al., 1956] isoliert. Rasch konnte gezeigt werden, daß eine Vielzahl verschiedener Stämme existiert [Tyrrell und Parsons, 1960; Ketler et al., 1962; Taylor-Robinson und Tyrrell, 1962] und daß diese signifikant beim Menschen Erkältungskrankheiten hervorrufen [Hamre und Procknow, 1963; Couch, 1984]. Andere während dieser Zeit identifizierte respiratorische Viren, die ebenfalls Symptome von Erkältungskrankheiten hervorrufen wie die 1953 erstmals identifizierten Adenoviren, Parainfluenzaviren oder *Respiratory Syncytial Virus* (RSV), beide 1956 identifiziert, und die 1965 gefundenen Coronaviren [Tyrrell und Bynoe, 1965]. Coronaviren haben sich – nach den Rhinoviren – als die zweitwichtigste Ursache von Erkältungskrankheiten herausgestellt [McIntosh et al., 1970; Dick und Inhorn, 1992].

Unser Wissen darüber, wie Erkältungskrankheiten von einer Person auf die andere übertragen werden, hat sich seit der Einrichtung der *Common Cold Research Unit* durch den *British Medical Research Council* am Harvard Hospital in Salisbury, England, stetig entwickelt. Anfangs leitete Sir Christopher Andrewes, der «Vater der Grippe», das Forschungszentrum, später bis zur Schließung im Jahr 1990 David Tyrrell. In den frühen 60er Jahren konzentrierten sich zwei amerikanische Gruppen auf die Übertragungsmechanismen von durch Rhinoviren ausgelösten Erkältungskrankheiten: eine an der Universität Virginia in Charlottesville unter Leitung von Jack Gwaltney, die andere an der Universität Wisconsin, angeführt von Elliott Dick. Zusammen haben diese drei Forschergruppen «eines der am phantasievollsten untersuchten Felder in der Virologie» geschaffen [Radetsky, 1991].

Frühe Studien zu Erkältungskrankheiten

Schon vor der Entdeckung der meisten die Atemwege befallenden Viren gab es Studien zur Übertragung von Erkältungskrankheiten. Die ersten Untersuchungen an der *Common Cold Research Unit* konzentrierten sich auf eine Viruskontamination der Umgebung als möglichen Übertragungsweg. Man vermutete, daß daran Taschentücher oder andere Objekte beteiligt sein könnten. Mit Hilfe eines Nasenkatheters wurden kontinuierlich geringe Mengen mit Fluorescein angefärbter Flüssigkeit in die Nase getropft. Andrewes konnte zeigen, daß nach dem Schneuzen und ansonsten normalem Verhalten beim Kartenspiel nasales Sekret weit über Kleidungsstücke und Einrichtungsgegenstände verteilt wurde [Andrewes, 1965]. Nasensekret von Erwachsenen wurde in einem weiteren Versuch auf Zellophan-Taschentüchern gesammelt und auf Stofftaschentücher übertragen, die dann von Freiwilligen 24 Stunden lang zum Schneuzen benutzt wurden. Kein einziger von acht Freiwilligen infizierte sich; selbst wenn das Sekret eine Stunde lang immer wieder direkt auf der Außenseite der Nasen von Freiwilligen verteilt wurde, trat keine Übertragung auf [Lovelock et al., 1952]. Lediglich wenn in Sekret getauchte Gazestreifen in die Nasenlöcher von Freiwilligen eingeführt wurden, traten Infektionen auf, doch selbst bei diesem Verfahren nur bei zwei der neun Probanden, die frisches, feuchtes Sekret erhielten. Von zehn Freiwilligen, denen auf diese Weise getrocknetes Sekret appliziert wurde, wurde keiner infiziert. Die frühen Schlußfolgerungen der Forschungsgruppe lauteten, «daß die Übertragung von Erkältungskrankheiten über kontaminierte Hände und unbelebte Objekte vermutlich keine große Rolle spielt» [Andrewes, 1965]. Man wandte sich direkteren Tests zu und brachte Freiwillige mit und ohne Schnupfen unter kontrollierten Bedingungen zusammen. Bei einem Experiment wurde nach zehn Stunden nur eine von 19 Personen infiziert. Daraus wurde geschlossen, daß die Probanden aus irgendeinem Grund unempfindlich gegenüber den verwendeten Viren sein mußten [Andrewes, 1951].

Schon damals war bekannt, daß Epidemien von Erkältungskrankheiten dann auftraten, wenn abgeschirmte Bevölkerungsgruppen in Kontakt mit der Außenwelt kamen [Paul und Freese, 1933]. Um empfindlichere Freiwillige zu erhalten, wurde eine «einsame Insel» vor Schottland eingerichtet: Nach fast drei Monaten Isolation wurden zwölf Freiwillige in drei Gruppen mit sechs Menschen mit Schnupfen in Kontakt gebracht, um sowohl die Übertragung durch die Umgebung als auch direkt über Aerosole zu untersuchen. Überraschenderweise trat unter den zwölf Inselbewohnern keine einzige Erkältung auf [Andrewes, 1951]. Erst 1960 bestätigte sich, daß die Mehrzahl der bei den frühen Experimenten beobachteten Erkältungen auf Rhinoviren zurückzuführen war [Tyrrell et al., 1960]. Vermutlich wurde in dieser Gruppe im Jahr 1953 auch das erste Rhinovirus isoliert [Andrewes et al., 1953], dies wurde jedoch unglücklicherweise erst viele Jahre später bestätigt [Conant et al., 1968]. Auch wenn die Interpretation dieser ersten Studien schwierig war, so zeigten sie doch insgesamt, daß Erkältungskrankheiten viel seltener als erwartet übertragen wurden [Andrewes et al., 1951; Lovelock et al., 1952; Tyrrell, 1990].

Studien in offenen Populationen

Schulkinder zählen als wichtige Gruppe bei der Verbreitung von Erkältungskrankheiten. In einer Kindertagesstätte in Chicago breiteten sich einige Rhinovirusarten extensiv auf 77 Prozent der untersuchten 22 Kinder aus [Beem, 1969]. Ähnliche Ergebnisse fanden sich in einem Klassenzimmer in Wisconsin, wo vier

	Virus	Anzahl potentiell zu infizierender Schüler*	Anzahl infizierter Schüler (%)
1968	Nicht klassifizierbares «M» Rhinovirus	19	7 (37%)
	Rhinovirus 19	17	3 (18%)
	Rhinovirus 38	11	6 (55%)
	Parainfluenza 3	2	2 (100%)
	Respiratory Syncitial	N. D.	5
1968–1969	Rhinovirus 6	24	9 (37%)
	Influenza B	0	13
	Respiratory Syncitial	3	8

* Studenten mit neutralisierenden Antikörpertitern $\leq$ 1:8 zu Beginn der Studie
N. D. = Nicht durchgeführt

Abbildung 1: Infektionsrate verschiedener Atemwegsviren in einem Klassenraum mit 26 Schülern in Madison, Wiscosin von 1968–1969.

Rhinovirusarten zwischen 18 und 55 Prozent der anfälligen Kinder infizierten (Abbildung 1 [Dick und Inhorn, 1992]). Das Parainfluenza-3-Virus infizierte jedoch 100 Prozent der empfänglichen Kinder, das Influenza-B-Virus breitete sich ebenfalls auf fast alle Kinder aus.

Das überraschend begrenzte Verbreitungsmuster der meisten Rhinovirus-Serotypen konnte auch an Familien gut dokumentiert werden. Bei 25 Studentenfamilien der Universität von Wisconsin in Madison wurde die Verbreitung inner- und außerhalb der Familien untersucht [Dick et al., 1967]. Dabei wurden 14 Rhinovirus-Typen isoliert, jedoch nur drei Typen (43, 51 und 55) waren «Verbreiter» (Abbildung 2) und wurden auch außerhalb der Kontrollfamilie verbreitet. RV55 verursachte eine Mini-Epidemie und infizierte 56 Prozent aller in Frage kommenden Personen, in einem Gebäude sogar 71 Prozent, bei etlichen Familien

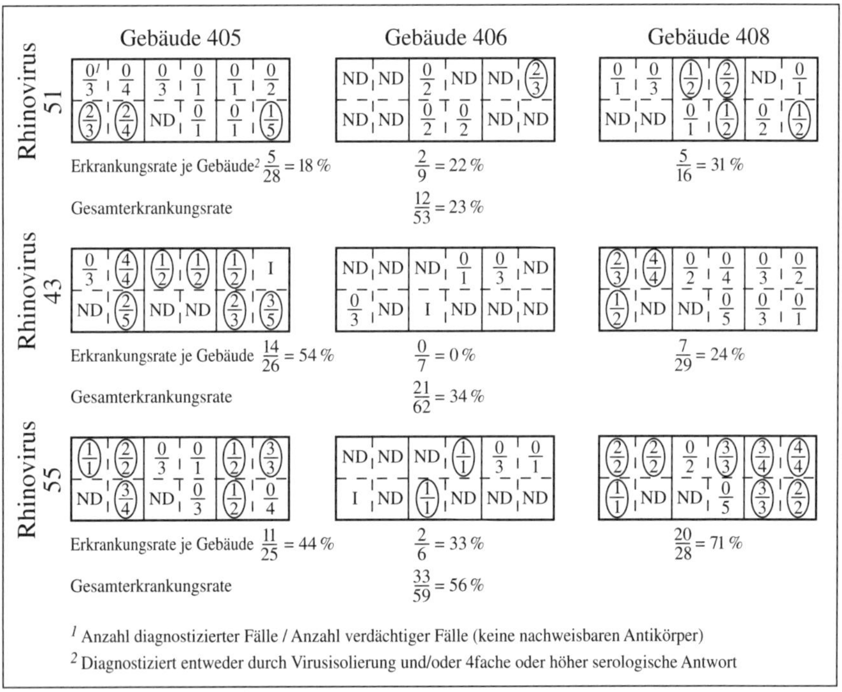

Abbildung 2 Infektionsrate von 3 sich ausbreitenden Rhinovirusstämmen in 3 benachbarten Wohnhäusern in Eagle Heights, Madison.
I.: alle Bewohner immun; ND.: Nicht untersucht; O: Familien mit einem oder mehr infizierten Familienmitgliedern

waren alle Mitglieder betroffen. Die Rhinoviren schienen sich besonders gut in Gebäuden auszubreiten, deren Flure und Treppen miteinander verbunden waren, vermutlich weil hier die Kinder während der Wintermonate miteinander spielten. Trotzdem blieben viele potentiell Betroffene verschont. Ähnliche Muster wurden in Tecumseh im US-Bundesstaat Michigan [Monto und Cavallaro, 1971], in Seattle [Fox et al., 1975; Fox et al., 1985], und in Charlottesville (Virginia) beobachtet [Hendley et al., 1969].

Studien an Freiwilligen

Von Rhinoviren übertragene Erkältungskrankheiten behielten ihr unvorhersehbares Verhalten auch unter experimentellen Bedingungen. Couch versuchte, ein mit Coxsackievirus-A21 erfolgreiches Aerosol-Übertragungsexperiment mit RV15 zu wiederholen [Couch et al., 1970]. Er ließ 15 Spender (mit im Labor gezüchteten Viren intranasal infiziert) und zwölf Empfänger (ohne Antikörper gegen die Viren der Spender) 26 Tage lang zusammen wohnen. Dabei trat keine Übertragung auf. Die ersten Experimente mit RV55 in Wisconsin dauerten nur kurze Zeit [D'Alessio et al., 1984]. Bei zwei darauffolgenden Experimenten wurden zwei (drei) mit RV55 infizierte Spender in einem kleinen Raum jeweils zwei bis drei Stunden mit je vier Empfängern zusammengebracht.
Trotz der Enge wurde keiner der Empfänger infiziert. Auch bei einem weiteren Experiment, bei dem die Übertragung zwischen männlichen und weiblichen Studenten über Küsse untersucht wurde, infizierte sich nur einer von 16 Empfängern durch einen etwa einminütigen Kuß. Das abschließende Experiment umfaßte elf RV55-infizierte Spender, die drei Tage lang mit elf Empfängern zusammen wohnten. Nur einer der Empfänger steckte sich mit RV55 an. Ähnliche Resultate fanden auch Gwaltney und Mitarbeiter in Charlottesville [Gwaltney et al., 1978].
Wenn die Expositionszeit bei Studien mit Freiwilligen erhöht wurde, stiegen auch die Infektionsraten an: Von acht Empfängern in einer kleinen Hütte auf der Insel Stronington in der Antarktis infizierten sich 88–100 Prozent im Verlauf von 17 Tagen. Bei diesem Experiment wirkten offenbar die Enge, verhältnismäßig heftiger Schnupfen und die lange gemeinsam verbrachte Zeit sowie der «Isolationsfaktor» zusammen [Holmes et al., 1976].
Auch an der Universität Wisconsin wurden bei jungen Studentenehepaaren bei wochenlangen Experimenten erhöhte Übertragungsraten gefunden. Unter 24 Paaren infizierten neun RV55- oder RV16-Spender ihre Partner [D'Alessio et al., 1976]. Hier wurde die erfolgreiche Übertragung darauf zurückgeführt, daß die Spender viel Zeit mit dem Partner verbrachten und hohe Virustiter in ihrem Nasensekret aufwiesen. Die Infektionsraten fielen drastisch, wenn die Spitzen-

werte des Virustiters (kontrolliert in ausgewaschenem Nasensekret) zurückgingen. Die «erfolgreichen» Spender schieden bei diesen Experimenten genug Virus aus, um ihre Umgebung zu kontaminieren. Bei allen Spendern, die Infektionen auf ihre Partner übertrugen, konnte das Rhinovirus an den Händen nachgewiesen werden, nicht jedoch bei den «Nicht-Überträgern». Es konnte gezeigt werden, daß geringste Dosen an Rhinovirus (weniger als ein TCID50) [TCID50 = tissue culture infective dose, 50% infectivity = Virusmenge die nötig ist 50% einer Gewebekultur zu infizieren] eine Infektion auslösen können, wenn im Labor gezüchtetes Virus über Nasentropfen oder Aerosol appliziert wird [D'Alessio et al., 1984, Douglas, 1970]. Erheblich mehr Virus (die 2fache Menge) wird benötigt, wenn es unter der Zunge oder (die 10fache Menge) getrocknet unmittelbar neben den Nasenlöchern plaziert wird [D'Alessio et al., 1984]. Wie diese Bedingungen mit der Übertragung natürlicher Rhinovirus-Infektionen korrelieren ist unklar [Hendley, 1983].

Studien an geschlossenen Populationen

Die Wisconsin-Gruppe hatte gehofft, daß Ehepaare ein reproduzierbares Modell darstellen könnten, um die natürlichen Mechanismen der Rhinovirus-Übertragung zu verstehen. Das System hatte einen wichtigen Schwachpunkt: Die Teilnehmer konnten bei ihrem Kontakt nicht ständig beobachtet werden [D'Alessio et al., 1976]. Man benötigte ein Modell, bei dem Spender und Empfänger zu jeder Zeit überwacht werden konnten. Ein solches Modell ergab sich schließlich aus der Gelegenheit, die Epidemiologie in einer isolierten Gruppe von 200 Personen in der Antarktis zu verfolgen.

Dick untersuchte die Verbreitung von mit Neuankömmlingen eingeschleppten, die Atemwege befallenden Viren während der Winter 1975–1980. Im Jahr 1976 wurde die Ausbreitung der beiden Rhinoviren McMurdo 88 und McMurdo 4 untersucht [Warshauer et al., 1989]. McM 4 verbreitete sich nicht gleichmäßig, obwohl einer der beiden ankommenden Fälle heftig und anhaltend verlief; bei 71 Prozent der Population fanden sich keine McM-4-Antikörper. Das Verbreitungsmuster von McM 88 ließ sich verfolgen und verlief unter 14 Männern in einem kleinen Schlafraum typisch: Es gab eine eingeschleppte, auf McM 88 zurückgehende Erkältung; die Symptome zählten zu den heftigsten, die auf der Station beobachtet wurden. Obwohl zwölf der 14 Männer gegenüber McM 88 empfindlich waren, infizierten sich nur vier, drei entwickelten die Krankheit. Die Studien zeigten deutlich, daß für eine Verbreitung von Rhinoviren selbst in einer empfänglichen Umgebung von Erwachsenen eine größere Anzahl heftig Erkrankter nötig ist.

Hohe Übertragungsraten wie bei dem anfangs beschriebenen Antarktis-Experiment der englischen *Common Cold Unit* [Holmes et al., 1976] wurden von den Untersuchenden teilweise mit einer erhöhten Empfänglichkeit dieser Männer während der sechsmonatigen Isolation im Winter erklärt. Dieses Phänomen war schon viele Jahre bekannt [Paul und Freese, 1933; Allen, 1973]. Bei der McMurdo-Studie von 1976 [Warshauer et al., 1989] hatten 23 Prozent der 136 «Sommer-Männer» schon einen Schnupfen, als sie an der McMurdo-Station ankamen, dagegen waren alle Männer, die dort überwintert hatten, schnupfenfrei. Nur 52 Erkältungen traten bei den übrigen Sommer- und Wintermännern auf, es gab keinen heftigeren Verlauf bei denjenigen, die überwintert hatten. Die hohen Übertragungsraten in der Antarktisgruppe der britischen *Common Cold Unit* lagen höchstwahrscheinlich an den beengten räumlichen Verhältnissen und den schweren Infektionen der Spender.

Ein Modell der Übertragung von Erkältungskrankheiten

Die Wisconsin-Gruppe beschrieb 1984 ein System von Freiwilligen, innerhalb dessen die natürliche Übertragung von Rhinoviren über Aerosole, Handkontakt oder kontaminierte Objekte in vorhersehbarem Maß innerhalb von Zeiträumen bis zu einer Woche ablief. Dieses System hieß offiziell Miniatur-Feldversuch (*Miniature Field Trial, MFT genannt)* [Meschievitz et al., 1984], formlos die «Antarktishütte» nach seinen Anfängen auf der McMurdo-Station und der Insel Stronington [Hendley, 1988]. Hier handelte es sich um experimentell infizierte erwachsene Freiwillige, die aus einem Pool mittel bis schwer infizierter Einzelpersonen ausgewählt worden waren, und empfindliche erwachsene Empfänger. Der Kontakt zwischen Spendern und Empfängern erfolgte in einem einzigen großen Raum (Abbildung 3). Tagsüber spielten die Männer Karten-, Brett- und Videospiele, nachts schliefen sie im selben oder angrenzenden Raum. Alle Aktivitäten und alle klinischen Anzeichen wurden rund um die Uhr aufgezeichnet. Bei einer Reihe solcher Experimente mit acht Spendern und 12 bis 16 Empfängern traten Infektionsraten zwischen Null und 100 Prozent auf.
Die Raten korrelierten eng mit der kumulierten Zahl an Stunden, während der die Empfänger mit den Spendern Kontakt hatten (Abbildung 4). Ein Erwachsener ohne Antikörper hatte sich nach etwa 200 Stunden Kontakt mit einem mäßig stark Infizierten mit einer Wahrscheinlichkeit von 50 Prozent infiziert.
Wie hängen diese Expositionszeiten von 200 Stunden oder acht Tagen beim «Antarktishütten»-Modell mit der Rhinovirusübertragung in natürlicher Umgebung zusammen? Eine Person kann mindestens acht Tage lang Virus ausscheiden – erhebliche Mengen während der ersten Woche [D'Alessio et al., 1976], oft

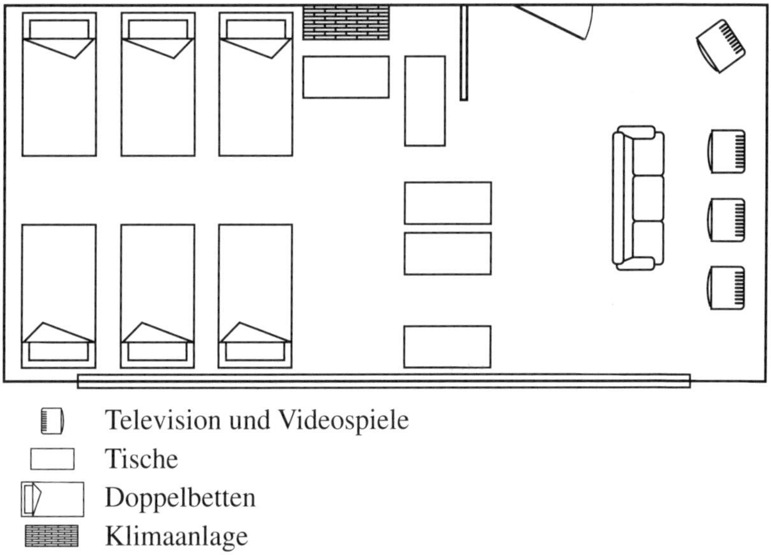

Abbildung 3: Grundriß des für die «Miniatur Feldversuch» Studien benutzten Raums. Länge 11,9 m, Breite 5,8 m und Höhe 2,7 m. Im Raum waren 12 Kojen, 5 Tische, 4 TV Geräte und 3 Videospieleinrichtungen aufgestellt.

wird auch noch zwei bis drei weitere Wochen Virus produziert [Douglas et al., 1966], natürliche Virusausscheidung wurde selbst 55 Tage nach einer Infektion noch nachgewiesen [Fox et al., 1985]. Aus eingehenden Studien in natürlicher Umgebung wurden sekundäre Angriffsraten von etwa 50 Prozent über eine Woche oder mehr ermittelt. In einer Kindertagesstätte in Chicago breiteten sich von 13 Rhinovirustypen nur drei aus, die sekundären Anfall-Raten unter den 22 empfänglichen Kindern waren: bei RV39 77 Prozent in zwei Wochen, bei RV56 50 Prozent in einer Woche und bei einem nicht typisierbaren Rhinovirus 42 Prozent in zwei Wochen [Beem, 1969].

In einem Klassenzimmer in Wisconsin wurden während dreier Semester folgende Infektionsraten beobachtet: 18 Prozent bei RV19, 37 Prozent bei nicht-typisierbarem RV und 55 Prozent bei RV36 [Dick, 1987]. Ähnliche Zahlen wurden auch bei der *Eagle-Heights*-Studie unter 24 benachbarten Familien [Dick, 1987] und bei einer Studie in Panama gefunden [Monto, 1968]. Diese Studien zeigen, daß enger Kontakt über eine Woche oder länger zu einem oder

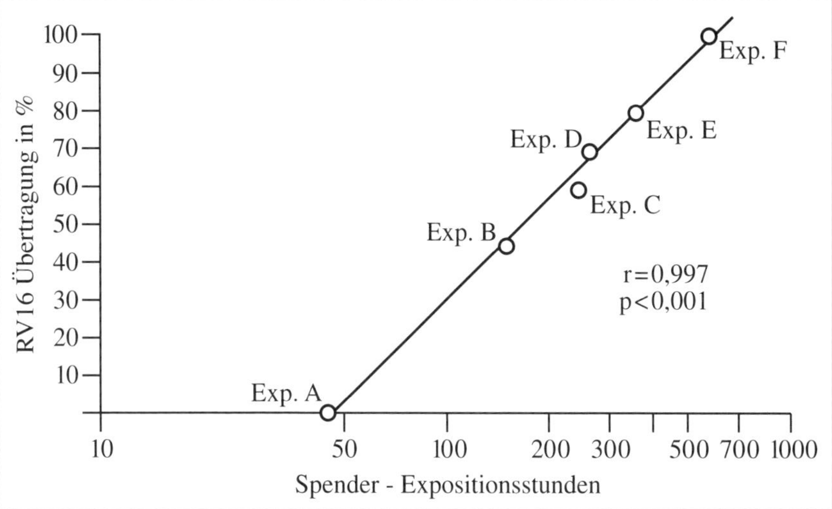

Abbildung 4: Semi-logarithmische Darstellung von «Spender-Stunden Exposition» (DHE = Donor-Hours Exposition) gegen die Übertragung von RV16 zwischen experimentell infizierten Spendern und aufnahmefähigen Empfängern in der Studienserie A-F während der «Miniatur Feldversuch» Experimente.

mehreren mit natürlichen Erkältungskrankheiten Infizierten bei dafür Empfänglichen zu 50 Prozent oder weniger eine Infektion hervorruft. Das Modell der «Antarktishütte» mit einer Rate von 50 Prozent nach acht Tagen scheint somit den Verhältnissen einer natürlichen Übertragung sehr nahezukommen.

Experimente mit Aerosolübertragung

Das Modell der «Antarktishütte» wurde bei vier aufeinanderfolgenden Experimenten benutzt, um zu untersuchen, ob Rhinoviren über Aerosole oder indirekten Kontakt über die Umgebung oder auf beiden Wegen übertragen werden [Dick et al., 1987]. Bei einer Variation des ursprünglichen MFT-Modells wurde der Kontakt zwischen acht Spendern und zwölf Empfängern auf ein zwölfstündiges Pokerspiel beschränkt (Abbildung 5). Diese Zeitspanne wurde durch Interpolation aus der Modellkurve (Abbildung 4) gewählt, danach sollten 96 Spenderstunden (acht Spender über zwölf Stunden) eine 30prozentige Übertragungsrate ergeben. Durch Erhöhung der Aktivität (kontinuierliches Pokerspiel) und Ver-

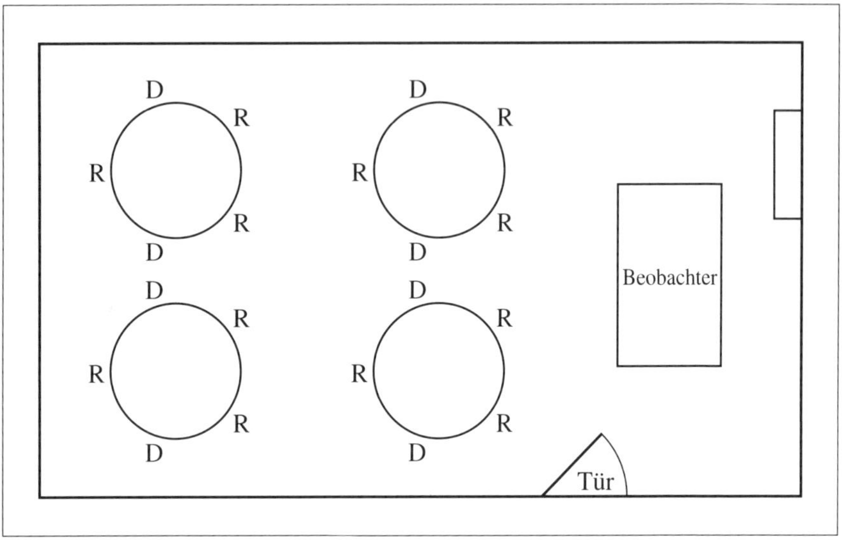

Abbildung 5: Design des Raums für die 12 Stunden Pokerspiel Modifikation des «Miniatur Feldversuch» Experiments. Länge 8,2 m, Breite 4,7 m und Höhe 2,4 m. Im Raum befanden sich 4 Tische mit jeweils 1,4 m Durchmesser. An jedem Tisch saßen 3 Empfänger (R) und 2 Spender (D). Alle Aktivitäten im Raum wurden von 2 oder 3 Personen überwacht. Die Temparatur und Luftfeuchtigkeit im Raum wurde mittels einer Klimaanlage konstant gehalten.

zicht auf Schlaf hoffte man, nach zwölf Stunden eine Übertragungsrate von 50 Prozent zu erreichen.

Bei den ersten drei Experimenten wurde die Ausbreitung des Virus nur über Aerosol getestet. 24 erwachsene Männer, mit RV16 infiziert, spielten zwölf Stunden lang Karten mit 36 Empfängern. Bei jedem Experiment trug die Hälfte der Empfänger geeignete Abschirmungen an den Armen, damit sie ihren Kopf oder Gesicht nicht berühren konnten (Abbildung 6). Es gab keinen signifikanten Unterschied in der Übertragungsrate – mit Abschirmung (ausschließlich über Aerosol) wurden zehn von 18, ohne Abschirmung (alle Übertragungswege) zwölf von 18 Empfängern infiziert.

Beim vierten Experiment sollte die Ausbreitung ausschließlich über kontaminierte Gegenstände untersucht werden. Dieses Mal spielten nur zwölf Empfänger wieder zwölf Stunden lang Poker, allerdings mit Karten, Chips, Stiften und anderen Objekten, die gerade zuvor von mittel bis schwer erkrankten Spendern in einem gleichen, benachbarten Raum benutzt worden waren. Jede Stunde wurden die benutzten Karten und weiteren Gegenstände zwischen den beiden

Abbildung 6: Ein typisches Bild von einem «Antarktishütte» Experiment bei dem «Stud and Draw» Poker als Übertragungsweg diente. An jedem der 4 Tische sitzen 2 Spender (infiziert mit RV16) und 3 Empfänger (ohne Antikörper gegen RV16). Die Empfänger tragen chirurgische Armschoner. Bei diesem speziellen Experiment ist die Virusübertragung durch Selbstinfektion nach Handkontakt bei 6 von 12 Empfängern durch das Tragen von sog. «Thatcherkragen» unterbunden. Diese Kragen verhindern die Übertragung durch Handkontakt dadurch, daß eine Berührung des eigenen Gesichts mit der Hand nicht möglich ist. Viren können also nur über Aerosole vom Spender auf den Empfänger übergehen.

Räumen ausgetauscht, um eine ausreichende Versorgung mit kontaminierten Objekten zu gewährleisten. Dazu wurden die Empfänger jede Stunde angehalten, sich übertrieben häufig an die Nase zu fassen, um sich so selbst zu infizieren. Die Ausbreitung von Aerosolen wurde durch zwei Ziegelwände zwischen den Räumen verhindert. Überraschenderweise trat keine einzige Infektion bei den Empfängern auf [Dick et al., 1987]. Offenbar werden Rhinoviren bei Erwachsenen hauptsächlich über Aerosole übertragen.

Weitere mögliche Übertragungswege

Die in den frühen 80er Jahren in Wisconsin gefundenen Erkenntnisse über die aerosolgebundene Ausbreitung von Rhinoviren standen im Widerspruch zur allgemein anerkannten Ansicht, daß die Verbreitung vor allem durch direkten und indirekten Kontakt und Selbstinfektion (Transport des Virus zur Nase mit den eigenen Händen) erfolgt [Cate, 1978; Couch, 1984; Douglas, 1986]. Obwohl die ersten Studien an der *Common Cold Unit* schon darauf hindeuteten, daß der indirekte Kontakt als Übertragungsweg kaum eine Rolle spielt, fanden die Ergebnisse der Gruppe aus Virginia, die gerade diese Kontaktübertragung vorschlug, verstärkt Beachtung. Dort hatte man bei Besuchern medizinischer Kongresse und der Sonntagsschule beobachtet, daß Nasenbohren und Augenreiben zum normalen Verhalten der Erwachsenen gehört. Bekannt war auch, daß Rhinoviren auf den verschiedensten Oberflächen überleben und auch auf den Händen von an Schnupfen erkrankten Menschen zu finden sind [Hendley et al., 1973].

In einer Reihe von Experimenten zeigte Gwaltney, daß neben dem Aerosolpfad auch Handkontakt und Selbstinokulation ein möglicher Übertragungsweg ist [Gwaltney et al., 1978]. Beim ersten Experiment wurde virushaltiges Nasensekret manuell übertragen. Spender schneuzten sich in die Hand. Die Empfänger rieben dann zehn Sekunden über die kontaminierte Hand des Spenders und inokulierten sich selbst, indem sie ihre Finger auf Nasenschleimhaut und Bindehaut brachten. Das Verfahren wurde an drei aufeinanderfolgenden Tagen wiederholt. Dabei wurden von 15 Empfängern elf infiziert.

Dieser Übertragungsweg war somit deutlich effizienter als die zuvor beschriebenen beiden Experimente zur Übertragung mit kleinen und großen Aerosolpartikeln [Gwaltney et al., 1978]. Allerdings waren die Expositionszeiten bei den Aerosolexperimenten mit 0,75 und 72 Stunden deutlich kürzer als die 200 Stunden, die für eine 50prozentige Infektionsrate erforderlich sind, selbst wenn alle möglichen Infektionswege offenstehen (Abbildung 4).

In späteren Experimenten zeigte die Gruppe aus Virginia die erfolgreiche Übertragung über kontaminierte Gegenstände [Gwaltney et al., 1982]. Wieder schneuzten sich die Spender in die Hand und berührten sofort eine Kaffeetasse oder rieben mit den Fingerspitzen über eine Kunststoffscheibe. Kaffeetassen und Kunststoffscheiben wurden anschließend den Empfängern gegeben, die sich selbst durch Reiben der Nasenschleimhaut oder Bindehaut inokulierten. Dies wurde fünf Tage lang wiederholt. Danach waren fünf von zehn Empfängern über die Henkel der Kaffeetassen, neun von 16 Empfängern über die Kunststoffscheiben infiziert. Die Ergebnisse des «Antarktishüttenexperiments» aus Wisconsin zur Übertragung via Gegenstände standen dazu im Widerspruch: Wie oben

beschrieben, wurde dabei kein einziger von zwölf Empfängern infiziert [Dick et al., 1987].
An der *Common Cold Unit* in England wurde auch die Wahrscheinlichkeit einer natürlichen Übertragung durch Handkontakte zwischen Mitbewohnern verschiedener Wohnbereiche untersucht [Reed, 1975]. Rhinoviren konnten dabei an den Fingern von 16 von 38 RV2-infizierten Spendern nachgewiesen werden, jedoch wurde kein Virus auf die Finger ihrer 18 Mitbewohner übertragen, auch wenn das Virus auf sechs von 40 Objekten, mit denen die Spender in Berührung kamen, nachgewiesen werden konnte. Weiterhin erreichte bei 29 Versuchen mit an den Fingern der Spender getrocknetem Virus den Empfänger über einen Gegenstand. Der Schluß war, daß «die Verbreitung von Erkältungskrankheiten über durch die Hände des Virusträgers kontaminierte Objekte unwahrscheinlich

Kette der indirekten Rhinovirusübertragung über Gegenstände

TCID 50 von RV 16 ermittelt nach 12 Stunden Pokerspiel

	Spender				Empfänger			
		Linke Hand	Rechte Hand	Karten 32 / <5 / <5 / <5 / <5	Linke Hand	Rechte Hand		
1	3,2 x 10^4	3 200	3 200	20 / 2,6 / 2,6 Chips	100	<5	<5	1
2	1,0 x 10^5	10 000	10 000	32 / 13 / 32 / 13,5	13	100	13	2
3	≥ 3,2 x 10^6	1 000	3 200	64 / 20 / 1,6	<5	<5	<5	3

(nach Jennings et al., 1988)

Abbildung 7: Kette der indirekten Rhinovirusübertragung über Gegenstände

ist». In der Folge wurde in Wisconsin eine überarbeitete Version des Handkontakt-Experiments der *Common Cold Unit* durchgeführt, die zu ähnlichen Ergebnissen führte [Jennings et al., 1988]. RV16 nahm entlang der fünfteiligen Übertragungskette Nase – Hand – Gegenstand – Hand – Nase mit jedem Schritt ab, von hohen Titern in der Nase des Spenders (1,000,000 TCID50) auf geringe Mengen (0–64 TCID50) auf den Spielkarten, auf den Händen der Spieler war nichts mehr nachweisbar (Abbildung 7).
Obwohl bei den Experimenten in Virginia hohe Übertragungsraten erreicht wurden, ist die Selbstinokulation mit Nasensekret wohl kein verbreiteter, natürlicher Weg der Virusübertragung. Er kann auftreten während engen Kontakts, beispielsweise beim Liebkosen erkälteter Kleinkinder, doch die wiederholte Selbstinokulation mit frischem Nasensekret ist bei älteren Kindern wie bei Erwachsenen unwahrscheinlich [Jennings und Dick, 1988].

Unterbrechung der Virusübertragung

Die Virginia-Gruppe versuchte auch, die Übertragung von Rhinoviren über die Route Handkontakt/Selbstinokulation in natürlicher, häuslicher Umgebung zu blockieren [Gwaltney, 1985; Hendley und Gwaltney, 1988]. An dieser Untersuchung waren von 1979 bis 1982 jedes Jahr fünf Familien beteiligt. In der Hälfte der Familien begann die Mutter, wenn ein Familienmitglied Symptome einer Erkältung zeigte, ihre Finger in eine viruzide 2%ige Iodlösung zu tauchen. In den Kontrollfamilien erhielten die Mütter eine nichtviruzide Lösung eines Lebensmittelfarbstoffs mit 0,01 Prozent Iod. Im Verlauf der vier Jahre hatten die Mütter mit desinfizierten Fingern eine um 40 Prozent niedrigere Erkrankungsrate als die Mütter in der Placebogruppe [Hendley und Gwaltney, 1988].
Auch die Gruppe an der Universität von Wisconsin bemühte sich lange um Verfahren zur Unterbrechung der Virusübertragung, die die Zurückhaltung des Virus bei der Verbreitung von einer Person zur nächsten ausnutzten. Als Teil ihrer Untersuchungen von 1979 und 1980 zur Epidemiologie respiratorischer Viren in einer isolierten Population in der Antarktis (McMurdo-Station und Scott Base) entwarfen sie ein Interventionsexperiment: Der alljährlich im Winter eingeschleppte Ausbruch von Erkältungskrankheiten sollte mit einem iodbehandelten Gesichtstuch aufgehalten werden [Dick et al., 1979; Dick et al., 1980]. Jeder auf der Basis trug ein solches Tuch, die Tücher wurden an strategisch wichtigen Stellen plaziert – an Eingängen und dort, wo man zusammenkam. Wer an Schnupfen litt, sollte damit seine Nase putzen und sich anschließend mit einem frischen Tuch nochmals die Hände abwischen. Diejenigen ohne Schnupfen benutzten sie ebenfalls regelmäßig und wischten damit Nase und Hände ab. Drei Tage nachdem der ausgiebige Gebrauch der Tücher begonnen hatte, war

die Häufigkeit von Atemwegserkrankungen drastisch gesunken ($p < 0{,}01$), sechs Wochen lang blieben sie nahezu verschwunden. Auch wenn das Ergebnis beeindruckend war, so konnte dieser Versuch nur historisch kontrolliert werden, nämlich durch Vergleich mit den Aufzeichnungen der Epidemien von 1975, 1976 und 1977.

Die iodbehandelten Gesichtstücher waren von der S.C. Johnson Company aus Wisconsin entwickelt worden. Nach dem offensichtlichen Erfolg ihrer Tests in der Antarktis taten sich die Kimberly-Clark-Corporation, Hersteller der Kleenex-Tücher, und S.C. Johnson Co. zusammen, um ein besser handhabbares, viruzides Tuch zu entwickeln, da Iod einerseits instabil ist und andererseits Flecken auf der Haut hinterläßt. Sie entwickelten ein äußerst stabiles, viruzides und ungiftiges Papiertuch mit Zitronensäure, Apfelsäure und Natriumlaurylsulfat, das in vier Experimenten mit Pokerspielen (Abbildung 5) nach dem Modell «Antarktishütte» aus Wisconsin getestet wurde [Dick et al., 1986]. Bei zwei Kontrollexperimenten benutzten 20 Männer Baumwolltaschentücher, um die Nase zu putzen. Die beiden Testgruppen benutzten die viruziden Taschentücher. Bei den Kontrollexperimenten lag die Übertragungsrate bei 58 Prozent, bei den Testexperimenten gab es bei 24 Männern keine einzige Übertragung.

Vermutlich ist die erfolgreiche Unterbrechung der Virusübertragung mit diesen Taschentüchern darauf zurückzuführen, daß die beim Schneuzen, Niesen und Husten entstehenden Aerosole zurückgehalten werden [Jennings und Dick, 1988]. In der Folge verkaufte Kimberly-Clark diese Taschentücher auf Testmärkten unter dem Markennamen AVERT, allerdings mit wenig Erfolg.

Zusammenfassung

Die Frage nach der Übertragung des Schnupfens spannt einen Bogen von Andrewes' ersten Experimenten mit kontaminierten Taschentüchern in den 40er Jahren bis zu den Untersuchungen mit viruzid imprägnierten Taschentüchern in den 80ern. Es kann als sicher gelten, daß Rhinoviren unter natürlichen Bedingungen auf verschiedenen Wegen übertragen werden. Wer kleine Kinder hatte, kennt das Potential des feuchten Sekrets seiner verschnupften Sprößlinge, bei älteren Kindern und Erwachsenen erscheint dieser Übertragungsweg allerdings unwahrscheinlich. Bei den sorgfältigen Experimenten mit der «Antarktishütte» aus Wisconsin erscheint die Übertragung durch Aerosole klar als der vorherrschende Weg. «Es sieht so aus, als ob Niesen die Krankheit besser überträgt als feuchte Finger.» [Editorial, 1988].

Literatur

1. Allen TR. Common colds in Antarctica. J Hyg (Camb) 1973;71:649–656.
2. Andrewes CH. The Common Cold. JR Inst Publ Hlth and Hyg 1951; 14: 199
3. Andrewes CH, Chaproniere DM, Gompels AEH, Pereira HG, Roden AT. Propagation of common-cold virus in tissue cultures. Lancet 1953; 2:546–547.
4. Beem MO. Acute respiratory illness in nursery school children: A longitudinal study of the occurrence of illness and respiratory viruses. Am J Epidemiol 1969; 90:30–44.
5. Cate TR. Self-control of the common cold? Ann Intern Med 1978; 88:569–570.
6. Conant RM, Hamparian VV, Stott EJ, Tyrrell DAJ. Identification of rhinovirus strain DC. Nature 1968; 217:1264.
7. Couch RB. The common cold: Control? J Infect Dis 1984; 150:167–173.
8. Couch RB, Douglas RG Jr, Lindgren KM, Gerone PJ, Knight V. Airborne transmission of respiratory infection with coxsackievirus A type 21. Am J Epidemiol 1970; 91:78–86.
9. D'Alessio DJ, Meschievitz CK, Peterson JA, Dick CR, Dick EC. Short-duration exposure and the transmission of rhinoviral colds. J Infect Dis 1984; 150:189–194.
10. D'Alessio DJ, Peterson JA, Dick CR, Dick EC. Transmission of experimental rhinovirus colds in volunteer married couples. J Infect Dis 1976; 133:28–36.
11. Dick EC, Blumer CR, Evans AS. Epidemiology of infections with rhinovirus types 43 and 55 in a group of University of Wisconsin student families. Am J Epidemiol 1967; 86:386–400.
12. Dick EC, Gavinski SS, Mahl MC, Walter G. A virucidal handkerchief for helping prevent transmission of respiratory infection at McMurdo Station and Scott Base during the winter fly-in period. Antarctic J US 1979; 14:189–190.
13. Dick EC, Hossain SU, Mink KA, Meschievitz CK, Shultz SS, Raynor W, Inhorn SL. Interruption of transmission of rhinovirus colds among human volunteers using virucidal paper handkerchiefs. J Infect Dis 1986; 153:352–356.
14. Dick EC, Jennings LC, Meschievitz CK, MacMillan D, Goodman J. Possible modification of the normal winter fly-in respiratory disease outbreak at McMurdo Station. Antarctic J US 1980;15:173–174.
15. Dick EC, Jennings LC, Mink KA, Wartgow CD, Inhorn SL. Aerosol transmission of rhinovirus colds. J Infect.Dis 1987; 156:442–448.
16. Dick EC, Inhorn SL. Rhinoviruses. pp. 1507–1532. In: Feigin RD, Cherry JD (eds). Textbook of Paediatric Infectious Diseases. 3rd Edition. WB Saunders Company, Philadelphia, 1992.
17. Dick EC, Inhorn SL. Coronaviruses. pp 1498–1505 In: Feigin RD, Cherry JD (eds). Textbook of Paediatric Infectious Diseases. 3rd Edition. WB Saunders Company, Philadelphia, 1992b.
18. Dingle JH, Badger GF, Jordan WSJr. Illness in the home: a study of 25,000 illnesses in a group of Cleveland families. Cleveland Press, Western Reserve University, 1964.
19. Dochez AR, Shibley GS, Mills KC. Studies in the common cold. IV. Experimental transmission of the common cold to anthropoid apes and human beings by means of a filtrable agent. J Exp Med 1930; 52:701–716.
20. Douglas RG Jr. Pathogenesis of rhinovirus common colds in human volunteers. Ann Otol Rhinol Laryngol 1970;79:563–571.
21. Douglas RG Jr. The common cold-relief at last? New Engl. J Med 1986; 314:114–115.
22. Douglas RG Jr, Cate TR, Gerone PJ, Couch RB. Quantitative rhinovirus shedding patterns in volunteers. Am Rev Respir Dis 1966; 94:159–167.
23. Editorial. Splints don't stop colds-surprising. Lancet 1988; 1:277–278.

24. Fox JP, Cooney MK, Hall CE. The Seattle Virus Watch. V. Epidemiologic observations of rhinovirus infections in families with young children., 1965–1969 Am J Epidemiol 1975;101:122–143.
25. Fox JP, Cooney MK, Hall CE, Foy HM. Rhinoviruses in Seattle families, 1975–1979. Am J Epidemiol 1985; 122:830–846.
26. Frost WH, Gover M. The incidence and time distribution of common colds in several groups kept under continuous observation. In: Papers of Wade Hampton Frost, MD. (ed) Maxcy ED. Commonwealth Fund, New York, 1941.
27. Gwaltney JM Jr. Understanding and controlling rhinovirus colds. In: de la Maza LM and Peterson EM. (eds.): Medical Virology Vol 4, Hillsdale, NJ, Lawrence Erlbaum Assoc., 1985, pp 233–251.
28. Gwaltney JM Jr, Hendley JO. Transmission of experimental rhinovirus infection by contaminated surfaces. Am J Epidemiol 1982; 116:828–833.
29. Gwaltney JM Jr, Moskalski PB, Hendley JO. Hand-to-hand transmission of rhinovirus colds. Ann Intern Med. 1978;88:463–467.
30. Hamre D, Procknow JJ. Virological studies on common colds among young adult medical students. Am Rev Respir Dis 1963;88:277–289.
31. Hendley JO. Rhinovirus colds: Immunology and Pathogenesis. Eur J Respir Dis 1983;64(suppl 128):340–343.
32. Hendley JO, Wenzel RP, Gwaltney JM Jr. Transmission of rhinovirus colds by self-inoculation. New Engl J Med 1973; 288:1361–1364.
33. Hendley JO, Gwaltney JM Jr. Mechanisms of transmission of rhinovirus infections. Epidemiol Rev 1988; 10:242–258.
34. Hendly JO, Gwaltney JM Jr, Jordan WS Jr. Rhinovirus infections in an industrial population. IV. Infections within families of employees during two fall peaks of respiratory illness. Am J Epidemiol 1969; 89:184–196.
35. Holmes MJ, Reed SE, Stott EJ, Tyrrell DAJ. Studies of experimental rhinovirus type 2 infections in polar isolation and in England. J Hyg (Camb) 1976; 76:379–393.
36. Horn MEC, Brain E, Gregg I, Yealland SJ, Inglis JM. Respiratory viral infection in childhood. A survey in general practice, Roehampton 1967–1972. J Hyg (Camb) 1975; 74: 157–168.
37. Jennings LC, Dick EC. Transmission and control of rhinovirus colds. Eur J Epidemiol 1987;3:327–335.
38. Jennings LC, Dick EC, Mink KA, Wartgow CD, Inhorn SL. Near disappearence of rhinovirus along a fomite transmission chain. J Infect Dis 1988;138:888–892.
39. Jennings LC, Dick EC, Faoagali JL. Respiratory illness severity and duration in Antarctic wintering personnel on their return to New Zealand. Antarctic J US 1986; 21:295–296.
40. Jennings LC, MacDiarmid RD, Miles JAR. A study of acute repiratory disease in the community of Port Chalmers I. Illnesses within a group of selected families and the relative incidence of respiratory pathogens in the whole community. J Hyg (Camb) 1978; 81:49–66.
41. Ketler A, Hamparian VV, Hilleman MR. Characterization and classification of ECHO 28-rhinovirus-coryzavirus agents. Proc Soc Exp Biol Med 1962;110:821–831.
42. Kruse W. Die Erreger von Husten und Schnupfen. Munch Med Wschr 1914; 61:1547.
43. Lidwell OM, Sommerville T. Observations on the incidence and distribution of the common cold in a rural community during 1948 and 1949. J Hyg (Camb) 1951;49:365–381.
44. Lovelock JE, Porterfield JS, Roden AT, Sommerville T, Andrewes CH. Further studies on the natural transmission of the common cold. Lancet 1952;2:657–660.

45. McIntosh K, Kapikan AZ, Turner HC, Hartley JW, Parrott RH, Channock RM. Seroepidemiologic studies of coronavirus infection in adults and children. Am J Epidemiol (1970) 91:585–592.
46. Meschievitz CK, Schultz SS, Dick EC. A model for obtaining predictable natural transmission of rhinoviruses in human volunteers. J Infect Dis 1984; 150:195–201.
47. Monto AS. A community study of respiratory infections in the tropics. III. Introduction and transmission of infections within families. Am J Epidemiol 1968; 88:69–79.
48. Monto AS and Cavallaro JJ. The Tecumseh study of respiratory illness II. Patterns of occurrence of infection with respiratory pathogens, 1965–1969. Am J Epidemiol 1971; 94:280–289.
49. Paul JH, Freese HL. An epidemiological and bacteriological study of the «common cold» in an isolated artic community (Spitsbergen). Am J Hyg 1933;17:517–535.
50. Pelon W, Mogabgab WJ, Phillips IA, Pierce WE. Cytopathic agent isolated from recruits with mild respiratory illnesses. Bacteriol Proc 1956; p 67 (Abstract).
51. Price WH, Emerson H, Ibler I, Lachaine R, Terrell A. Studies of the JH and 2060 viruses and their relationship to mild upper respiratory disease in humans. Am J Hyg 1959; 69:224–249.
52. Price WH. The isolation of a new virus associated with respiratory clinical disease in humans. Proc Natl Acad Sci USA 1956:43; 790
53. Radetsky P. Nothing to Sneeze At. In: Radetsky P. (ed) The Invisible Invaders. Little, Brown and Co. Boston. 199;194–213.
54. Reed SE. An investigation of the possible transmission of rhinovirus colds through indirect contact. J Hyg (Camb) 1975;75;249–258.
55. Taylor-Robinson D, Tyrrell DAJ. Serotypes of viruses (rhinoviruses) isolated from common colds. Lancet 1962;1:452–454.
56. Tyrrell DAJ. The origins of the Common Cold Unit. JR Coll Phys Lond 1990; 24:137–140.
57. Tyrrell DAJ, Bynoe ML. Cultivation of a novel type of common cold virus in organ cultures. BMJ 1965; 1:1467.
58. Tyrrell DAJ, Parsons R. Some virus isolations from common colds. III Cytopathic effects in tissue cultures. Lancet 1960;1:239–242.
59. Van Loghem JJ. Epidemiologische bijdrage tot de kennis van de ziekten der ademhalingsorganen. Ned Tijdschr Geneeskd 1928;72:666.
60. Warshauer DM, Dick EC, Mandel AD, Flynn TC, Jerde RS. Rhinovirus infections in an isolated antarctic station: transmission of the viruses and susceptibility of the population. Am J Epidemiol 1989;129:319–340.

A. Smith

Psychologische Studien bei der Erkältungskrankheit

Einführung

Ziel des vorliegenden Kapitels ist, den gegenwärtigen Stand der Forschung auf zwei Gebieten wiederzugeben: Das erste beschäftigt sich mit der Rolle psychologischer Faktoren bei der Empfänglichkeit gegenüber der Infektion mit Viren, die Erkältungskrankheiten auslösen, und dem Verlauf der Erkrankung. Der zweite Komplex zeigt die Einflüsse von Erkältungskrankheiten auf das Verhalten und Untersuchungen der Auswirkungen von Infektion und Erkrankung auf Stimmung und geistige Leistungsfähigkeit.
Zwei Arten von Forschungsarbeiten wurden über diese Fragen durchgeführt: die Untersuchung experimentell induzierter und natürlich auftretender Erkältungen. Diese beiden komplementären Ansätze haben unser Wissen auf diesen Gebieten deutlich erweitert, es traten viele Parallelen zutage. Dies ist ermutigend, da beide Methoden ihre Schwachstellen haben. So werden bei experimentell hervorgerufenen Erkrankungen meist milde Formen ausgewählt, deren Verläufe oft nicht auf die im «richtigen Leben» anwendbar sein mögen. Andererseits ist ein natürlicher Schnupfen oft schwer zu fassen: Man kann kaum Voraussagen treffen, die objektive Messung von Symptomen ist problematisch. Oft ist auch unklar, ob die Erkrankung Folge einer Virusinfektion ist, und, falls dem so ist, welches Virus die Symptome hervorgerufen hat.
Die gegenwärtige Forschung läßt sich in einen globalen Zusammenhang einordnen. Es gibt mehr und mehr Anzeichen, daß das zentrale Nervensystem und das Immunsystem interagieren. Daher ist es gut möglich, daß psychologische Faktoren die Pathogenese von Infektionen der oberen Atemwege beeinflussen. Von einem anderen Standpunkt aus gesehen ist es von größtem Interesse zu bestimmen, in welchem Ausmaß Infektion und Erkrankung die Stimmung und die geistige Leistungsfähigkeit verändern. Studien anderer Infektionen und Erkrankungen zeigen deutlich, daß Streß ein wichtiger Faktor bei der Bestimmung der

individuellen Empfindlichkeit ist (Übersicht dazu siehe [1]). Daneben gibt es viel Literatur über Veränderungen der Stimmung und Leistungsfähigkeit in Abhängigkeit von Veränderungen psychologischer Zustände (Übersicht dazu siehe [2]). Dennoch gab es kaum Studien, die diese Einflüsse auf Erkältungskrankheiten untersuchten.

Dies zeigt zum Teil die mit dieser Art Forschung verbundenen Schwierigkeiten, wie auch die Tatsache, daß hierfür interdisziplinäre Forschergruppen nötig sind. Dennoch haben sich die jüngsten Studien als äußerst wichtig erwiesen, nicht nur in Bezug auf praktische Fragestellungen, sondern auch für das Verständnis der Mechanismen, die diesen Effekten zugrunde liegen.

Die folgenden Abschnitte beschreiben die Forschungen zu experimentell induzierten Erkältungskrankheiten, gefolgt von Studien über natürlich vorkommende Erkrankungen. Frühere Experimente in kleinem Maßstab sollen kurz angerissen werden, gefolgt von einer detaillierteren Beschreibung der intensiveren Untersuchungen. Die Forschung auf diesem Gebiet hat in mehrfacher Hinsicht Fortschritte gemacht: Beispielsweise wurde die allgemeine Strategie und die Aussagekraft der Studien verbessert, die Fragestellung und Bewertung der psychologischen Faktoren verbessert, und es gab deutliche Fortschritte bei der biologischen Verifikation natürlich auftretender Erkältungen.

Vorgehensweise an der Common Cold Unit

Ein großer Teil der hier dargestellten Studien entstand im Forschungsbereich Erkältungskrankheiten (*Common Cold Unit*) der Medizinischen Forschungsgesellschaft (*Medical Research Council, MRC*) in Salisbury (England). Sämtliche Untersuchungen wurden vom Ethikkomitee des Bezirks Harrow genehmigt, sie fanden mit ausdrücklichem Einverständnis der freiwilligen Versuchspersonen statt. Eine detaillierte Beschreibung des Verfahrens, das kurz zusammengefaßt werden soll, findet sich bei Beare und Reed [3].

Freiwillige zwischen 18 und 50 Jahren kamen zu einem zehntägigen Aufenthalt nach Salisbury. Sie willigten ein, mit einem Virus infiziert zu werden. Sie wurden allein, zu zweit oder zu dritt isoliert von der Außenwelt untergebracht, um die Möglichkeit einer Infektion mit anderen Viren sowie einer Kreuzinfektion untereinander zu minimieren. Bevor sie zur Forschungsgruppe kamen, sandten sie eine selbst erstellte medizinische Biographie ein. Jeder mit ernsthaften medizinischen Beschwerden oder aktueller medikamentöser Behandlung (z.B. Schlaftabletten, Tranquilizer oder Antidepressiva) wurde von der Studie ausgeschlossen, ebenso schwangere Frauen.

Am ersten Tag der Studie wurden die Freiwilligen medizinisch untersucht, der Thorax geröntgt und Blutproben zur biochemischen Untersuchung genommen. Jeder Proband mit auffälligen Ergebnissen wurde ausgeschlossen. Aus der Blutprobe wurden außerdem die initialen Antikörpertiter für das Virus bestimmt, mit dem der Proband geimpft werden sollte. Am Nachmittag des ersten Tages begann die Isolation. Während einer dreitägigen Quarantäne wurden die Probanden lediglich beobachtet, so daß Teilnehmer mit einer sich entwickelnden Erkältung ausgeschlossen werden konnten. Am dritten Tag wurde eine Nasenspülung gewonnen und untersucht. Wenn aus dieser Probe ein Virus isoliert werden konnte (d.h. wenn der Proband eine subklinische Infektion hatte), wurde der Teilnehmer ebenfalls ausgeschlossen.

Am vierten Tag erhielten die Probanden entweder das Virus (bei manchen Versuchsreihen zwei Viren) oder eine Salzlösung (Placebo). Die Untersuchungen erfolgten doppeltblind, es wußten also weder der Teilnehmer selbst noch der zuständige Arzt noch das Personal, wer das Virus und wer Placebo erhielt. Etwa ein Drittel der Teilnehmer, die das Virus erhielten, wurde nicht infiziert, d.h. das Virus konnte anschließend nicht im Körper nachgewiesen werden. Dies bedeutete, daß nur wenige Teilnehmer (typischerweise zwei oder drei von 30) Placebo erhielten, um die Infektionsraten zu maximieren.

Am häufigsten wurden die Rhinovirus-Typen 2, 9 und 14 eingesetzt, daneben Coronavirus 229E und RSV. Einzelne Studien untersuchten auch Influenza A oder B. Beginnend zwei Tage vor dem Kontakt mit dem Virus bis sechs Tage danach wurden die Freiwilligen täglich vom Kliniker der Gruppe untersucht, jedes Anzeichen oder Symptom einer Erkältungskrankheit in einem standardisierten Protokoll festgehalten [3]. Dazu wurden objektive Parameter erfaßt, bei Erkältungskrankheiten vor allem die Zahl der pro Tag verwendeten Papiertaschentücher und das Gewicht des Nasensekrets. Frühmorgens und am Abend wurde sublingual die Temperatur gemessen.

Im Labor wurden aus Proben der Nasenspülung Viren isoliert und Veränderungen der virusspezifischen Antikörpertiter (neutralisierende Antikörper bei Rhinoviren, IgA und IgG bei allen Viren) bestimmt. Eine Vervierfachung der neutralisierenden Antikörper wurde als signifikantes Anzeichen einer Infektion angesehen, ebenso ein IgG- oder IgA-Anstieg auf mehr als zwei Standardabweichungen über dem Mittelwert der Placebogruppe.

Etwa die Hälfte der infizierten Probanden entwickelte innerhalb von 24 bis 96 Stunden (je nach Virus) nach dem Kontakt mit dem Virus eine signifikante Erkältung. Die Signifikanz stellte der Arzt auf der Basis des standardisierten Symptomprotokolls fest. Zum Abschluß der Studie wertete der Arzt die Schwere jeder Erkältung auf einer Skala zwischen 0 (keine Anzeichen) und 4. Bewertungen von 2 und höher wurden als signifikant positive Diagnose eingestuft. Die Freiwilligen bewerteten ihren Schnupfen nach derselben Skala, in etwa 90 Prozent der Fälle stimmten beide Diagnosen überein.

I. Streß und die Empfänglichkeit für Infektion und Erkrankung

Frühe Arbeiten

Die hier beschriebenen Arbeiten hatten den methodischen Vorteil, daß Streß und andere psychologische Charakteristika bewertet wurden, *bevor* die Probanden mit dem Schnupfenvirus in Kontakt gebracht wurden. Damit sollte ausgeschlossen werden, daß die Erkrankung die Berichte über Streß verfälschte, es bedeutete außerdem, daß die Effekte von Streß auf den Kontakt mit infektiösen Agenzien eliminiert werden konnten.

Totman et al. [4] untersuchten die Beziehung zwischen Streß, Persönlichkeit und der Anfälligkeit gegenüber Infektion und Erkrankung. 52 Freiwillige unterzogen sich einer Befragung, bei der anstrengende Ereignisse im Leben bewertet wurden, sowie einem Fragebogen, bei dem die Persönlichkeit zwischen Introversion und Extroversion bewertet wurde. Anschließend wurden sie mit den beiden Rhinoviren RV2 und RV31 kontaktiert. Das Ausmaß der Infektion wurde anhand der Menge ausgeschiedener Viren bestimmt. Es zeigte sich, daß Introvertierte stärker infiziert waren und deutlichere Symptome aufwiesen als Extrovertierte.

Broadbent et al. [5] berichten über Daten von 39 Freiwilligen, die mit Rhinoviren (RV9 oder RV9 + RV14) kontaktiert wurden. Wiederum war die Infektionsrate unter eher Introvertierten höher (gemessen durch Isolierung des Virus). Die Gesamtwertung der klinischen Symptome wurde aus Zwanghaftigkeit und gesamtem psychologischem Leidensdruck (ermittelt durch den Fragebogen des Middlesex Hospital) vorhergesagt. Eine weitere Studie mit Influenzaviren (A München oder A Kalifornien) fand keinen Zusammenhang zwischen Streß und Infektion oder Erkrankung.

Diese Studien erbrachten einige Anzeichen eines Zusammenhangs zwischen psychologischen Charakteristika und der Empfänglichkeit für Infektionen oder Erkrankungen. Ein deutlicheres Bild konnte jedoch nur in einer Studie mit einer größeren Anzahl Probanden, Kontrollen auf mögliche Störfaktoren und bessere Bewertung von Streß erbracht werden. Eine derartige Studie soll nun beschrieben werden.

Streß und Erkältung – die Studie von Cohen, Tyrrell und Smith

Die hier beschriebenen Daten wurden zwischen 1986 und 1989 gesammelt. Eine genauere Beschreibung findet sich in der Literatur [6, 7 und 8]. Untersucht wurden 154 Männer und 266 Frauen. Sie beantworteten während der Quarantäneperiode Fragebögen zu Streß, Persönlichkeit und gesundheitsbezogenen Verhaltensweisen. Nach und nach wurden sie mit Hilfe von Nasentropfen einer niedrigen Dosis eines von fünf Erkältungserregern ausgesetzt (RV2 n = 86; RV9 n = 122; RV14 n = 92; Respiratory syncytial virus n = 40; Coronavirus 229E n = 54) oder erhielten Salzlösung (n = 26).

Messung von psychologischem Streß

Aus Überforderung resultierender psychologischer Streß setzt sich zusammen aus negativen kognitiven und emotionalen Zuständen. Um die verschiedenen Komponenten dieses Prozesses bewerten zu können, wurden vor dem Kontakt mit dem Virus drei Meßverfahren angewandt: Bewertet wurden

a) die Anzahl wichtiger anstrengender Lebensereignisse, die nach dem Urteil des Befragten negative Auswirkungen hatten,
b) die Auffassung, daß die gegenwärtigen Anforderungen nicht zu bewältigen seien,
c) die aktuelle negative Betroffenheit.

Die Skala wichtiger anstrengender Ereignisse umfaßte unter anderem 41 Punkte, die im Leben des Befragten eintreten konnten. Bewertet wurde die Anzahl der berichteten negativen Ereignisse des vorangegangenen Jahres. Um den Streß durch Überforderung zu ermitteln, wurde eine Skala verschiedener als anstrengend bewerteter Situationen erstellt – um herauszufinden, wie unvorhersagbar, unkontrollierbar und überfordernd die Probanden ihre Situation empfinden. Die Skala der «negativen Betroffenheit» umfaßte 15 Punkte aus der Liste negativer Emotionen von Zevon und Tellegen, beispielsweise traurig, ärgerlich, nervös, angestrengt, verängstigt.

Um diese drei Skalen miteinander zu verknüpfen, wurde ein Index für psychologischen Streß eingeführt. Daneben wurden die einzelnen Skalen analysiert, um zu bestimmen, ob verschiedene Stadien der Streßreaktion mit verschiedenen Auswirkungen auf Infektion und Erkrankung zusammenhängen.

Streß wirkt sich oft auch durch die Änderung gesundheitsbezogener Verhaltensweisen aus, etwa Rauchen und Alkoholkonsum. In dieser Studie wurden solche Verhaltensweisen als mögliche Verbindungen zwischen Streß und Empfindlichkeit einbezogen. Vor dem Kontakt mit dem Virus wurden Rauchen, (Serum-Cotinin), Alkoholkonsum, körperliche Betätigung, Schlafqualität und Ernährung ermittelt.

Psychologischer Streß kann auch eher die Stabilität einer Persönlichkeit als die Reaktion auf Stressoren aus der Umwelt widerspiegeln. So wurden Selbsteinschätzung und persönliche Kontrolle (zwei mit Streß korrelierte Charakteristika) vor dem Viruskontakt bewertet, außerdem der Grad an Introversion/Extroversion.

Aus Blutproben wurden zu Beginn die Leukozytenzahl und der Gesamt-Immunglobulintiter als mögliche Faktoren bestimmt, die psychologischen Streß und die Empfindlichkeit gegenüber einer Erkrankung verbinden könnten.

Ergebnisse

Die Häufigkeit klinischer Erkrankungen stieg entsprechend einer Dosis-Wirkungs-Beziehung mit der Bewertung des psychologischen Streß-Index an (siehe Abbildung 1a). Die Berücksichtigung von Faktoren wie gesundheitsrelevante Verhaltensweisen, Leukozytenzahl oder Immunglobulintiter beeinflußten diese Resultate nicht. Der Zusammenhang zwischen Streß und Erkrankung erwies sich auch als unabhängig von Persönlichkeits-Charakteristika.
Abbildung 1b zeigt auch, daß die Auswirkungen von Streß bei allen fünf Viren konsistent waren. Die nächste Analyse untersuchte, ob Streß mit erhöhter Infektion oder stärkerer Erkrankung unter den Infizierten zusammenhing. Abbildung 1c zeigt, daß die Wahrscheinlichkeit einer Infektion (unabhängig von den Symptomen) mit dem Streß anstieg. Weitere Auswertungen erbrachten jedoch keinen Zusammenhang zwischen Streß und der Entwicklung der Erkrankung bei den infizierten Probanden.
Eine Analyse der drei verschiedenen Streßmaßstäbe zeigte, daß höhere Bewertungen auf jeder einzelnen Skala mit einem größeren Risiko einhergingen, eine Erkältung zu entwickeln, jedoch den Verlauf der Erkrankung nach erfolgter Infektion nicht beeinflußten.
Der Zusammenhang zwischen Streß und Infektion konnte nach Rauchen oder Alkoholkonsum bewertet werden. Diese Verhaltensweisen wirkten sich jedoch wie in Abbildung 1d dargestellt auf Infektion und Erkrankung aus. Raucher entwickelten mit höherer Wahrscheinlichkeit einen Schnupfen als Nichtraucher. Dies zeigte sowohl ein höheres Infektionsrisiko als auch eine höhere Wahrscheinlichkeit der Erkrankung nach erfolgter Infektion. Alkoholgenuß (bis zu drei oder vier Getränke pro Tag) wurde mit einem niedrigeren Risiko einer Erkältung korreliert, vor allem deshalb, weil Trinken das Risiko einer Erkrankung nach erfolgter Infektion herabsetzte. Diese positiven Effekte des Trinkens traten jedoch nur bei Nichtrauchern auf.

Schlußfolgerungen aus der Studie

1. Erhöhter Streß entsprach gemäß einer Dosis-Wirkungs-Beziehung einer erhöhten klinischen Erkrankungsrate. Diese Beziehung konnte nicht erklärt werden durch Faktoren, die als mit Streß zusammenhängend vermutet wurden, etwa Alter, Geschlecht, Ausbildung, Gewicht, Allergiestatus oder mit dem Studiendesign zusammenhängende Faktoren wie das Virus, dem der

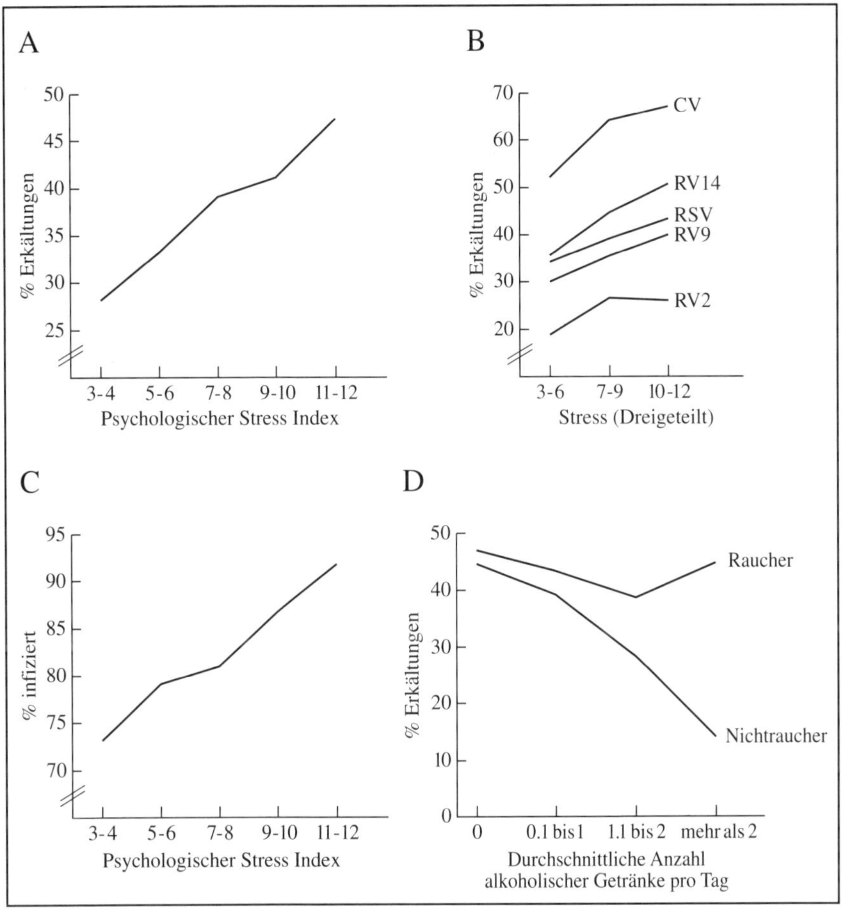

Abbildung 1: Faktoren, die die Empfindlichkeit gegenüber experimentell induzierten Erkältungskrankheiten beeinflussen:
(A) Streß und Erkältung
(B) Streß und Erkältung – verschiedene Viren
(C) Streß und Infektion
(D) Rauchen, Alkoholkonsum und Erkältung

Proband ausgesetzt wurde oder Umweltfaktoren, die mit dem Design der Studie zusammenhingen. Streßinduzierte Verhaltensweisen, Leukozytenzahl, Immunglobulintiter oder Persönlichkeitsfaktoren wie Selbstbewußtsein konnten ebensowenig korreliert werden.

2. Das Verhältnis Streß/Erkrankung war konsistent über sehr unterschiedliche Viren. Dies legt nahe, daß Streß mit der Unterdrückung eines allgemeinen Abwehrprozesses des Wirts assoziiert ist, wodurch das Individuum empfindlicher auf eine Vielzahl infektiöser Agenzien reagiert. Streß könnte auch mit der Unterdrückung vieler verschiedener Prozesse im Immunsystem zusammenhängen und zu ähnlichen Resultaten führen. Streß könnte auch allgemeine Veränderungen beim Wirt hervorrufen wie die Fähigkeit, Schleim zu produzieren oder der Qualität der Schleimproduktion.
3. Ein Zusammenhang besteht zwischen Streß und der Entwicklung einer Infektion, weniger mit der Entwicklung von Symptomen beim infizierten Freiwilligen. Dies legt nahe, daß Streß unspezifische Faktoren der primären Reaktion des Wirt auf die Infektion beeinflußt, weniger die Produktion von Mediatoren der Symptome.
4. Alle Meßgrößen für Streß (negative Lebensereignisse, wahrgenommener Streß und negative Betroffenheit) wirkten sich durch eine gesteigerte Empfindlichkeit gegenüber der Infektion aus, wobei negative Lebensereignisse auch das Risiko der Entwicklung von Symptomen nach einer erfolgten Infektion erhöhten.
5. Rauchen und Alkoholkonsum zeigten Auswirkungen unabhängig vom Streß. Rauchen verstärkte sowohl das Infektionsrisiko als auch die Entwicklung der Symptome. Alkohol verringerte die Wahrscheinlichkeit, nach erfolgter Infektion einen Schnupfen zu entwickeln, allerdings nur bei Nichtrauchern.

Streß und natürlich vorkommende Erkältungskrankheiten

Gibt es ähnliche Ergebnisse auch bei Studien natürlich vorkommender Erkältungskrankheiten? Eine Reihe retrospektiver Studien berichtet auch über Zusammenhänge zwischen natürlichen Infektionen der oberen Atemwege und Streß [1]. Beispielsweise wurde die selbsteingestufte Häufigkeit der Inzidenz solcher Erkrankungen mit einer hohen Anzahl negativer Ereignisse korreliert [9]. In ähnlicher Weise wurden hohe Streßwerte mit heftigeren Symptomen [10] und Inanspruchname der Gesundheitsdienste [11] in Verbindung gebracht. Weiterhin wurde gezeigt, daß Streß bei der Vorhersage von Symptomen mit anderen psychologischen Variablen zusammenwirkt. Beispielsweise fanden Sarason et al. [12], daß Personen mit häufiger Nennung negativer Lebenseinflüsse und geringer sozialer Unterstützung häufiger über Erkrankungen der oberen Atemwege klagten als andere Gruppen.

Die beiden wichtigsten Probleme dieser Studien sind, daß sie (1) retrospektiv sind und die Erkrankung daher die Berichterstattung über Streß beeinflussen kann, und (2) es keine objektive Bestätigung der Erkrankung gab. Das erste

Problem wurde in einer Reihe prospektiver Studien überwunden [1]. Insgesamt gibt es recht konsistente Anzeichen für einen positiven Zusammenhang zwischen Streß und Erkrankungen der oberen Atemwege (z.B. [13, 14, 15, 16, 17]). Allerdings wird nicht klar, bis zu welchem Ausmaß diese Ergebnisse eine streßinduzierte Pathologie im Gegensatz zu anderen nichtpathogenen Streßfolgen beim Umgang mit Erkrankungen wiedergeben. Von besonderem Interesse ist die Tatsache, daß Streß sowohl vermehrt zu Erkrankungen der oberen Atemwege führt wie auch zu anderen Erkrankungen [14, 18]. Dies legt nahe, daß Streß eher breite Auswirkungen auf Erkrankungen hat als spezifische Effekte auf die Empfindlichkeit gegenüber Infektionen der oberen Atemwege.

Es muß jedoch festgehalten werden, daß es Daten gibt, die nahelegen, daß der Zusammenhang zwischen Streß und selbstgenannten Erkältungen teilweise oder vollständig der zugrundeliegenden Pathologie zugeordnet werden kann. Beispielsweise fanden Stone et al. [15], daß Streß den Symptomen einer Erkältung um 3 bis 4 Tage vorausgehen kann, was der Inkubationszeit vieler Schnupfenviren entspricht. Daneben haben einige Studien streßinduzierte Veränderungen der Immunität wie auch selbstberichtete Erkältungssymptome herausgestellt [13].

Andere Studien verifizierten das Vorliegen einer Erkältung entweder durch die Diagnose eines Arztes oder durch biologische Methoden. Insgesamt legen die Ergebnisse sowohl retrospektiver wie prospektiver [19, 20] Studien nahe, daß Streß das Risiko einer Erkrankung der oberen Atemwege erhöht, während eine weitere prospektive Studie [21] dies nicht bestätigen konnte.

Streß und Schnupfen – Schlußfolgerungen

Die Ergebnisse der Untersuchungen zu sowohl experimentell induzierten, wie natürlich auftretenden Erkältungskrankheiten legen nahe, daß psychologische Faktoren wie Streß die Empfänglichkeit gegenüber einer Infektion mit Erkältung auslösenden Viren erhöht. Die Studie von Cohen, Tyrrell und Smith [6] zeigte, daß diese Effekte vor allem auf einer Erhöhung der Infektionsrate beruhen, als auf einem Einfluß auf die Entwicklung der Symptome im Anschluß an eine Infektion. Weitere Analysen zeigten jedoch, daß negative Lebensereignisse die Entwicklung der Symptome beeinflussen. Untersuchungen natürlich vorkommender Erkrankungen zeigten auch unspezifische Einflüsse auf die Berichte über Symptome. All diese Ergebnisse zeigen, daß Streß viele verschiedene Entwicklungsstadien einer Erkältung beeinflußt. Das exakte Muster, das man erhält, hängt vom einzelnen gemessenen Streßaspekt ab und von der Kontrolle störender Einflüsse.

II. Schnupfen, geistige Leistungsfähigkeit und Stimmungslage

Studien der Common Cold Unit

Vor Mitte der 80er Jahre gab es nur wenige Untersuchungen zu den Auswirkungen von Erkrankungen der oberen Atemwege auf die Leistungsfähigkeit und Stimmung. Eine mögliche Ursache für diesen Mangel ist, daß man glaubt, schon viel über die Verhaltensauswirkungen solcher Erkrankungen zu wissen, und derartige Experimente für Zeitverschwendung hält. Ein weiterer Grund mag sein, daß natürlich auftretende Erkrankungen wie oben bereits geschildert schwer zu untersuchen und einzustufen sind. Derartige Probleme wurden mit der Untersuchung experimentell induzierter Erkältungskrankheiten an der MRC Common Cold Unit in Salisbury überwunden.

Die Bewertung von Leistungsfähigkeit und Stimmung: Forschungsstrategie und Methode

Die klinischen Studien an der Common Cold Unit wurden für andere Untersuchungen als die Effekte von Atemwegsinfektionen auf Leistung und Stimmung entwickelt. Dies bedeutete bestimmte Grenzen, was Dauer und Häufigkeit der Tests betrifft, aber auch die Auswahl der Fragestellungen betraf. Es mußten tragbare Tests verwendet werden, da die Freiwilligen isoliert untergebracht waren und nur in ihren Quartieren getestet werden konnten.

Wie schon erwähnt gab es zu Beginn des Forschungsprogramms kaum Informationen über die Auswirkungen von Erkältungskrankheiten auf Leistungsfähigkeit und Stimmung. Daher wurde beschlossen, zunächst den Einfluß verschiedener Viren auf eine Reihe verschiedener Aspekte der Leistungsfähigkeit zu untersuchen, mit dem Ziel, ein Profil der Effekte der verschiedenen Infektionen und Erkrankungen zu erstellen. Anschließend sollte ein von verschiedenen Hypothesen ausgehender Ansatz mit einer begrenzteren Testauswahl folgen. Leider führte die Schließung der Common Cold Unit dazu, daß diese zweite Stufe nicht abgeschlossen werden konnte. Durch die initiale Forschung konnte jedoch unser Wissen über die Auswirkungen von Erkältungskrankheiten auf Leistungsfähigkeit und Stimmung deutlich erweitert werden.

Es wurden vor allem zwei Testmethoden eingesetzt. Die erste verwendete Papier und Bleistift, um logisches Denken, visuelles Erfassen und semantische Verarbeitung zu messen. Die Versuchspersonen stuften dazu ihre Stimmung selbst ein und erfüllten eine einfache motorische Aufgabe. Diese Tests wurden viermal am

Tag durchgeführt (08.00, 12.00, 17.00 und 22.00 Uhr). Dies war wichtig, da sich Leistung und Stimmung im Verlauf des Tages ändern und auch die Schwere der Symptome im Verlauf des Tages schwankt [22], wobei die Sekretion der Nase wie auch die Temperatur am frühen Morgen am höchsten sind. Diese Methode wurde nur bei wenigen Versuchen verwendet, da sie bei den Probanden unpopulär war und mit dem Tagesablauf im Forschungszentrum kollidierte.
Eine zweite Methode benutzte computerisierte Aufgaben. Die Probanden wurden einmal während der Quarantäne vor der Exposition getestet, dann noch einmal am Tag 7 oder 8, wenn bei einigen die Symptome sichtbar wurden. Bei einigen Studien wurden auch während der Inkubationszeit Tests angestellt, bei einer weiteren Studie auch nach dem Abklingen der Symptome. Die einzelnen Probanden wurden jeweils zur gleichen Tageszeit getestet; einige am Morgen, einige am Nachmittag, um später auch tageszeitliche Einflüsse im Vergleich verschiedener Versuchspersonen ermitteln zu können.
Die computerisierten Aufgaben umfaßten Funktionen wie Gedächtnis, Aufmerksamkeit und motorische Fähigkeiten. Die meisten Tests sind weit verbreitet, um abnormale Zustände oder streßreiche Umgebungen zu untersuchen (siehe [2]). Bei den meisten Untersuchungen konnten die Probanden unterteilt werden in Gruppen mit symptomatischen Patienten, solchen mit subklinischen Infektionen und nichtinfizierten Probanden (eingeschlossen die mit Placebo behandelten Testteilnehmer). Bei einigen Versuchsreihen blieben jedoch bestimmte Kategorien unbesetzt.

Grippe und Leistungsfähigkeit

Die ersten Untersuchungen befaßten sich mit Influenza, um die Auswirkungen von Erkältungen mit denen von Grippeviren vergleichen zu können. Zwei Aufgaben verlangten von den Probanden, u. a. unregelmäßig erscheinende Zahlen zu erkennen und rasch zu reagieren [23]. Influenza B verlängerte die Reaktionszeiten, wogegen die Analyse des Tests zur Verfolgung von Objekten auf dem Bildschirm keinen signifikanten Unterschied zwischen gesunden und infizierten Probanden zeigte.
Bei einer weiteren Studie [24] zeigten Probanden mit Influenza B Beeinträchtigungen, wenn sie am Anfang einer Reihe fünf Ziffern heraussuchen sollten (aufgezeichnet wurden Geschwindigkeit und Genauigkeit beim Durchsuchen eines Blocks von 12 Zeilen). Im Gegensatz dazu zeigten die Probanden keine Schwierigkeiten bei Tests zum logischen Denken. Die Studie zeigte auch, daß selbst subklinische Infektionen die Leistungsfähigkeit beeinträchtigen können, und auch schon vor Ausbruch der Symptome während der Inkubationszeit Effekte beobachtet werden können. Bei den Grippestudien wurde auch die Stimmung erfaßt; die Ergebnisse zeigten eine allgemeine Verschlechterung der Stimmungslage [25]. Welche Ursachen haben diese Effekte der Grippe auf das

Verhalten? Um dies zu beantworten wurde der Effekt von Interferon-α auf das Verhalten untersucht.
Bei Grippe findet man Interferon-α im Blutkreislauf. Derartige peptidische Mediatoren können Wirkungen auf das ZNS haben. Es wurde daher postuliert, daß die bei Grippe beobachteten Leistungsdefizite auf Interferon und ähnliche Moleküle zurückzuführen sind. Dazu wurde Freiwilligen Interferon-α in unterschiedlichen Dosen injiziert. Es wurde vermutet, daß eine Dosis, die grippeähnliche Symptome hervorruft, auch zu ähnlichen Leistungseinbußen führt. Daten aus dem einfachen Reaktionstest zeigten, daß die Injektion von 1,5 Mu die gleichen Veränderungen hervorrief, wie sie bei Personen mit Grippe beobachtet werden konnten [26, 27].
Die Interferon-Influenza-Hypothese hatte jedoch zwei Schwachstellen. Erstens wurde die Such- und Gedächtnisaufgabe durch Interferon nicht beeinträchtigt, wogegen Grippe zu langsamerer Bearbeitung führte. Zweitens beeinträchtigte Interferon die Aufgabe zum logischen Denken, Grippe dagegen nicht. Diese Widersprüche könnten Folge der Unterschiede zwischen dem viral induzierten Interferon und der direkten Gabe sein, oder es könnten andere peptidische Mediatoren (z. B. Interleukin-1) den Grippeeffekten zugrunde liegen. Es wird zwar deutlich, daß die Interferon-Erklärung zu vereinfachend ist, die Studie zeigt aber auch, daß Zytokine das ZNS beeinflussen und daß weitere Studien die Rolle peptidischer Mediatoren bei Infektionen der oberen Atemwege klären müssen.

Experimentell induzierter Schnupfen und Leistung

Die Effekte experimentell induzierter Erkältungskrankheiten auf die Leistung unterschieden sich deutlich von denen der Grippe. Smith et al. [23] untersuchten die Auswirkungen von Rhinoviren und Coronaviren mit denselben Tests wie bei den Influenzastudien.
Die Erkältung beeinträchtigte die Patienten nicht bei den Erkennungstests, jedoch bei den Aufmerksamkeitstests. Bei Rhinoviren waren die Beeinträchtigungen hier stärker als bei Coronaviren. Da bei der Rhinoviren-Gruppe auch die Sekretproduktion stärker war, wurde vermutet, daß zwischen der Schwere der Symptome und den Leistungseinbußen ein unmittelbarer Zusammenhang besteht. Die Berechnung der Korrelationen zwischen objektiven Krankheitsparametern und Leistung (nur für Personen mit signifikantem Schnupfen) ergab jedoch keinen Zusammenhang.

Abbildung 2: Einflüsse experimentell induzierter Erkältungskrankheiten auf die Leistung bei psychomotorischen und Erkennungstests.

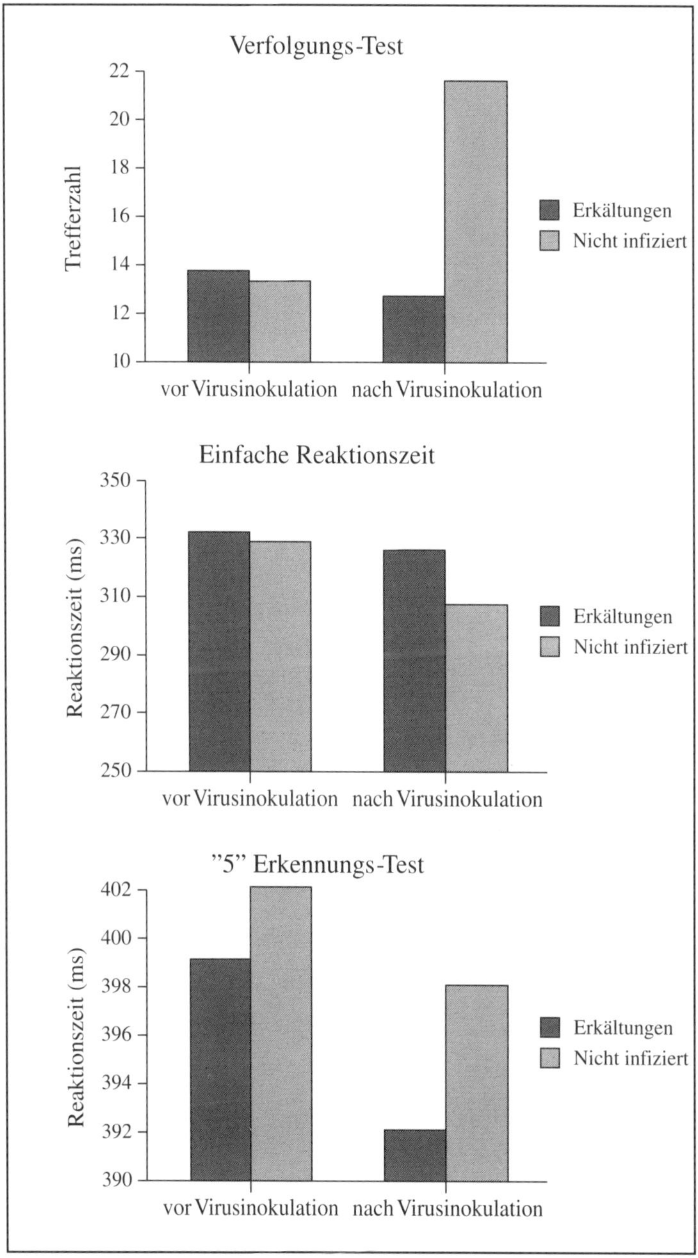
Verfolgungs-Test
22
20
18
16
14
12
10
Trefferzahl
Erkältungen
Nicht infiziert
vor Virusinokulation
nach Virusinokulation
Einfache Reaktionszeit
350
330
310
290
270
250
Reaktionszeit (ms)
Erkältungen
Nicht infiziert
vor Virusinokulation
nach Virusinokulation
"5" Erkennungs-Test
402
400
398
396
394
392
390
Reaktionszeit (ms)
Erkältungen
Nicht infiziert
vor Virusinokulation
nach Virusinokulation

Auch bei einer Infektion mit RSV zeigten die Probanden ein anderes Beeinträchtigungsmuster als bei Grippe [24]. Die Aufgabe, die logisches Denken erforderte, benötigte mehr Zeit als bei Gesunden. Bei der visuellen Orientierung unterschieden sich die beiden Gruppen jedoch nicht.
Bei Probanden mit Schnupfen traten im Gegensatz zu denen mit Grippe während der Inkubationszeit keine Beeinträchtigungen auf, auch nicht bei denen mit subklinischen Infektionen. Eine andere Studie zeigte jedoch, daß Probanden mit subklinischen Infektionen, wie auch diejenigen mit Schnupfen bei Aufgaben zur Hand-Auge-Koordination langsamer waren als Nichtinfizierte [28].
Möglicherweise treten auch noch Leistungsbeeinträchtigungen auf, wenn die Symptome bereits abgeklungen sind. Dies ergaben Untersuchungen an Probanden, die insgesamt drei Wochen lang (bis eine Woche nach dem Ende der Beschwerden) zur Beobachtung blieben [29]. Die Ursache dieser Spätfolgen ist unklar. Eine Möglichkeit ist, daß die Leistungstests empfindlich auf immunologische Veränderungen reagieren, die auftreten, wenn die Symptome bereits verschwunden sind. Es kann auch sein, daß die Probanden während der Erkrankung «gelernt» haben, mit schlechterer Leistung zu arbeiten.
Die ersten Studien befaßten sich vor allem mit psychomotorischer Leistung. Die Effekte von Schnupfen auf die Stimmung erwiesen sich als virusspezifisch [25], obwohl dies auch die Folge unterschiedliche Schwere der Symptome infolge unterschiedlicher Viren gewesen sein könnte. Coronaviren reduzierten die Aufmerksamkeit, während Rhinoviren geringfügige Stimmungsveränderungen hervorriefen. Andere virusspezifische Effekte zeigten sich bei Experimenten, die Aspekte des Gesichtsfeldes untersuchten [25]. Diese Studien waren deshalb von Bedeutung, weil sie zeigen konnten, daß schon vor der Exposition mit dem Virus durchgeführte Untersuchungen den Verlauf der folgenden Infektion und Erkrankung vorhersagen konnten.
Andere Studien untersuchten die Auswirkungen von Schnupfen auf das Gedächtnis [30]. Viele Aspekte des Gedächtnisses, so die Fähigkeit, sich eine Zahlenreihe in der richtigen Reihenfolge zu merken oder eine Liste von Worten, blieben offenbar von einer Erkältung unbeeinflußt. Es gab auch kaum Hinweise darauf, daß ein Schnupfen den Abruf von Informationen aus dem semantischen Gedächtnis beeinflußt. Allerdings verursachte ein Schnupfen Lern- und Erinnerungsschwierigkeiten bei komplexerem Material, wie der in einer Geschichte enthaltenen Information. Hier war nicht die Erinnerung reduziert, sondern die Probanden mit Erkältung hatten Schwierigkeiten, dem Kern der Geschichte zu folgen und verloren sich in Details, die für den Ablauf der Geschichte weniger wichtig waren. Dagegen beeinträchtigten Erkältungen nicht den Abruf von Material, das vor der Krankheit erlernt wurde.

Medikamente, Erkältungskrankheiten und Leistung

Viele Untersuchungen an der *Common Cold Unit* waren darauf angelegt, die Wirksamkeit von vorbeugenden und therapeutischen Medikamenten zu bewerten. Dabei konnte nicht nur die klinische Wirksamkeit bestimmt werden, sondern auch, inwiefern sie die mit einem Schnupfen verbundenen Beeinträchtigungen der Leistungsfähigkeit behoben. Eine Studie zeigte, daß Natriumnedocromil (ein Mastzell-Stabilisator, der die Freisetzung von Histamin aus den Mastzellen verhindert) die Symptome einer Erkältung verbesserte und die verbundenen Leistungseinbußen reduzierte [31]. Eine weitere Untersuchung [32] belegte, daß Zinkgluconat-Lutschtabletten die bei einer Erkältung zu beobachtende Verlängerung der Reaktionszeiten aufhob. Leider ist jedoch der Wirkungsmechanismus dieser Medikamente unklar, der Effekt liefert auch keine Aussagen über die Mechanismen, die der Wirkung von Erkältungskrankheiten auf die Leistungsfähigkeit zugrunde liegen.

Zum Mechanismus der Wirkung von Schnupfen auf die psychomotorische Leistungsfähigkeit

Es gibt schlüssige Anzeichen, daß bestimmte Viren (beispielsweise Enteroviren) eine starke Affinität zu Muskeln haben und Muskelschäden hervorrufen können. Cytokinmediatoren wie Interferon und Interleukin-2 wirken ebenfalls auf Muskeln und können Müdigkeit hervorrufen. Neuere Untersuchungen [33] bestätigen, daß Infektionen der oberen Atemwege die Muskelfunktion beeinträchtigen können. Dies stellt eine plausible Erklärung für einige der Auswirkungen auf die Leistungsfähigkeit dar.

Die Beeinträchtigungen können auch die Folge von Veränderungen in der sensorischen Stimulation über die trigeminalen Nerven der Nase sein. Es konnte gezeigt werden [31, 32], daß sowohl Natriumnedocromil als auch Zinkgluconat die mit einer Erkältung einhergehenden Leistungseinbußen verringern. Ein möglicher Wirkungsmechanismus dieser Verbindungen ist die Veränderung der sensorischen Stimulation.

Die Ergebnisse könnten auch unspezifische, mit einer Erkältung verbundene Faktoren widerspiegeln. Beispielsweise könnten erkältete Versuchspersonen in der Testsituation auch weniger motiviert sein. Dies wurde ebenfalls untersucht [28], dabei zeigten sich jedoch nur geringe Auswirkungen auf die Motivation.

Schließlich könnten die Ergebnisse auch die Folge eines ‹Ablenkungseffekts› sein, der durch Niesen oder Reizung der Nase hervorgerufen wird. Die wichtigste Schwierigkeit bei den meisten dieser möglichen Erklärungen liegt in der

Zuordnung einzelner Leistungsbeeinträchtigungen. Es gibt auch Anzeichen dafür, daß die Auswirkungen einer Erkältung nicht auf den Zeitraum der Symptome beschränkt sind, was einige Erklärungen ausschließt.

Experimentell induzierte virale Erkrankungen der oberen Atemwege – Schlußfolgerungen

Die Forschungsarbeiten an der Common Cold Unit zeigten, daß Virusinfektionen der oberen Atemwege die Leistungsfähigkeit beeinträchtigen können. Die Effekte waren insofern selektiv, als sie von der Art der Aktivität und vom Virus abhingen. Die Einbußen waren nicht beschränkt auf den Zeitraum, während dessen die Probanden Symptome zeigten, sie traten auch vor und nach der Erkrankung auf. Subklinische Infektionen reduzierten die Leistungsfähigkeit ebenfalls. Vor dem Kontakt mit dem Virus durchgeführte Messungen zeigten außerdem eine Korrelation mit der Empfindlichkeit gegenüber der Entwicklung von Erkältungskrankheiten.

Natürlich auftretender Schnupfen, geistige Leistung und Stimmung

Bei Durchsicht der Literatur zeigt sich, daß es praktisch keinerlei Forschung zur Wirkung natürlich auftretender Erkältungskrankheiten auf die Leistungsfähigkeit gibt. Um die Auswirkungen von Infektionen der oberen Atemwege auf Arbeitssicherheit und -effizienz bewerten zu können, sind weitere Studien nötig. Auch der Einfluß solcher Erkrankungen auf die Ausbildung verdient Beachtung: Es gibt Anzeichen, daß sie das Lernen beeinflussen können; eine Studie [34] zeigte einzelne Beeinträchtigungen bei an Schnupfen erkrankten Schülern. Dazu wurden mehr als hundert Schulkinder wieder und wieder getestet, wenn sie zwei oder mehr Symptome von Erkältungskrankheiten zeigten, und mit weiteren 30 symptomfreien Kontrollen verglichen. Über Multiple-choice-Fragen wurde das Kurzzeit-Erinnerungsvermögen getestet, dazu kamen zwei Tests zur auditiven und visuellen Erfassung. Es zeigte sich, daß die Erkrankung das Lernen, jedoch nicht die Aufnahmefähigkeit beeinträchtigt, möglicherweise weil die erkälteten Probanden leichter ablenkbar waren. Die Autoren der Studie halten eine kurze Genesungsperiode für besser als unter diesen Bedingungen mit der Arbeit fortzufahren.

Aus der vorangegangenen Forschung über experimentell ausgelöste Erkältungskrankheiten lassen sich eine Reihe von Schlüssen auf natürlich verbreitete Erkrankungen ziehen, die auch in neueren Arbeiten untersucht wurden:

1. Es wäre zu erwarten, daß das Muster von Veränderungen in Leistung und Stimmung bei natürlich verbreiteten Erkältungskrankheiten ähnlich dem bei experimentell induzierten Infektionen ist.
2. Natürlich verbreitete Erkältungskrankheiten könnten auch das Ergebnis vieler verschiedener Viren sein, wobei durch die Überlagerung die Effekte einzelner Viren maskiert werden. Auf dieser Basis wäre eine Wiederholung der Ergebnisse mit experimentell induzierten Erkrankungen nicht zu erwarten.
3. Die durch experimentelle Infektionen hervorgerufenen Erkrankungen zeigten in der Regel sehr milde Verläufe. Natürlich auftretende Erkrankungen sind üblicherweise deutlich heftiger, sie könnten daher auch deutlich breitere Veränderungen von Leistung und Stimmung hervorrufen.

Natürlich auftretender Schnupfen, geistige Leistung und Stimmung: Eine erste Untersuchung

Um Effekte und Nachwirkungen natürlich verbreiteter Erkältungskrankheiten auf Stimmung und Leistung zu untersuchen, wurden 26 Probanden (12 Männer und 14 Frauen zwischen 18 und 39 Jahren, durchschnittliches Alter 24 Jahre) einen Monat lang wöchentlich getestet [35]. Fünfzehn Personen litten während der ersten Woche an einer Erkältung, die anderen elf waren die gesunde Kontrollgruppe. Zu Beginn wurden die Probanden einem dreistündigen Test unterzogen, der aus einer Reihe praktischer Übungen und zwei Durchgängen bestand, in denen Stimmung, Aufmerksamkeit, Gedächtnis und eine Anzahl psychomotorischer Funktionen bewertet wurden. Daneben wurde auch die empfundene Schwere der Symptome auf einer subjektiven Checkliste eingeordnet. Die Probanden mit einer Erkältung berichteten über häufigere negative Stimmung, dies war nur während der ersten Woche signifikant. Beeinträchtigungen psychomotorischer Funktionen (einfache Tests wie Reaktionszeiten, Verfolgen einer Markierung) wurden zu diesem Zeitpunkt beobachtet. Nur in der zweiten Woche signifikant waren Einschränkungen bei Aufgaben, die anhaltende und selektive Aufmerksamkeit erforderten. Andere Funktionen wie das semantische Gedächtnis waren zu jeder Zeit ohne Störungen. Insgesamt bestätigen die gegenwärtig gewonnenen Resultate in vielen Punkten die Ergebnisse früherer Arbeiten.

Studien, bei denen das auslösende Virus identifiziert wurde

Im Anschluß an die eben beschriebene initiale Studie wurde in Cardiff ein Forschungsprogramm mit dem Ziel begonnen, die vorläufigen Ergebnisse zu erweitern und ein detailliertes Profil der Auswirkungen natürlich verbreiteter Virusinfektionen der oberen Atemwege zu erstellen. Diese Studien wiesen die folgenden methodischen Grundzüge auf:

1) *Virologische Techniken:*
   Aus der Nase der Probanden wurden Abstriche genommen, um das infektiöse Agens zu identifizieren. Vor und nach der Erkrankung wurden Blutproben genommen, um Ände rungen der Antikörpertiter messen zu können.
2) *Objektive Bestimmung der Symptome:*
   Das Gewicht des Nasensekrets und die sublinguale Temperatur wurden als objektive Indikatoren für eine Erkrankung festgehalten.
3) *Subjektive Bewertung der Symptome:*
   Eine subjektive Checkliste von Symptomen (der oberen und unteren Atemwege sowie des Rachens) wurde zur Bewertung herangezogen.
4) *Design der Experimente:*
   Die Untersuchungen erfolgten entweder als Querschnittsstudien (mit einer hohen Zahl an Probanden) oder prospektiv (mit Messungen am gesunden Probanden als Bezugspunkt). Bei einer Form der Untersuchung gefundene Effekte wurden mittels des anderen Designs nachvollzogen.

Die Ergebnisse seien hier kurz zusammengefaßt:

Einflüsse von Grippe (*Influenza*)

Im Verlauf des Experiments gab es wenige Infektionen mit Influenza-A-Viren in Südwales. Es konnten jedoch die akuten Wirkungen von Influenza B untersucht werden. Sie konnten mit früheren Ergebnissen aus der Arbeit mit experimentell induzierter Influenza B an der *Common Cold Unit* verglichen werden. Diese Resultate [36] bestätigten allgemein diejenigen, die mit experimentell induzierten Infektionen erzielt worden waren. Bei an Grippe Erkrankten war die Leistung bei Erkennungstests eingeschränkt, wogegen Tests von Psychomotorik und Gedächtnis keine Veränderungen zeigten.
Im Gegensatz zur Grippe konnten die Auswirkungen von Schnupfen auf Leistung und Stimmung detailliert untersucht werden:

1. Erkältete Probanden berichteten über einen Anstieg negativer Empfindungen (sie fühlten sich schläfriger, ängstlicher etc.). Diese Gefühle unterschieden sich nicht zwischen denjenigen Versuchspersonen, bei denen das infektiöse Agens

identifiziert werden konnte, und denen, wo dies nicht gelang. Die Größenordnung der Stimmungsschwankungen stand in keinem Zusammenhang mit der Schwere der objektiv festgestellten Symptome, jedoch gab es eine hohe Korrelation zwischen Stimmungsveränderungen und der Selbsteinschätzung der Symptome.

2. Die Leistung bei psychomotorischen Aufgaben (z. B. Hand-Auge-Koordination oder Bewegungen) war bei erkälteten Probanden reduziert. Im Gegensatz dazu blieben Gedächtnis und Erkennung unbeeinträchtigt. Dies bestätigt nochmals unsere früheren Resultate mit experimentell induzierten Erkältungskrankheiten. Die Ergebnisse konnten in drei Querschnitts- und drei prospektiven Studien gut reproduziert werden. Bei den Experimenten, bei denen Viren isoliert und Veränderungen der Antikörpertiter untersucht wurden, zeigten sich keine Unterschiede zwischen einzelnen Viren (z. B. Rhino- und Coronaviren) oder zwischen Probanden, aus denen kein Virus isoliert werden konnte.

3. In etlichen Experimenten konnten Leistungs- und Stimmungsänderungen untersucht werden, nachdem die Symptome der Erkältung abgeklungen waren (in einigen Studien 3–4 Wochen später). Allgemein zeigten sich zu diesem Zeitpunkt keine Einschränkungen der Leistung oder Stimmungseinflüsse mehr. Es wurden allerdings, unmittelbar nachdem laut Angabe der Probanden die Erkältung abgeklungen war, noch kurz anhaltende Beeinträchtigungen bei psychomotorischen Aufgaben gefunden. Hier spielen möglicherweise zwei Dinge zusammen: Zunächst können, obwohl die Mehrzahl der Symptome abgeklungen ist, noch kaum wahrnehmbare Symptome vorliegen, wobei unsere Tests selbst auf derartig leichte Effekte reagieren. Zweitens könnten Versuchspersonen mit einer Erkältung die zu lösende Aufgabe etwas schwerer erlernen, wobei diese Beeinträchtigung auch dann noch beobachtet wird, wenn der Proband später gefordert wird, auch wenn er dann schon wieder gesund ist.

Kombinierte Effekte von Erkältungen und anderen Faktoren

Hier wurde untersucht, ob eine Erkältung den Probanden anfälliger machte gegenüber anderen Faktoren, die bekanntermaßen Leistung und Stimmung beeinflussen. In der ersten Studie [37] wurden erkältete und gesunde Probanden in ruhiger Umgebung getestet oder Lärm ausgesetzt. Sowohl Schnupfen wie Lärm beeinflußten die Leistung, und es fanden sich einige Anzeichen dafür, daß erkältete Probanden gegenüber einigen Folgen des Lärms empfindlicher waren als die gesunden Kontrollpersonen. So waren beispielsweise gesunde, dem Lärm ausgesetzte Probanden bei einfachen Reaktionszeit-Tests schneller als Probanden in ruhiger Umgebung, während die Kombination von Erkältung und Lärm die Reaktionszeiten drastisch verlängerte.

Die Ergebnisse parallel durchgeführter Untersuchungen über die Auswirkungen von Alkohol und Koffein auf die Leistung und Stimmung von erkälteten Probanden bestätigten, daß die Probanden empfindlicher gegenüber diesen zusätzlichen Faktoren waren: Sie wurden durch Alkohol stärker beeinträchtigt, wogegen Koffein die durch Schnupfen hervorgerufenen Beeinträchtigungen aufhob. Diese Ergebnisse haben besonders wichtige Auswirkungen; sie bedeuten nämlich, daß selbst für Gesunde allgemein als sicher angesehene Dosen Alkohol bei Personen mit leichten Erkrankungen dennoch zu Problemen führen können.

Auswirkungen von Erkältungskrankheiten auf Leistung und Stimmung im Verlauf eines Arbeitstages

Bei dieser Studie wurden bei Probanden mit Bürotätigkeit und mit manueller Tätigkeit vor der Arbeit, mittags und nach der Arbeit Leistung und Stimmung bewertet. Dahinter stand die Frage, ob die Erkrankung einen konstanten Effekt auf die Versuchspersonen hat, oder ob als Folge der Notwendigkeit, in einem suboptimalen Gesundheitszustand zu arbeiten, im Verlauf des Arbeitstages Veränderungen auftreten. Die Ergebnisse bestätigten wieder die Auswirkungen von Erkältungskrankheiten auf Stimmung und psychomotorische Aufgaben; sie zeigten außerdem, daß Übungen zur selektiven Aufmerksamkeit durch eine Erkältung nicht beeinträchtigt wurden. Es gab einige Hinweise, daß die Auswirkungen einer Erkältung sich als Folge der Arbeit veränderten. Beispielsweise nahm bei den erkälteten Personen die Wachsamkeit im Verlauf des Tages ab, wogegen sie bei den gesunden Personen mittags ihren Höhepunkt erreichte. Bei den einfachen Aufgaben zur Reaktionszeit waren erkältete Probanden zu jeder Tageszeit langsamer als die gesunde Kontrollgruppe; die größten Unterschiede traten unmittelbar nach der Arbeit auf.
Insgesamt bestätigen diese Ergebnisse, daß in der Arbeitsumgebung ausgewählte Effekte eines Schnupfens gezeigt werden können. Es schloß sich die Frage an, ob solche Effekte sich auch in der Arbeitssicherheit niederschlagen, besonders in der Häufigkeit von Unfällen am Arbeitsplatz.

Erkältungskrankheiten und Unfälle am Arbeitsplatz

Bei Patienten, die die Notaufnahme des Königlichen Krankenhauses in Cardiff (*Cardiff Royal Infirmary*) aufsuchten, wurde die Inzidenz von Infektionen der oberen Atemwege festgehalten. Dann wurden Patienten, die einen Unfall am Arbeitsplatz erlitten hatten, mit denen verglichen, die das Krankenhaus aus anderen Gründen aufsuchten [38].

Dabei zeigte sich kein signifikanter Zusammenhang zwischen Unfällen am Arbeitsplatz und Erkrankungen der oberen Atemwege. Die Studie ist allerdings methodisch angreifbar, was nicht überrascht, da sowohl die Unfallforschung wie Untersuchungen natürlich verbreiteter Erkältungen schwierig sind. Hier sind weitere Forschungsarbeiten nötig.

Natürlich auftretender Schnupfen, geistige Leistung und Stimmung: Schlußfolgerungen

Natürlich auftretende Erkrankungen der oberen Atemwege verstärken negative Stimmungen und führen zu Leistungseinbußen. Die Beeinträchtigungen durch Schnupfen finden sich vor allem bei psychomotorischen Aufgaben, wogegen bei Grippe vor allem die Aufmerksamkeit leidet. Diese Beeinträchtigungen sind nicht auf den Zeitraum beschränkt, während dessen die Person Symptome aufweist; sie können auch dann noch vorliegen, wenn die primären Symptome abgeklungen sind. Die Nachwirkungen einer Erkältung sind üblicherweise nur von kurzer Dauer (wenige Tage bis eine Woche), wogegen zumindest bei einigen Personen als Folge einer Grippe noch längere Nachwirkungen auftreten können. Diese Resultate bestätigen einen potentiellen Einfluß von Erkältungskrankheiten auf die Leistungsfähigkeit, Effizienz, Sicherheit und Wohlbefinden. Weiterhin sind Personen mit Schnupfen offenbar empfindlicher gegenüber zusätzlichen Faktoren wie Alkohol, Lärm oder Müdigkeit. Untersuchungen von Unfällen am Arbeitsplatz konnten diese Effekte nicht bestätigen, dies mag jedoch an der verwendeten Methode liegen. Weitere Untersuchungen, inklusive einer Epidemiologie mit großen Fallzahlen, könnten sicherlich genauere Aussagen über den Zusammenhang zwischen Erkältungen und Unfällen am Arbeitsplatz liefern.

Resümee

Die hier vorgestellten Belege stützen die Auffassung, daß der psychologische Zustand eines Menschen seine Anfälligkeit gegenüber Infektionen mit Erkältungen hervorrufenden Viren beeinflußt, und daß solche Erkrankungen die Stimmung und geistige Leistung beeinflussen können. Sowohl die Ergebnisse aus Untersuchungen mit natürlich verbreitetem Schnupfen, wie mit experimentell induzierten Erkrankungen belegen diese Schlußfolgerung. Weitere Forschungsarbeiten sind nötig, um die zugrundeliegenden Mechanismen aufzuklären, und um die praktische Signifikanz dieser Befunde zu bewerten. Die bis heute durchgeführten Arbeiten sind sowohl von theoretischem Interesse wie von praktischer Relevanz; sie stellen eine exzellente Ausgangsposition dar, von der aus weitere Untersuchungen angestellt werden können.

Literatur

[1] Cohen, S., & Williamson, G. (1991). Stress and infectious disease in humans. Psychological Bulletin, 109, 5–24.
[2] Smith, A.P., & Jones, D.M., eds, (1992). The Handbook of Human Performance. London: Academic Press.
[3] Beare, A.S. & Reed, S.E. (1977). The study of antiviral compounds in volunteers, in J.S. Oxford (ed.), Chemoprophylaxis and virus infections, Vol.2, Cleveland: CRC Press.
[4] Totman, R., Kiff, J., Reed, S.E., & Craig, J.W. (1980). Predicting experimental colds in volunteers from different measures of recent life stress. Journal of Psychosomatic Research, 24, 155–163.
[5] Broadbent, D.E., Broadbent, M.H.P., Phillpotts, R.J., & Wallace, J.(1984). Some further studies on the prediction of experimental colds in volunteers by psychological factors. Journal of Psychosomatic Research, 28, 511–523.
[6] Cohen, S., Tyrrell, D.A.J., & Smith, A.P. (1991). Psychological stress and susceptibility to the common cold. New England Journal of Medicine, 325, 606–612.
[7] Cohen, S., Tyrrell, D.A.J., & Smith, A.P. (1993). Negative life events, perceived stress, negative affect and susceptibility to the common cold. Journal of Personality and Social Psychology, 64, 131–140.
[8] Cohen, S., Tyrrell, D.A.J., Russell, M., Jarvis, M., Smith, A. (1993). Smoking, alcohol consumption and susceptibility to the common edd. American Journal of Public Health, 83 (9), 1277–83.
[9] Belfer, M.L., Shader, R.I., Mascio, A.D., Harmatz, J.S., & Nahum, J.P. (1968). Stress and bronchitis. British Medical Journal, 3, 805–806.
[10] McClelland, D.C., Alexander, C., & Marks, E. (1982). The need for power, stress, immune function and illness among male prisoners. Journal of Abnormal Psychology, 91, 61–70.
[11] Jacobs, M.A., Spilken, A.Z, Norman, M.M., Anderson, L.S. (1970). Life stress and respiratory illness. Psychosomatic Medicine, 32 (3), 233–42.
[12] Sarason, I.G., Sarason, B.R., Potter, E.H., & Antoni, M.H. (1985). Life events, social support and illness. Psychosomatic Medicine, 47, 156–163.
[13] Glaser, R., Rice, J., Sheridan, J., Fertel, R., Stout, J., Speicher, C.E., Pinsky, D., Kotur, M., Post, A., Beck, M., & Kiecolt-Glaser, J.K.(1987).Stress-related immune suppression: health implications. Brain, Behavior, and Immunity, 1, 7–20.
[14] Linville, P.W. (1987). Self-complexity as a cognitive buffer against stress-related illness and depression. Journal of Personality and Social Psychology, 52, 663–676.
[15] Stone, A.A., Reed, B.R., & Neale, J.M. (1987). Changes in daily event frequency precede episodes of physical symptoms. Journal of Human Stress, 70–74.
[16] Parens, H., McConville, B.J., & Kaplan, S.M. (1966). The prediction of frequency of illness from the response to separation. Psychosomatic Medicine, 28, 162–176.
[17] Spilken, A.Z., & Jacobs, M.A. (1971). Prediction of illness behavior from measures of life crisis, manifest distress and maladaptive coping. Psychosomatic Medicine, 33, 251–264.
[18] McClelland, D.C., Floor, E., Davidsin, R.J., & Saron, C. (1980). Stressed power motivation, sympathetic activation, immune function and illness. Journal of Human Stress, 6, 11–19.
[19] Meyer, R.J., & Haggerty, R.J. (1962). Streptococcal infections in families. Pediatrics, 29, 539–549.
[20] Graham, N.M.H., Douglas, R.B., & Ryan, P. (1986). Stress and acute respiratory infection. American Journal of Epidemiology, 124, 389–401.

[21] Clover, R.D., Abell, T., Becker, L.A., Crawford, S., & Ramsey, J.C.N. (1989). Family functioning and stress as predictors of influenza B infection. Journal of Family Practice, 28, 535–539.
[22] Smith, A.P., Tyrrell, D.A.J., Coyle, K.B., Higgins, P.G., & Willman, J.S. (1988a). Diurnal variation in the symptoms of colds and influenza. Chronobiologia International, 5, 411–416.
[23] Smith, A.P., Tyrrell, D.A.J., Coyle, K.B., & Willman, J.S. (1987a). Selective effects of minor illnesses on human performance. British Journal of Psychology, 78, 183–188.
[24] Smith, A.P., Tyrrell, D.A.J., Al-Nakib, W., Coyle, K.B., Donovan, C.B., Higgins, P.G., & Willman, J.S. (1988b). The effects of experimentally-induced respiratory virus infections on performance. Psychological Medicine, 18, 65–71.
[25] Smith, A.P., Tyrrell, D.A.J., Barrow, G.I., Higgins, P.G., Bull, S., Trickett, S., & Wilkins, A.J. (1992). The common cold, pattern sensitivity and contrast sensitivity. Psychological Medicine, 6, 487–494.
[26] Smith, A.P., Tyrrell, D.A.J., Coyle, K.B. & Higgins, P.G. (1988c). Effects of interferon alpha on performance in man: a preliminary report. Psychopharmacology, 96, 414–416.
[27] Smith, A.P., Tyrrell, D. A .J., Coyle, K.B., & Higgins, P.G. (1991a). Effects and after-effects of interferon alpha on human performance, mood and physiological function. Journal of Psychopharmacology, 5, 243–250.
[28] Smith, A.P., Tyrrell, D.A.J., Al-Nakib, W., Coyle, K.B., Donovan, C.B., Higgins, P.G., & Willman, J.S. (1987b). Effects of experimentally-induced respiratory virus infections on psychomotor performance. Neuropsychobiology, 18, 144–148.
[29] Smith, A.P., Tyrrell, D.A.J., Al-Nakib, W., Barrow, G.I., Higgins, P.G., Leekam, S., & Trickett, S. (1989). Effects and after-effects of common cold and influenza on human performance. Neuropsychobiology, 21, 90–93.
[30] Smith, A.P., Tyrrell, D.A.J., Barrow, G.I., Coyle, K.B., Higgins, P.G., Trickett, S., & Willman, J.S. (1990a). Effects of experimentally-induced colds on aspects of memory. Perceptual and Motor Skills, 71, 1207–1215.
[31] Barrow, G.I., Higgins, P.G., Al-Nakib, W., Smith, A.P., Wenham, R.B.M., & Tyrrell, D.A.J. (1990). The effects of intranasal nedocromil sodium on viral upper respiratory tract infections in human volunteers. Clinical Allergy, 20, 45–51.
[32] Smith, A.P., Tyrrell, D.A.J., Al-Nakib, W., Barrow, G.I., Higgins, P.G., & Wenham, R. (1991b). The effects of zinc gluconate and nedocromil sodium on performance deficits produced by the common cold. Journal of Psychopharmacology, 5, 251–254.
[33] Mier-Jedzrejowicz, A., Brophy, C., & Green, M. (1988). Respiratory muscle weakness during upper respiratory tract infections. American Review of Respiratory Disease, 138, 5–7.
[34] Heazlett, M., & Whaley, R.F. (1976). The common cold: its effect on perceptual ability and reading comprehension among pupils of a seventh grade class. The Journal of School Health, 46, 145–147.
[35] Hall, S.R., & Smith, A.P. (submitted). An investigation of the effects and after-effects of naturally-occurring upper respiratory tract illnesses on mood and performance.
[36] Smith, A.P., Thomas, M., Brockman, P., Kent, J., & Nicholson, K.G. (1993a). Effect of influenza B virus on human performance. British Medical Journal, 306, 760–761.
[37] Smith, A.P., Thomas, M., Brockman, P. (1993b). Noise, respiratory virus infections and performance. In the proceedings of the 6th International Congress on Noise as a Public Health Problem. Actes Inrets, 34, 2, 311–314.
[38] Smith, A.P., Harvey, I., Richmond, P., Brockman, P., & Thomas, M. (1994). Upper respiratory tract illnesses and accidents. Occupational Medicine.

Immunologische Mechanismen

P. J. M. Openshaw

Einführung

Wie schon beschrieben, haben sich eine Vielzahl verschiedener Organismen darauf eingestellt, den Respirationstrakt zu besiedeln. Dieses Gedränge in einer bestimmten Nische kann kein Zufall sein. Die Infektion mit einem nichtrespiratorischen Pathogen kann mehr oder weniger vermieden werden, indem man sein Verhalten entsprechend ändert, aber das Atmen ist etwas, worauf niemand für mehr als ein paar Sekunden verzichten kann. Zweck des Respirationstraktes ist es, eine möglichst große Oberfläche für den Gasaustausch zur Verfügung zu stellen, und gerade durch diese Funktion ist ein freier Kontakt der Umgebung mit dem Respirationstrakt unvermeidbar. Es mag kaum überraschen, daß so viele verschiedene Viren Erkältungen hervorrufen: Die Erkältung ermöglicht einen wunderbar effizienten Lebensstil für jedes gut angepaßte Virus.

Der Respirationstrakt ist nicht nur als Angriffspunkt ideal, er dient auch hervorragend dazu, das Virus auf andere Menschen zu übertragen. Die Reizung der Nasenschleimhaut stimuliert die Sekretion von Schleim voller neuer infektiöser Viren. Niesen und Husten schleudern diesen Schleim als winzige Tröpfchen hinaus. Die kleinen Schleimpartikel trocknen rasch in der Luft und können dort weiter transportiert werden, bis sie sich auf der Schleimhaut eines neuen Wirts niederlassen. Für den Reproduktionszyklus des Virus ist es nicht nötig, daß dieser sich auf andere Gewebe als den Respirationstrakt ausbreitet. Im Gegenteil, die Übertragung ist am effektivsten, wenn die infizierte Person nicht so krank gemacht wird, daß normale soziale Kontakte dadurch unterbunden wären.

Um dieser Herausforderung entgegenzutreten, hat das Immunsystem elegante Mechanismen zur Erkennung von Infektionen entwickelt. Parallel dazu haben Viren ähnlich ausgefeilte Methoden entwickelt, diese Erkennung zu verhindern. In dem Maße, in dem neue Schachzüge und Gegenzüge entdeckt werden, enthüllt sich der knifflige Charme dieses Systems. Bei diesem evolutionären Bockspringen haben Viren einen enormen Vorteil gegenüber ihrem Wirt: ihre hohe Vermehrungsrate. Von der Infektion bis zur Produktion dauert der Reproduktionszyklus nur Tage oder Stunden. Ein einziges Viruspartikel kann durch Infektion nur einer Zelle Hunderte oder Tausende an Nachwuchs produzieren, wobei

bei jedem dieser Nachkommen das evolutionäre Lotto von neuem beginnt. Viren, besonders RNA-Viren, mutieren extrem schnell, oft produzieren sie schon alle hundert Basenpaar-Transkriptionen eine Mutation. Obwohl viele dieser genetischen Veränderungen ohne Effekt oder schädlich für die viralen Nachkommen sind, fordert schon die Statistik, daß einige davon sich vorteilhaft auf die Vermehrung auswirken. Diese Kombination aus hoher Reproduktionsrate und hoher Mutationsrate versetzt Viren in die Lage, die Barrieren des Immunsystem rasch zu überwinden.

Wie erkennt der Körper die Unterschiede zwischen selbst und nicht-selbst? Warum macht diese Erkennung manchmal Fehler? Um zu verstehen, wie möglicherweise schädigende Immunreaktionen unter Kontrolle gehalten werden, müssen wir zunächst betrachten, wie das Immunsystem organisiert ist und wie es sich entwickelt.

Die Organisation des Immunsystems

Das Wort Immunsystem kommt vom lateinischen «immunis» für eine Ausnahme von einer Pflicht oder Forderung von normalen Bürgern. Dies wurde verallgemeinert zum Widerstand gegen eine Krankheit: Wer nicht an einer Krankheit litt, galt als immun. Die Immunologie beschäftigt sich mit den Mitteln, mit denen eine Infektion bekämpft wird. Um einer Infektion widerstehen zu können, haben Nase und Lunge diverse und spezialisierte Mechanismen zu ihrer Verteidigung entwickelt, von denen einige schon behandelt wurden. Das Immunsystem kann in drei Hauptteile untergliedert werden:

Teile, die schon operieren, bevor eine Infektion auftritt; solche, die kurz danach in Aktion treten und die spezifische Immunantwort (siehe Abb. 1). Die ersten beiden Abteilungen heißen traditionell «angeboren», die spezifische Immunität wird «erworben». Die angeborene Immunität ist üblicherweise unspezifisch; sie nutzt Abläufe wie den Einschluß von Teilchen durch den Nasen- und Bronchialschleim, Inaktivierung von Viren durch Enzyme wie Lysozym und die Verdauung der Partikel durch bestimmte Zellen. Die erworbene Immunität erkennt eindringende Pathogene und verbessert sich mit jeder neuen Infektion: Sie «lernt» mit der Erfahrung.

Die Mechanismen der angeborenen Immunität stützen sich auf relativ einfache physikalische Eigenschaften, um zwischen erwünscht und unerwünscht zu unterscheiden. Es kommt kaum vor, daß ein körpereigenes Teilchen für ein fremdes gehalten wird – und selbst wenn es doch passieren sollte, dann sind die Folgen relativ harmlos. Die erworbene Immunität dagegen ist gut organisiert und erbarmungslos. Ist sie einmal fehlgeleitet, können fatale Folgen wie Autoimmunkrankheiten auftreten.

	Vor Infektion	Frühphase der Infektion	Spätphase der Infektion
Beispiele	**'1. Linie'** Vermeidung Geruch Geschmack Schleim physikalische Hindernisse Oberflächeneigenschaften	**'2. Linie'** Phagozyten Opsonine einige Lymphozyten Interferone Akute Phase Proteine	**'Spezifisch'** T und B Lymphozyten

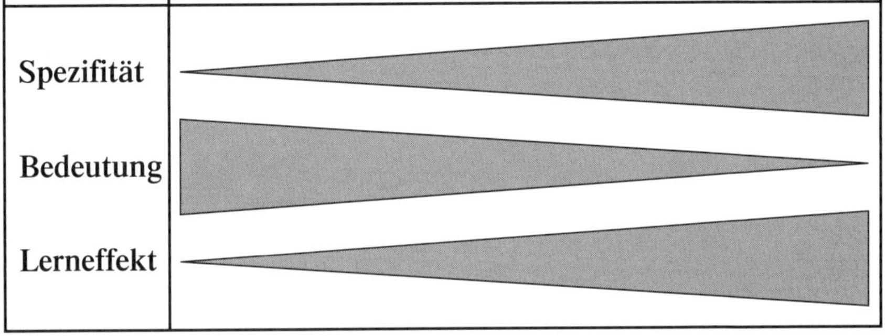

Abbildung 1: **Allgemeines Schema des Immunsystems.** Die Immunabwehr beginnt bereits bevor eine Infektion auftritt. Diese «1. Linie» der Verteidigung hat den Zweck das Eindringen von Krankheitserregern in das Gewebe zu verhindern, und hängt von äußeren Merkmalen ab, die infektiöse Krankheitserreger im Allgemeinen haben. Sobald es zu einer Infektion kommt, werden die Abwehrmaßnahmen spezifischer. T- und B-Lymphozyten werden üblicherweise erst in späteren Phasen einer Infektion aktiv und arbeiten sehr spezifisch; sie können sich aber auch überagressiv verhalten und sind somit potentiell fähig das Krankheitsgeschehen zu verschlimmern. Die «1. und 2. Linie» der Verteidigung werden gelegentlich auch als angeboren bezeichnet, während die T- und B-Zell vermittelte Immunität als erworben bezeichnet wird.

Die einzelnen Barrieren im Respirationstrakt sind abgestuft wie die einzelnen Filterstufen einer Kläranlage: Große inhalierte Partikel verfangen sich in den Haaren in der Nase oder werden von der Zunge aufgehalten, dann ausgespuckt, ausgeniest oder verschluckt. Kleinere Teilen erreichen das Innere der Nase, den Rachen oder die Luftröhre, wo sie vom Schleim aufgehalten werden, der normalerweise den oberen Respirationstrakt auskleidet. Die Bewegung der Zilien transportiert diesen Schleim zum Rachen, wo er verschluckt wird. Im Magen-Darm-Trakt wird dieses Material verdaut und so inaktiviert. Noch kleinere Partikel gelangen in die Lunge. Dort, wo der Gasaustausch stattfindet, lauern

Makrophagen in großer Zahl: Sie umschließen die eingedrungenen Teilchen und transportieren sie ab.
Die erworbene Immunität ist sehr viel genauer und stützt sich auf erheblich detailliertere Informationen über den Feind. Auch wenn dieser nur sehr selten kommt, muß er sicher aus der Überzahl der «Freunde» erkannt werden. Gelegentlich schlüpft er auch noch in eine Verkleidung, die ihn oberflächlich, manchmal bis ins Detail, den körpereigenen Teilchen anpaßt. Ist der Feind einmal identifiziert, wird er genau untersucht: Mit dieser Information, die zudem in einer Art Kartei gespeichert wird, können gleiche Angreifer dann deutlich schneller identifiziert werden.

Wie erkennt das Immunsystem Viren?

Zu den ersten Verteidigern zählen die Phagozyten, Zellen, die aktiv fremdes Material einschließen. Sie enthalten polymorphkernige Leukozyten (früher als Makrophagen bezeichnet) und Makrophagen. Makrophagen entwickeln sich aus Monozyten (bestimmten weißen Blutzellen) und sind an vielen Orten im Körper im Gewebe zu finden: in Haut, Lunge, Darm, Nasenschleimhaut, Leber und Milz (Abbildung 2). Ist die Phagozytose gestört, können unkontrollierte bakterielle Infektionen auftreten. Normalerweise steigt bei einer bakteriellen Infektion die Zahl der polymorphen Leukozyten im Blut und im infizierten Gewebe. Anders bei Viren: Diese können sich nur innerhalb von Zellen vermehren, indem sie den Apparat der Wirtszelle benutzen. Die Phagozytose von Viren ist in der Regel keine effektive Verteidigung, sie kann sogar zur Infektion der Phagozyten führen. Infizierte Zellen senden Notsignale aus, die die benachbarten Zellen alarmieren (Abbildung 3). Daran können die infizierten Zellen identifiziert und durch spezifische Immunreaktionen unschädlich gemacht werden.
Diejenigen Zellen, die körperfremde Substanzen (Antigene) erkennen und mit diesen reagieren, sind die Lymphozyten: die wichtigsten Mediatoren der spezifischen Immunität. Sie entwickeln sich aus Stammzellen im Knochenmark, Ursprung für viele verschiedene Blutzellen. Hier entstehen Zellen, die entweder T- oder B-Lymphozyten produzieren. T-Zellen sind nach dem Thymus benannt, wo sie sich entwickeln und reifen, B-Zellen nach der Bursa Fabricii, einem lymphatischen Organ, das in Säugern nicht vorkommt, jedoch in Vögeln. Entfernt man einem Hühnerküken dieses Organ, können sich keine B-Zellen mehr entwikkeln. Entfernt man dagegen einem Säuger oder einem Vogel den direkt über dem Herzen gelegenenThymus, entstehen keine T-Zellen.

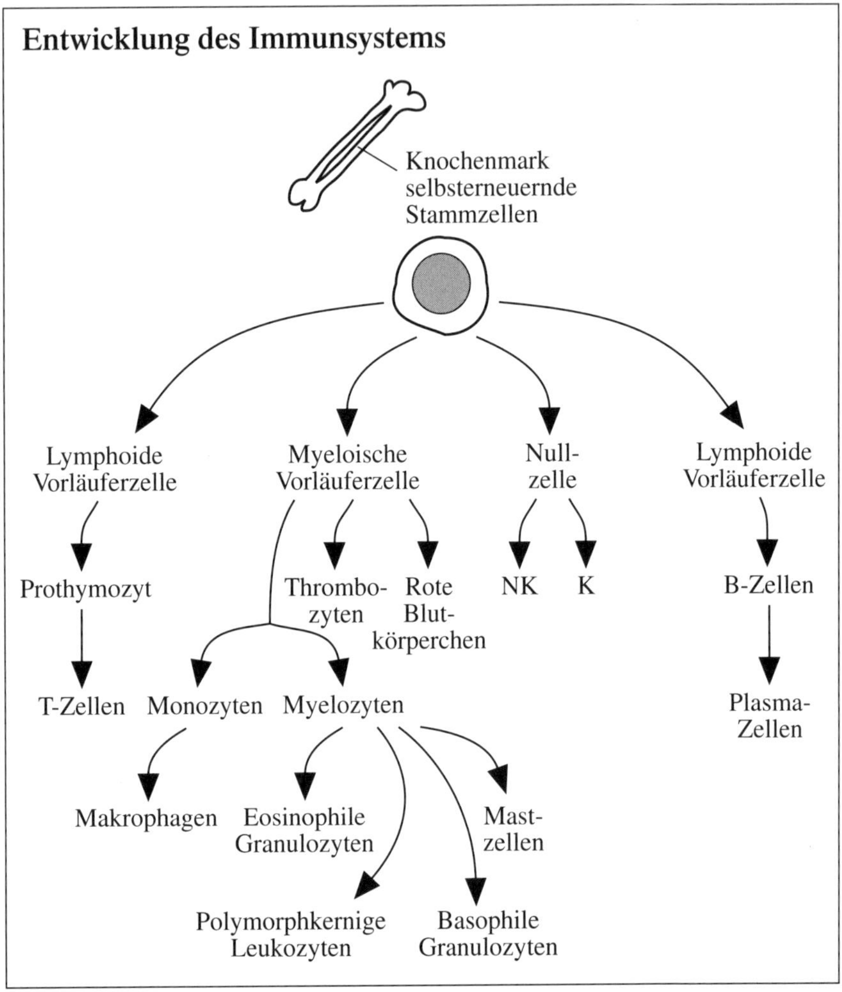

Abbildung 2: **Entwicklung des Immunsystems.** Die meisten Zellen die an der Immunabwehr beteiligt sind, sind Abkömmlinge von Zellen die ihr Leben in der fetalen Leber und dem Knochenmark begonnen haben, sogenannte Stammzellen. Die Nachkommen dieser Stammzellen sind dazu bestimmt verschiedene Zelltypen zu bilden. Die lymphoide Vorläuferzelle differenziert sich über Reifung im Thymus zu T-Zellen (siehe Abb. 4), und über Reifung in Knochenmark, Lymphknoten und Leber zu B-Zellen. Die gleiche Stammzelle führt zur Entwicklung relativ einfacher Lymphozyten der 2. Verteidigungslinie die «Natürliche Killerzellen» (NK) oder «Killerzellen» (K) genannt werden (siehe Abb. 1). Sie bringen weiterhin myeloische Vorläuferzellen hervor, die sich zu roten Blutkörperchen, Thrombozyten oder phagozytierenden Zellen differenzieren. Phagozyten sind spezialisiert Fremdmaterial anzu-

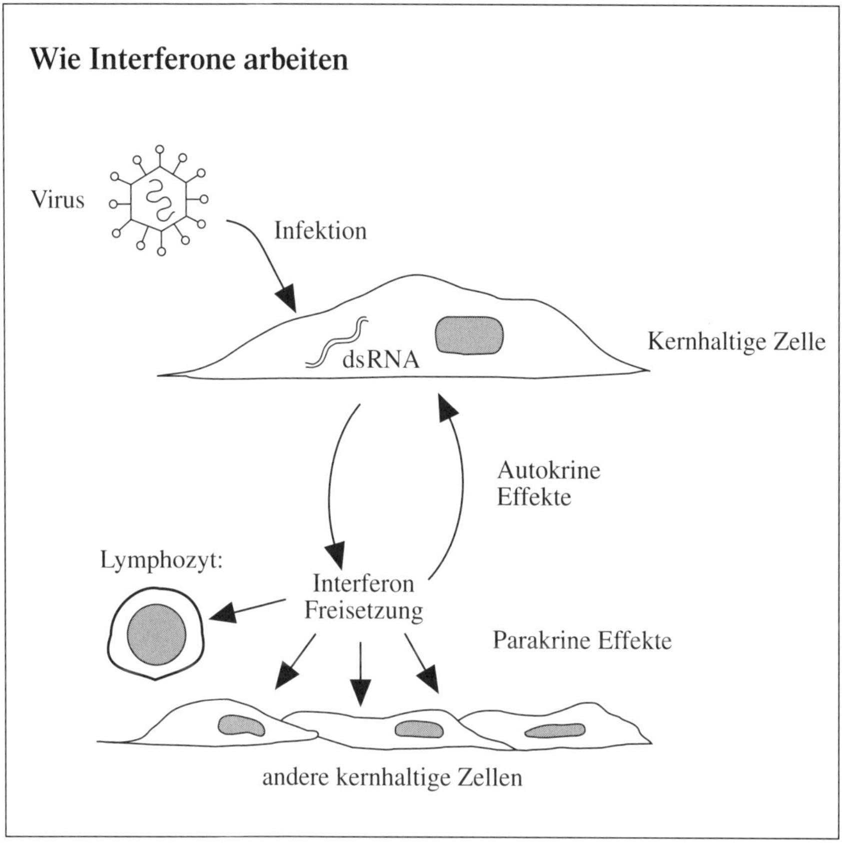

Abbildung 3: **Wie Interferone arbeiten.** Interferone sind in der 2. Verteidigungslinie bei viralen Infektionen wichtig. Sie gehören zu einer Gruppe von Proteinen die nach einer viralen Infektion von bestimmten Zellen freigesetzt werden. Diese Abbildung zeigt einen Weg, wie durch die Anwesenheit von doppelsträngiger RNS (dsRNS) im Cytoplasma von Zellen die Interferonfreisetzung angeregt wird. Interferone können «autokrin» wirken, d. h. auf die Zelle die sie freisetzt, oder «parakrin», d. h. auf die Zellen in der Nachbarschaft. Wirkungen der Interferone sind u. a. Unterdrückung des normalen Zellwachstums, Steigerung der Antigenverarbeitung in der Zelle und Erhöhung der Menge von MHC (*Major Histocompatibility Complex*) auf der Zelloberfläche. Weiterhin stimulieren sie direkt einige Lymphozytentypen und unterstützen den Entzündungsvorgang.

greifen und aufzunehmen, und zu ihnen gehören Makrophagen (die auch Präsentationsfunktion von viralen Proteinen für T-und B-Zellen haben) und andere verwandte myeloische Zelltypen (polymorphkernige Leukozyten, eosinophile und basophile Granulozyten und Mastzellen).

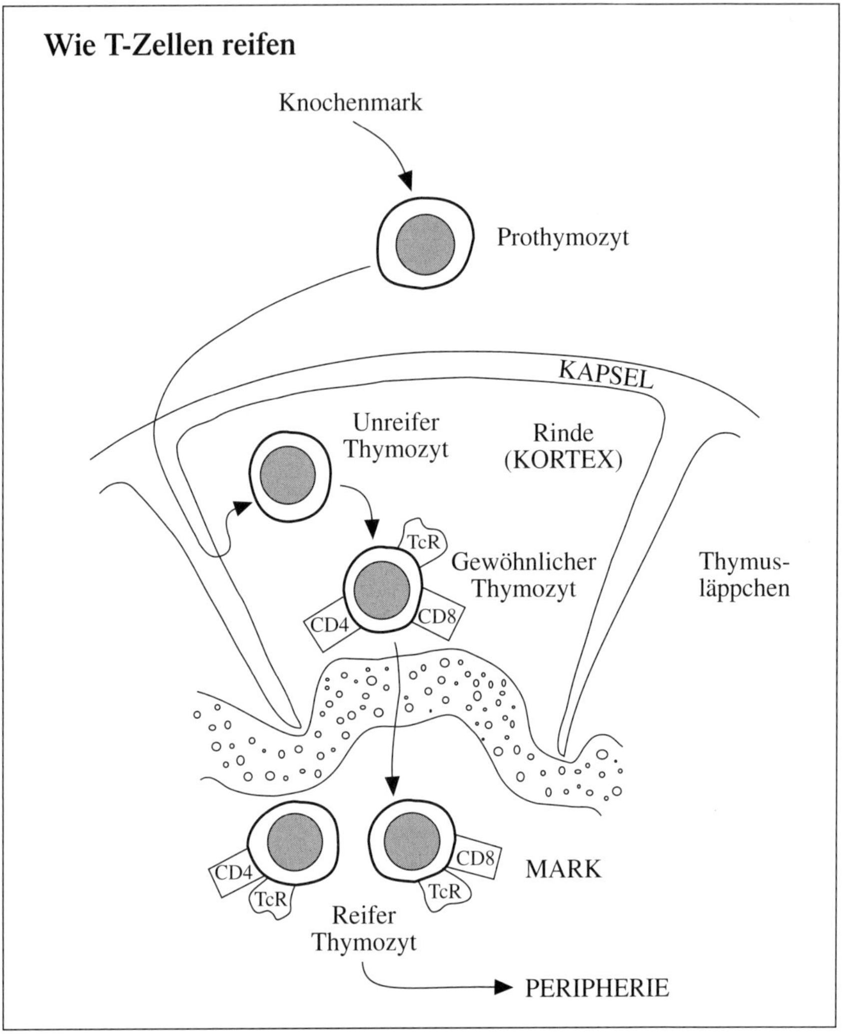

Abbildung 4: **Wie T-Zellen reifen.** Prothymozyten (siehe Abb. 2) gelangen durch die Kapsel auf der Oberfläche der Drüse in das Innere des Thymus. Sie werden in der Rinde (Kortex) des Thymus zu unreifen Thymozyten, die bald die beiden Bindungsproteine CD 4 und CD 8 bilden. Diese werden in Erwartung des nächsten wichtigen Proteins, des T-Zellrezeptors (TcR) gebildet. Sobald diese drei Proteine auf der Zelloberfläche vorhanden sind, fungiert der Thymus als Ort der Schulung und Auswahl potentiell nützlicher T-Zellen. Der Komplex aus T-Zellrezeptor und Bindungsmolekül wird geprüft, ob er optimal mit Klasse I und II MHC zusammenpasst. Falls die Bindung überhaupt nicht passt, stirbt die T-Zelle (negative

T-Zellen

T-Zellen erkennen Infektionen indirekt, aber sehr spezifisch. Zunächst lesen sie die normalen Oberflächenproteine, den Haupt-Histocompatibilitätskomplex (nach dem englischen *major histocompatibility complex* kurz MHC), solcher Zellen ab, die potentielles Ziel einer Infektion sind. Dann erkennen sie, welches der MHC-Proteine eine Infektion signalisiert. Danach bindet die T-Zelle fest an den MHC, wozu sie die Ankerproteine CD4 (bei einer Helfer-T-Zelle) oder CD8 (zytotoxische T-Zelle) benutzt. Um diesen Vorgang zu verstehen, betrachten wir, wie die T-Zellen im Thymus reifen. Hier lernen die Zellen, «selbst» und «nicht-selbst» zu unterscheiden; von hier werden sie in die Peripherie entlassen, ständig auf der Suche nach kleinsten Veränderungen in dem, was die Zellen über sich und ihre Umgebung mitteilen.

Nach dem Verlassen des Knochenmarks wandern die noch unreifen T-Zellen in den Thymus (Abbildung 2). Hier erfahren sie eine Reihe von Veränderungen, hier werden sie auf ihre Fähigkeit getestet, zwischen körpereigenen und fremden Stoffen zu unterscheiden (Abbildung 4). Hier bauen sie auch Anlegestellen in ihre Zellmembran ein, die «Hilfsrezeptoren» CD4 und CD8. CD4 ist ein Marker der T-Helferzellen (gerade auf diese stürzt sich beispielsweise der Aids-Erreger HIV), CD8 für T-Killerzellen. Auf der Zelloberfläche erscheint ein spezielles Protein, das später spezifische Fragmente auf der Oberfläche eindringender Mikroben identifizieren soll: der T-Zellrezeptor. Über diesen Rezeptor achtet jede T-Zelle ausschließlich auf das Antigen, auf dessen Erkennung sie ausgelegt ist – man vermutet, daß es sich um mehr als eine Million verschiedener Antigene handelt. Es gibt Berechnungen, wonach die T-Zellrezeptor-Gene durch unterschiedliche Kombinationen etwa 10^{11} verschiedene Rezeptorproteine codieren können. Damit ist sichergestellt, daß zu jedem denkbaren Fremdprotein nahezu perfekt mindestens ein T-Zellrezeptor paßt.

Wenn neben dem T-Zellrezeptor sowohl CD4 als auch CD8 ausgebildet sind, kann der Thymus auswählen, welcher der beiden Hilfsrezeptoren am besten zum jeweiligen T-Zellrezeptor paßt. Der Komplex sollte eigene Strukturen nicht zu stark festhalten, aber doch genug von einem normalen MHC erkennen, um eine normale Zelle von einer infizierten unterscheiden zu können, deren MHC durch diese Infektion geringfügig modifiziert wurde. T-Zellen, die zu stark oder zu

◄ Selektion). Falls die Bindung funktioniert, die Komponenten aber nicht ganz perfekt zusammenpassen, werden die T-Zellen weiterproduziert und verlieren entweder CD 4 oder CD 8, je nachdem welches der Proteine mit MHC Klasse I oder II nicht zusammenpasst. Die T-Zellen, die zu stark an natürlichen MHC binden werden zerstört, da sie sonst körpereigene Zellen angreifen würden, sobald sie den Thymus verlassen.

schwach binden, werden noch im Thymus ausgesondert oder inaktiviert. Die meisten sterben im Thymus an einem Apoptose genannten Prozeß: Die Zelle erhält den Befehl zum Selbstmord.
Wer die Schule im Thymus erfolgreich absolviert hat, wird vervielfältigt und beginnt, durch Lymphknoten, Milz, Leber, Lunge oder Haut zu patroullieren. Die T-Zellen sind «geprägt» und verändern sich nicht mehr – sie warten ausschließlich auf ihren vorbestimmten Bindungspartner, erst dann werden sie aktiviert und potentiell gefährlich. Die Reifung der Lymphozyten ist so ein sorgfältig kontrolliertes Gleichgewicht zwischen Wachstum und Tod, zwischen Inaktivität und Aktivität. All diese Eigenschaften sind für ein funktionierendes Lymphsystem essentiell.
Einzelne reife T-Lymphozyten erkennen «ihre» wenigen Antigene, indem sie die Form des oberen Teils des T-Zellrezeptors, der aus der Oberfläche der T-Zelle ragt, mit einer passenden Antigen-Form kombinieren, die von anderen Zellen präsentiert wird. Die wichtigsten dieser antigenpräsentierenden Zellen sind Makrophagen, dendritische Zellen (so genannt nach verzweigten Fortsätzen, die sie von anderen Zellen unterscheiden) und B-Lymphozyten. Wie das Antigen in die antigenpräsentierende Zelle gelangt, ist ausschlaggebend dafür, welche Art T-Zelle anschließend stimuliert wird. Es gibt zwei wichtige Pfade, einen exogenen und einen endogenen Pfad (Abbildung 5). Exogenes (lösliches) Antigen wird von antigenpräsentierenden Zellen aufgenommen, vor allem wenn es von Antikörpern oder dem Komplement gebunden wurde, oder wenn es per Antikörper an die Oberfläche von B-Zellen geheftet wurde. Einmal aufgenommen, wird das Antigen in kleine Peptidbruchstücke verdaut. Diese Peptide treffen auf neu synthetisierte MHC-Proteine der Klasse II, deren Bindungsstellen bis zu diesem Moment von einem «invariante Kette» genannten Protein geschützt werden. Erst unmittelbar vor der Begegnung mit einem Peptid fällt dieser Verschluß und gibt die bindende Spalte im MHC-II-Molekül frei. Jetzt wird das nächste passende Peptid festgehalten. Ist kein fremdes Antigen greifbar, nimmt das MHC-II-Molekül reguläre Peptide der Wirtszelle auf, die beim natürlichen Umsatz in dieser Zelle anfallen. Jedes MHC-II-Protein kann eines von etwa zweitausend verschiedenen Peptiden festhalten. Diese Zahl mag hoch klingen, sie ist jedoch gering im Vergleich zur möglichen Anzahl verschiedener Peptide in jeder Zelle. Die meisten Peptide sind zwischen 15 und 19 Aminosäuren lang, sie können an einem Ende der MHC-Spalte herausstehen. Man nimmt an, daß 100 bis 200 MHC-Proteine mit einem bestimmten Peptid besetzt werden müssen, damit die Erkennung ausgelöst wird. Normalerweise sind dies 0,1 bis 10 Prozent der an der Oberfläche einer antigenpräsentierenden Zelle verfügbaren MHC-Proteine.
Der Komplex aus MHC und dem Peptid wandert dann an die Oberfläche der antigenpräsentierenden Zelle. Hier wartet er auf die richtige CD4-T-Zelle. Das Zusammentreffen ist nicht ganz dem Zufall überlassen, obwohl die Statistik eine

große Rolle spielt, wenn nur sehr wenige Lymphozyten einen T-Zellrezeptor haben, der dicht an jeden vorgegebenen MHC-II/Peptid-Komplex paßt. Dort, wo Viren eingedrungen sind, erhöht die Infektion den Blutstrom, die Entsendung von Lymphozyten ins Gewebe und eine Aktivierung der antigenpräsentierenden Zellen, die wiederum mehr MHC-Protein auf ihre Oberfläche bringen. Trifft die antigenpräsentierende Zelle auf eine T-Zelle mit dem richtigen T-Zellrezeptor, wird die T-Zelle aktiviert und die Zellteilung in Gang gesetzt. Die Gegenwart von CD4 auf der Oberfläche der T-Zelle verbessert das Bindungsvermögen des T-Zellrezeptors an MHC-II, welches das richtige Peptid trägt. Die erfolgreiche T-Zelle (bis dahin noch als «jungfräulich» bezeichnet) sendet chemische Signalsubstanzen aus, die Zytokine.

Wichtige Vertreter dieser Zytokine, die von T-Helferzellen produziert werden, sind die Interleukine IL-1, IL-3, IL-4, IL-5 und IL-10 und das Gamma-Interferon – Signale an andere Zellen, die die Vernichtung des eindringenden Pathogens koordinieren sollen. IL-3 ist eine Schlüsselsubstanz, die Stammzellen zu Wachstum und Vermehrung anregt, wobei mehr B- und T-Zellen entstehen. IL-2 ist das erste genau charakterisierte Immunhormon, es schaltet die Vermehrung der aktivierten T-Lymphozyten ein und aktiviert natürliche Killerzellen. IL-4 und IL-6 aktivieren B-Zellen, IL-3 (in Kombination mit einem anderen Immunhormon, dem GM-CSF) fördert Wachstum und Teilung der Phagozyten. Gamma-Interferon verstärkt die Ausbildung des MHC an der Oberfläche der antigenpräsentierenden Zellen.

Ganz anders verläuft die Aktivierung der T-Zellen, die CD8 an der Oberfläche tragen (meistens zytotoxische T-Zellen). Sie reagieren auf Antigene, die von MHC-Molekülen der Klasse I präsentiert werden. Solche Antigene sind zum Beispiel Bruchstücke viraler Proteine, die eine infizierte Zelle mit ihrer eigenen biochemischen Maschinerie herstellt. Sie werden ins endoplasmatische Retikulum der Zelle gepumpt, wo sich das MHC-I-Protein um sie herum faltet. Zusammen mit ß2-Mikroglobulin entsteht ein trimolekularer Komplex. Im Golgi-Apparat «reifen» die Proteine, bevor der gesamte Komplex in einem Transportvesikel an die Zelloberfläche gebracht wird. Da das MHC-I-Protein um diese kleineren Peptide herum geschlossen ist, gibt es weniger passende Antigene als beim MHC-II auf der B-Zelle. Für nur etwa 200 Peptide gibt es MHC-I-Knäuel, dafür gibt es deutlich mehr Zellen, die MHC-Moleküle dieses Typs bilden: die meisten kernhaltigen Zellen, wozu alle Zellen des Schleimhaut-Epithels zählen, daneben antigenpräsentierende Zellen, Fibroblasten und das vaskuläre Endothel. MHC-II wird dagegen in signifikanten Mengen nur von spezialisierten antigenpräsentierenden Zellen produziert.

Wie zuvor muß auch hier erst ein T-Zellrezeptor gefunden werden, der exakt zum Peptid/MHC-I-Komplex paßt. Das CD8-Molekül an der Oberfläche der T-Zelle bindet diese fest an die antigenpräsentierende Zelle. Dann wird die CD8-positive T-Zelle zytotoxisch: Sie gibt eine Reihe von Stoffen ab (sogenannte

Unterschiedliche Arbeitsweisen und Funktionen von zwei T-Zelltypen

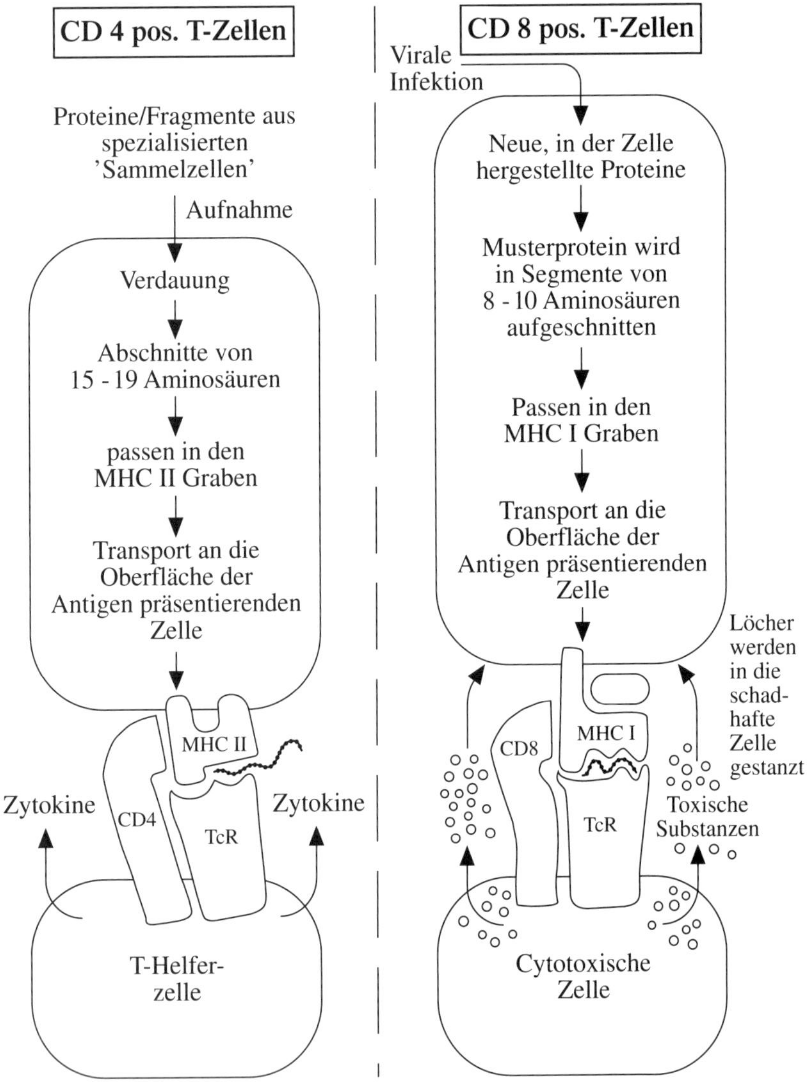

Perforine), die Löcher in die Zelle mit dem viralen Antigen fressen. Durch diese Löcher strömen Wasser und Salze in die vom Virus befallene Zelle und lassen sie anschwellen. Dann baut die Zelle ihre eigene DNA und RNA ab und stirbt. Die immer noch aktivierte T-Killerzelle löst sich von der sterbenden Zelle, teilt sich und macht sich auf die Suche nach der nächsten Zelle, deren Oberfläche einen ungebetenen Gast verrät. Wäre die Killerzelle nicht so wählerisch bei der Wahl ihrer Antigene, hätte dies für den Körper fatale Folgen: ein unkontrolliertes Töten von Zellen, die fälschlicherweise verdächtigt werden, ein Virus zu verstekken.
Die beiden MHC-Proteine funktionieren unterschiedlich und ergänzen sich: Die Vertreter der Klasse I zeigen, welche Proteine eine Zelle gerade produziert. Zytotoxische T-Zellen werden alarmiert, wenn der Peptid/MHC-I-Komplex auf Störungen hinweist, und töten daraufhin die Zelle. Der Klasse-II-Komplex wird nur auf speziellen «Frontberichterstattern» ausgebildet, die Proben von Proteinen aus der extrazellulären Flüssigkeit prüfen und eine Immunantwort durch die T-Helferzellen koordinieren.

B-Zellen

Der zweite wichtige Vertreter des Immunsystems, der B-Lymphozyt, entwickelt sich in der fötalen Leber, später wandern die Stammzellen ins Knochenmark (Abbildung 2). Reife B-Zellen tragen ein Immunglobulin an der Oberfläche, das als Antigen-Rezeptor wirkt. Durch das Blut und die Lymphe wandern B-Zellen in das Lymphgewebe, besonders in die Lymphknoten und die Milz. Werden sie angeregt, dann teilen sie sich – einige differenzieren nach Kontakt mit T-Helferzellen zu Plasmazellen, die nun *Antikörper* ausschütten.

Abbildung 5: **Unterschiedliche Arbeitsweisen und Funktionen von zwei T-Zelltypen.** Es gibt 2 Typen von T-Zellen die im Thymus reifen. Diejenigen die CD 4 auf der Zelloberfläche tragen nennt man T-Helferzellen, während diejenigen die CD 8 tragen zytotoxische T-Zellen genannt werden. Beide erkennen kleine Abschnitte von Aminosäuren (Peptide) in einem Graben an der Oberfläche von MHC Molekülen. Die hier dargestellten Arbeitsweisen sollen aufzeigen, daß die beiden verschiedenen T-Zelltypen unterschiedliche Signale erkennen. T-Helferzellen reagieren auf Fragmente von Proteinen, die von spezialisierten, sog. «Antigen präsentierenden Zellen» gebildet werden, nachdem diese fremde Proteine aufgenommen haben. Cytotoxische T-Zellen erkennen hingegen neu hergestellte Proteine die aus zelleigener Produktion stammen. T-Helferzellen alarmieren andere Zelltypen des Abwehrsystems um eine «Attacke zu reiten», während cytotoxische T- Zellen direkt andere Zellen zerstören die abnormale Peptide aufweisen.

Der entscheidende Unterschied zwischen T-Zellen und der Antikörper-Erkennung ist, daß Immunglobuline nur fremde Proteine an ihrer Form erkennen, jedoch normalerweise weder Form oder veränderte Form körpereigener Proteine. Dies bedeutet, daß Pathogene erkannt werden können, gleich ob sie an Zellen gebunden sind oder von einer zur anderen wechseln. Diese Erkennung hat zwar offensichtliche Vorteile, ihr fehlt jedoch die besondere Raffinesse, Segmente fremden Materials selektiv den T-Zellen präsentieren zu können.

Antikörper

Antikörper gehören zu einer Gruppe von Proteinen, die Immunglobuline genannt werden. Sie binden sich an jedes Protein, das ihnen in die Quere kommt, und verlassen es wieder – sie verweilen dort am längsten, wo die Oberfläche des Proteins am exaktesten der des Antikörpers entspricht. Nur wenn die dreidimensionale Struktur besonders gut paßt, dann hält der Kontakt lange genug, um weitere Immunreaktionen auszulösen. Daher muß es ausreichend viele Antikörper unterschiedlicher Struktur geben, um nahezu jedes mögliche existierende und potentiell pathogene Protein zu erkennen. Gleichzeitig muß eine starke Bindung an körpereigenes Protein ausgeschlossen sein.

Auf welche Weise diese Vielfalt an Antikörpern produziert wird, war eines der kniffligsten Rätsel der Immunologie, das erst vor einigen Jahren gelöst wurde. Die Vielfalt entsteht durch die Kombination vieler verschiedener Gensegmente, die Polypeptide (Exons) codieren, und sich bei der Entwicklung zusammensetzen zu schweren und leichten Hybridketten. Je zwei schwere und zwei leichte Ketten zusammen ergeben die Y-förmige Grundstruktur des Antikörpers. Schon in der Keimbahn gibt es eine Vielzahl verschiedener Elemente, die miteinander kombinieren, und eine hohe Fehlerrate. Häufig treten Punktmutationen auf, und verschiedene schwere und leichte Ketten können zusammen mindestens 107 verschiedene Formen bilden. Diese Variabilität ist in den antigenbindenden Domänen des Antikörpers, genannt Fab (Abbildung 6), konzentriert.

Auch wenn diese angeborene Variabilität nicht so groß ist wie die der T-Zellrezeptoren, erreichen B-Zellen auf noch eine andere Weise Spezifität: Sie können eine «somatische Mutation» durchlaufen. Bei der DNA-Transkription werden Fehler zugelassen, etwa einer pro tausend Basenpaar-Kupplungen. Dies ist hundert Mal schneller als die Mutationsrate in RNA-Viren – eine interessante Parallele zwischen den Fähigkeiten des Immunsystems und denen von Pathogenen. B-Zellen mit «Fehlern», die die Bindung an ein Antigen verbessern, werden durch stärkere Stimulation, mehr Wachstum und eine höhere Teilungsrate belohnt.

Antikörper: Die Brücke zwischen spezifischer Wiedererkennung und Abwehreinsatz

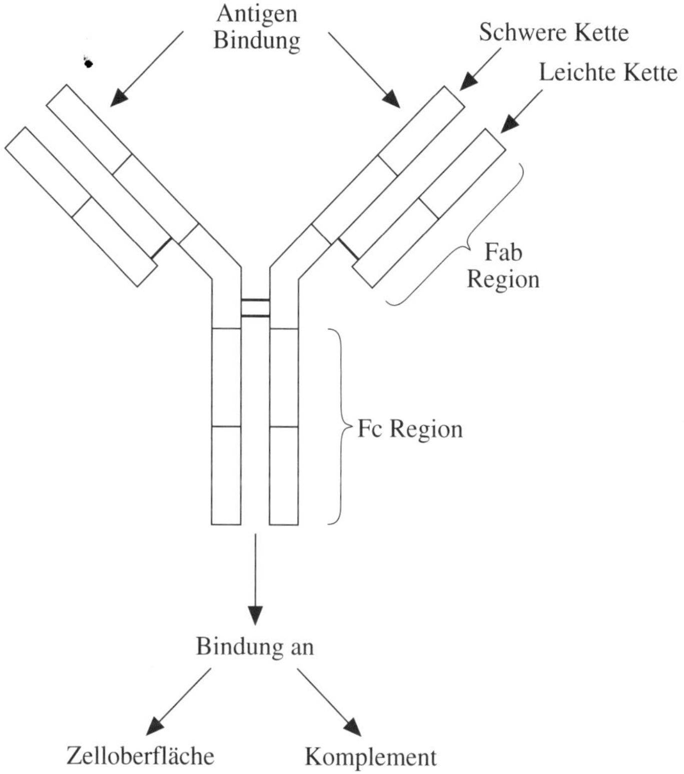

Abbildung 6: **Antikörper: Die Brücke zwischen spezifischer Wiedererkennung und Abwehreinsatz.** Antikörper unterscheiden sich von T-Zellen dadurch, daß sie die Oberflächenform von Fremdproteinen erkennen. Sie machen keinen Gebrauch von den spezialisierten Methoden Antigen präsentierender Zellen wie dies T-Zellen tun (siehe Abb. 5). Wesentlich für Antikörper ist, daß ihr Fab Abschnitt vielfältige Formen annehmen kann, ausgenommen solche, die an körpereigene Proteine passen würden. Falls irgendetwas im System auftaucht, das eine abnormale (körperfremde) äußere Form aufweist, binden sich Antikörper daran. Der Fc Abschnitt des Antikörpers bindet daraufhin an bestimmte Zellen oder Blutproteine (Komplement). Diese Verbindung wiederum setzt eine Kaskade von Immunreaktionen in Gang, die zu einem Angriff auf das eingedrungene Pathogen führt.

Mit den variablen Armen bindet der Antikörper an das Antigen; der «Stamm» des Y-förmigen Moleküls (als konstante C-Region oder Fc-Komponente bezeichnet) ist vorwiegend für die Wirkung verantwortlich, die das Andocken des Antigens hat. Der Fc-Teil löst Zellfunktionen aus oder die Entfernung des Antigens aus dem Medium. Aufgrund seiner Struktureigenschaften werden die Antikörper, unabhängig von ihrer Antigenspezifität, in verschiedene Klassen von Immunglobulinen eingeteilt. IgG ist das wichtigste Immunglobulin im Serum, diese Antikörper werden nach Immunisierung mit den meisten Antigenen gefunden. Sie binden an Fc-Rezeptoren von Makrophagen, Monozyten und Neutrophilen und leiten so u. a. die Phagozytose ein. IgG wird nicht aktiv in den Atemtrakt abgegeben, es kann jedoch aus dem Blutkreislauf austreten, wenn die Schleimhaut entzündet ist. Die IgG-produzierenden B-Zellen liegen oft in den tieferen Schichten der Schleimhaut.

IgM tritt meistens als Pentamer aus fünf miteinander verbunden Immunglobulin-Bausteinen auf. Es wird schon früh während der ersten Begegnung von B-Zellen mit einem bakteriellen oder zellulären Antigen gebildet. Es bindet eine «Komplement» genannte Serumkomponente, die Löcher in Zellen bohrt und sie für die Phagozytose markiert.

IgA ist ein spezialisiertes Immunoglobulin, das in sehr hohen Konzentrationen im Serum vorkommt. Es ist das dominierende Immunglobulin in den Sekretionen der Atemwege und wird aktiv ausgeschüttet. Im Sekret ist es an ein Glykoprotein gebunden, die Sekretkomponente. Diese schützt den Antikörper gegen Proteolyse.

IgD kommt im Serum nur in sehr geringer Konzentration vor. Neben IgM ist es ein spezifischer Rezeptor an der Oberfläche der B-Lymphozyten, wo es eine wichtige Rolle bei der Differenzierung und Aktivierung spielen dürfte.

IgE ist das Immunglobulin des Menschen mit der niedrigsten Serumkonzentration. Dies ist allerdings wichtig, da der Fc-Teil stark an Mastzellen, Basophile und Eosinophile bindet. Man vermutet, daß dieser Antikörper besonders wichtig beim Schutz vor Infektionen durch Würmer ist. Er löst auch die allergischen Reaktionen bei Heuschnupfen und Asthma aus. Es dürfte eine wichtige Rolle als Auslöser von Keuchen und Niesen während einiger Virusinfektionen spielen.

Antikörper gegen Viren können neutralisierend sein, dann ist das Virus schon nach dem Andocken des Antikörpers nicht mehr infektiös. Nichtneutralisierende Antikörper markieren das Virus selbst für die Phagozytose oder führen zur Komplementbindung. Schließlich scheinen manche Viren in Gegenwart von Antikörpern Zellen sogar noch besser zu infizieren, indem sie die Markierung nutzen, um in Zellen zu gelangen, die das Virus nicht zerstören können.

Gleich welcher Art – Antikörper können oft keine Erkältung verhindern. Dies liegt an der falschen Spezifität, oder der Antikörper ist zur falschen Zeit am falschen Ort. Wenn das virale Protein offenbar den B-Zellen unbekannt ist, dauert es eine Weile, bis die richtigen Antikörper entwickelt sind. So hat das

Immunsystem beispielsweise den gerade zirkulierenden Grippestamm noch nie gesehen, Antikörper gegen andere Stämme sind wirkungslos. Andere Erkältungsviren können in 50 verschiedenen «Verkleidungen» auftreten – und das Immunsystem behandelt jede Infektion wie einen Neuankömmling. Im Falle des RS-Virus (*respiratory syncytial virus*) sind Antikörper in normaler Konzentration unwirksam gegen eine Re-Infektion der Nase von Erwachsenen. Lokales IgA in der Nase wirkt, jedoch nur neun Monate lang. Da die Infektion etwa einmal pro Jahr ausbricht, hilft dieser Antikörper wenig.

Wie Viren das Immunsystem nutzen und mißbrauchen

Bei jeder heftigen Reaktion auf eine Infektion kommt es zu einer Entzündung. Die klassischen Symptome der Entzündung faßte schon der römische Enzyklopädist Aulus Cornelius Celsus (25 v. Chr. – 50 n. Chr.) als *calor* (erhöhte Temperatur als Folge erhöhten Blutflusses und Stoffwechsels), *rubor* (Röte, die erhöhte Durchblutung anzeigt), *tumor* (Schwellung) und *dolor* (Schmerz). Zu ergänzen bleibt noch die *functio laesa*, die eingeschränkte Funktion. All diese Komponenten einer Entzündung wirken auf die Nasenschleimhaut, wenn sie von einem respiratorischen Virus infiziert ist. In vielen Fälle rühren die Symptome einer Erkältung von den Verteidigungsmechanismen des Wirtes her und der so entstandenen Entzündung.

So gesehen ist die Immunantwort gut und schlecht für den Wirt. Ohne jede Reaktion des Immunsystems würde sich das Virus unkontrolliert durch den Körper verbreiten und alle erreichbaren Zellen infizieren. Dies wäre sicher schlecht für den Wirt. Wenn virale Proteine synthetisiert werden müssen, sinkt die Fähigkeit der Zelle, Proteine für den normalen Zellstoffwechsel bereitzustellen. Manchmal scheinen Viren punktuell spezifische oder «Luxus»-Funktionen der infizierten Zelle zu hemmen und beispielsweise einen Verlust an ziliärer Funktion oder Ablösung von der Basalmembran zu verursachen. Ohne die Immunantwort schaden manche respiratorischen Viren den befallenen Zellen nicht. Die Immunantwort kann in gewisser Weise sogar Vorteile für das Virus bieten: Die Entzündung als Immunreaktion verursacht die Hypersekretion von Schleim, Niesen und Husten, was dem Virus dabei hilft, einen neuen Wirt zu erreichen (siehe Einführung). Das Virus kann nur weiterleben, wenn es auf einen neuen Wirt übertragen wird – die Immunantwort ist dabei für viele Schnupfenviren ein wichtiger Helfer.

Allmählich kennt man einzelne Beispiele, wie Viren Immunreaktionen anstoßen oder fortführen, die dem Wirt offenbar mehr schaden als dem Virus. Ein Bei-

spiel: Bei Kindern, die mit RSV infiziert sind und an heftigem Keuchen (Atemnot) leiden, wurden vor einigen Jahren hohe IgE-Werte im nasalen Schleim gefunden, nicht jedoch bei RSV-infizierten Kindern, die nicht keuchen. IgE ist ein Marker für allergische Reaktionen.Wird ein Allergen inhaliert, kann es zu Symptomen von Heuschnupfen oder Asthma führen. Dazu gehören Schleimsekretion, Niesen, Husten und Keuchen. Daher ist es möglich, daß an Erkältungen mit Atemnot leidende Menschen von einer «allergischen» Art der Reaktion auf eine RSV-Infektion betroffen sind, die die Verbreitung des Virus fördert.
Bei manchen Asthmatikern steigt nach einer experimentellen Provokation mit Schnupfenviren (z. B. Rhinovirus 16) die Zahl eosinophiler Granulozyten in der Lungenschleimhaut. Dies passiert zwar auch bei anderen Menschen, doch verschwinden die Eosinophilen schnell nachdem die Infektion abklingt. Die Persistenz der Eosinophilen über ungewöhnlich lange Zeit bei Asthmatikern könnte ein Versagen der Apoptose, des programmierten Zelltods, unter dem Einfluß von IL-5 darstellen. Unsere eigenen Studien eines experimentellen RSV-Modells zeigen, daß Lungen-Eosinophilie ein spezifischer Effekt der RSV–Infektion bei einer Sensibilisierung gegenüber dem Anheftungsprotein, dem Haupt-Glykoprotein an der Oberfläche ist. Äußerst ungewöhnlich an diesem Protein ist seine mucinähnliche Struktur; Kohlenhydrate machen mehr als 60 Prozent der Masse des Proteins aus. Warum die Sensibilisierung zu einer Lungen-Eosinophilie führt, wissen wir nicht, es ist allerdings möglich, daß das Protein Antigenen ähnelt, die von pathogenen Würmern produziert werden und normalerweise eine eosinophile Entzündung hervorrufen.
Diese Beispiele zeigen falsche Reaktionen der T-Helferzelle, die zu IgE- oder Eosinophilakkumulationen wie bei Allergikern führen. Während die angeborene Form der Immunität eine wichtige Rolle im Frühstadium der Infektion spielt, entfalten die sehr spezifischen und wirkungsvollen Formen der erworbenen Immunität ihre volle Kraft erst dann, wenn das Pathogen weitgehend unter Kontrolle ist. Steht die geballte Kraft der erworbenen Immunität einer ungeschwächten Ladung Viren gegenüber, kann die Schlacht gegen das Pathogen verheerende Folgen für den Wirt haben. Zytotoxische T-Zellen, zwar bei der endgültigen Bezwingung verschiedener viraler Atemwegsinfektionen wichtig, können auch dem Wirt schaden. Wenn eine hohe Anzahl zytotoxischer T-Zellen in die Lunge kommt und dort virales Antigen auf vielen alveolaren Epithel- oder Endothelzellen präsentiert wird, dann kann die Barriere zwischen kapillarem Blut und dem Gasraum der Alveolen abgebaut werden – alveolare Blutungen und ein Verlust der Gasaustausch-Funktion sind die Folge. Beim Menschen nennt man dies *adult respiratory distress syndrome* (ARDS). Dieser Effekt kann im Tiermodell reproduziert werden, indem man Tieren, die üblicherweise nur leichte Verlaufformen einer Erkältung zeigen, hochaktivierte, virusspezifische zytotoxische T-Zellen injiziert. Nach diesem Muster verlaufen möglicherweise einige Formen entzündlicher Lungenerkrankungen.

Es gibt auch Beispiele für virale Proteine, die als «Werkzeug» bei der Arbeit des Immunsystems dienen könnten. Das wichtigste Protein, das von Myxomavirus-infizierten Zellen abgesondert wird, ähnelt stark dem Gamma-Interferon-Rezeptor (der normalerweise auf der Zellmembran sitzt). Das homologe Virusprotein bindet freies Interferon und verhindert so die Induktion antiviraler Immunität. Verschiedene Pockenviren enthalten ein Gen, das ein Bindungsprotein für löslichen Tumor-Nekrose-Faktor (TNF) kodiert. TNF ist ein Zytokin, das als Teil der zweiten Verteidigungslinie ähnlich den Interferonen wirkt. Das extrazelluläre, virale TNF-Bindungsprotein konkurriert mit dem TNF-Rezeptor von Zellen, die normalerweise antiviral wirksam werden könnten.

Adenoviren können ähnlich wirken und drei intrazelluläre Proteine produzieren, die die zellulären Effekte von TNF blockieren. Daneben können einige Adenoviren die Induktion von MHC-I nach einer Virusinfektion hemmen und damit Signale an CD8-positive T-Zellen unterbinden.

Ein besonders cleverer Mechanismus wurde entdeckt, als erstmals das Gen für IL-10 kloniert wurde. Eine Recherche in Gendatenbanken zeigte eine hohe Homologie mit einem Gen unbekannter Funktion im Epstein-Barr-Virus. Es stellte sich heraus, daß das IL-10-ähnliche Protein, das von diesem Gen produziert wird, einige Eigenschaften des IL-10 aufweist, andere nicht. Genauer gesagt kann es als B-Zell-Wachstumsfaktor agieren (und damit mehr gerade von dem Zelltyp produzieren, den das Epstein-Barr-Virus befällt) und TNF und Gamma-Interferon hemmen (beide helfen bei der Entwicklung antiviraler Immunität). Ein diskutierter Vorschlag ist, daß EBV dieses Gen während der gemeinsamen Evolution von Mensch und Parasit übernommen hat. Wahrscheinlich werden wir in dem Maße, in dem wir mehr über das Immunsystem und mehr Details über virale Proteine erfahren, auch auf mehr derartige Beispiele stoßen.

Schlußbemerkung

Das Immunsystem ist knifflig und vielschichtig aufgebaut; hervorragend angepaßt, um auf alltägliche Infektionen zu reagieren. Über tausende von Jahren gemeinsamer Evolution haben Pathogene und das Immunsystem die gegenseitigen Stärken und Schwächen gefunden. Manche Interaktionen zwischen Immunsystem und Pathogen werden heute äußerst detailliert verstanden, bis hin zu der Art und Weise, wie einzelne Moleküle der Abwehr exakt mit Vertretern des Angreifers zusammenpassen. Um das Immunsystem zu verstehen, müssen wir auch die Pathogene kennen, auf deren Bekämpfung hin es sich entwickelt hat. Mit der raschen Expansion des Wissens darüber, wie Viren widerstanden wird und wie sie dennoch weiter Krankheiten hervorrufen, werden sich vielleicht einmal effektive Behandlungsmöglichkeiten für Erkältungskrankheiten ergeben.

Literatur

1. Mims CA , Dimmock NJ, Nash A and Stephen J (1995). Mims Pathogenesis of Infectious Disease. Academic Press, London.
2. Male DK. (1991). Immunology: an illustrated outline. pp 128. Gower Medical Publishing, London
3. Klein J. (1990). Immunology. pp 508. Blackwell Scientific, Oxford
4. Openshaw PJM and O'Donnell DR. (1994). Asthma and the common cold: can viruses immitate worms? Thorax 49:101–103
5. McIntosh K and Fishaut JM. (1980). Immunopathologic mechanisms in lower respiratory tract disease of infants due to respiratory syncytial virus. Prog. Med. Virol. 26:94–118

M. Schneider
F. Länger

Morphologie der banalen Erkältungskrankheit

Einführung

«*Die mikroskopisch in der Schleimhaut bei dieser Erkrankung nachweisbaren Veränderungen bieten wenig Besonderheiten. Infolge des dadurch bedingten geringen Interesses und der Schwierigkeit der Beschaffung des Materials, da dieses meist nur vom Lebenden erhalten werden kann und diese sich natürlich in dem Zustande nur ungern auf Probenausschneidungen einlassen, ist die Anzahl der histologisch mitgeteilten Untersuchungen gering.*» (Abb. 1)

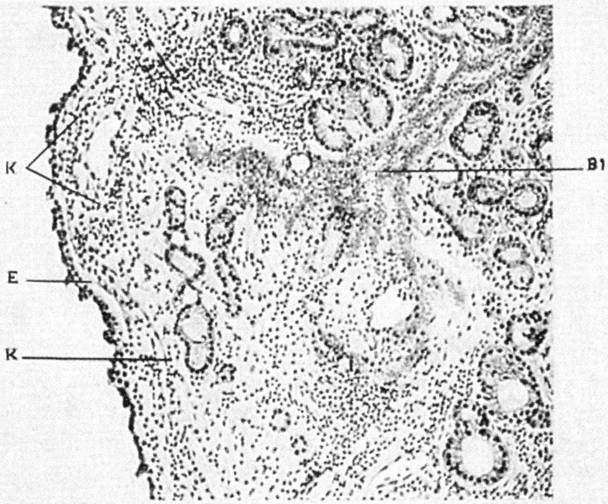

Abb. 6. Akute infektiöse Rhinitis (Septum). E Epithel, K erweiterte Kapillaren, Bl Blutung im Gewebe. (Leitz Obj. 3, Okul. 3, Tubus 19.)

Abbildung 1

Diese Anmerkung von H. G. Runge aus dem 1928 erschienenen «Handbuch der Speziellen pathologischen Anatomie und Histologie» (1) kennzeichnet treffend das Dilemma morphologischer Befunde bei banalen Erkältungskrankheiten bis heute.

Bei einer akuten Infektion des Nasen-Rachen-Raums und/oder der oberen Luftwege werden keine Biopsien entnommen. Morphologische Befunde existieren daher nur aus Zufallsbeobachtungen im Obduktionsgut oder aus Untersuchungen an Freiwilligen (2, 3).

Bis zum 17. Jahrhundert hielt sich in weiten Kreisen die Auffassung Hippokrates' vom Schnupfen als «Hirnfluß». Der Anatom Konrad Viktor Schneider (1910 bis 1980) erkannte, daß die Lamina cribrosa von einer bindegewebigen Membran abgedichtet ist. Der Begriff von Tumoren dieser Region war lange Zeit als «Schneiderian tumor» im anglo-amerikanischen Schrifttum verbreitet (3). Das katarrhalische Exsudat stammt also aus der Nase bzw. den Nasenhöhlen selbst.

Erkältung (*common cold*) bedeutet jedoch nicht nur Schnupfen (Coryca sui generis), sondern häufig auch Husten und anginöse Beschwerden im Rachenraum. Schon bei der banalen Rhinitis sind häufig nicht nur die Nasenhöhlen, sondern auch die Nasennebenhöhlen mit betroffen.

Akute Rhinitis/Sinusitis

Obwohl bereits 1914 gezeigt werden konnte, daß Erkältungen durch bakterienfreie Filtrate übertragbar sind (3), dauerte es bis in die 30er Jahre ehe die primäre Bedeutung von Viren für die Entstehung der Krankheit akzeptiert wurde. Heute gilt die Virusätiologie des Schnupfens als gesichert. In der spärlichen Literatur zur Morphologie der Erkrankung werden zwei Problemkreise sichtbar, die abzugrenzen sind:

Die Schädigung des respiratorischen Epithels des Nasen-Rachen-Raums und dessen Reparatur bzw. Regeneration, und die entzündliche Abwehrreaktion im subepithelialen Stroma.

Vor der entzündlichen Abwehrreaktion, die letzlich die Symptome der Erkrankung bestimmt, werden stets Zellen geschädigt. Die «Functio laesa» (gestörte Funktion), obwohl erst nach Galen beschrieben, induziert erst die klinischen Lokalsymptome: Rubor (Rötung), Calor (Wärme), Dolor (Schmerz) und Tumor (umschriebene Schwellung).

Die Schädigungen des Epithels beim *common cold* sind inzwischen gut dokumentiert. Frühe Schäden sind erhebliche Veränderungen der Schlagfrequenz und Schlagrichtung der Flimmerhaare (4). Die Schlagfrequenz der Zilien steigt anfangs von etwa 13 auf 14 Hertz an, die Transportrate für feste Partikel sinkt jedoch von 7,5 auf etwa 4 Millimeter pro Minute ab (4, 5, 8). Im weiteren Verlauf

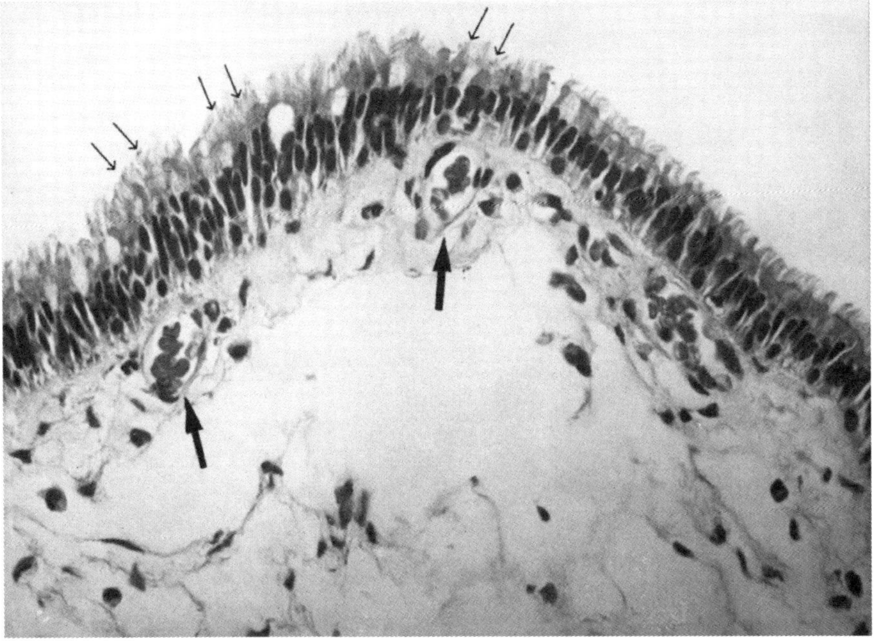

Abbildung 2: Nasenschleimhaut, exsudative Phase. Die Schleimhaut erscheint vorgewölbt. Im zellarmen Stroma große Ödemseen. Die Kapillaren (große Pfeile) zeigen noch Zeichen der Blutstauung. Die Zilien des Deckepithels sind herdförmig verklumpt (kleine Pfeile). (Vergr.: 250x, Färbung: H.-E.).

lösen sich Zilien ab, die Zelloberfläche wird glatt. Die Epithelien werden vakuolisiert (als Zeichen eines unspezifischen akuten Zellschadens) und sterben schließlich ab. Sie können dann im Nasensekret nachgewiesen werden (6, 7). Größere Defekte treten dabei jedoch nie auf. Stets handelt es sich um einen nur geringen, aber disseminierten Epithelverlust. Ulcera oder Blutungen sind beim banalen Schnupfen die Ausnahme. Sie weisen meist auf besondere Erreger hin. Auch fibrinöses Exsudat findet sich nicht.

Die mikroskopischen Befunde am Epithel sind daher sehr spärlich. Unter günstigen Bedingungen lassen sich Verklumpungen der Flimmerhärchen nachweisen. Mit dem Elektronenmikroskop findet man entblößte Zelloberflächen.

Parallel zu diesen Epithelschäden setzt die Abwehrreaktion im terminalen Kapillargebiet ein. Morphologisch finden sich die Zeichen der akuten Entzündung: Geschädigte Funktionszellen sezernieren Mediatoren des Immunsystems (diverse Kinine bzw. Histamin und serotoninähnliche Substanzen). Diese beeinflussen

Abbildung 3: Nasenschleimhaut, exsudative Phase. Transmigration von neutrophilen Granulozyten (Pfeile). (Vergr.: 500x, Färbung: Giemsa).

in der ersten Phase der entzündlichen Abwehr den lokalen Kreislauf: Zu Beginn verengen sich präkapilläre Arteriolen, die Schleimhaut wird blaß, wenig später kontrahieren sich mediatorvermittelt die postkapillären Venolen, dagegen erweitern sich die präkapillären Arteriolen (8). In den Kapillaren stauen sich lokal Erythrozyten, es kommt zur Margination von Granulozyten. Die Schleimhaut erscheint makroskopisch gerötet, überwärmt, aber trocken. Dies entspricht der ersten Phase des banalen Schnupfens: In einer trockenen Schleimhaut mit fehlerhafter Funktion der Flimmerhaare entsteht das Symptom des «Kribbelns» und, neural vermittelt, das Symptom des Niesens.
Innerhalb weniger Stunden geht die Entzündung über in die exsudative Phase. Wiederum mediatorvermittelt erweitern sich die physiologischen Interzellularspalten der Kapillarendothelien, es tritt vermehrt albuminreiche Flüssigkeit aus (ein Exsudat, kein Transudat) (9). Die ortsständigen mucinösen Drüsen werden geschädigt, der Vorrat mukoider Substanzen wird entleert: Die Nase läuft (Katarrh). Ein hier wesentlicher Punkt wird oft übersehen: Schon in dieser Phase verlassen auch neutrophile Granulozyten die Kapillaren (sie waren bereits in den

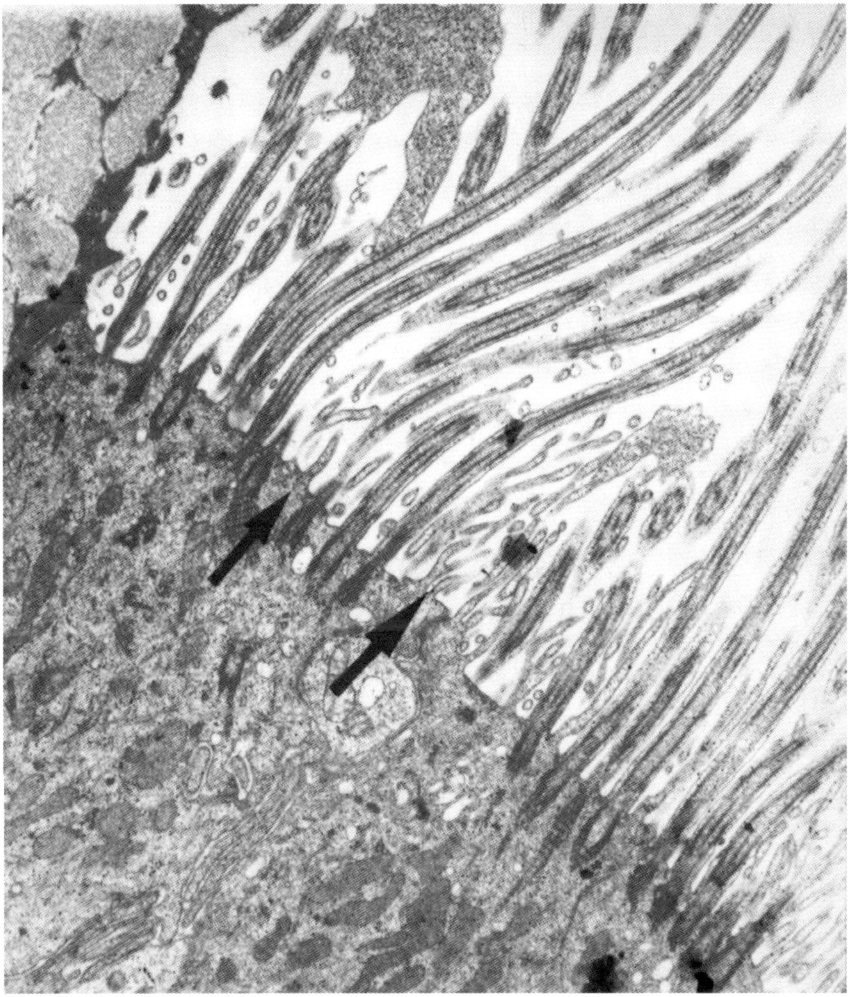

Abbildung 4: Elektronenmikroskopische Abbildung von Trachealschleimhaut in Restitutionsphase. Neben normalen Zilien finden sich kleine, atypisch verzweigte Zilien (Pfeile). (Vergr.:20.000x). Die Aufnahme verdanken wir dem Zentrum der HNO-Klinik, Univ. Frankfurt/Main, Geschäftsführender Direktor: Prof. Dr. von Ilberg.

Kapillaren marginiert) und wandern amöboid an die Oberfläche der geschädigten Epithelien. Das Auswandern derartiger Granulozyten ist in Abbildung 3 dargestellt. Das Auftreten neutrophiler Granulozyten bedeutet dabei keine bakterielle Superinfektion, es handelt sich vielmehr um die typische alltägliche Abwehrreaktion eines Organismus, um eine akute Entzündung. Bei jedem Schnupfen können im Exsudat vermehrt neutrophile Granulozyten nachgewiesen werden (10, 11).

Ohne Komplikationen durch besondere Erreger oder bakterielle Superinfektionen heilt ein normaler banaler Schnupfen in sieben bis zehn Tagen ab, ohne Spuren zu hinterlassen. Während der Heilung ist der histologisch-morphologische Befund gering. Weder das Schleimhautödem, das zur Verlegung der Nasennebenhöhlen führen kann, noch die Rötung sind mit üblichen histologischen Methoden nachweisbar.

Die Wiederherstellung von Nasen- bzw. Nasennebenhöhlenschleimhaut unterscheidet sich jedoch deutlich vom Heilungsablauf einer Wunde des Plattenepithels oder des gastro-intestinalen Epithels (12). Nicht nur zugrunde gegangene Epithelien müssen regeneriert werden, auch der Zilienbesatz, die Schlagfrequenz und die Schlagrichtung der Zilien müssen neu installiert werden. Zellteilungshäufigkeit und Wanderungsgeschwindigkeit des Epithels in den Atemwegen sind wesentlich geringer als die der Epidermis. Das Epithel wandert (nach Tierversuchen) maximal 15 Millimeter pro Stunde (7). Auch die Heilung der Zilien dauert erstaunlich lange. Abbildung 4 zeigt Zilien der Bronchialschleimhaut, die gerade wiederhergestellt werden. Die völlige Erneuerung dauert etwa ein bis eineinhalb Wochen (5).

Das auslösende Agens läßt sich morphologisch in der Regel nicht identifizieren. Die Elektronenmikroskopie ist zur routinemäßigen Identifizierung von Viren ungeeignet (12). Die elektronenmikroskopisch nachweisbaren Virusstrukturen sind zudem häufig uncharakteristisch (13). In jüngster Zeit können Viren durch in-situ-Hybridisierung bzw. Polymerase-Kettenreaktion (PCR) nachgewiesen werden. Die ungezielte Suche nach einem Agens ist jedoch derzeitig noch langwierig und teuer, sie wird sich auch in Zukunft auf wenige ausgewählte Fragestellungen beschränken müssen. Letztlich ist also die Morphologie des banalen Schnupfens immer noch wenig ergiebig und histologisch für das Krankenbild nicht beweisend. Die eingangs zitierten Bemerkungen von Runge gelten bis heute.

Trachea und Bronchien

Oft breitet sich eine banale Erkältung auch in die übrigen Luftwege aus. Leitsymptom ist dabei der Husten. Wie für den einfachen Schnupfen gilt auch hier, daß Biopsien in dieser Phase einer Erkältungskrankheit nicht indiziert sind. Obwohl Virusinfekte sehr häufig die Atmungsorgane befallen (14), gibt es nur für einige besondere Viruserkrankungen (z. B. Influenzastämme) systematische Untersuchungen. Für die banale Erkältungskrankheit darf postuliert werden, daß die Veränderungen an Trachea und großen Bronchien denen der Nasenschleimhaut ähneln. Auch im Bereich von Trachea und Bronchien gehen Zilien an den Flimmerepithelien zugrunde und vereinzelt Epithelien verloren.

Die Reparation entspricht der der Nasenschleimhaut. Die entzündliche Abwehr mit Rötung und Exsudat entspricht den Vorgängen der Nasenhöhle, auch hier treten ohne Anwesenheit von Bakterien im Exsudat neutrophile Granulozyten auf.

Die Reparation des Trachealepithels unterscheidet sich von Reparationsvorgängen der Epidermis erheblich. Die Flimmerepithelien wandern bereits vor der mitotischen Zellteilung in den Bereich der Schädigungszone. Vorübergehend ist das Regenerationsepithel somit mehrreihig.

Erst 48 Stunden nach dem Epithelschaden finden sich die ersten Mitosen, 96 Stunden nach der Schädigung werden die ersten Zilien neu gebildet (15, 5).

Letztlich sind die morphologischen Befunde bei einer banalen Erkältungskrankheit auch an Tracheal- und Bronchialschleimhaut sehr gering. Virusspezifische Befunde finden sich nicht. *Wichtig ist jedoch, daß eine banale Erkältungskrankheit dennoch den Weg zu komplizierenden Superinfektionen bahnen kann.* Jeder Virusinfekt wird ausschließlich über das Immunsystem eliminiert. Unumgänglich erscheint daher eine kurze Betrachtung zu Veränderungen des lymphoretikulären Systems im Bereich des Waldeyerschen Rachenringes.

Lymphoretikuläres Gewebe

Bedenkt man, daß Lymphozyten zusammen mit den Makrophagen die Hauptlast der Virusabwehr tragen, wäre zu vermuten, daß bei Infektionen auch erhebliche Lymphknotenschwellungen auftreten. Dies ist jedoch nicht der Fall. Tatsächlich liegen bei banalen Infektionskrankheiten im Regelfall normal große Lymphknoten vor. Natürlich liegt bei dieser Erkrankungsgruppe auch keine Indikation vor, einen Lymphknoten zu entnehmen. Die Frage für den Morphologen stellt sich also umgekehrt: Ist mit üblichen histologischen Methoden einem Lymphknoten anzusehen, ob ein besonderer, in diesem Fall viraler, Infekt vorliegt? Leider ist

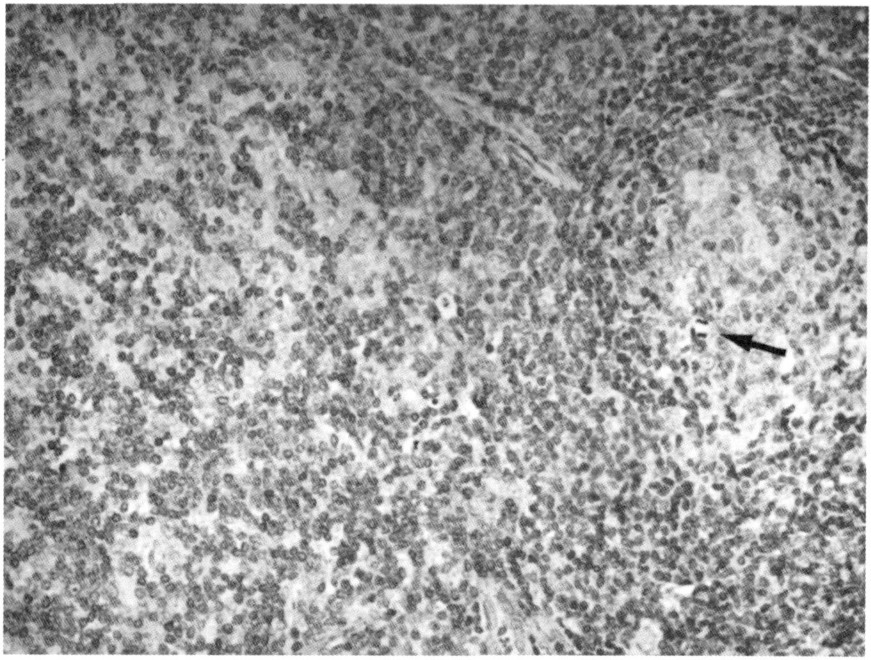

Abbildung 5: Lymphknoten bei Virusinfekt. Die Lymphfollikel sind nur gering vergrößert. Der Pfeil markiert eine Mitose im Follikelzentrum (Zeichen der akuten Aktivierung). Im Mark eine bunte Durchmischung von Lymphozyten, Plasmazellen und Makrophagen («bunte Pulpahyperplasie»).
(Vergr.: 200x, Färbung: Giemsa).

das mikroskopische Bild völlig uncharakteristisch (16). Das einzige wichtige und frühzeitig auftretende Zeichen eines Virusinfektes am Lymphknoten ist die «bunte Pulpahyperplasie». Sie ist völlig unspezifisch, zeigt jedoch histologisch den Eindruck einer partiell zerstörten Lymphknotenstruktur. Follikel sind nur noch gelegentlich erkennbar. In der Pulpa finden sich reichlich Plasmazellen und auch kleinherdig Immunoblasten. Daneben sind die epitheloiden Venolen hyperplastisch und die Lymphknotensinus erweitert. Histochemische Differenzierungen bringen keine Klärung. Alle Immunglobuline sind in üblicher Verteilung und üblicher Konzentration nachweisbar (16, 17). Gelegentlich finden sich auch bei einer akuten nasopharyngealen Infektion vergrößerte Lymphfollikel (Abbildung 5). Dies ist jedoch als Ausnahme anzusehen. Bei einer Primärinfektion mit einem unbekannten Virus treten eben keine auffallenden Schwellungen der regionären Lymphknoten auf.

Resümee

Die banale akute Erkältungskrankheit kann in der Nase, in den Nasennebenhöhlen, in Luftröhre, Bronchien und Lymphknoten als Lehrbeispiel einer akuten Entzündung angesehen werden. Selbst mit modernsten Methoden der Morphologie ist eine ätio-pathogenetische Klärung nicht möglich. Eindrucksvoll zeigt diese banale alltägliche Erkrankung, daß gesicherte Diagnosen vom Morphologen allein nicht zu stellen sind. Wie so häufig, insbcsondere bei akuten entzündlichen Erkrankungen, kann nur die interdisziplinäre Zusammenarbeit zwischen Morphologen, Klinikern und Naturwissenschaftlern wegweisende und befriedigende Ergebnisse erbringen.

Literatur

1. Runge, H.G.: Die entzündlichen Erkrankungen der Nase und ihrer Nebenhöhlen. In: Handbuch der speziellen pathologischen Anatomie und Histologie (Hrsg.: F. Henke, O. Lubarsch), Springer-Verlag, Berlin, 1928 pp 95 ff.
2. Sasaki, Y., Toga, Y, Wagner, H.N., Hornick, R.B., Schwartz, A.R., Proctor, D.F.: Mucociliary function during experimentally induced rhinovirus infection in man. Ann. Otol. 82, 203–211 (1973).
3. Köhn, K.: Nasen und Nasennebenhöhlen: In: Spezielle pathologische Anatomie (Eds: Dörr, Seifert, Ühlinger), Band 4. Springer-Verlag, Berlin, Heidelberg, New York (1969), 31 ff.
4. Rautiainen, M., Kiukaanniemi, H., Nuutinen, J., Collan, Y.: Ultrastructural changes in human nasal cilia caused by the common cold and recovery of ciliated epithelium.
5. Dolovich, M.B., Mahony, J.B., Chambers, C.; Newhouse, M.T., Chernesky, M.A.: Ciliary function, cell viability and in vitro effects of Ribavarin on nasal epithelial cells in adult rhinorrhoea. Chest 102, 248–247 (1992).
6. Winther, B., Brofeldt, S., Gronborg, H., Mygind, N.: Pathology of naturally occuring colds. Eur. J. Resp. Dis. 64 (Suppl 128) 345–346 (1983).
7. Pedersen, M., Sakakura, Y., Winther, B., Brofeldt, S., Mygind, N.: Nasal mucociliary transport, number of ciliated cells and beating patterns in naturally acquired common colds. Eur. J. Resp. Dis. 64 (Suppl 128), 355–364 (1983).
8. Frimmer, M.: Biochemie und Pathophysiologie von Entzündungsmediatoren. Int. J. Clin. Pharm. 2, 144–151 (1971).
9. Hurley, I.V.: Acute inflammation, Churchill, Livingstone, Edinburgh, London,1972.
10. Borum, P., Gronborg, H., Brofeld, S., Mygind, N.: Nasal reactivity in rhinitis. Eur. J. Resp. Dis. 64 (Suppl. 128), 65–71 (1983)
11. Turner, R.B., Hendley, J.O., Gwaltney, J.M.: Shedding of infected epithelial cells in rhinovirus colds. J. Infect. Dis. 145, 849–854 (1982).
12. Dalton, A.J., Haguenau, F.: Ultrastructure of animal viruses and bacteriophages. An Atlas. Academic Press, New York, London (1973)
13. Cheville, N.F.: Cytopathology in viral diseases. Monographs in Virology, Vol. 10, . Karger-Verlag, Basel, München, New York, London, Sidney, 1975
14. Otto, H.: Die Pathologie des unspezifischen respiratorischen Syndroms. Med. Klin. 63, 1284–1295 (1968).

15. Hosemann, W., Gode, U., Länger, F., Wigand, M. E.: Experimentelle Untersuchungen zur Wundheilung in den Nasennebenhöhlen: Z.HNO, 39, 48–54 (1991).
16. Lennert, K., Schwarze, W. E. , Krüger, G.: Lymphknotenveränderungen durch Virusinfektionen. Ver. Dtsch. Ges. Path. 65, 151–170 (1981).
17. Grundmann, E., Vollmer, E. (Eds.): Reaction patterns of the lymph node. Springer-Verlag, Berlin, Heidelberg, New York, London, Paris, Tokyo, Hong-Kong, Barcelona (1990)
18. Dineen, P., Hildick-Smith, G. (Edts): The surgical wound; Lea and Febinger, Philadelphia, pp 1–18 (1981)

III. Symptome der Erkältung

Pathophysiologie der Symptome

R. Eccles

Verstopfte Nase, Mittelohr- und Nebenhöhlen-beschwerden

Die Nasenhaupthöhlen, -nebenhöhlen und das Mittelohr hängen als miteinander verbundene Luftwege zusammen. Die Nasennebenhöhlen, vergleichsweise große Hohlräume, liegen seitlich und oberhalb der Haupthöhlen und sind mit diesen durch kleine Öffnungen, die knöchernen Ausführungsgänge (*ostia*) verbunden. Die Funktion der Nasennebenhöhlen ist bis heute unklar. Möglicherweise wirken sie als Wärmepuffer um die Nasenluftpassage und bewahren das Gehirn vor einer Unterkühlung durch die eingeatmete Luft. Wegen ihrer Nachbarschaft zum Gehirn ist bei einer Entzündung der Nasennebenhöhlen (Sinusitis) stets zu beachten, daß die Infektion auf das Gehirn übergreifen kann. Da es beim Atmen zu nahezu keinem Luftaustausch zwischen den Nasennebenhöhlen und der Nase kommt, haben die Nasennebenhöhlen keine Funktion bei der Aufbereitung der eingeatmeten Luft.

Das Mittelohr ist mit dem Nasenrachenraum über eine nachgiebige Röhre, die Ohrtrompete oder Eustachio-Röhre, verbunden. Diese Röhre ist normalerweise im Ruhezustand geschlossen, sie hat jedoch eine wichtige Funktion: Sie gleicht den Luftdruck auf beiden Seiten des Trommelfelles aus.

Die Nasenluftpassage kommt mit der Außenluft in direkten Kontakt. Aufgabe der Nasenschleimhaut ist es, die angesaugte Luft aufzubereiten: Eine Vielzahl von Drüsen und ein ausgedehntes Geflecht an Blutgefäßen befeuchten und erwärmen den Luftstrom. Die Ausgänge der Nasennebenhöhlen liegen außerhalb des Haupt-Luftstroms und sind so gegen Verletzungen und Austrocknung geschützt. Die Schleimhaut, die Nasennebenhöhlen und Mittelohr auskleidet, ist erheblich dünner als die der Nase; sie enthält nur vergleichsweise wenige Drüsen und Blutgefäße. Nasennebenhöhlen und Mittelohr werden ständig durch die mukoziliäre Bewegung gereinigt, sie sind im Normalzustand sterile Luftkammern.

Verstopfung der oberen Luftwege

Eine Infektion der oberen Atemwege wie bei einer Erkältung ruft als Antwort eine Entzündung der Schleimhaut des Luftweges hervor. Da das Epithel von Nase, Nasennebenhöhlen und Mittelohr zusamenhängt und die Luftwege über die Nasennebenhöhlen-Ausgänge und die Ohrtrompeten verbunden sind, überrascht es nicht, daß eine Infektion der Nase sich im allgemeinen auch auf die Nasennebenhöhlen und das Mittelohr ausbreitet.

Der Mechanismus der Verstopfung

Bei einer Infektion der oberen Luftwege entzündet sich das Epithel. Eine der wichtigsten Erscheinungen der Entzündung ist die Gefäßerweiterung (Vasodilatation), durch die der Blutstrom hin zum entzündeten Gewebe ansteigt. Klassische Anzeichen einer Entzündung sind Schmerz, Schwellung und Rötung. In vielen Geweben, wie der Haut, hängt die Schwellung vor allem mit einer erhöhten Bildung von Flüssigkeit im Zellzwischenraum (Interstitium) und dem resultierenden Ödem zusammen. Dies ist allerdings hier nur von untergeordneter Bedeutung. Die Schwellung und die Verstopfung der oberen Luftwege ist vor allem eine Folge der Vergrößerung venösen Schwellgewebes.

Dieses Gewebe ähnelt dem des Penis, es wird jedoch anders kontrolliert. Die Erektion des Penis kann durch eine Stimulierung parasympathischer Nerven ausgelöst werden. Einen vergleichbaren Mechanismus gibt es in der Nase nicht. Eine Stimulierung parasympathischer Nerven ruft hier eine starke wäßrige Sekretion hervor, sie hat jedoch keinen Effekt auf das Blutvolumen in der Schleimhaut und ruft auch keine signifikante Verstopfung hervor.

Die beim Anschwellen der Nasenschleimhaut ablaufenden Mechanismen zeigt Abb. 1. Eine Schlüsselrolle spielt das erhöhte Volumen spezieller venöser Blutgefäße (Sinusoide), die zusammen das venöse Schwellgewebe bilden. Ursache sind mindestens drei mögliche Mechanismen:

- eine Erweiterung der Arteriolen (arterioläre Vasodilatation) und erhöhter Blut-Fülldruck in den venösen Sinusoiden;
- eine Abnahme der vasokonstriktorischen Aktivität sympathischer Nerven hin zu den venösen Sinusoiden, die eine Relaxation der weichen Muskelwand und damit ein höheres Füllvolumen bei vorgegebenem Druck erlaubt; und
- eine Drosselung des Blutabflusses aus den venösen Sinusoiden, verursacht durch Schließen einer Venenklappe [1] oder Kompression derjenigen Venen in den knöchernen Kanälen der Nasenmuscheln, die die Sinusoide entleeren [2].

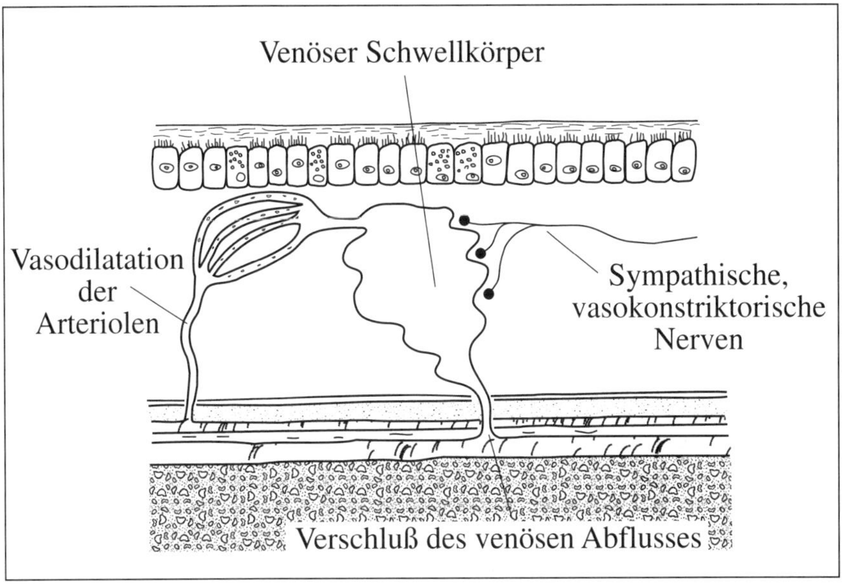

Abbildung 1: Nasenschleimhaut. Mechanismen der Verstopfung durch Schwellgewebe:

1. durch Erweiterung der Arteriolen, verursacht durch die Bildung von Vasodilatator-Mediatoren wie Bradykinin;
2. durch eine verringerte Aktivität sympathischer vasokonstrikorischer Nerven im Bereich der Arteriolen und des venösen Schwellgewebes;
3. durch einen Verschluß des venösen Abflusses, verursacht durch das Schließen einer Venenklappe oder Vasodilatation einer Arteriole, die im knöchernen Kanal der Nasenmuscheln auf die Venen drückt.

Da Entzündungsmediatoren wie Bradykinin, Prostaglandine, Tachykinine und Histamin zugleich potente Vasodilatatoren darstellen, ist auch die Erweiterung der Arteriolen wichtiger Bestandteil einer Entzündung der Atemwege. Es gibt außerdem Anzeichen dafür, daß diese Mediatoren die Freisetzung von Noradrenalin durch sympathische Nerven blockieren, und dies zur Schwellung der venösen Sinusoide führt, indem es den umgebenden weichen Muskel relaxiert.

Die verstopfte Nase

Das vordere Ende der Nasenscheidewand und die untere Nasenmuschel sind mit einem ausgeprägten Schwellgewebe ausgekleidet. Die Schwellung in dieser Region kontrolliert den nasalen Atemwiderstand und kann die Nasenluftpassage vollständig blockieren. Eine derartige Obstruktion kann von Nutzen sein, da so die Temperatur in der Nasenschleimhaut ansteigt und die Vermehrung der Rhinoviren gehemmt wird. Denn Rhinoviren vermehren sich am besten bei Temperaturen unterhalb der normalen Körpertemperatur – diese Bedingungen finden sie normalerweise in der Nase vor, die durch die Atemluft gekühlt wird.
Werden die sympathischen vasokonstriktorischen Nerven im Schwellgewebe erregt, ziehen sich die Sinusoide zusammen, die Verstopfung löst sich. Diese Nervenaktivität kann durch Auftragen nasaler Dekongestiva wie Oxymetazolin (Sympathomimetika) nachgeahmt werden. Dagegen verursacht die Unterbrechung der sympathischen Nerven durch einen Schnitt oder Lokalanästhesie eine deutliche Verstopfung der Nase und den Verschluß einer Nasenluftpassage.
Die Beobachtung, daß bei einer Erkältung die Verstopfung der Nase durch topische Dekongestiva schnell aufgehoben werden kann, stützt die vaskuläre Natur der Verstopfung – Gewebsödeme ließen sich nicht auf diese Weise zurückbilden. Ein visköses Nasensekret mag ebenfalls zu einer Verstopfung der Nase führen, jedoch ist dieser Effekt erst dann besonders deutlich, wenn die Nasenschleimhaut schon geschwollen und der Luftweg schon verengt ist.

Nasennebenhöhlenbeschwerden

Die Blutversorgung der Nasenluftpassage hängt eng mit der der Nasennebenhöhlen zusammen. Oft formen die Nasenvenen ein Geflecht um die Ausgänge der Nasennebenhöhlen, welche durch eine Schwellung dieser Venen völlig blokkiert werden können. Dieser Effekt ist bei einer Erkältung regelmäßig zu beobachten, dazu leiden mehr als 80 Prozent aller Patienten mit Erkältung unter verstopften Ausgängen der Kieferhöhle [3].
Bei einer Verlegung der Ausgänge in den Nasennebenhöhlen zurückgehaltene Flüssigkeit kann als Kuturmedium für Bakterien dienen, die normalerweise durch die mukoziliäre Clearance abtransportiert werden. Daher kann die virale Infektion der Nase den Boden für eine bakterielle Nasennebenhöhlenentzündung bereiten. Obwohl die Nebenhöhlen nicht der Atemluft ausgesetzt sind, haben sie doch ein dichtes Geflecht sensorischer Nerven, die im dünnen Epithel verteilt sind. Diese sind möglicherweise an der Kontrolle der Schleimsekretion durch Becherzellen über die Freisetzung von Tachykininen beteiligt [4]. Sie

machen die Nasennebenhöhlen außerdem zu einer potentiellen Quelle starker Schmerzen: Infektion und Entzündung können über Entzündungsmediatoren wie Bradykinin die für den Schmerz verantwortlichen Nervenenden direkt stimulieren. Wegen der Überlappung des Trigeminus-Nerven mit denen der Nasennebenhöhlen, der Nase, Zähne und der Gesichtshaut kann der Nasennebenhöhlenschmerz in jedem beliebigen Teil des Kopfes erlitten werden.

Schmerzhaft können auch Druckänderungen in der Nebenhöhle sein. Auch wenn der Ausgang verstopft ist, wird ständig Gas aus der Nebenhöhle absorbiert. Wenn keine Luft nachströmen kann, verringert sich der Druck in der Nebenhöhle. Die Druckdifferenz führt zu Spannungen im Epithel und reizt die Nervenenden. Derartige Schmerzen treten oft beim Landen eines Flugzeugs auf: Die Druckdifferenz zwischen der Atmosphäre und seiner Nebenhöhle spürt der Passagier oft als Stechen, manchmal wie einen Zahnschmerz, weil die Zähne des Oberkiefers ebenso in die Kieferhöhle ausstrahlen. Ein Stau von Flüssigkeit und die Absorption von Gas in der Nebenhöhle kann, über die damit verbundene Druckänderung, auch Ursache für Kopfschmerzen sein, wovon später noch die Rede sein soll.

Ein gewöhnlicher Schnupfen kann eine akute Nasennebenhöhlen-Entzündung (Sinusitis) mit viraler oder bakterieller Genese zur Folge haben. Wiederholte Nebenhöhlenentzündungen können das Flimmerepithel der Nebenhöhle schädigen, die mukoziliäre Clearance unterbrechen und die normale Abwehrfunktion der Atemwege beeinträchtigen. Dies kann zu einer chronischer Sinusitis mit all ihren Konsequenzen führen.

Mittelohrbeschwerden

Das Mittelohr ist wie die Nasennebenhöhlen eine mit dem Haupt-Luftweg der Nase über eine kleine Öffnung verbundene Luftkammer. Daher gibt es viele Gemeinsamkeiten zwischen einer Mittelohrentzündung (otitis media) und einer Sinusitis.

So kann bei einer Erkältung die Öffnung der Ohrtrompete verstopft sein [5]. Zwei Tage nach einer Rhinovirus-Infektion war bei 50 Prozent der Patienten die Ohrtrompete verstopft, gleichzeitig war bei diesen Patienten der Druck im Mittelohr abgesunken. Die Flüssigkeit, die sich im Falle einer Verstopfung ansammelt, wirkt wie ein Kulturmedium – aus ihr konnten Schnupfenviren isoliert werden [6]. Ein Unterdruck infolge von Gasabsorption verursacht Schmerzen und einen Sog auf das Trommelfell, das in Richtung Mittelohr zurückgezogen wird. Eine erhöhte Spannung des Trommelfelles sowie die Flüssigkeitsansammlung im Mittelohr kann zu Gehörverlust führen. Infektion, Ent-

zündung und Druckänderungen reizen auch sensorische Nerven und können starke Schmerzen hervorrufen.
Eine Mittelohrinfektion kann äußerst gefährlich werden, da ein Befall der Warzenfortsatzzellen (Mastoidzellen), die mit dem Luftraum des Mittelohrs verbunden sind, die Infektion bis ins Gehirn ausbreiten kann. Ein Übergreifen auf die nahegelegene Schnecke (Cochlea) oder die Gesichtsnerven kann zu dauernder Taubheit oder Gesichtslähmung führen. Wie im Falle der Nebenhöhlen können wiederholte Mittelohrentzündungen die Abwehrmechanismen der Atemwege schädigen und zu einer chronischen Infektion mit permanentem Gehörschaden führen.
Klein- und Schulkinder können jährlich 5–6 Erkältungen durchmachen. Gelegentlich führt dies zu einer Entzündung, bei der sich Flüssigkeit hinter dem Trommelfell ansammelt (seröse Otitis media). Der charakteristische dicke Schleim beeinträchtigt oft das Gehör.

Messungen der Nasenluftpassage

Der Atemwiderstand am engsten Punkt einer verstopften Nase kann durch die Rhinomanometrie bestimmt werden [7]. Gemessen werden der Luftstrom durch die Nase und zugleich der Druckunterschied zwischen Rachen und Naseneingang. Am niedrigsten ist der Querschnitt der Nasenluftpassage üblicherweise in den Nasengängen in Höhe der Spitze der unteren Nasenmuschel. Messungen der Nasenluftpassage sind hilfreich bei der Verlaufskontrolle einer Naseninfektion. Mit dieser Methode kann außerdem die Wirkung kongestionslösender Medikamente untersucht werden [8].
Der minimale Querschnitt und das Nasenvolumen können mit der akustischen Rhinometrie gemessen werden. Dabei erlaubt ein von der Nase reflektierter Schall die Beurteilung des Luftweges [9]. Diese relativ neue Technik ist schnell, nicht-invasiv und ihre Ergebnisse korrelieren gut mit dem Nasenluftwiderstand. Die Methode dürfte bei zukünftigen Studien rasche Verbreitung fnden.
Die Beurteilung von Nasennebenhöhlen-Symptomen hängt vor allem von der subjektiven Schmerzempfindung oder subjektivem Unwohlsein ab. Objektive Veränderungen in den Nasennebenhöhlen wie eine Verdickung der Schleimhaut oder die Ansammlung von Flüssigkeit, welche mit Röntgen- oder Ultraschalluntersuchungen festgestellt werden können, lassen sich nicht mit der Intensität des Schmerzes korrelieren. Bei Röntgenuntersuchungen bei einer Erkältung findet man oft Flüssigkeit in den Nasennebenhöhlen, jedoch ist diese üblicherweise nicht mit den schmerzhaften Symptomen einer Sinusitis verbunden.
Die Symptome im Mittelohr in Zusammenhang mit einer Erkältung können mit Hilfe eines Tympanometers erfaßt werden, das den Druck im Mittelohr mißt.

Damit kann auch die Durchgängigkeit der Ohrtrompete bestimmt werden [5]. Funktionelle Veränderungen der Tuben und im Gasdruck innerhalb des Mittelohrs können auch bei Beschwerdefreiheit gefunden werden, sie können auch der Entwicklung von Mittlohrschmerzen und anderen Ohrbeschwerden vorangehen.

Literatur

1. Cauna, N. Cauna, D. (1975) The fine structure and innervation of the cushion veins of the human nasal respiratory mucosa. Anat. Rec. 181: 1–16
2. Burnham, H. H. (1935) An anatomical investigation of blood vessels of the lateral nasal wall and their relation to turbinates and sinuses. J. Laryngol. Otol. 50: 569–593
3. Gwaltney, J. M., Phillips, C. D., Miller, R. D., Riker, D. K. (1994) Computed tomographic study of the common cold. N. Engl. J. Med. 330: 25–30
4. Kuo, H. P., et al. (1990) Capsaicin and sensory neuropeptide stimulation of goblet cell secretion in guinea-pig trachea. J. Physiol. 431: 629–641
5. McBride, T. P., Doyle, W. J., Hatden, F. G., Gwaltney, J. M. (1989) Alterations of the Eustachian tube, middle ear, and nose in rhinovirus infection. Arch. Otolaryngol. Head Neck. Surg. 115: 1054–1059
6. Arola, M., et al. (1990) Rhinovirus in otitis media with effusion. Ann. Otol. Rhinol. Laryngol. 99: 451–453
7. Eccles, R. (1987) Rhinomanometry and nasal challenge., in Scott-Brown's Otolaryngology, chapter 4. I. S. Mackay and T. R. Bull, Editors. Butterworths: London p. 40–53.
8. Eccles, R., Jawad, M. S. & Morris, S. (1990) The effects of oral administration of (-) menthol on nasal resistance to airflow and nasal sensation of airflow in subjects suffering from nasal congestion associated with the common cold. Journal of Pharmacy and Pharmacology 42: 652–654
9. Grymer, L. F., Hlberg, O., Pedersen, O. F., Rasmussen, T. R. (1991) Acoustic rhinometry: Values from adults with subjective normal nasal patency. Rhinology 29: 35–47

R. Eccles

Die laufende Nase

Das Sekret aus der Nase bildet die Grenzschicht zwischen der Luft, die wir atmen, und der empfindlichen Schleimhaut, die den Hohlraum Nase auskleidet. Vor der Entdeckung der Drüsen in der Nasenschleimhaut hielt man dieses Sekret für einen Ausfluß aus dem Gehirn, der den Schädel durch die kleinen Öffnungen für die Riechnerven am oberen Ende der Nase verläßt. Heute kennen wir die genannten Drüsen als Hauptquelle und wissen, daß die Blutgefäße der Nase und spezialisierte Schleimzellen oder Becherzellen ebenfalls Sekret produzieren.
Eine laufende Nase oder Rhinorrhoe ist das typische Symptom einer Erkältung – ein Niesen und der wäßrige Fluß aus der Nase kündigt den Beginn der Infektion an. Beim Gesunden wird das Sekret aus der Nase vom Flimmerepithel in Richtung Rachen transportiert und geschluckt. Das Sekret wird benötigt, um die Atemluft anzufeuchten, gleichzeitig dient es als erste Verteidigungslinie der Atemwege gegen mögliche Infektionen. Wäßriges und schleimiges Sekret sind essentielle Bestandteile der mukoziliären Clearance, die kontinuierlich die Nase von aus der Luft filtrierten Partikeln befreit. Eine virale Infektion der Nase vermehrt den Sekretfluß, der zur Bekämpfung der Infektion beiträgt.

Entstehung des Nasensekrets

Beim Gesunden ist die Schleimhaut, die die Nase auskleidet, mit einer dünnen Schicht Schleim bedeckt, der normalerweise nur etwa 10–20 Mikrometer dick ist. Es ist schwierig, von diesem Sekret Proben zu nehmen, ohne die Nase zu reizen, und schon damit reflexartig einen erhöhten Schleimfluß auszulösen. Daher stammt ein großer Teil unseres Wissens über das Nasensekret aus Proben von Patienten mit einer nasalen Infektion oder Allergie, oder aus Sekreten, die durch Provokation der Nase mit einer reizenden oder allergenen Substanz oder mit einem Mediator wie Metacholin oder Histamin gewonnen wurden. Das Sekret, das so in größerer Menge produziert wird, unterscheidet sich jedoch möglicherweise von der normalen dünnen Schleimschicht.
Das nasale Sekret ist eine Mischung, die aus vier Quellen in der Nase gespeist wird [1]:

1. Seromuköse Drüsen in der Nasenschleimhaut
2. Transudat aus nasalen Kapillaren

3. Becherzellen, die auf der Oberfläche der Nasenschleimhaut verteilt sind
4. Sekret und Zellreste von Leukozyten und Schleimhautzellen.

Zum Nasensekret tragen auch die Tränendrüsen über den Tränennasengang, sowie die Bowman'schen Drüsen der Riechschleimhaut bei.
Das täglich produzierte Volumen an Nasensekret wird in der Literatur mit 20 Milliliter bis 2 Liter angegeben, diesen Werten liegen jedoch keine exakten Messungen zugrunde. Wie schon erwähnt, reizt jeder Versuch, hier Proben zu nehmen, die Nase und stimuliert zusätzliche Sekretion; der größte Teil davon wird verschluckt. Was an den Nasenlöchern aufgefangen wird, ist nur ein Bruchteil des täglich produzierten Volumens.
Histologische Studien der Nasenschleimhaut zeigen ein über das Epithel verteiltes Netzwerk miteinander verknüpfter alveolärer seromuköser Drüsen. Durch große Gänge fließt das Sekret aus diesen Drüsen auf die Oberfläche des Epithels. Seine Zusammensetzung kann sich während dieser Passage noch ändern. Einige der Drüsen haben lange Gänge (3–20 mm lang), die am engsten Punkt der Luftwege in den Nasenvorhof münden. Hier sondern sie ein seröses, wäßriges Sekret ab. Die Öffnungen dieser vorderen Drüsen sind mit bloßem Auge auf der Nasenscheidewand und entlang der Engstelle zu erkennen: Jede dieser Öffnungen ist oft mit einem Tröpfchen klarer seröser Flüssigkeit bedeckt [2]. Das Sekret aus diesen vorderen Drüsen kann durch den Luftstrom in der Nase in einen Sprühnebel feinster Tröpfchen zerstäubt werden (Venturi-Effekt). Dieser feine wäßrige Sprühnebel trägt zum Anfeuchten der Atemluft bei, da hier im vorderen Teil der Nase der Luftstrom relativ trocken auftrifft. Beim Schniefen können Sekrettröpfchen in die Riechzone gelangen und dort als Vehikel für Geruchsstoffe wirken. Beim Gesunden ist das Sekret der vorderen Drüsen normalerweise nicht sichtbar, jedoch kann das viele wäßrige Sekret, das zu Beginn einer Erkältung oder auf eine Reizung der Nase hin auftritt, auf diese serösen Drüsen zurückgeführt werden. Es hat offenbar die Aufgabe, inhalierte Reizstoffe jeglicher Art aus der Nase hinauszuspülen. Neben den vorderen Drüsen enthält die Nasenschleimhaut eine Vielzahl seromuköser Drüsen, die direkt auf die Oberfläche des Epithels münden, und Mukopolysaccharide und Mukoproteine zur Schleimschicht auf dem Epithel beisteuern.
Becherzellen sind über die Oberfläche der Epithelauskleidung von Nase, Nebenhöhlen und der Ohrtrompete verteilt. Da sie mit Muzinkörnchen beladen sind, können sie durch Färbung mit PAS und Alzian-Blau identifiziert werden. Die Mukopolysaccharide, die in den Becherzellen produziert werden, unterscheiden sich von denen der seromukösen Drüsen: Sie enthalten eine Seitenkette mit einem Schwefelradikal [3].
Daneben enthält das Nasensekret ein Plasmatransudat aus nasalen Kapillaren [4]. Das Gefäßsystem der Nasenschleimhaut ist durch ein Netzwerk durchlässiger Kapillaren unterhalb der Basalmembran und um die Drüsen der Nasen-

schleimhaut auf eine schnelle Transudation von Plasma eingerichtet. Kleine Löcher in der Basalmembran der Kapillaren sind nicht von der Schleimhaut bedeckt. Kapillaren mit solchen Fenstern finden sich auch in der Niere und im Darm. Dies legt nahe, daß die Extravasation von Plasma eine wichtige Eigenschaft derartigen Gewebes ist. Der Beitrag des Plasmatransudats zum Nasensekret gilt als wichtiger Bestandteil des Abwehrsystems des Respirationstrakts. Einige Autoren halten es für eine Hauptkomponente des Nasensekrets, das bei einer Naseninfektion und -entzündung entsteht [5].
Selbst beim Gesunden wird das Nasenepithel ständig erneuert, da Zellen geschädigt werden oder altern. Überbleibsel von Epithelzellen sind zusammen mit funktionsfähigen und abgestorbenen Leukozyten weitere normale Bestandteile des Nasensekrets.

Zusammensetzung und Funktion des Nasensekrets

Mukoproteine und Mukopolysaccharide prägen die physikalischen Eigenschaften der Sekretschicht. Die Zilien schlagen in einer dünnen serösen Flüssigkeit, die Schleimschicht sitzt auf dieser wäßrigen Schicht, normalerweise gerade oberhalb der Spitzen der Zilien. Die viskosen Bestandteile halten eingeatmete Partikel fest und wirken gleichzeitig bei hohem Flüssigkeitsverlust einer Austrocknung entgegen. Die elastischen Eigenschaften des Schleims sind von großer Bedeutung – ist die Schicht zu viskos oder zu wäßrig, dann können die Zilien die Schicht nicht wirkungsvoll transportieren.
Da eine Untersuchung des Nasensekrets beim Gesunden schwierig ist, gibt es nur wenige Studien, die die normale Zusammensetzung untersuchen. Hier seien allgemein akzeptierte Bestandteile angeführt [1, 3, 6]:

Wasser (pH 5–8)	Albumin
Elektrolyte	Fibrinogen
Gase aus der Atemluft	Kallikrein
Mukopolysaccharide	Histamin
Mukoproteine	Lysozym
Immunoglobuline	Lactoferrin
Harnsäure	Leukozyten

Hauptbestandteil des Sekrets ist Wasser. Ohne Fieber oder Hyperventilation verliert der Körper über das Anfeuchten der Atemluft etwa 200 Milliliter Wasser pro Tag. Lysozym und Lactoferrin haben bakteriostatische Eigenschaften und schützen zusammen mit den Immunglobulinen vor Infektionen. Die Sekretion von Immunglobulinen in der Nase verändert sich im Tagesverlauf: Die höchsten

Konzentrationen findet man während der Nacht. Dies ist offenbar Folge einer Verdünnung des Proteingehalts durch eine erhöhte Aktivität der nasalen Drüsen während des Tages. Bestandteile des Nasensekrets wie sekretorisches Immunglobulin A (sIgA), Lysozym und Lactoferrin werden nur von den nasalen Drüsen produziert. Sie werden deshalb gelegentlich als Marker für eine Drüsensekretion genutzt [6].

Das Plasmatransudat enthält Albumin, Immunglobuline und Faktoren des Kinin-, Komplement-, Gerinnungs- und des fibrinolytischen Systems, die durch lokale oder systemische Entzündungsprozesse aktiviert werden können. Es gibt einige Belege dafür, daß auch Albumin von den nasalen Drüsen abgesondert werden kann, Fibrinogen scheint ein guter Marker für Sekret aus den nasalen Kapillaren zu sein.

Im Sekret findet man Harnsäure, Glutathion und Vitamin C, wo sie offenbar als Antioxidantien wirken und Verletzungen bei Inhalation von Luftschadstoffen wie Ozon verhindern.

Leukozyten kommen normalerweise im Nasensekret und in der Nasenschleimhaut vor, ihre Zahl erhöht sich bei einer Erkrankung drastisch. Beispielsweise sind eosinophile und basophile Granulozyten bei einer Allergie erhöht, neutrophile Granulozyten und Makrophagen bei einer nasalen Infektion.

Der pH-Wert von Proben von Nasensekret variiert stark je nach Art der Probennahme, es gibt keinen befriedigenden Standard für einen nasalen pH-Wert. Zu erwarten ist jedoch, daß dieser Wert oberhalb 7,4 liegt (Abgabe von Kohlendioxid an die eingeatmete Luft).

Die Steuerung der nasalen Sekretion

Die Nasenschleimhaut gibt ständig Wasser an die eingeatmete Luft ab, um diese anzufeuchten. Bis der Luftstrom den Kehlkopf erreicht, ist er fast vollständig mit Wasserdampf gesättigt. Wie dieser einfachste Mechanismus der Sekretion funktioniert, wird bisher kaum verstanden. Es gibt beispielsweise keine Belege, die zeigen würden, ob sich die Sekretionsrate mit der Luftfeuchtigkeit verändert. Der Grundzustand der Sekretion aus Drüsen und Becherzellen kann mit der osmotischen Konzentration der Sekrete auf dem Nasenepithel in Zusammenhang gebracht werden. Wird Wasser an die eingeatmete Luft abgegeben, so steigt die osmotische Konzentration der nasalen Flüssigkeit, was wiederum weitere Sekretionen stimulieren kann oder mittels Osmose Wasser aus dem Epithel ziehen kann.

Bei empfindlichen Personen kann die nasale Sekretion schon durch kalte Luft (Skifahrernase) oder beim Essen stark gewürzter Speisen (gustatorische Rhinitis) [7] stimuliert werden. Die allgemeine Annahme, daß Milchprodukte bei

einer Erkältung die Schleimproduktion erhöhen, konnte nicht belegt werden [8], es wurde allerdings nachgewiesen, daß körperliches Training die Sekretion erhöht [9].
Das Sekret, das bei einer Reizung der Nase bei gustatorischer Stimulation oder bei körperlicher Anstrengung produziert wird, entstammt den nasalen Drüsen. Die vorderen nasalen Drüsen und die seromukösen Drüsen in der Nasenschleimhaut werden vom Parasympathikus innerviert. Elektrische Stimulation dieser Nerven verursacht eine ausgiebige wäßrige nasale Sekretion [10].
Das Plasmatransudat wird durch lokale Mediatoren wie Bradykinin, Histamin und von den sensorischen Nerven freigesetzte Peptide (Tachykinine) gesteuert. Diese Mediatoren erhöhen die Plasmatransudation, indem sie eine Erweiterung der Arteriolen sowie einen erhöhten kapillaren Filtrationsdruck hervorrufen, zusammen mit einer verbesserten kapillaren und mukosalen Durchlässigkeit. Auf ähnliche Weise wird die Sekretion der Becherzellen durch lokale Mediatoren gesteuert. Es gibt Belege dafür, daß von sensorischen Nervenenden freigesetzte Tachykinine wie Substanz P, CGRP (*Calcitonin gene related peptide*) und Neurokinin A die Becherzellen stimulieren [11]. Die in der Nasenschleimhaut verteilten sensorischen Nerven des Trigeminus dienen der Wahrnehmung einer nasalen Reizung und setzen ebenfalls Tachykinine frei. Dies ist Teil einer lokalen Axon-Reflexantwort auf die Reizung.

Nasale Sekretion bei Erkältungskrankheiten

Die bei Erkältungskrankheiten auftretenden Sekrete können in zwei Kategorien unterteilt werden: wäßriges Sekret in der Anfangsphase der Infektion, üblicherweise während der ersten beiden Tage, und dickes, zähes Sekret, das zusammen mit einer Verstopfung der Nase im späteren Verlauf der Infektion auftritt. Die zweite Form kann auch nach dem Abklingen anderer Symptome noch einige Wochen anhalten.
Die Infektion mit einer Erkältung verursacht nur geringfügige Schäden am Nasenepithel, zumindest sind bei nasaler Biopsie Schäden kaum nachzuweisen. Im Gegensatz dazu schädigen Influenzaviren das Flimmerepithel erheblich. Ein einzelner Herd einer Rhinovirus-Infektion kann jedoch lokale Schäden hervorrufen, vergleichbar mit dem Stich einer Stecknadel. Ein solcher Schaden ist per Biopsie nicht zu finden, verursacht jedoch Schmerzen, stimuliert als Reflex die nasale Sekretion und führt über gefäßerweiternde Substanzen wie Bradykinin zu einer Verstopfung der Nase. Die Virusreplikation zerstört die betroffenen Zellen, dieser lokale Schaden stimuliert die sensorischen Nervenfasern des Trigeminus und führt zur nasalen Sekretion (Abbildung 1).

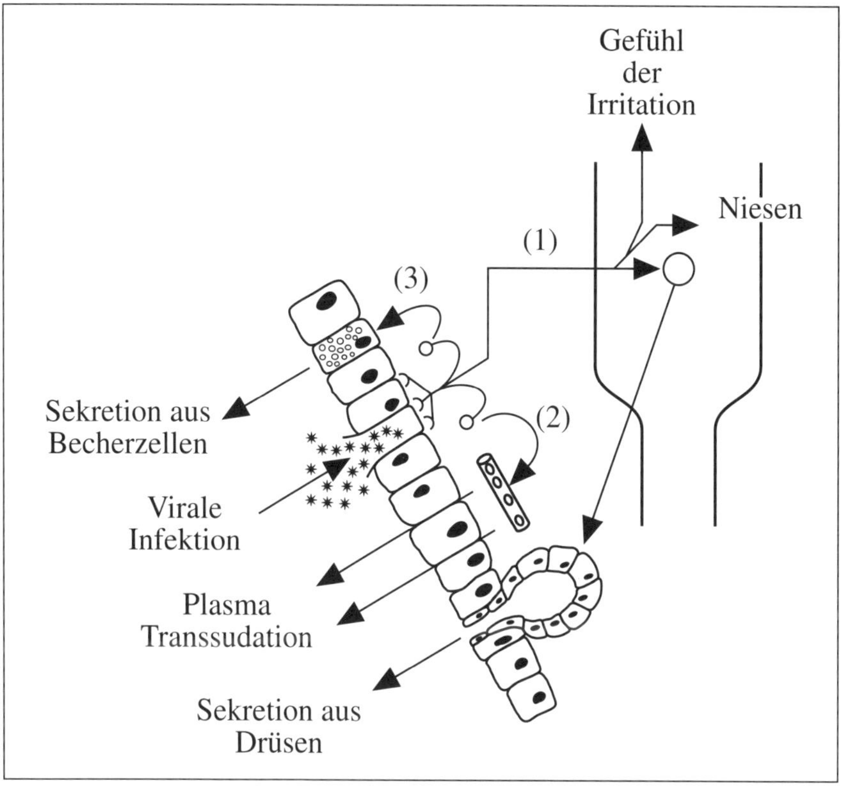

Abbildung 1: Nasales Sekret als Reaktion auf eine Virusinfektion
Durch die Virusinfektion verursachte Schäden am Nasenepithel stimulieren die sensorischen Nervenenden des Trigeminus und führen zu einer Sekretion aus den Drüsen (1) mit nasaler Reizung und Niesen. Lokale Axon-Reflexe führen zur Freisetzung von Tachykininen auf eröffnete nasale Kapillaren und zur Transudation von Plasma (2), Becherzellen werden zur Schleimproduktion angeregt (3).

Diese Stimulation erfolgt vermutlich über die Bildung von Bradykinin. Der Inhalt der geplatzten Zelle aktiviert das Enzym Kallikrein im Nasensekret und in der Nasenschleimhaut. Kallikreine sind proteolytische Enzyme, Plasma-Kallikreine spalten aus den Globulin-Vorstufen (Kininogenen) die aktiven Plasma-Kinine wie Bradykinin ab. Bradykinin ist ein wirksamer Vasodilatator, der auf sensorischen Nerven Schmerz und Reizung verursacht. Die intranasale Applikation von Bradykinin ruft nasale Irritation und Sekretion hervor, es ist vermutlich ein wichtiger Mediator von Erkältungssymptomen [12].

Bradykinin stimuliert, wie im vorangegangenen Abschnitt beschrieben, eine wäßrige Sekretion aus den seromukösen Drüsen, Tachykinine bewirken die Schleimproduktion aus Becherzellen und führen zu Transudation durch das Nasenepithel. Bradykinin kann auch die Transudation fördern, indem es die engen Verbindungen zwischen kapillaren Endothelzellen und Epithelzellen öffnet.

Die spätere Phase einer Erkältung, das dicke, zähflüssige Sekret, kann auf andere Mediatoren wie Prostaglandine zurückgeführt werden, oder auf Leukotriene, die von Leukozyten freigesetzt werden, welche durch die Entzündung in die Nasenschleimhaut gelangen. Katarrh und eine Entzündung im Rachen können als Spätphase einer Infektion auftreten und einige Wochen anhalten. Dieses Symptom irritiert vielfach, da es keine wirksame Therapie dagegen gibt. Es ist unklar, ob der Katarrh durch eine Erhöhung der Schleimproduktion aus Becherzellen oder durch eine Verminderung des wäßrigen Sekrets aus den nasalen Drüsen verursacht wird.

Eine mögliche Erklärung für die erhöhte Aktivität der Becherzellen infolge einer viralen Infektion ist eine Verminderung der Aktivität nasaler Enzyme, welche Tachykinine spalten und so ihr Wirken stoppen [13]. Das Enzym neutrale Endopeptidase findet sich auf der Oberfläche nasaler Epithelzellen und anderer Gewebe wie Drüsen und glatter Muskulatur im Nasenepithel. Die Menge an neutraler Endopeptidase in den Atemwegen wird bei einer viralen Infektion reduziert, die Menge an Tachykininen steigt entsprechend. Diese Abnahme der Endopeptidase-Aktivität könnte daher einige der Symptome wie Katarrh und Nasensekretstraße hervorrufen.

Messungen der nasalen Sekretion

Normalerweise wird das Nasensekret verschluckt; Messungen der Sekrete an den Nasenlöchern liefern daher – selbst mit Schneuzen – nur die Basis für Schätzungen der tatsächlichen Sekretmenge.

Das wäßrige Nasensekret der ersten Tage einer Erkältung (oder induziert durch eine Provokation der Nase mit parasympathomimetischen Substanzen wie Metacholin) kann direkt in einem Meßzylinder gesammelt werden. Dazu lehnt die Versuchsperson über einem Trichter, in den das wäßrige Sekret direkt aus der Nase tropft [14]. Diese Methode eignet sich besonders, um über wenige Stunden nach einer gezielten Provokation das Nasensekret zu sammeln.

Im Gegensatz zu dieser Laborsituation erfordern Studien des Verlaufs der Krankheit die Messung des Nasensekrets über mehrere Tage. Bei Untersuchungen in der *Common Cold Research Unit* in Salisbury wurde das Gewicht des Schleims bestimmt, indem Papiertaschentücher in verschließbaren Plastikbeuteln gesammelt und gewogen wurden [15]. Bei Feldstudien, bei denen die Sammlung von Taschentüchern aus hygienischer Sicht problematisch wäre, hat sich der Tagesverbrauch an Taschentüchern, aufgezeichnet in einem Tagebuch, als hilfreiches Maß der Sekretion für pharmakologische Studien erwiesen [16]. Subjektive Bewertungen der laufenden Nase korrelierten bei Versuchspersonen mit Erkältung gut mit objektiven Bewertungen des Sekretgewichts. Diese subjektiven Bewertungen stellen so ebenfalls ein gutes Kriterium der Schwere der Symptome für den Gebrauch in täglichen Aufzeichnungen dar [8].

Literatur

1. Eccles, R. (1983) Physiology of nasal secretion. Eur. J. Resp. Dis. 64 suppl 126: 115–119
2. Bojsen-Moller, F. (1965) Glandulae nasales anteriores in the human nose. Ann. Otol. Rhinol. Lar. 74: 363–375
3. Taylor, M. (1974) The origin and functions of nasal mucus. Laryngoscope 84: 612–636
4. Baraniuk, J.N. (1991) Neural control of human nasal secretion. Pulmonary Pharmacol 4: 20–31
5. Erjefalt, I. Persson, C.G.A. (1991) Allergen, bradykinin, and capsaicin increase outward but not inward macromolecular permeability of guineapig tracheobronchial mucosa. Clin. Exp. Allergy 21: 217–224
6. Raphael, G.D., et al. (1989) Pathophysiology of rhinitis. Lactoferrin and lysozyme in nasal secretions. J. Clin. Invest. 84: 1528–1535
7. Raphael, G., Raphael, M.H., Kaline, M. (1989) Gustatory rhinitis: A syndrome of food-induced rhinorrhea. J. Allergy Clin. Immunol. 83: 110–115
8. Pinnock, C.B., , G., N.M., Mylvaganam, A., Douglas, R.M. (1990) Relationship between milk intake and mucus production in adult volunteers challenged with rhinovirus. Am. Rev. Respir. Dis. 141: 352–356
9. Harris, W.E., et al. (1992) The parasympathetic system in exercise induced rhinorrhoea. Rhinology 30: 21–23.
10. Eccles, R. (1982) Neurological and pharmacological considerations., in The nose, upper airways physiology and the atmospheric environment D.F. Proctor and I. Anderson, Editors. Elsevier: Amsterdam. p. 191–214.
11. Kuo, H.P., et al. (1990) Capsaicin and sensory neuropeptide stimulation of goblet cell secretion in guinea-pig trachea. J. Physiol. 431: 629–641
12. Proud, D., et al. (1988) Nasal provocation with bradykinin induces symptoms of rhinitis and a sore throat. Am Rev Respir Dis 173: 613–616
13. Borson, D.B. (1991) Roles of neutral endopeptidase in airways. Am. J. Physiol. 260: L211-L225
14. Borum, P. (1978) Intranasal ipatropium. Inhibition of metacholine-induced hypersecretion. Rhinology 16: 225–233
15. Tyrrell, D.A., Cohen, S., Schlarb, J.E. (1993) Signs and symptoms in common colds. Epidemiol. Infect. 111: 143–156
16. Borum, P., Olsen, L., Winther, B., Mygind, N. (1981) Ipatropium nasal spray: a new treatment for rhinorrhea in the common cold. Am. Rev. Respir. Dis. 123: 418–420

R. Eccles

Halsschmerzen, Kopfschmerzen und Fieber

Halsschmerzen

Ein trockener, «kratziger» Hals ist oft das erste Anzeichen einer Erkältung. Wenn sich zu diesem Symptom noch ein Niesen gesellt, kann man mit großer Sicherheit eine Erkältung prophezeien [1]. In einer Studie an Rekruten klagten mehr als 70 Prozent derer, die nachweislich mit einem Rhinovirus infiziert waren, über Halsschmerzen als erstes Symptom [2]. Auf die leichten Halsschmerzen zu Beginn der Erkältung folgen einige Tage später oft stärkere Schmerzen, die in der Regel eine sekundäre bakterielle Infektion des Rachens anzeigen [3].

Die frühen Halsschmerzen können durch eine virale Infektion des hinteren Teils der Nase, des Nasopharynx, hervorgerufen sein. Dort geht die Nase in den Rachen (Pharynx) über. Untersuchungen über die Ausbreitung der Rhinovirusinfektion haben gezeigt, daß das Virus selbst dann zuerst den Nasopharynx infiziert, wenn Tröpfchen infizierter Flüssigkeit direkt in die Nase oder ins Auge gegeben werden [4]. Rhinoviren sind die wichtigsten Erreger der Erkältung, und obwohl sie die oberen Atemwege infizieren, sind sie mit den Enteroviren verwandt. Sie stammen offensichtlich von Viren ab, die irgendwann einmal primär den Magen-Darm-Trakt infizierten. Zunächst infizieren sie den Rachen und besiedeln diese Region. Die später auftretenden nasalen Symptome können Folge einer sekundären Virusinfektion der Nasenschleimhaut sein.

Der hintere Teil des Nasopharynx entwickelt sich im Embryo aus dem Pharynx. Die Schleimhaut ähnelt der des Oropharynx, daher bietet dieses Epithel den idealen Angriffspunkt für ein Enterovirus, das früher möglicherweise vor allem den Verdauungstrakt befallen hat. Die Schäden an der Schleimhaut infolge der Virusinfektion führen zur Produktion von Entzündungsmediatoren wie Bradykinin, die an den sensorischen Nervenenden Schmerzempfindung und Reizung hervorrufen. Der hintere Nasopharynx wird vom Zungenschlundnerv (N. glossopharyngeus, IX. Hirnnerv) innerviert, der auch den Rachen versorgt. Eine

Reizung der sensorischen Nerven wird daher nicht als Nasen-, sondern als Rachenreiz interpretiert.
Es konnte gezeigt werden, daß bei einer Infektion mit Rhinoviren im Nasensekret Bradykinin entsteht. Man vermutet, daß es für die meisten Erkältungssymptome verantwortlich ist [5]. Eine Provokation der Nase mit Bradykinin ruft Symptome der Rhinitis und Halsschmerzen hervor [6]: Der Halsschmerz begann fünf bis zehn Minuten nach der intranasalen Applikation von Bradykinin und hielt vier Stunden lang an. Dieses Ergebnis zeigt, daß Bradykinin durch die mukoziliäre Clearance in Richtung Nasopharynx transportiert wurde, wo es dann die sensorischen Nerven stimulierte. Der intranasalen Applikation von Bradykinin folgt unmittelbar eine Reizempfindung in der Nase, der Beginn der Reizung im Rachen ist um einige Minuten verzögert [7]. Der Halsschmerz kann daher auf im Schleim enthaltenes Bradykinin zurückgeführt werden, das von der Nase in den Rachen transportiert wird [7].
So spielen bei der Entstehung des Halsschmerzes mindestens drei Mechanismen zusammen: die virale Infektion von Nasopharynx und Rachen, der Transport von Bradykinin von der infizierten Nase in Richtung Nasopharynx, und eine bakterielle Infektion von Nasopharynx und Rachen. Das Lymphgewebe von Zungen- und Rachenmandeln schwillt im Fall einer Infektion an, was ebenfalls Halsschmerz hervorrufen kann, besonders bei Kindern: Hier reagiert das Lymphgewebe empfindlicher auf Infektionen.

Messungen der Intensität des Halsschmerzes

Halsschmerzen sind bei Infektionen der oberen Atemwege ein verbreitetes Symptom. Es gibt eine Vielzahl von Medikamenten als Pastillen, Halssprays, Gurgellösungen und systemische Analgetika, die die Symptome lindern sollen. Es gibt jedoch wie bei anderen Schmerzsymptomen keine Methode, die Intensität des Schmerzes zu bestimmen, und so können nur subjektive Bewertungen dazu dienen, die Wirksamkeit eines Medikaments gegen den Halsschmerz zu bestimmen.
Zur Bewertung der Intensität des Halsschmerzes und ihrer Änderung wurden verschiedene subjektive Skalen entwickelt [8, 9]. Diese haben gezeigt, daß die Intensität des Halsschmerzes mit dem Grad der Verstopfung der Nase zusammenhängt [8]. Bei stark verstopfter Nase atmet der Patient durch den Mund, dies trocknet den Rachen aus und reizt ihn, was zum Ausbrechen der Halsschmerzen führt.

Fieber und Kopfschmerzen

Fieber und Kopfschmerzen sind typische Symptome bakterieller Infektionen und von Grippe. Sie treten zwar auch bei banalen Erkältungskrankheiten auf, Inzidenz und Intensität sind jedoch nicht so hoch wie bei bakteriellen Infektionen oder Grippe.

Fieber

Leichtes Fieber und Frösteln tritt bei etwa 20 Prozent der Rhinovirusinfektionen bei Erwachsenen auf, bei Kindern bei bis zu 60 Prozent [1, 2]. Das Fieber entsteht, indem das infektiöse Agens die Freisetzung endogener Pyrogene aus Leukozyten stimuliert [10].
Bei bakteriellen Infektionen wirken bakterielle Endotoxine (Lipopolysaccharide aus der Zellwand des Bakteriums) als exogene Pyrogene und stimulieren die Freisetzung endogener Pyrogene aus Leukozyten. Zu letzteren gehören Interleukin 1, der Tumornekrosefaktor (TNF) und Interleukin 6. Die endogenen Pyrogene zirkulieren vom Ort der Infektion ins Gehirn, wo sie auf eine bestimmte Gruppe von Blutgefäßen, das Organum vasculosum wirken und die Bildung von Prostaglandin E2 anregen. Das Prostaglandin wiederum beeinflußt das Temperatursteuerungszentrum des Hypothalamus und führt zum Fieber.
Bei der Infektion mit einer Erkältungskrankheit ist noch unklar, wie das Virus die Leukozyten zur Ausschüttung von endogenen Pyrogenen anregt. Entzündungsmediatoren wie Bradykinin könnten der Auslöser für die Pyrogenfreisetzung sein, da Bradykinin als wichtiger Mediator von Erkältungssymptomen bekannt ist und auch Leukozyten beeinflußt.
Intensität und Inzidenz von Fieber schwanken deutlich mit dem infektiösen Agens. Die relativ geringe Häufigkeit von Fieber bei Rhinoviren kann nicht auf andere Erkältungserreger wie Adenoviren oder das RSV übertragen werden.

Kopfschmerz

Kopfschmerz tritt bei Erkältungskrankheiten häufig auf, seine Inzidenz bei Rhinovirusinfektionen wird mit 20 bis 60 Prozent angegeben [1, 2]. Die niedrigere Inzidenz wurde bei künstlich induzierten Rhinovirusinfektionen gefunden. Diese verlaufen oft deutlich milder als die natürliche Infektion. Anders als Fieber sind Kopfschmerzen bei Kindern wenig verbreitet (in weniger als zehn Prozent der Infektionen).
Kopfschmerzen haben verschiedene Ursachen, bei einer Erkältung kommen vor allem drei wichtige Varianten in Frage: Vaskulärer, psychogener oder nasal bedingter Kopfschmerz [11].

Vaskuläre Kopfschmerzen treten oft zusammen mit Fieber auf. Die Erhöhung der Körpertemperatur erweitert die Blutgefäße im und um das Gehirn wie die Zerebralarterien, dies führt zu pulsierenden Schmerzen. Die Schmerzempfindung wird über die Äste des Nervus trigeminus (V. Hirnnerv) übertragen.
Am verbreitetsten ist der «psychogene» oder Spannungskopfschmerz, mehr als 80 Prozent der Patienten mit Kopfschmerzen in der Praxis des Allgemeinmediziners klagen über diesen Typ. Psychogene Kopfschmerzen sind die Folge von Streß, Depression, Angst und Ermüdung. Diese Zustände können auch durch eine Erkältung ausgelöst werden, wenn sich ein Patient in seinen normalen Aktivitäten eingeschränkt oder in seiner Lebensqualität beeinträchtigt sieht.
Patienten mit psychogenem Kopfschmerz beschreiben diesen oft als stetigen, beengenden Schmerz, wie ein enges Stirnband. Der Schmerz wird unterschiedlich lokalisiert; an der Stirn, an den Schläfen oder am Hinterkopf. Emotionale Faktoren sind äußerst wichtig: Besonders Konfliktsituationen können zu solchen Kopfschmerzen führen, wenn der Patient das Gefühl hat, durch den Schnupfen in seinen normalen Aktivitäten behindert zu sein. Der Schmerz wird vor allem hervorgerufen durch Muskelspasmen, die den Blutfluß durch den Muskel behindern und so zur Ansammlung von Stoffwechselprodukten führen. Die Metaboliten, beispielsweise Milchsäure, stimulieren die sensorischen Nerven im Muskel und führen so zu einem stetigen Schmerz.
Verstopfung der Nasenmuscheln und ein Verschluß der Nasennebenhöhlen können bei einer Erkältung ebenfalls zu Kopfschmerzen führen. Heftige frontale Kopfschmerzen gehen auf eine Entzündung der Stirnhöhle zurück. Dieser frontale Kopfschmerz kann bis hinter die Augen ausstrahlen, er wird durch eine Ansammlung von Exsudat in der Stirnhöhle hervorgerufen. Die Verstopfung der Nase und die Entzündung läßt die Schleimhaut um die Ausgänge der Stirnhöhle anschwellen, dadurch wird der Abfluß aus der Stirnhöhle behindert. Kiefer-, Siebbein- und Keilbeinhöhle können ähnlich verstopft sein. Je nach betroffener Region kann der Schmerz über der Wange, dem Oberkiefer, der Stirn, zwischen den Augen oder am Hinterkopf lokalisiert sein [12].
Kontakt der Nasenmuscheln (Ossa turbinales) miteinander und mit der Nasenscheidewand kann eine weitere Ursache für Kopfschmerzen sein. Wenn die Nasenmuscheln verstopfen, kann der Kontakt der Schleimhäute auf ihrer Oberfläche pulsierende Schmerzen hervorrufen. Diese Art Schmerz hängt oft auch mit einer Deformation der Nasenscheidewand zusammen. Auch wenn topische Dekongestiva bei diesem Kopfschmerz Erleichterung verschaffen, ist die einzige langfristig wirksame Behandlung eine operative Korrektur der Nasenscheidewand [12].

Bestimmung von Fieber und Kopfschmerz

Fieber kann ohne weiteres durch Messung der Körpertemperatur erfaßt werden. Umso erstaunlicher ist es, daß von dieser Bestimmung bei klinischen Prüfungen in Zusammenhang mit Schnupfen nur selten Gebrauch gemacht wird. Möglicherweise liegt dies daran, daß normalerweise nur geringe Veränderungen der Körpertemperatur beobachtet werden und das Symptom – zumindest bei Erwachsenen – für weniger wichtig erachtet wird. Erhöhte Körpertemperatur kann auch subjektiv bestimmt werden, durch subjektive Bewertung des Fröstelns [1]. Kopfschmerz ist ein völlig subjektiver Parameter, der nur mittels einer subjektiven Schmerzskala bewertet werden kann. Wie schon erwähnt kann die Intensität der Schmerzempfindung von psychologischen und persönlichen Einflüssen abhängen, oft besteht kein Zusammenhang mit irgendeiner objektiv meßbaren Schwere der Symptome.

Literatur

1. Tyrrell, D.A., Cohen, S., Schlarb, J.E. (1993) Signs and symptoms in common colds. Epidemiol. Infect. 111: 143–156.
2. Forsyth, B.R., Bloom, H.H., Johnson, K.M., Chanock, R.M. (1963) Patterns of illness in rhinovirus infections of military personnel. N. Engl. J. Med. 269: 602–606.
3. Hall, C.B. McBride, J.T. (1988) Upper respiratory tract infections.: The common cold, pharyngitis, croup, bacterial tracheitis and epiglottitis, in Respiratory Infections: Diagnosis and Management. J.E. Pennington, Editor. Raven Press: New York. S. 97–118.
4. Winther, B., et al. (1986) Sites of rhinovirus recovery after point innoculation of the upper airway. JAMA 256: 1763–1767.
5. Proud, D., Naclerio, R.M., Gwaltney, J.M., Hendley, J.O. (1990) Kinins are generated in nasal secretions during natural rhinovirus colds. J. Infect. Dis. 161: 120–123.
6. Proud, D., et al. (1988) Nasal provocation with bradykinin induces symptoms of rhinitis and a sore throat. Am Rev Respir Dis 173: 613–616.
7. Rees, G.L. Eccles, R. (1994) Sore throat following nasal and oropharyngeal bradykinin challenge; in press.
8. Schachtel, B.P., et al. (1984) Rating scales for analgesics in sore throat. Clin. Pharmacol. Ther. 36: 151–156.
9. Schachtel, B.P., Fillingham, J.M., Thoden, W.R., Lane A.C., Baybutt, R.I. (1988) Sore throat pain in the evaluation of mild analgesics. Clin. Pharmacol. Ther. 44: 704–711.
10. Saper, C.B. Breder, C.D. (1992) Endogenous pyrogens in the CNS: Role in the febrile response. Prog. Brain Res. 93: 419–429.
11. Edwards, C. Stillman, P. (1993) Headache. Pharm. J. April 10 : 505–509.
12. Ryan, R.E., Ryan, R.E. Jr. (1979) Headache of nasal origin. Headache 19: 173–17.

J. Eller
H. Lode

Pathophysiologie des Hustens

Einleitung

Husten ist eines der am häufigsten auftretenden Symptome im klinischen Alltag. Wie Querschnittsuntersuchungen ergaben, klagen zwischen 5 und 40% aller Patienten über Husten [7].
Inhalatives Rauchen, Umweltverschmutzung und Husten infolge manifester Lungenerkrankungen wie etwa der chronisch obstruktiven Bronchitis sind maßgebend für die Häufigkeit des Auftretens. Husten als Symptom kann in der täglichen Routine allerdings nur bedingt im diagnostischen Prozeß verwertet werden, da er in aller Regel unspezifisch ist und fast bei jeder Lungenerkrankung in seinen unterschiedlichen Nuancen auftreten kann.
Während das Rauchen vornehmlich chronischen Husten hervorruft, liegen der akuten Hustensymptomatik häufig Fremdkörperreizungen oder Infektionen des Respirationstraktes zugrunde. Hier hat die im Rahmen eines Common Cold auftretende akute Tracheobronchitis die größte Bedeutung, da nahezu jeder Erwachsene mindestens einmal pro Jahr an einer Common Cold erkrankt.
Husten kommt aber nicht nur im Rahmen von primär die Atemwege involvierenden Erkrankungen vor. Zum Beispiel die Refluxösophagitis oder etwa Entzündungen bzw. Reizungen des äußeren Gehörgangs können von einer Hustensymptomatik begleitet sein. Das Symptom Husten sollte den klinisch tätigen Arzt also zu weitläufigen differentialdiagnostischen Überlegungen veranlassen. Trotz der Häufigkeit von Husten gab es bis vor kurzem jedoch nur relativ wenige Untersuchungen über physiologische Zusammenhänge beim Husten am Menschen. Dieses Desinteresse war zumindest zu einem Teil durch die vorherrschende Meinung bestimmt, daß der Husten als wichtiger Bestandteil der mukoziliären Klärfunktion nicht unterdrückt werden sollte, da diese zu einer schädlichen Sekretretention in den Atemwegen führen könnte.
Es gibt aber viele Erkrankungen, zu denen auch eine beginnende Tracheobronchitis im Rahmen eines Common Cold zählt, bei denen die Suppression des Hustens zu einer enormen Erleichterung für den Patienten führt. Um notwendige neue Therapieansätze entwickeln zu können, sind grundlegende Untersuchungen zur Physiologie des Hustens beim Menschen unabdingbar.

In diesem Kapitel werden grundlegende Mechanismen sowie pathophysiologische Überlegungen zum Husten erläutert.

Anatomie des Hustenreflexes

Bei jedem Hustenakt sind mehrere Organe beteiligt. Lunge, periphere Leitungsbahnen sowie das zentrale Nervensystem bilden eine Einheit bei der Auslösung, Steuerung und Koordination des Hustenstoßes. Husten wird durch einen Reflex, den Hustenreflex, gesteuert. Der Reflexbogen beinhaltet folgende kettenartig hintereinander geschaltete Strukturen: Rezeptor → afferentes Neuron → zentrales Umschaltneuron → efferentes Neuron → Erfolgsorgan.

Nervale Afferenzen finden sich im Bereich der Atemwege im Larynx, der Trachea und den Bronchien bis hin zu den respiratorischen Bronchiolen. Die Zahl der Rezeptoren nimmt zur Peripherie hin deutlich ab. Bereits in den mittelgroßen Bronchien sind nur noch spärlich Hustenreflexrezeptoren zu lokalisieren, ebenso finden sich kaum Rezeptoren im Naso- und Oropharynx. Die weitaus meisten Hustenrezeptoren sind in der Trachea angelegt [1].

Die nervale Innervation der Atemwege ist aber nicht nur für den Husten von großem Interesse, sondern auch für die Pathophysiologie des Asthma bronchiale. Hierbei ist zu berücksichtigen, daß der Husten und die Verengung der

Tabelle 1: Verteilung und Bedeutung der Hustenrezeptoren (nach [7])

Organ	Art des Rezeptors	Lokalisation	Stimulus	Wirkung
Larynx	1. Mechanorezeptoren	Taschenfalten i. Larynx	Mechanische Stimuli, Zigarettenrauch, kalte Luft	Husten
	2. C-Fasern	Taschenfalten i. Larynx	Mechanische und chemische Stimuli	Husten
Trachea und Bronchien	1. Mechanorezeptoren	Schleimhaut d. Trachea u. Bronchien	Mechanische Stimuli und Zigarettenrauch	Husten
	2. Dehnungsrezeptoren	glatte Muskulatur d. Pars membranacea von Trachea und Bronchien	Inspiration	Modulation d. Hustenreflexes Hering-Breuer-Reflex
	3. C-Fasern	Epithel d. Trachea und Bronchien	Entzündung und chemische Stimuli	?

Bronchien wahrscheinlich auf unterschiedliche Weise entstehen [5]. Untersuchungen am Tier lassen sich bezüglich der Pathophysiologie des Hustens nur bedingt auf den Menschen übertragen, da große artenspezifische Unterschiede in Verteilung und Bedeutung der einzelnen Hustenrezeptoren bestehen. Im Gegensatz dazu ist die nervale Versorgung des Atemwegstraktes am Menschen, trotz einiger guter Studien in den letzten Jahren, nur ungenügend beschrieben [2].

Es lassen sich drei verschiedene Arten von sensiblen Nervenendigungen, die in ihrer Funktion als Rezeptoren zu werten sind, unterscheiden: Dehnungsrezeptoren, Mechanorezeptoren und die sogenannten C-Fasern. Tabelle 1 gibt eine Übersicht über Verteilung und Bedeutung der drei Arten von Hustenrezeptoren.

Die langsam adaptierenden *Dehnungsrezeptoren* sind Nervenendigungen von myelinisierten Nervenfasern. Ihre physiologische Bedeutung besteht in der Auslösung des Hering-Breuer Reflexes, der die Lunge vor einer Hyperinflation schützen soll. Ihnen wird aufgrund tierexperimenteller Untersuchungen ein modulierender Einfluß auf den Hustenreflex zugeschrieben [15].

Die zweite Gruppe, die sogenannten *Mechanorezeptoren* sind schnell adaptierend, d.h. ihre mehrmalige Stimulation ist schnell ermüdbar. Die ebenfalls myelinisierten Nervenendigungen sind unterhalb des Epithels sowie zwischen den Epithelzellen lokalisiert. Insbesondere die Mechanorezeptoren in der Trachea nahe der Bifurkation, an der sich die Trachea in den linken und rechten Hauptbronchus teilt, reagieren auf mechanische Stimuli mit Husten. Sie werden deshalb auch als «die klassischen Hustenrezeptoren» bezeichnet, was aber zumindest beim Menschen nicht fundiert belegt ist. Da die Mechanorezeptoren genau in der Trachea, wo der Husten am leichtesten auslösbar ist, ihre größte Dichte haben, ist ihre Beteiligung am Hustenreflex sehr wahrscheinlich. Mechanorezeptoren befinden sich auch oberhalb der Epiglottis. Die weiter distal gelegenen Mechanorezeptoren sind wahrscheinlich mehr an der Steuerung des Atemzyklus beteiligt.

Die letzte Gruppe, die *C-Fasern*, werden durch nicht myelinisierte, also langsam leitende Nervenendigungen, gebildet. Sie liegen frei im Atemwegsepithel und sind zahlenmäßig häufiger als die beiden anderen Gruppen. Sie sind wahrscheinlich für die Auslösung von Husten durch chemische Stimuli, z.B. Capsaicin, verantwortlich. Capsaicin ist ein Extrakt aus rotem Pfeffer und eignet sich hervorragend für Hustenstudien am Menschen [14]. Zusätzlich besteht eine regional unterschiedliche Sensitivität dieser C-Fasern. Vor allem bei Stimulation der C-Fasern in den tiefen Atemwegen durch Capsaicin entsteht Husten. Bei gleicher Stimulation der C-Fasern im Larynx ist nur eine schwache Hustenantwort zu verzeichnen [10].

Von den Rezeptoren der unteren Atemwege läuft der afferente Schenkel des Hustenreflexes in Fasern des Nervus vagus. Die spärlichen Rezeptoren in den oberen Atemwegen befinden sich in der Nase und den paranasalen Sinus; diese werden ebenfalls durch Fasern des Nervus vagus versorgt. Im Pharynx und auch im Larynx befinden sich physiologisch bedeutende Hustenrezeptoren. Sie werden aktiviert, wenn sich Fremdkörperpartikel wie z.B. Brotkrümel im Larynx verfangen. Aber gerade auch beim Common Cold werden diese Rezeptoren durch mechanische Stimulation von Sekret, das aus dem Nasenrachenraum abgesondert wird, stimuliert [3]. Sie werden durch den Nervus glossopharyngeus innerviert. Auch außerhalb der Atemwege befinden sich Rezeptoren, über die ein Hustenreflex ausgelöst werden kann.

Neben den weithin bekannten Bahnen des zehnten Hirnnerven, die im äußeren Gehörgang münden, befinden sich klinisch weitaus wichtigere Rezeptoren in der Pleura und im Magen bzw. den angrenzenden Anteilen des Ösophagus (ebenfalls durch den Nervus vagus versorgt). Schließlich lassen sich auch Rezeptoren im Perikard und im Diaphragma ausmachen (Nervus phrenicus).

Alle Afferenzen enden in zentral gelegenen Steuerungszentren , die im Mittelhirn nahe der Medulla oblongata lokalisiert sind. Sie sind jedoch nicht mit den anderen dort lokalisierten respiratorischen Atmungszentren identisch. Im Gegensatz zu anderen vegetativen Reflexen kann der Hustenreflex auch willentlich ausgelöst bzw. unterdrückt werden, so daß Verbindungen vom Cortex zu diesen Steuerungszentren bestehen müssen.

Die efferenten Bahnen des Hustenreflexes sind dem Nervus vagus, dem Nervus phrenicus, der das Zwerchfell versorgt, und den die interkostal gelegene Atemmuskulatur aktivierenden Spinalnerven zuzuordnen. Der Larynx und der gesamte Tracheobronchialbaum werden motorisch vom Nervus vagus innerviert.

Mechanik des Hustens

Der Hustenstoß wird im wesentlichen durch drei Phasen bestimmt. Der koordinierte Ablauf dieser drei Phasen ist wichtig für die Erzeugung und Aufrechterhaltung eines akuten hohen exspiratorischen Flows, der die Grundlage eines effektiven Husenstoßes darstellt [12].

Die *erste Phase* ist durch eine tiefe Inspiration gekennzeichnet, durch die ein großes Lungenvolumen erreicht wird. Bei weit geöffneter Glottis gelangt in kurzer Zeit sehr viel Luft in die Lunge. Das Zwerchfell und die inspiratorische Atemmuskulatur werden maximal kontrahiert und die elastischen Elemente der Lunge (Retraktionsdruck) sind maximal gedehnt.

Im Übergang zur *zweiten Phase* wird die Stimmritze (Glottis) für ungefähr 0,2 Sekunden komplett geschlossen. Im Anschluß daran wird der intrathorakale Druck durch isometrische Kontraktion aller exspiratorisch wirkenden Kräfte maximal erhöht. Dabei entsteht ein Druck bis zu 100 mmHG. Obwohl der

Glottisschluß wichtig ist, ist er keine notwendige Voraussetzung für ein effektives Hustenmanöver. Auch tracheotomierten bzw. intubierten Patienten ist es möglich, Sekrete durch Husten zu expektorieren.
Die eigentliche Funktion des Hustenstoßes, nämlich die Entfernung von Partikeln aus dem Respirationstrakt, wird in der *Schlußphase* ausgeübt.
Drei Faktoren tragen zu ihrem Gelingen bei: die exspiratorische Muskulatur, die koordinierte Bewegung der Glottis und der Tracheobronchialbaum. Aufgrund des hohen Druckgradienten zwischen dem Alveolarraum und dem Nasopharynx entweicht die intrathorakale Luft nach Öffnung der Glottis explosionsartig. Innerhalb von 50 mSec wird eine Flowrate von 12 l/sec erzeugt.
Obwohl sich die Stimmlippen öffnen, wird konsekutiv der Größendurchmesser des Larynx verkleinert. Durch die Vibration der Stimmlippen und der hinteren Larynxwand kommt es zur Sekretmobilisation und Expektoration aus dem Larynx.
Die Flowrate nimmt von der Peripherie her kontinuierlich zu und ist in der Trachea am größten, da sich hier die kleinste Gesamtquerschnittsfläche ($3\,cm^2$) des Atemtraktes befindet. Zum Vergleich: die Gesamtquerschnittsfläche der respiratorischen Bronchiolen beträgt etwa $390\ cm^2$ und die der Alveolen sogar $100\ m^2$.
Nicht nur diese initial hohen Flowraten, sondern auch die prolongierte Aufrechterhaltung dieses hohen Luftstroms ist wichtig zur Entfernung der Partikel aus der Lunge. Die exspiratorische Muskulatur wird nun dynamisch verkürzt und es kommt zur Relaxierung des Diaphragmas, so daß der im Bauchraum entstandene Druck in den Thorax überführt werden und zum Abhusten beitragen kann. Zusätzlich kontrahiert sich während dieser Phase auch die glatte Muskulatur der Bronchien.
Ein weiterer wichtiger Faktor zur Aufrechterhaltung des Druckgradienten ist die Kompression des Tracheobronchialbaumes (siehe Abbildung 1). Diese Kompression findet fast ausschließlich in den großen Atemwegen statt. Es gibt einen Punkt innerhalb des Bronchialsystems, an dem sich der Bronchialdruck und der Pleuradruck die Waage halten (Punkt des gleichen Druckes). Die Bronchien können ausschließlich proximal dieses Punktes komprimiert werden, da nur hier der Pleuradruck größer als der Bronchialdruck sein kann. Der Punkt des gleichen Druckes ist vom Lungenvolumen abhängig. Je größer das Lungenvolumen ist, desto größer ist auch der intrabronchiale Druck, und der Punkt des gleichen Druckes verschiebt sich nach proximal. Daraus folgt, daß bei großen Lungenvolumina durch Erhöhung des Pleuradruckes in der Exspiration die mehr zentral gelegenen Bronchien komprimiert werden und somit hier der Luftstrom am größten und bezüglich der Mobilisation von Fremdpartikeln am günstigsten ist. Bei konsekutiv durchgeführten Hustenmanövern nehmen die endinspiratorischen Lungenvolumina ab, und weiter distal gelegene Bronchien werden während der Exspiration komprimiert. Während des ersten Hustenstoßes werden

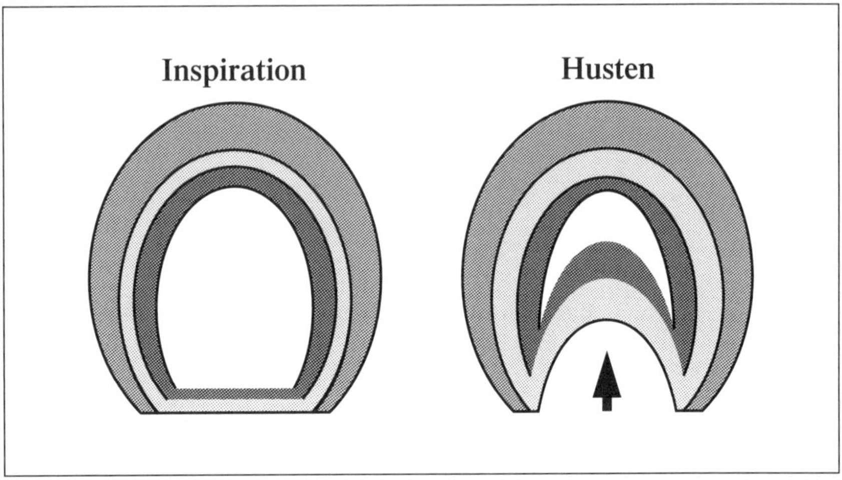

Abbildung 1: Querschnitt durch die Trachea während der Inspiration und Exspiration beim Husten. Schichten von außen nach innen: Knorpelspange der Trachea – Bindegewebe und glatte Muskulatur – Schleimhaut. Beim Hustenstoß wird durch die Kompression der Pars membranacea der Trachea der Querschnitt des Lumens um den Faktor 6 verkleinert. Die lineare Flußgeschwindigkeit nimmt dabei von 6,6 m/sec. auf 280 m/sec. zu.

also Sekrete der zentralen Atemwege und in den darauffolgenden Hustenstößen Sekrete in den Atemwegen mit kleineren Durchmessern mobilisiert und nach proximal transportiert.
Die aus den kleinen Atemwegen in die Trachea transportierten Schleimmengen werden dann in einem letzten tiefen Hustenstoß expektoriert.
Die Sensitivität dieses Schutzreflexes bewegt sich bei Normalprobanden in einer schmalen Bandbreite. Unter bestimmten Umständen kommt es jedoch zu einer verminderten Ansprechbarkeit des Hustenreflexes. So ist z. B. bei Patienten mit einem Schädelhirntrauma, Patienten in der postoperativen Phase oder ganz allgemein bei älteren Patienten der Hustenreflex schwerer auslösbar. Möglicherweise ist dadurch auch das erhöhte Risiko für tiefe respiratorische Infektionen bei diesen Patienten bedingt.

Pathophysiologische Aspekte des Hustens

Husten ist ein wichtiger bzw. additiver Bestandteil der mukoziliären Klärfunktion und damit prinzipiell ein Schutz- bzw. Reinigungsreflex. Auch bei gesunden Probanden wird kontinuierlich Schleim produziert, der aus den Atemwegen transportiert und im weiteren verschluckt wird. Die Trachea und die großen Atemwege sind von einem Flimmerepithel ausgekleidet. Der Zilienschlag des Flimmerepithels sorgt für den Transport des Schleimes in Richtung des Rachens [8].

Erst bei vermehrter Schleimproduktion, wenn die Zilienklärfunktion überlastet ist, kommt es zum Husten, der den Schleim aus den großen Atemwegen entfernen soll. Ungeklärt ist, ob allein die Schleimmenge und/oder eine veränderte Konsistenz des Schleimes zur Stimulation der Hustenrezeptoren führt [4]. Möglicherweise wird Husten in diesen Fällen auch durch eine Änderung der Sensitivität der Rezeptoren allein gesteuert. Die Aspiration von Fremdkörperpartikeln (mechanische Stimulation) oder die Inhalation von toxischen Gasen (chemische Stimulation) löst ebenfalls einen Hustenreflex aus. Auch der Einfluß von Mediatoren, sei es im Mukus oder im Epithel, ist wenig erforscht und bedarf weiterer Abklärung.

Im Gegensatz zum Niesreflex kann Husten willentlich ausgelöst, aber auch unterdrückt werden. Dies ist bei der Beurteilung des Symptoms Husten bei jeder Therapie, sei sie antibiotisch oder antiobstruktiv, zu berücksichtigen [11].

Meist werden Husten und Schleimproduktion gleichzeitig stimuliert. Dies ist physiologisch sinnvoll, da so neben dem Husten gleichzeitig ein Vehikel zur Beseitigung von Partikeln aus den Atemwegen zur Verfügung gestellt wird.

Im klinischem Alltag ist es angebracht, zwischen der akuten Hustensymptomatik und chronischem Husten zu unterscheiden. Beim *akuten Husten* steht ätiologisch die akute Tracheobronchitis an erster Stelle [13], die gewöhnlich aus einer akuten respiratorischen Virusinfektion resultiert. Klinisch beobachten wir einen trockenen, d.h. unproduktiven Husten, der Anfallscharakter hat. Dieser kann für die Patienten äußerst quälend sein und ist nicht selten von retrosternalen Brustschmerzen begleitet.

Mehrere Mechanismen scheinen beim Common Cold und anderen verwandten Infektionen Husten auszulösen. Primär werden die extrathorakal gelegenen Atemwege von den Viren befallen. Dies führt bei 94% zu einem Zuschwellen der Nase mit Sekretabsonderung und in immerhin 83% der Patienten zu einem postnasal drip, der positiv mit Husten korreliert ist [6]. Bei einer Verminderung des postnasal drip verbessert sich auch die Hustensymptomatik in diesem Stadium. Auslösend dabei scheint hier also die Schleimabsonderung aus dem Nasenrachenraum zu sein. Hypothetisch mögen auch Mediatoren, die im Schleim

vorhanden sind, zur Auslösung von Husten beitragen bzw. die Reaktionsschwelle der Rezeptoren zu reduzieren.
Kommt es im Rahmen des Common Cold zur Mitbeteiligung der Trachea bzw. der Bronchien im Sinne einer akuten Tracheobronchitis, spielen neben der erwähnten mechanischen Stimulation der Hustenrezeptoren zwei weitere Faktoren ein Rolle. Durch die Infektion der Bronchialschleimhaut mit Viren kommt es zu einer Schädigung des Epithels und konsekutiv zur Freilegung der sensorischen Nervenendigungen, den Hustenrezeptoren. Zweitens werden Mediatoren (Prostanoide) im Rahmen der Entzündungsantwort produziert, die vermutlich die Hustenrezeptoren sensibilisieren. Durch beide Mechanismen wird die Reizschwelle der Hustenrezeptoren herabgesetzt, und Husten ist leichter auslösbar. Dieser trockene Reizhusten hat physiologisch wenig Bedeutung und aggraviert mechanisch die Entzündung. Er sollte deshalb therapeutisch angegangen werden.
Im Verlauf einer akuten Tracheobronchitis kommt es aber zunehmend zur vermehrten Schleimproduktion. Das anfangs noch mukoide Sputum muß expektoriert werden, deshalb darf jetzt der Husten nicht mehr medikamentös unterdrückt werden. Da zusätzlich die Zilienschlagfunktion durch die virale Infektion reduziert ist [18], stellt der in den Atemwegen verbleibende Schleim einen idealen Nährboden für Bakterien dar. Im Falle einer Superinfektion, die klinisch als purulentes Sputum sichtbar ist, stellt der Husten einen entscheidenden Abwehrmechanismus zusätzlich zur mukoziliären Clearance dar. Der Husten wird von den Patienten nun nicht mehr als quälend empfunden, sondern sie beschreiben diesen Husten als einen sich lösenden Husten.
Die häufigsten Erreger einer bakteriellen Superinfektion bei gesunden jungen Patienten sind Streptococcus pneumoniae und Hämophilus influenzae. Bei Patienten mit fortgeschrittenen chronischen Lungenerkrankungen ist mit einem erweiterten Keimspektrum zu rechnen. Mit zunehmenden Schweregrad der Erkrankungen sind auch Problemkeime wie schleimbildende Pseudomonas aeruginosa Stämme im Sputum zu isolieren. Besonders bei dieser Patientengruppe sind bakterielle Sputumkulturen sinnvoll, um den Erreger und dessen Empfindlichkeit gegenüber Antibiotika zu determinieren.
Differentialdiagnostisch ist beim akuten Husten in erster Linie an Fremdkörperreizungen zu denken. Mechanische Reize wie etwa die Inhalation von inertem Staub oder aspirierte Fremdkörper (Kleinkinder!), aber auch bei Aspiration aus dem Magen-Darmtrakt (insbsondere bei Somnolenz oder nach Schädelhirntrauma) sowie die Bronchialschleimhaut irritierende Tumoren (gutartig und bösartig) können mit einer akuten Hustensymptomatik einhergehen.
Der *chronische Husten* ist vor allem ein Symptom des Rauchers. Vor allem morgendlicher Husten mit Expektoration von mukoidem Schleim ist charakteristisch für den Raucherhusten. Er wird durch eine vermehrte Schleimbildung in den Bronchien hervorgerufen und führt in aller Regel nicht zu einer Arztkonsul-

tation. Dieser Husten wird häufig von den Patienten verdrängt und muß deshalb in der Anamese erfragt werden.

Im Rahmen des Common Cold kann es neben der akuten Hustensymptomatik in einem nicht unbeträchtlichen Prozentsatz der Patienten auch zu einem chronischen Husten über die Genesung hinaus kommen. Bis zu acht Wochen nach einem Common Cold klagen diese Patienten über trockenen Anfallshusten. Auffällig ist, daß dieser besonders nach unspezifischen Reizen wie etwa kalter Luft oder Zigarettenrauch auftritt.

Dieser trockene Anfallshusten wird mit einem hyperreagiblen Bronchialsystem in Zusammenhang gebracht. Patienten mit einem hyperreagiblen Bronchialsystem reagieren bei unspezifischer Provokation, etwa durch die Inhalation kalter Luft, mit einer Verengung der Atemwege. Dies läßt sich in der Klinik gut mit einem lungenfunktionellen Provokationstest, etwa mit Metacholin, nachvollziehen und belegen. Die Lungenfunktionsparameter ohne Provokation sind dabei immer normal, es sei denn, es läge eine andere Lungenerkrankung vor. Im Rahmen von viralen Infektionen der oberen Atemwege kann sich auch bei sonst lungengesunden Patienten eine solche Hyperreaktivität des Bronchialsystems entwickeln.

In vielen Studien konnte gezeigt werden, daß allein eine Verengung der Atemwege Husten auslösen kann [9,17]. Eine Bronchokonstriktion, die zu einer mehr als 20 prozentigen Reduzierung der Einsekundenkapazität führt, löst auch bei gesunden Probanden Husten aus.

Deshalb ist Husten auch ein wichtiges Leitsymptom des Asthma bronchiale. Der Husten beim Asthma bronchiale kann von einem leichten Hüsteln über einen trockenen Anfallshusten bis hin zu einer schweren purulenten Bronchitis fast jede Nuance aufweisen und muß deshalb bei jeder Form des Hustens in die Differentialdiagnose mitaufgenommen werden. Häufige akute Tracheobronchitiden können ein Asthma bronchiale maskieren. Deshalb müssen die oben genannten Lungenfunktionsuntersuchungen nach der vollständigen Rekonvaleszenz wiederholt werden, um ein Asthma auszuschließen.

Bei 21% bis 90% aller Patienten mit Bronchialkarzinom ist Husten das initiale Symptom. Da diese Patienten in aller Regel bereits unter einem chronischen Raucherhusten leiden, ist neben dem Neuauftreten von Husten vor allem auf Änderungen der Hustenqualität zu achten. Bei allen Rauchern sollte daher immer eine Röntgenaufnahme des Thorax veranlaßt werden, auch wenn augenscheinlich ein unkomplizierter Common Cold der Auslöser des Hustens zu sein scheint.

Neben dem Rauchen und dem Asthma bronchiale ist auch ein chronischer postnasal drip, die chronische Bronchitis, die Lungenembolie und der gastroösophageale Reflux in das Spektrum der Ätiologien von Husten aufzunehmen. Auch eine medikamentöse Begleitherapie, wie die Einnahme von ACE-Hem-

mern, muß beachtet werden, da ACE-Hemmer, wahrscheinlich über eine Änderung der Hustenreflexempfindlichkeit, Husten auslösen können [16].
Abschließend sei bemerkt, daß nahezu jede Lungenerkrankung sowohl mit einer akuten als auch chronischen Hustensymptomatik einhergehen kann. Dies sollte immer bei der klinischen Beurteilung von Husten im Rahmen eines Common Cold in Erwägung gezogen werden, da häufig schwerwiegende Erkrankungen wie z. B. das Bronchialkarzinom übersehen werden.

Zusammenfassung

Husten ist ein häufiges, aber auch unspezifisches Symptom vieler Erkrankungen. Husten wird durch einen Reflex, den Hustenreflex gesteuert. Von den Hustenrezeptoren, deren Dichte in der Trachea am größten ist, laufen die Afferenzen im Nervus vagus zu einem Hustenzentrum, das in der Medulla oblongata gelegen ist.
Der Hustenstoß wird durch drei Phasen geprägt. Nach einer tiefen Inspirationsphase wird in kürzester Zeit bei geschlossenem Kehlkopfdeckel ein hoher intrathorakaler Druck erzeugt. Durch diesen Druck wird nach Öffnung des Kehlkopfdeckels ein sehr hoher exspiratorischer Flow, insbesondere im Bereich der oberen Trachea, erzeugt und damit werden z. B. Fremdkörper aus den Atemwegen entfernt.
Husten ist im wesentlichen ein Schutzreflex, der in Zusammenhang mit der mukoziliären Klärfunktion steht. Neben Fremdkörperreizungen sind virale Infektionen im Rahmen eines Common Cold bei der akuten Hustensymptomatik ätiologisch maßgebend. Beim Common Cold ensteht Husten meist durch postnasal drip oder durch eine akute Tracheobronchitis. Nach der Rekonvaleszenz kann bei einem Teil der Patienten ein Reizhusten über mehrere Wochen bestehen.
Der chronische Husten ist vor allem ein Symptom des Rauchers. Bei diesen Patienten ist auf eine Änderung der Hustensymptomatik zu achten, da sich dahinter pulmonale Erkrankungen, wie z. B. das Asthma bronchiale bzw. ein hyperreagibles Bronchialsystem, verbergen können.

Literatur

1. Cough and related phenomena. Proceedings of a workshop. London, 4 November 1989. Respir Med 85 (1991) 1–68
2. Barnes, P. J.: Neural control of human airways in health and disease. Am Rev Respir Dis 134 (1986) 1289–1314
3. Boushey, H. A., P. S. Richardson, J. G. Widdicombe, J. C. Wise: The response of laryngeal afferent fibres to mechanical and chemical stimuli. J Physiol Lond 240 (1974) 153–170
4. Choudry, N. B., R. W. Fuller: Sensitivity of the cough reflex in patients with chronic cough. Eur Respir J 5 (1192) 296–300
5. Choudry, N. B., R. W. Fuller, N. Anderson, J. A. Karlsson: Separation of cough and reflex bronchoconstriction by inhaled local anaesthetics. Eur Respir J 3 (1990) 579–583
6. Curley, F. J., R. S. Irwin, M. R. Pratter, D. H. Stivers, G. V. Doern, P. A. Vernaglia, A. B. Larkin, S. P. Baker: Cough and the common cold. Am Rev Respir Dis 138 (1988) 305–311
7. Fuller, R. W.: Physiology and treatment of cough. Thorax 45 (1990) 425–430
8. Fuller, R. W.: Mechanism and treatment of cough. In: Barnes,P. J. (Hrsg.): Respiratory Medicine. Recent Advances. S. 88–94. Butterworth-Heinemann,Oxford 1993.
9. Hall, W. J., C. B. Hall: Alterations in pulmonary function following respiratory viral infection. Chest 768 (1979) 458–464
10. Hansson, L., P. Wollmer, M. Dahlbäck, J. A. Karlsson: Regional sensitivity of human airways to capsaicin-induced cough. Am Rev Respir Dis 145 (1992) 1191–1195
11. Hutchings, H. A., S. Morris, R. Eccles, M. S. M. Jawad: Voluntary suppression of cough induced by inhalation of capsaicin in healthy volunteers. Respir Med 87 (1993) 379–382
12. Irwin, R. S., M. J. Rosen, S. S. Braman: Cough. A comprehensive review. Arch Intern Med 137 (1977) 1186–1191
13. Lode, H.: Infektionen der Atemwege – wann besteht eine Indikation zur Antibiotikatherapie? Pneumologie 44 (1990) 763–766
14. Midgren, B., L. Hansson, J. A. Karlsson, B. G. Simonsson, G. A. Persson: Capsaicin-induced cough in humans. Am Rev Respir Dis 146 (1992) 347–351
15. Morice, A. H., K. S. Higgins, W. W. Yeo: Adaption of cough reflex with different types of stimulation. Eur Respir J 5 (1992) 841–847
16. Sebastian, J. L., W. P. McKinney, J. Kaufmann, M. J. Young: Angiotensin-converting enzyme inhibitors and cough. Prevalence in an outpatient medical clinic population. Chest 99 (1991) 36–39
17. Sheppard, D., N. W. Rizk, H. A. Boushey, R. A. Bethel: Mechanism of cough and bronchoconstriction induced by distilled water aerosol. Am Rev Respir Dis 127 (1983) 691–694
18. Sisson, J. H., A. Papi, J. D. Beckmann, K. L. Leise, B. W.arverJ. , C. L. Kelling, J. R. Spurzem, S. I. Rennard: Smoke and viral infection cause cilia loss detecable by bronchoalveolar lavage cytology and dynein ELISA. Am J Respir Crit Care Med 149 (1994) 205–213

Klinische Aspekte in der Pädiatrie

S. Zielen

Akute Nasopharyngitis (Common Cold) bei Kindern

Die akute Nasopharyngitis ist die häufigste Infektion bei Kindern und ihre klinische Bedeutung ist direkt abhängig von der Häufigkeit, mit der Komplikationen auftreten. Bei Kindern ist diese Erkrankung deutlich ausgeprägter als bei Erwachsenen, und es kommt nicht selten zu einer Mitbeteiligung der Nasennebenhöhlen und des Mittelohrs sowie des Pharynx.

Ätiologie

Die Erkrankung kann durch mehr als 150 unterschiedliche Viren ausgelöst werden. Dominierend sind hierbei Erreger aus der Gruppe der Rhinoviren. Rhinoviren sind RNA-Viren und gehören zur Klasse der Picorna-Viren. Mindestens 100 verschiedene Serotypen wurden bisher identifiziert. Da ihr Temperaturoptimum bei 35 °C liegt, vermehren sie sich schlecht bei Körpertemperatur und deszendieren seltener in die unteren Atemwege. Die Infektion mit einem bestimmten Serotyp erzeugt eine serotypenspezifische Immunität, ohne daß dadurch gegenüber anderen Serotypen ein Schutz vermittelt wird. Außer Rhinoviren, die in etwa 30 % der Fälle für die Erkältungserkrankung verantwortlich sind, finden sich häufig Corona-Viren, Parainfluenza-Viren und Respiratory-syncytial-Viren (RSV). Weitere Viren, die gelegentlich im Rahmen einer Infektion Erkältungssymptome auslösen, sind Adenoviren, Influenzaviren, Enteroviren und Reoviren.

Das nicht virale Erregerspektrum umfaßt Streptokokken, Chlamydia pneumoniae und Mykoplasma pneumoniae. Der häufigste Erreger der akuten bakteriellen Nasopharyngitis sind Streptokokken der Gruppe A in 10 % der Fälle. Hierbei ist eine milde Streptokokkenpharyngitis klinisch nicht von einer viralen Infektion zu unterscheiden. Das Erregerspektrum bei Kindern entspricht in etwa dem von Erwachsenen mit der Ausnahme, daß ein Erregernachweis bei Kindern signifikant seltener zu führen ist. In einigen Studien konnte bei 70 % der Kinder mit akuter Erkältung kein ätiologisches Agens nachgewiesen werden. Die Inkubationszeit kann teilweise nur wenige Stunden betragen. Üblicherweise dauert es ein bis zwei Tage, bis das Vollbild der Erkrankung auftritt.

Epidemiologie (s. a. Kap. Lange, S. 12)

Akute Erkältungskrankheiten sind weltweit verbreitet und die Ursache, warum ein und dieselbe Person immer wieder daran erkrankt, ist nur unvollständig aufgeklärt. Obwohl die Erkrankung während der gesamten Jahreszeit auftreten kann, findet sich in der nördlichen Hemisphäre eindeutig ein Peak im September, im Januar und im April.

Die Ursache für die starke saisonale Betonung der Häufigkeit von Erkältungskrankheiten ist nicht ausreichend geklärt. Eine Unterkühlung, wie sie das Wort Erkältung impliziert, spielt wohl ursächlich für das Angehen der Infektion keine Rolle. Dies erklärt auch, warum Warmluftinhalationen bei der Therapie der Erkrankung keinen signifikanten Effekt zeigten (15), obwohl angefeuchtete warme Luft symptomatische Linderung schaffen kann. Wahrscheinlich ist für den saisonalen Charakter der Erkältung die Tatsache verantwortlich, daß sich die Kinder und Erwachsene während der kalten Jahreszeit mehr in geschlossenen Räumen aufhalten und eine Ansteckung leichter möglich ist. Die Häufigkeit variiert zwischen 5 bis 10 Episoden im Jahr bei Kindern, mit einem Häufigkeitsgipfel während der ersten beiden Lebensjahre. Hierbei ist die Häufigkeit der akuten Nasopharyngitis direkt korreliert mit der Häufigkeit der Exposition in Krabbelgruppen, Kindergärten und der Größe der Familien. Die Empfänglichkeit ist weiter abhängig vom Ernährungszustand, da eitrige Komplikationen bevorzugt bei Unterernährung auftreten.

Tonsillektomie und Adenotomie reduzieren nicht die Inzidenz an Erkältungen. Ebenso ist die Inzidenz zwischen Rauchern und Nichtrauchern als gleich hoch anzusehen, allerdings konnte eine Untersuchung von Wright et al. (20) in Tuscon zeigen, daß der Krankheitsverlauf bei 847 Kindern, deren Eltern rauchen, schwerer ist als bei Kindern, die keinem Zigarettenrauch ausgesetzt sind.

Erregerverbreitung (s. a. Kap. Jennings/Dick, S. 71)

Das Hauptreservoir der Erkältungsviren sind kleine Kinder. Meist erfolgt die Inkubation mit dem Virus zu Hause oder in der Schule. Zum einen führt direkter Kontakt mit infektiösem Sekret an der Haut oder den Schleimhäuten zur Inokkulation der Viren. Hierbei werden Rhinoviren überwiegend in den Nasensekreten ausgeschieden. Gleichzeitig kann bei einem hohen Prozentsatz der Patienten der Virus auf den Händen nachgewiesen werden, so daß der Hand-zu-Hand-Kontakt wesentlich für die Verbreitung der Infektion verantwortlich ist. So konnte eine Studie zeigen, daß die Fingerdesinfektion signifikant die Infektionsrate bei den Müttern senkt. Andererseits gibt es gute epidemiologische Untersuchungen über Influenza- und Adenoviren, die zeigen, daß sich die Erreger zumindest teilweise als Tröpfcheninfektion verbreiten.

Pathologie (s. a. Kap. Schneider/Länger, S. 131)

Als erstes Zeichen findet sich ein Ödem und eine Vasodilatation in der Submukosa. Histologisch findet sich ein mononukleäres Zellinfiltrat, das innerhalb von ein bis zwei Tagen in ein polymorph-nukleäres übergeht. Das Epithel wird durch die Einwirkung der Viren nekrotisch und zeigt eine zunehmende Auflockerung und Schwellung der zytoplasmatischen Matrix. Es kommt zu einer vakuoligen Degeneration der Epithelzellen, bei der sich der Zellverband mehr und mehr auflöst. Die Epithelzellen zerfallen und Zellfragmente gelangen in den Sekretstrom. Mit der Epithelzellnekrose kommt es etwa um den 3. Tag zu einem Verlust des Flimmerepithels und damit zu einer massiven Störung der mukozilliären Clearance. Zu diesem Zeitpunkt sind bakterielle Superinfektionen durch Erreger wie Pneumokokken, Streptokokken, Haemophilus und Staphylokokken häufig. Im Zuge dieser bakteriellen Superinfektion kommt es zu einer ausgeprägten leukozytären Reaktion. Das am Anfang seröse Sekret wird zunehmend dickflüssig und purulent.

Klinischer Verlauf

Erkältungskrankheiten verlaufen bei Säuglingen schwerer als bei älteren Kindern und Erwachsenen. Im allgemeinen entwickeln Kinder zwischen dem 3. Lebensmonat und dem 3. Lebensjahr häufiger Fieber im Beginn der Infektion, gelegentlich einige Stunden bevor andere Symptome auftreten. Ältere Kinder zeigen nur leicht erhöhte Temperaturen und Kinder unter 3 Monate sind meist afebril.

Bei älteren Kindern beginnt die Entzündung mit einem trockenen Vorstadium. Die Nasenschleimhaut scheint auffallend trocken, initial hellrot, später dunkelrot und geschwollen. Es besteht Niesreiz, Wundgefühl und Brennen in der Nase und im Nasenrachenraum, selten tritt Husten auf.

Die Konjunktiven können in den Prozeß miteinbezogen sein. An Allgemeinsymptomen bestehen Kopfschmerzen, Abgeschlagenheit, Müdigkeit, Appetitlosigkeit, Frösteln bzw. Hitzegefühl und meistens subfebrile Temperaturen.

An das trockene Stadium schließt sich nach wenigen Stunden das seröse Stadium an, in dem die Beschwerden ihren Höhepunkt erreichen. Es besteht eine wäßrige

seröse Sekretion mit einer zunehmenden Nasenverstopfung. Die ständige Exsudation des Sekretes führt zu einer mechanischen Irritation und Rötung der Haut am Naseneingang. Die zunehmende Verlegung der Nasenatmung führt zu einem Überwiegen der Mundatmung und zu einem weiteren Austrocknen der Schleimhäute der tieferen Atemwege, so daß das Gefühl von Brennen und Wundsein im Hals noch zunimmt. In den meisten Fällen dauert die akute Phase 2–4 Tage.
Die wäßrige Sekretion wird dann im Verlauf zähflüssiger und purulent, gleichzeitig klingen die Allgemeinerscheinungen ab. Der klinische Verlauf zeigt hinsichtlich der Allgemeinsymptome eine große Variabilität. Erneutes Fieber und Zunahme der Beschwerden sind hinweisend für eine bakterielle Superinfektion wie Sinusitis und Otitis. Nicht selten kommt es auch am Ende der Erkrankung zu einer absteigenden Infektion der Atemwege mit Laryngitis, Tracheitis und Bronchitis.
Im Unterschied zu älteren Kindern zeigen Säuglinge zu Beginn der Erkrankung häufiger Zeichen einer systemischen Infektion wie Fieber, Unruhe und Erregbarkeit. Initiale Niesanfälle und eine wäßrige Sekretion der Nase führt innerhalb von wenigen Stunden zu einer Verlegung der Nasenatmung. Dies führt dann nicht selten zu erheblichen Trinkschwierigkeiten, so daß mit einer schnarchenden Ein- und Ausatmung Zeichen der Dyspnoe auftreten können. Gleichzeitig kommt es während der ersten 2 und 3 Tage meist zu einer Belüftungsstörung beider Trommelfelle. Die Inspektion der Ohren zeigt daher häufig ein Serotympanon, unabhängig davon, ob sich eine eitrige Otitis media im Verlauf entwickelt. Bei Säuglingen und Kleinkindern wird die Erkältung manchmal begleitet von Erbrechen und Diarrhoe. Der Fieberverlauf dauert von wenigen Stunden bis zu 3 Tagen, und das Wiederauftreten von Fieber spricht für eitrige Komplikationen.

Erkältung und bronchiale Hyperreagibilität

Es ist seit vielen Jahren bekannt, daß virale Infektionen der oberen Atemwege die bronchiale Reizempfindlichkeit der tiefen Atemwege erhöhen (4, 11). Nach dem derzeitigen pathophysiologischen Verständnis sind die Mechanismen einer viral induzierten Hyperreagibilität der Atemwege multifaktoriell. Initial kommt es zu einer Permeabilitätssteigerung im Bereich des Epithels, die zu einer vermehrten Reizbarkeit der darunter liegenden Rezeptoren führt (9). Im Verlauf der Entzündung kommt es zur Freisetzung von inflammatorischen Mediatoren wie Histamin, Bradikinin und Leukotrienen, die direkt eine Bronchokonstruktion bewirken. Daneben kommt es zu einer erhöhten alphaadrenergen Reaktionsbereitschaft und Zunahme der cholinergen Stimulierbarkeit der Atemwegsrezeptoren (2). Diese Reaktionen können prinzipiell durch alle Viren ausgelöst werden. Nach einer Untersuchung von Duff et al. (3) konnte bei 70% der Kinder, die mit asthmatischen Symptomen eingeliefert wurden, ein Virusnachweis erfolgen. Der dominierende Erreger war bei Kindern unter 2 Jahren das RS-

Virus, wohingegen Rhinoviren in der Gruppe der älteren Kinder dominierten. Diese Daten stehen in guter Übereinstimmung mit der Untersuchung von Johnston (11), der ebenfalls nachwies, daß Rhinoviren in der Gruppe der Schulkinder in mehr als der Hälfte der Fälle für die bronchiale Obstruktion verantwortlich sind.

Diagnose und Differentialdiagnose

Die Symptome einer akuten Erkältung sind so typisch, daß die Diagnose meist vom Patienten selber gestellt wird. In der Regel ist die klinische Diagnose ausreichend und der kulturelle Virusnachweis zu aufwendig und entbehrlich. Eine komplette Untersuchung umfaßt die Inspektion des Rachens, der Ohren und der Nasenhöhlen. Anzeichen einer massiven Pharyngitis, eines Enanthems oder Hinweise für eine obstruktive Atemwegserkrankung sollten immer Anlaß sein, nicht primär an eine Erkältung zu denken.

Die akute Erkältung ist eine selbstlimitierende Erkrankung und ein längerer Verlauf deutet auf Komplikationen hin (chronische Rhinopathie, eitrige Sinusitis, eitrige Otitis media oder Pneumonie). Die häufigste differentialdiagnostische Überlegung ist dabei die Frage, ob den klinischen Symptomen eine nicht infektiöse Ursache zugrunde liegt.

Die *allergische Rhinitis* sollte bei allen Kindern mit der Diagnose rezidivierende Erkältung ausgeschlossen werden. Hilfreich hierbei ist die Familienanamnese, ein Allergietest, der Nachweis einer Eosinophilie im Nasensekret, die Bestimmung des Serum-IgE und die Inspektion der Nasenschleimhaut. Die Schleimhaut ist dabei livide verfärbt und das Sekret serös.

Obwohl die *vasomotorische Rhinitis* bei Kindern eher selten ist, muß sie in die differentialdiagnostischen Überlegungen miteinbezogen werden. Typisch sind Niesattacken, starke Schleimhautschwellungen (bei geringer Rötung), starke wäßrige Sekretion mit oder ohne Eosinophilie. Es handelt sich hierbei um eine neurovaskuläre Reaktion auf mechanische oder chemische Reize, auf Streß oder auf eine psychische Störung. Die Allergietests sind negativ. Die Erkrankung verläuft oft chronisch (chronische Rhinopathie).

Bei Kindern sollte immer auch an die Möglichkeit eines *nasalen Fremdkörpers* gedacht werden.

Ebenso entspricht die katharralische Phase vieler Erkrankungen wie Pertussis, Epiglottitis und Masern in ihrer Symptomatik der akuten Erkältung, aber schon nach kurzer Zeit wird die ernstere Natur der zugrunde liegenden Erkrankung offensichtlich.

Die Differentialdiagnose umfaßt aber auch *Erreger* wie Corynebacterium diphtheriae, Mykoplasma pneumoniae, Neisseria meningitidis und Neisseria gonorrhoeae. Haemophilus influenzae, Streptococcus pneumoniae und Staphylococcus aureus infizieren den Nasenrachenraum meist sekundär und sind verantwortlich für die Komplikationen Sinusitis, Otitis, Mastoiditis, Lymphadenitis und Infektionen der tiefen Atemwege. Der kulturelle Nachweis von Bakterien aus den oberen Atemwegen ist problematisch, da diese Erreger in einem hohen Prozentsatz zur normalen Rachenflora gehören.

Therapie

Kausaltherapeutisch läßt sich die akute Erkältung nicht beeinflussen, lediglich eine symptomatische Behandlung ist möglich. Viele Kinder fühlen sich, wie auch die Erwachsenen, sehr elend, wenn sie eine Erkältung durchmachen, so daß eine Therapie mit Analgetika häufig nützlich ist. Bei Kindern sollte an erster Stelle Paracetamol anstelle von Salycilsäure angewendet werden, da einige Studien eine Beziehung zwischen Aspirin und Influenza-assoziiertem Reye-Syndrom beobachtet haben.

Im Vordergrund der symptomatischen Therapie stehen abschwellende Nasentropfen, um die Nasenatmung besonders bei jungen Kindern zu erleichtern. Es ist klar, daß der exzessive Gebrauch von vasokonstriktorischen Medikamenten zu einer «Reboundobstruktion» und damit zu einer Verlängerung der Erkrankung führen kann. Falls abschwellende Nasentropfen eingesetzt werden, so sollten sie ausschließlich vor dem Schlafengehen angewandt werden, um ein Maximum an Effekt zu bewirken und spätestens nach 5 Tagen abgesetzt werden. Auch das Einträufeln und Inhalieren von 0,9%iger Kochsalzlösung hat sich bewährt.

Weder Antibiotika noch Antihistaminika sollten bei der Therapie der akuten Erkältung bei Kindern eingesetzt werden. Gelegentlich kommt es am Ende der Erkältung bei Kindern, vor allem in der Einschlafphase, zu hartnäckigen Hustenanfällen, so daß Probleme beim Einschlafen auftreten. In solchen Fällen ist der Gebrauch von Codein-Tropfen oder ähnlichen hustenstillenden Medikamenten zum Schlafen indiziert.

Erhebliche Kontroversen bestehen in der Frage, ob die Inhalation von Heißluft oder die Einnahme von Vitamin C günstig für den Verlauf einer Erkältung ist. In mehreren Studien konnte gezeigt werden, daß auch die Gabe von hohen Dosen Vitamin C keinen Effekt auf das Angehen oder den Verlauf der Erkältung besaßen. Intranasale Applikation von Alpha-Interferon hat zumindest in einigen Studien eine signifikante Verkürzung der Symptomatik bewirkt (7). Diese Studien haben aber bisher rein experimentellen Charakter und sind noch nicht für Kinder zugelassen. Studien mit antiviralen Substanzen (wie Interferonen) sind bisher nur experimenteller Natur (7) und eine solche Behandlung ist noch nicht allgemein zugelassen.

Erkältung und plötzlicher Kindstod

Die Beziehung zwischen plötzlichem Kindstod (SIDS) und akuter Nasopharyngitis ist ungeklärt. Epidemiologische Untersuchungen sprechen für eine ursächliche Rolle zwischen Infekten der oberen Luftwege und plötzlichem Kindstod, da die Häufung der akuten Infekte im Winter mit der saisonalen Häufung des Kindstods korreliert. Nicht nur die epidemiologischen Daten sprechen für eine Beziehung zwischen beiden Entitäten, auch histopathologische Untersuchungen beim plötzlichen Kindstod zeigen, daß eine milde Entzündung der Atemwege bei 70% der Fälle nachweisbar war (5). Dieser Befund war nicht nachweisbar bei Kindern, die an einem Trauma verstarben. Die kausale Beziehung zwischen akutem Atemwegsinfekt und SIDS wird zukünftig sicher erst durch neue Untersuchungstechniken wie die Polymerasekettenreaktion und die Erregertypisierung geklärt werden, die viel sensitiver die Diagnose einer viralen Erkrankung nachweisen lassen.

Beziehung zu einem geplanten Narkoseeingriff

Die Häufigkeit eines gewöhnlichen Schnupfens bei Kindern (8–10 Episoden pro Jahr) führt dazu, daß symptomfreie Intervalle bei den Patienten jeweils nur für 4–6 Wochen gegeben sind. Üblicherweise war es bisher gängige Praxis, bei Kindern einen elektiven Narkoseeingriff bei klinischen Symptomen eines Schnupfens zu verschieben. Dieses Vorgehen hatte seine Berechtigung, da ein erhöhtes Risiko bei Narkoseeingriffen und gleichzeitig bestehender Erkältungskrankheit beschrieben wurde (14). Andererseits müssen dadurch Eingriffe wie eine Adenotomie, Leisten-Hoden-OP immer wieder verschoben werden, so daß sich die Frage stellt, ob bei jedem Anzeichen eines Infektes eine Verschiebung des geplanten Eingriffes notwendig ist. Mehrere Untersuchungen konnten zeigen, daß eine Allgemeinnarkose auch bei milden Symptomen eines Schnupfens sicher durchgeführt werden kann (14, 17). Im Widerspruch hierzu stehen Fallberichte, die zeigen, daß eine Allgemeinnarkose bei bestehendem Infekt der oberen Luftwege zu schweren Komplikationen führen kann, im Sinne einer Totalatelektase einer Lungenseite (19). In einer exzellenten Übersicht diskutiert Martin (14) die Pathophysiologie und das perioperative Risiko einer Allgemeinnarkose bei bestehender Rhinopharyngitis. Der Autor empfiehlt aufgrund seiner Analyse ein differenziertes Vorgehen bei einer geplanten Anästhesie und gleichzeitig bestehendem Infekt der oberen Luftwege.
Bei Notfalleingriffen ist selbstverständlich immer eine Indikation zur Anästhesie gegeben. Bei elektiven Eingriffen sollte bei systemischen Symptomen wie Fieber über 38°C, eitrigem Nasensekret und Anzeichen einer Infektion der tiefen Atemwege wie produktiver Husten, Rasselgeräusche und auffälligem Röntgen-

bild, die Operation um 4–6 Wochen verschoben werden. Zeigt der Patient nur milde Zeichen einer Rhinokonjunktivitis, so sollte im nächsten Schritt abgewogen werden, ob für den Eingriff endotracheal intubiert werden muß. Ist dies nicht der Fall, so kann der Eingriff ohne Probleme erfolgen. Ist eine endotracheale Intubation notwendig, so muß dann zunächst überprüft werden, ob der Patient weitere pulmonale Risikofaktoren aufweist, wie chronische Lungenerkrankungen, oder Hinweise für eine bronchiale Hyperreagibilität vorliegen. Bestehen hierfür keine Hinweise, kann der Eingriff erfolgen. Liegen aber tatsächlich Risikofaktoren vor, so sollte wiederum der Eingriff um 4–6 Wochen verschoben werden.

Erkältung und Impfung

Noch häufiger als bei geplanten Narkoseeingriffen stellt sich für den Arzt die Frage, ob eine Regelimpfung bei einer Erkältung durchgeführt oder verschoben werden soll. Impfungen mit Totimpfstoffen sind im allgemeinen unproblematisch, selbst wenn beim Kind eine mäßig ausgeprägte Erkältung mit geringem Fieber vorliegt. Das Vorgehen bei Impfungen mit Lebendimpfstoffen sollte sorgfältig überlegt werden. Nur wenn Fieber und andere Symptome für eine mittelgradige bis schwere Infektion sprechen, sollte die Impfung verschoben werden. So konnte Krober et al. (12) zeigen, daß der Erfolg einer Masern-Mumps-Röteln-Impfung während einer akuten Erkältung deutlich schlechter ist als bei gesunden Kindern. 10 von 47 Kindern mit einer Erkältung entwickelten keine Masernantikörper, während nur 1 von 51 gesunden Kindern keine schützenden Antikörper entwickelte. Die Ursache für diesen Befund ist nicht ganz aufgeklärt, vermutlich kommt es während der Erkältung zu einer vermehrten Interferonbildung, die die Vermehrung des Lebendvirus behindert. Vorstellbar ist auch, daß es lediglich zu einer verzögerten adäquaten Immunantwort auf den Lebendimpfstoff bei erkälteten Kindern kommt. Dies könnte über die Kontrolle der entsprechenden Antikörpertiter über die Zeit festgestellt werden, ist aber sicherlich keine zu empfehlende Maßnahme für den Impfalltag. Daher ist im Einzelfall immer abzuwägen, in welchem Stadium einer akuten Erkältung sich der potentielle Impfling befindet und als wie notwendig eine Impfung anzusehen ist (z.B. vor geplanten Auslandsreisen). Ungeachtet der geschilderten Überlegungen, sind geringe Anzeichen eines Infektes der oberen Atemwege nach den offiziellen Empfehlungen der englischen und amerikanischen Pädiater kein Grund, eine geplante Impfung zu verschieben, auch nicht eine Lebendimpfung.

Sinusitis und Erkältung

Eine Entzündung der Nasennebenhöhlen kann die Kieferhöhle, Siebbeinzellen, Stirnhöhle und Keilbeinhöhle betreffen und isoliert oder im Rahmen einer akuten Erkältung auftreten. Nach Wald et al. (18) ist bei 5–10% der akuten Erkältungen der Krankheitsverlauf durch eine Sinusitis kompliziert.

Ätiologie

Die respiratorische Nasenschleimhaut geht übergangslos in die Schleimhaut der Nasennebenhöhlen über. Durch Ostien kommunizieren die Nebenhöhlen mit den Nasengängen. Entsprechend kommt es im Rahmen jedes Infektes der oberen Atemwege auch zu einer Begleitinfektion der Nasennebenhöhle mit unterschiedlicher Ausprägung. Gwaltney et al. untersuchte die Häufigkeit einer Nasennebenhöhlenbeteiligung bei Erwachsenen mit akuter Erkältung (8). Hierzu verwandten sie die Computertomografie und konnten nachweisen, daß bei 87% der Patienten zumindest eine Nasennebenhöhle radiologische Veränderungen aufwies. Diese Veränderungen bildeten sich in der Mehrzahl der Fälle ohne antibiotische Therapie innerhalb von wenigen Wochen zurück. Interessanterweise waren 3 Patienten mit persistierenden Auffälligkeiten bei der Kontroll-CT völlig beschwerdefrei. Diese Untersuchungen zeigen, daß zumindest bei Erwachsenen die akute Erkältung immer auch eine Rhinosinusitis ist. Es bleibt abzuwarten, ob sich diese Ergebnisse auch bei Kindern bestätigen.
Folgende Entstehungsweisen kommen bei Sinusitis vor:

1. rhinogen, d.h. Übergreifen einer viralen oder bakteriellen Entzündung der Nase auf die Nebenhöhlen,
2. Obstruktion des Ostiums durch einen Nasenfremdkörper oder eine allergischen Rhinitis,
3. fortgeleitet aus der Umgebung, z.B. bei einer Zahnwurzeleiterung,
4. hämatogen bei systemischen Infektionskrankheiten (z.B. Masern oder Typhus),
5. Eindringen von verschmutzem Wasser beim Baden,
6. nach einem Trauma.

Klinischer Verlauf

Die Symptome der Sinusitis sind im Falle der Mitreaktion banaler respiratorischer Virusinfektionen sehr gering ausgeprägt und bei akuten bakteriellen Entzündungen deutlich schwerer. Entsprechend variieren die Symptome je nach Entstehungsweise, Krankheitsform, Stadium und Lokalisation (Tab. 1). Die

Tabelle 1: Symptome bei akuter Sinusitis

	Symptome
Sinusitis maxillaris	Völlegefühl im Oberkiefer, Wangen-, Oberkieferschmerzen, Höhlenwandschmerz (bei Druck, Klopfen), Druckschmerz am Foramen infraorbitale, Eiter im mittleren Nasengang
Sinusitis frontalis	Druckschmerz am Foramen supraorbitale, Eiter im mittleren Nasengang
Sinusitis ethmoidalis	Schläfen-, Augenschmerzen, evt. Lidschwellung, Eiter im mittleren oder oberen Nasengang
Sinusitis sphenoidalis	Hinterhauptschmerz, Eiterabfluß in den Epipharynx, Sekret oberhalb der mittleren Muschel

Zeichen und Symptome der Sinusitis unterscheiden sich im Kindesalter von denjenigen im Erwachsenenalter.
Bei akuter Sinusitis findet sich bei Kindern wesentlich seltener Fieber und eine lokale Schmerzangabe als bei Erwachsenen. Im Vordergrund der Symptome stehen Husten, laufende Nase, eine Pharyngitis, eine postnasale Schleimstraße und foetor ex ore.
Die chronische Sinusitis gibt es in 2 Formen: Als eitrige Sinusitis und als polypöse Sinusitis. Die chronisch eitrige Sinusitis kann aus einer akuten Sinusitis hervorgehen. Die chronisch polypöse Sinusitis setzt eine besondere Disposition voraus, wie z.B. Adenoide, Gaumenspalte, Asthma bronchiale, Mukoviszidose, humorale Immundefekte und das Syndrom der immotilen Cilien. Hierbei sind die Bewegungen des Flimmerepithels in Nase, Nasennebenhöhlen und Eustachischer Röhre vermindert bzw. fehlen. Elektronenmikroskopisch findet sich ein fehlender oder deformierter Dyneinarm in den Cilien. Die Anomalie ist teilweise mit einem Situs inversus assoziiert (Kartagener Syndrom).

Diagnose

Verdächtig ist jeder einseitige oder länger als 3 Wochen dauernde Schnupfen. Eine akute eitrige Sinusitis kann bereits wenige Tage nach Beginn einer Rhinitis beginnen. Mit Hilfe der vorderen und hinteren Rhinoskopie erhält man wichtige Aufschlüsse über die vermutliche Herkunft des Eiters (bei offenem Empyem). Charakteristisch für eine Sinusitis ist es, wenn nach Reinigung der Nase in kurzer Zeit wieder eitriges Sekret erscheint. Die Diagnose einer Sinusitis bedarf aber neben der Klinik eine röntgenologische Bestätigung. Der Nachweis einer Verschattung einer oder mehrerer Sinuse, ein Luft- und Flüssigkeitsspiegel, bzw. ein Schleimhautpolster (4–6 mm) im Röntgenbild bestätigt die Diagnose.

Zur Erregeranzüchtung sollte bei Sinusitis maxillaris Sekret oder Eiter aus dem mittleren Nasengang unter Sicht des Aurus gewonnen werden. Auch durch Punktion oder Spülung gewonnenes Sekret kann bakteriologisch untersucht werden. Zur Erkennung einer allergischen Genese wird das Nasensekret zytologisch geprüft auf eosinophile Granulozyten.

Komplikationen

Orbitalphlegmone (bei Sinusitis ethmoidalis oder frontalis), Meningitis, Stirnbeinosteomyelitis (bei Sinusitis frontalis), Sinus cavernosus Thrombose, Epidural-, Subdural- und Hirnabszeß.

Therapie

Als Therapie wird bei der akuten eitrigen Sinusitis ein Cephalosporin der 1. Generation (auch wirksam sowohl gegen Pneumokokken, Haemophilus, Streptococcus pyogenus und auch gegen Penicillin-G-resistente Staphylokokken) eingesetzt. Alternativ kommen Amoxicillin, Trimetoprim und Sulfametaxol in Frage. Die Dauer der Behandlung muß mindestens 10 Tage betragen. Symptomatisch empfiehlt sich die Anwendung von abschwellenden Nasentropfen, eine sekretolytische Behandlung mit Ambroxol oder Fluimucil und die nasale Inhalation mit «Emser Sole» zur Sekretverflüssigung. Bei akuter schwerer Sinusitis und chronischen Formen empfiehlt es sich zusätzlich zur Sekretdrainage ein topisches Steroid inhalativ (Beclometason oder Budesonid) oder in hartnäckigen Fällen systemisch Steroide einzusetzen.
Bei Komplikationen kann eine operative Behandlung (Anlegen einer Drainage oder Erweiterung des Ausführungsganges der Kieferhöhle) lebensrettend sein. Bei chronischer Sinusitis sind die Behandlungserfolge schlechter und direkt abhängig von der Beeinflußbarkeit des Grundleidens. Eventuell ist eine Adenotomie oder ein anderer Eingriff zur Verbesserung der Nasenatmung erforderlich.

Literatur

1. Barr MB, Weiss ST, Segal MR, Tager IB, Speizer FE: The Relationship of Nasal Disorders to Lower Respiratory Tract Symptoms and Illness in a Random Sample of Children. Pediatr Pulmonol. 1992; 14:91–94.
2. Doyle WJ, Skoner DP, Seroky JT, Fireman P, Gwaltney JM: Effect of experimental rhinovirus 39 of infection on the nasal response to histamine and cold air challenges in allergic and nonallergic subjects. J Allergy Clin Immunol 1994; 93:534–42.

3. Duff AL, Pomeranz ES, Gelber LE, Price GW, Farris H, Hayden FG, Platts-Mills TAE, Heyman PW: Risk Factors for Acute Wheezing in Infants and Children: Viruses, Passive Smoke, and IgE Antibodies to Inhalant Antigens. Pediatrics 1993; 92:535–540.
4. Empy DW, Laitinen LA, Jacobs l, Gold WM, Nadel JA: Mechanisms of bronchial hyperreactivity in normal subjects after upper respiratory tract infection. Am Rev Respir Dis. 1976; 113:131–139.
5. Fleming KA: Viral Respiratory Infection and SIDS. Lancet 1993; 342:1507–1510.
6. Forstall GJ, Macknin ML, Yen-Liebermann BR, Van der Brug Medendorp S: Effect of Inhaling Heated Vapor on Symptoms of the Common Cold. JAMA 1994; 271:1109–1111.
7. Gwaltney JM, Jr.: Combined Antiviral and Antimediator Treatment of Rhinovirus Colds. J Infect Dis 1992; 166:766–82.
8. Gwaltney JM, Phillips CD, Miller RD, Riker DK: Computed Tomographic Study of the Common Cold. New Engl J Med 1994; 330:25–30.
9. Greiff L, Andersson M, Akerlund A et al.: Microvascular exudative hyperresponsiveness in human coronavirus-induced common cold. Thorax 1994; 49:121–127.
10. Hendley JO, Abbott RD, Beasley PP, Gwaltney JM, Jr.: Effect of Inhalation of Hot Humidified Air on Experimental Rhinovirus Infection. JAMA 1994; 271:1112–1113.
11. Johnston S, Pattemore P, South S: Viral infections in exacerbations in schoolchildren with cough or wheeze: A longitudinal study Am Rev respir Dis 1992; 145: 546.
12. Krober MS, Stracener CE, Bass JW: Decreased Measles Antibody Response After Measles-Mumps-Rubella Vaccine in Infants With Colds. JAMA 1991; 265:2095–2096.
13. Levy L, Pandit UA, Randel GI, Lewis IH, Tait AR. Upper respiratory tract infections and general anesthesia in children: Perioperative complications and oxygen saturation. Anaesthesia 1992, 47 :678–682.
14. Martin LD: Anesthetic Implications of an Upper Respiratory Infection in Children. Ped Clin N Am 1994; 41:121–130.
15. Monto AS: The Common Cold – Cold Water on Hot News. JAMA 1994; 271:1122–1124.
16. Nguyen K, Corbett ML, Garcia DP, Eberly SM, Massey EV, Le HT, Shearer LT, Karibo JM, Pence HL: Chronic Sinusitis Among Pediatric Patients With Chronic Respiratory Complaints. J Allergy Clin Immunol 1993; 92:824–830.
17. Rolf NR,Cote CJ: Frequency and severity of desaturation events during general anesthesia in children with and without upper respiratory infections. J Clin Anest 1992,4: 200–203.
18. Wald ER, Guerra N, Byers C: Upper Respiratory Tract Infection in Young Children: Duration of and Frequency of Complications. Pediatrics 1991; 87:129–133.
19. Williams OA, Hills R, Goddard JM: Pulmonary Collapse During Anaesthesia in Children With Respiratory Tract Symptoms. Anaesthesia 1992; 47:411–413.
20. Wright, AL, Holberg C, Martinez FD, Taussig LM: Relationship of parental smoking to wheezing and nonwheezing lower respiratory tract illness in infancy. J Pediatr 1991; 118:207–214.

D. Hofmann

Syndrome der unteren Atemwege und Erkältungskrankheit bei Kindern

Kruppsyndrom (stenosierende Laryngitis)

Definition

Der korrekte Begriff für die hier zu beschreibenden Krankheitsbilder ist die obstruktive, subglottische Laryngitis, da sich die Erkrankung im wesentlichen in dem lockeren Gewebe unterhalb der Glottis abspielt. Da dieser Begriff allerdings kaum in den klinischen Alltag Eingang gefunden hat, wird weiterhin die Bezeichnung Kruppsyndrom benutzt. Der Begriff ist auf eine Lautmalerei, die den bellenden Husten beschreibt, zurückzuführen. In der Periode, als die Diphtherie noch eine häufige Ursache der Erkrankung war, hat man einen sogenannten «echten Krupp» von einem Pseudo-Krupp unterschieden, wobei unter der letzten Diagnose alle nichtdiphtherischen Krankheitsursachen zusammengefaßt wurden. Mit dem Verschwinden der Diphtherie ist das Krankheitsbild nur noch durch Infekte viraler Natur geprägt (viraler Krupp), sehr selten durch bakterielle Infektionen (bakterieller Krupp), und interessanterweise noch als Spasmodic Croup. Dieser wird durch eine Gruppe von Ursachen ausgelöst, unter denen Schadstoffbelastungen der Atemluft eine Rolle spielen können. Sehr selten ist der sogenannte maligne Krupp, bei dem es zu einer Ausbildung eingetrockneter Sekrete in pseudomembranöser Form in den Atemwegen kommt und, als deren Folge, zu erheblicher Atemnot.

Ätiologie

Wie bereits erwähnt, sind in erster Linie Infektionen als auslösende Ursachen zu nennen. Die seltenen bakteriellen Infektionen können nach dem zumindest zeitweisen Verschwinden des Corynebacterium diphtheriae in der Regel auf Staphylococcus aureus oder Hämophilus influenzae (unbekapselte Form) zurückgeführt werden. Diese Erkrankung tritt vor allen Dingen beim Säugling im ersten Lebenshalbjahr oder bei einem älteren Kind jenseits des 6. Lebensjahres auf, wo eigentlich die Kruppsymptomatologie bereits deutlich seltener ist. Auf eine bakterielle Genese weist nicht selten eine völlige Aphonie hin. Es ist gerade die seltene bakterielle Erkrankung, bei der es durch Eintrocknung des eitrigen Sekretes durch den Atemstrom zu pseudomembranartigen Belägen kommt, die dann eine erhebliche lichtungseinengende Wirkung auf ausgedehnte Gebiete der Trachea haben. Man bezeichnet diese Form der Erkrankung dann als malignen Krupp. Sehr selten (auch nach der HIB-Impfung) ist eine Kombination zwischen dem sogenannten bakteriellen Krupp und einer Epiglottitis phlegmonosa, welche in der Regel durch die bekapselte Form von Hämophilus influenzae ausgelöst wird.

Weitaus mehr als die Hälfte aller Fälle von Kruppsyndrom haben eine virale Ätiologie. Hierbei wird nach den meisten Untersuchern (1) das Parainfluenza-Virus (vor allem Typ I) als häufigstes auslösendes Agenz nachgewiesen (1), seltener lassen sich auch RS-Virusinfektionen zeigen. Influenza- und Echoviren runden das Bild ab. In Übereinstimmung mit dieser Ätiologie korreliert das Auftreten der Erkrankung sehr gut mit der saisonalen Häufung von Infekten in den Monaten Oktober bis Februar.

Bekannt ist von den klassischen Kinderkrankheiten, daß vor allen Dingen die Infektion mit dem Masernvirus im Rahmen ihrer katarrhalischen Affektion der Schleimhäute der oberen Atemwege auch zu einem sogenannten Masern-Früh-Krupp führen kann, da sich im Rahmen der Erkrankung auch eine subglottische Laryngitis einstellt.

In den letzten Jahren hat es eine zum Teil sehr lebhafte Diskussion darum gegeben, ob Schadstoffeinwirkungen in der Atemluft zu einem gehäuften Auftreten des Krupp-Syndroms führen (2). Dieses kann in der Tat unterstellt werden bei dem sogenannten Spasmodic-Croup, einem Krankheitsbild, das sehr flüchtig ist, aber durchaus beim gleichen Patienten häufig rezidivierend auftritt, und deswegen auch rezidivierender Krupp genannt wird. Die Bezeichnung «Spasmodic-Croup» ist sicherlich unbefriedigend, sie ist derzeit aber noch durch keine bessere ersetzt. Bei diesem Krankheitsbild kommt es aus völligem Wohlbefinden heraus nachts zu bellendem Husten und Heiserkeit, sowie zu einem inspiratorischen Stridor und Atemnot. Infektzeichen fehlen charakteristischerweise.

Die Erkrankung neigt ausgesprochen zu Rezidiven (sie tritt häufiger als 2–3 mal pro Jahr auf). Am folgenden Morgen sind die Beschwerden in der Regel verschwunden. Einzelne Autoren (3) konnten nachweisen, daß bei diesen Patienten eine Hyperreagibilität der Atemwegsschleimhaut besteht, und daß diese Erkrankung nicht selten in ein Asthma bronchiale übergeht. In solchen Fällen läßt sich dann zumeist eine in ihrer Stärke zunehmende Allergisierung gegenüber Inhalationsallergenen nachweisen. Das zentrale Problem bei dem sogenannten Spasmodic-Croup scheint die Hyperreagibilität der Atemwege zu sein, diese kann z. B. als Folge einer durchgemachten RS-Virusinfektion oder aber auch angeboren vorhanden sein.

Zwar ließ sich in den letzten Jahren zweifelsfrei keine Zunahme der Häufigkeit des Krankheitsbildes zeigen, aber dennoch ist nicht auszuschließen, daß insbesondere Stickoxyde und Kohlenmonoxid eine auslösende Bedeutung für das Krankheitsbild des Spasmodic-Croup haben können (4). Die schweren Formen haben allerdings in der Regel eine Virusätiologie oder sind bakteriellen Ursprungs.

Die Krankheitszeichen werden ausgelöst durch eine ödematöse Schleimhautschwellung im Bereich der Stimmritzen, die eine isthmusartige Einengung der Atemwege darstellen. Die Schwellung breitet sich sehr schnell im subglottischen Bereich hinter dem Ringknorpel aus.

Die Schleimhaut ist in diesem Bereich lockerer und gefäßreicher strukturiert, sie reagiert auf Entzündungsreize leicht mit einer Schwellung und Oedem. Das derbere Gewebe im Bereich der Stimmritzen ist weniger stark betroffen. Diese Anschwellung führt zusätzlich über eine Verstärkung des Druckgradienten zwischen dem Inneren der Atemwege und den umgebenden Weichteilen zu einer inspiratorischen Verengung der Atemstrombahn, die wiederum begünstigt wird durch einen «Bernoulli-Effekt», worunter eine Lichtungseinengung durch den beschleunigten Luftstrom zu verstehen ist.

Zwei anatomische Voraussetzungen sind für die Stärke der Atemnot verantwortlich:

1. Eine primäre «Weicheit» des Knorpels des Larynx bedingt durch die deutlichere Gewebselastizität des Kleinkindes.
2. die primäre Enge, so daß bereits kleine Lichtungseinengungen große funktionelle Folgen haben können.

Die Tatsache, daß der Kehlkopf beim Kleinkind noch deutlich höher steht, hat möglicherweise eine krankheitsbegünstigende Bedeutung. Es ist vorstellbar, daß sowohl Infektionsvorgänge erleichtert werden und auch Schadstoffeinwirkungen intensiver einwirken können. Insgesamt kann hierdurch die Altersabhängigkeit des Krankheitsbildes (Häufung beim Kleinkind) und das schnelle Einsetzen der Atemnot eine Erklärung finden. Es ist dabei immer zu bedenken, daß die gesamte Atemluft, die auch beim Säugling eine Alveolarfläche von 30–40 qm^3 zu ventilieren hat, durch diese engste Stelle der Atemwege im Glottis-/Subglottisbereich hindurch geatmet werden muß («Flaschenhals»). Kommen in diesem Bereich noch zusätzliche Schleimmengen oder Membranen als Obstruktionsfaktoren zur Wirkung, so ist eine lebensbedrohliche Atemnot schnell erreicht. Bei älter werdenden Patienten (Schulkindern) verschwindet die Symptomatik üblicherweise. Ausnahme sind Patienten mit pathologisch engem Kehlkopf oder deutlich gesteigerter Schwellungsbereitschaft.

Epidemiologie und Disposition

Nach unseren eigenen Untersuchungen kann davon ausgegangen werden, daß knapp 10% aller Kinder ein- oder mehrfach das Kruppsyndrom durchmachen (5). Damit handelt es sich zweifelsfrei um eine sehr häufige Erkrankung im Kindesalter, die, da sie insbesondere nachts auftritt, eine hohe Bedeutung für den ärztlichen Notdienst hat. Knaben erkranken aus unbekannten Gründen häufiger als Mädchen. Es gibt eine familiäre Disposition welche ggf. über die ebenfalls familiär vermehrt vorkommende Hyperreagibilität, die mindestens beim Spasmodic-Croup eine Rolle spielt, erklärt werden könnte. Offenbar gibt es aber darüber hinaus eine individuelle Disposition, auf bestimmte Entzündungsreize hin mit einer Schwellung der Schleimhaut reagieren zu können.

Klinik

Das Kruppsyndrom tritt charakteristischerweise relativ plötzlich in der Nacht auf, und beginnt von Anfang an mit einer erheblichen Atemnot. Infektzeichen am Vortag sind bei genauer Anamnese herauszuarbeiten, Fieber besteht in der Regel jedoch nicht. Die Eltern hören zunächst oft einen ungewöhnlich laut bellenden Husten, der bald von einem inspiratorischen Stridor begleitet wird und mit einer erheblichen Atemnot einhergehen kann, die das Kind dann zum Weinen bringt und die Familie auf sich aufmerksam macht. Der Stridor weist auf eine deutliche Stenose in den oberen Atemwegen hin. Die internationale Nomenklatur sieht eine Einteilung in 4 Schweregrade vor (Tab. 1). Zuweilen ist ein expiratorischer Stridor bei der Auskultation der Patienten zu hören. Er weist darauf hin, daß sich die vorliegende Erkrankung nicht ausschließlich im Bereich des subglottischen Gewebes im Larynx abspielt, sondern über die Trachea auch auf den Bronchialbaum übergegriffen hat, und eine sogenannte obstruktive Bronchitis des Säuglings und Kleinkindes ausgelöst hat. Die vor allem inspiratorisch wirksame Stenose führt zu inspiratorischer Dyspnoe mit Einziehungen im Bereich der oberen Thoraxapertur (juguläre Einziehungen). Diese sind gut mit der Schwere der Erkrankung korreliert. Darüber hinaus werden epigastrische und intercostale Einziehungen beobachtet. Die Atemnot bewirkt, daß der Patient unruhig wird, seine Dyspnoe verschlimmert sich weiter, die Stimme ist heiser. Eine völlige Aphonie lenkt den Verdacht auf eine bakterielle Ätiologie. Bei schwerster Dyspnoe treten Zyanosen und Tachykardie sowie ggf. auch

Tabelle 1: Schweregradeinteilung des Krupp-Syndroms

Schweregrad I	Bellender Husten, Heiserkeit, leichter inspiratorischer Stridor
Schweregrad II	Bellender Husten, deutlicher inspiratorischer Stridor mit leichter Atemnot, kaum Einziehungen
Schweregrad III	Ausgeprägter inspiratorischer Stridor, deutliche Atemnot mit erheblichen intercostalen, jugulären und epigastrischen Einziehungen; Unruhe, Tachycardie
Schweregrad IV	Hochgradige Dyspnoe, Stridor bei flacher Atmung wieder leiser, bei kräftiger Atmung inspiratorisch und expiratorisch; Zyanose und zunehmende Bewußtseinstrübung, Muskelhypotonie

komatöse Zustände auf. In den meisten Fällen klingt das Krupp-Syndrom innerhalb von 2–3 Tagen ab, wobei der Spasmodic-Croup einen deutlich schnelleren Verlauf hat.

Diagnose und Differentialdiagnose

Die Diagnose ergibt sich meist aus den typischen klinischen Symptomen. Das auslösende Virus kann oft entdeckt werden (zum Beispiel mittels der Immunfluoreszenzmethode), indem man nasales oder pharyngeales Sekret untersucht, das mit Hilfe eines weichen Nasenkatheters gewonnen und in einer Plastikkammer aufgefangen wird. Außerordentlich wichtig ist die Differentialdiagnose. Hier kommt in erster Linie die Abgrenzung einer supraglottischen obstruktiven Laryngitis (Epiglottitis phlegmonosa) in Betracht (Tabelle 2). In der Häufigkeit hat sich das Verhältnis der beiden Krankheiten untereinander in den letzten Jahren ausgesprochen in Richtung des Kruppsyndroms verschoben, da die inzwi-

Tabelle 2: Differentialdiagnose zwischen Krupp-Syndrom und Epiglottitis Phlegmonosa

	Subglottische Laryngitis	Supraglottische Laryngitis (Epiglottitis)
Erreger	Virus	Haemophilus influenzae
Inspiratorischer Stridor	+	+
Bellender Husten	++	0
Heiserkeit	+	0
Dysphagie/Hypersalivation	0	++
Fieber	(+)	+–++
Verlauf	subakut/akut	perakut
Altersgipfel	1–3 Jahre	2–6 Jahre

schen flächenmäßig durchgeführte HIB-Impfung die Situation gründlich verändert hat. Die Epiglottitis phlegmonosa ist seither zur Rarität geworden, sie kommt lediglich noch bei Patienten mit Immundefekt oder bei Nichtgeimpften vor. Eine Fremdkörperaspiration ist zwar die häufigste Fehldiagnose der Eltern die das Krankheitsbild noch nicht kennen, sie tritt jedoch in der Regel am Tage auf. Eine Abgrenzung vom Stridor connatus (Laryngo-, Tracheomalazie) kann beim jungen Säugling schwierig sein. Hier sind weiterführende diagnostische Untersuchungen erforderlich. Aus der Anamnese läßt sich in der Regel das subakute oder chronische Bestehen von Beschwerden beim Stridor connatus von Geburt an oder seit den ersten Lebenswochen nachweisen. Ein Zungengrundabzeß und eine Verätzung oder Verbrühung der Mundhöhle ist durch eine Inspektion der Mundhöhle auszuschließen, ebenso wie eine Tonsillitis und Tonsillenhyperplasie. Ein Quincke-Ödem im Larynxbereich (Nahrungsmittel-, Insektengiftallergie) ist in der betroffenen Altersklasse ausgesprochen selten, wie auch der Laryngospasmus bei Tetanie nur noch extrem selten beobachtet wird. Ist die Diagnose einer subglottischen obstruktiven Laryngitis nicht sicher, muß die Laryngoskopie durchgeführt werden. Wird dann die Diagnose Epiglottitis gestellt, kann die Intubation im Rahmen dieses Eingriffs sofort erfolgen. Die Prognose des Krankheitsbildes ist insgesamt gut. Während noch in den Jahren 1950–1962 eine Letalität von 2,4 % mitgeteilt wird, ist diese heute weit unter 1 % gesunken, und betrifft eigentlich nur noch Kinder mit einer andersartigen Grundkrankheit (Herzfehler, Immundefekt, Mukoviszidose).

Therapie

Von großer Bedeutung für die Therapie ist die Einteilung nach dem Schweregrad der vorliegenden Dyspnoe. Handelt es sich um eine leichte Erkrankung (vergl. Tabelle 1), so kann durch Freiluftbehandlung mit der kühlen und feuchten Nachtluft eine Abschwellung der Schleimhaut erreicht werden. Diese einfache Behandlungsform wird noch nicht überall eingesetzt, ist es aber wert ausprobiert zu werden. Eine Sedierung des Patienten sowie eine Sekretolytikagabe zusätzlich reichen aus (Tabelle 3). Eine Klinikeinweisung ist nicht erforderlich wenn eine Epiglottitis mit genügender Sicherheit ausgeschlossen werden kann. In aller Regel ist das Krankheitsbild am folgenden Tag weitgehend abgeklungen.
Beim mittelschweren Krankheitsbild oder bei auch nur geringstem Zweifel an der Diagnose darf mit einer stationären Einweisung nicht gezögert werden. Entscheidend ist die Beruhigung der Kinder. Auch in der Klinik sind sofortige Gaben von Sedativa (Chloralhydrat, Diazepam) angezeigt. Neben der Sedierung sind in diesem Stadium Maßnahmen zur Sekretverflüssigung wichtig: Ausreichende Flüssigkeitszufuhr über Infusion oder Ernährungssonde sind erforderlich. Die Gabe von Kortikosteroiden bei mittelschwerem Kruppsyndrom ist inzwischen nicht mehr umstritten (6,7). Der antiphlogistische Effekt dieser

Tabelle 3: Therapie des Krupp-Syndroms in Abhängigkeit vom Schweregrad (Schweregradeinteilung s. Tabelle I)

Schweregrad I und II	1. Sedierung	Chloralhydrat (1–2 x 0,6 g Rectiole) Diazepam (5 mg Supp.)
	2. Freiluft bzw. Luftanfeuchtung	
	3. Sekretolytikum	reichliche Flüssigkeitszufuhr Ambroxol (7,5 mg) Acetylcystein (100 mg)
Schweregrad III	4. Zusätzlich Steroid	Solu-Decortin (2mg/kg KG i.m.) Fortecortin (0,6 mg/kg) Rectodelt (100 mg = 1 Supp.)
	5. Epinephrin-Aerosol	Micronefrin (1 ml + 9 ml H_2O) hiervon wiederholt 1 ml
Schweregrad IV	6. Zusätzliche Sauerstoffgabe	
	7. Masken-(oder Beutel-) beatmung, nur kurzzeitig!	
	8. Intubation	
	9. Tracheostomie (v. a. wenn Intubation länger als 3–4 Tage)	
	10. Antibiotika	Cephalosporine, Flucloxacillin

Präparate kann erst nach etwa 2 Stunden erwartet werden. Meist bessern sich jedoch insbesondere beim Spasmodic-Croup durchaus auch unter den genannten Maßnahmen die Symptome in kürzerer Zeit. Während frühere Arbeiten zu sehr unterschiedlichen Bewertungen hinsichtlich der Therapie kamen (8) – wobei eine unzureichende Zuordnung in den verschiedenen Formen der Erkrankung im Vordergrund stand – können neuere Befunde eindeutig belegen, daß der Verlauf und die Schwere der Erkrankung durch die einmalige Injektion von Dexamethason positiv beeinflußt werden kann.

Da ohnehin das Risiko der kurzfristigen Anwendung einer Korticosteroidtherapie nicht überschätzt werden darf, ist es verständlich, wenn in diesem Stadium der Erkrankung auch frühzeitig Steroide eingesetzt werden. Die mehrfache Gabe ist in der Regel nicht notwendig. Droht ein Übergang zum schweren Krankheitsbild, kann mit einer Epinephrin-Aerosol-Therapie (Micronefrin) eine schnelle Schleimhautabschwellung herbeigeführt werden. In schweren Fällen wird die Epinephrin-Therapie mit der Maskenüberdruckbeatmung kombiniert.

Die Intubations- bzw. Tracheotomierate ist seit der Einführung dieser Behandlung deutlich zurückgegangen. Da die Tracheotomie wegen des schwierigen Decanulements beim Kleinkind nicht unproblematisch ist, kommt die Intubation für äußerstenfalls 3 Tage als kurzfristige Überbrückungsmaßnahme in extrem seltenen Notfallsituationen in Betracht. Eine antibiotische Behandlung ist nur dann notwendig, wenn der Verdacht auf eine bakterielle Infektion besteht. Hierbei wäre ein Antibiotikum auszuwählen, das sowohl Staphylococcus aureus als auch Hämophilus influenzae erreicht. Hierfür sind die modernen Cephalosporine (z. B. Loracorb F) geeignet.

Tracheitis

Ein isolierter Luftröhrenkatarrh kommt vergleichsweise selten vor. In der Regel besteht gleichzeitig eine Pharyngitis, Laryngitis und ggf. auch eine Bronchitis. Im Rahmen einer Infektion der oberen Atemwege kommen hierbei die gleichen auslösenden Mechanismen, wie sie bereits genannt worden sind, in Betracht. Daneben gibt es aber auch ein Krankheitsbild, das sich ausschließlich in der Pollenperiode durch einen zum Teil quälenden, trockenen Reizhusten (zuweilen mit bellendem Charakter) äußert. Dieses Krankheitsbild ist bedingt durch eine allergische Reaktion der Atemwege, meist bei einer Pollenallergie. Zuweilen geht diese sogenannte allergische Tracheitis einem allergischem Asthma voran.

Bronchitis

Definition

Die Bronchitis ist eine meist mit Exsudatbildung einhergehende Entzündung der Bronchialschleimhaut. Sie kann mit einer Rhinitis, Sinusitis, Pharyngitis, Laryngitis und Tracheitis kombiniert sein. Da es mehrere Verläufe gibt, kann man vom sogenannten bronchitischen Syndrom sprechen. Hierbei unterscheidet man (Ta-

Tabelle 4: Das bronchitische Syndrom

1.	Akute banale Bronchitis
2.	Häufig rezidivierende (rekurrierende) Bronchitis
3.	Komplizierte Bronchitis
4.	Chronische Bronchitis
5.	Sonderformen:
5.1.	Obstruktive Bronchitis des Säuglings und Kleinkindes
5.2.	Bronchiolitis
5.3.	Nekrotisierende Bronchitis

belle 4) die akute banale Bronchitis, die höchstens 2 Wochen andauert, komplikationslos abheilt und durchaus rezidiviert. Bei Auftreten von mehr als 4 Rezidiven, wenn also das Krankheitsbild häufiger wird als es der durchschnittlichen altersgemäßen Infekthäufigkeit zukommt, sprechen wir von der häufig rezidivierenden oder auch häufig rekurrierenden Bronchitis. Eine Bronchitisform, die sich durch eine über 2 Wochen hinausreichende Dauer auszeichnet und rezidivierend auftritt, kann als komplizierte Bronchitis (früher chronisch rezidivierende Bronchitis) abgegrenzt werden. Die eigentliche chronische Bronchitis ist durch die Weltgesundheitsorganisation (WHO) als eine Bronchitis mit mehr als 3 Monaten Dauer und rezidivierendem Auftreten gekennzeichnet. Dieses Krankheitsbild ist im Kindesalter selten. Wenn es diagnostiziert wird, ist es in der Regel Teil einer komplexeren Atemwegserkrankung (Mucoviscidose, chronische Fremdkörperaspiration u. ä.). Daneben kennen wir Spezialformen, hier ist vor allen Dingen die obstruktive Bronchitis des Säuglings und Kleinkindes zu nennen, die sich dadurch auszeichnet, daß im Rahmen eines akuten Krankheitsbildes das Leitsymptom expiratorisches Giemen und Atemnot auftritt.
Ferner gibt es eine Bronchiolitis, insbesondere ausgelöst durch RS- und Parainfluenzaviren, bei der ebenso eine expiratorische Dyspnoe besteht. Über der Lunge sind jedoch kaum Giemen, sondern allenfalls feinblasige, feuchte, ohrnahe (klingende) Nebengeräusche hörbar. Hierbei besteht ebenso wie bei der obstruktiven Bronchitis des Säuglings und Kleinkindes eine ausgeprägte Überblähung der Lunge. Letztendlich muß noch die nekrotisierende Bronchitis erwähnt werden, ein Krankheitsbild, das in der Regel durch Adenoviren im Säuglingsalter oder im frühen Kleinkindesalter ausgelöst wird, und bei dem es im Rahmen einer Bronchialwandnekrose zu schwersten und chronisch progressiven Destruktionen des Lungengerüstes kommt. In der Folge zeigt sich eine ausgeprägte Überblähung der Lunge die nicht durch eine reversible Obstruktion der Atemwege ausgelöst ist.

Ätiologie, Pathogenese und pathologische Anatomie

Die Erreger von Bronchitiden sind in der Regel Viren (Parainfluenza-, RS-, Rhino- und Adenoviren), die häufig Schrittmacher für Bakterien (Pneumokokken, Moraxella, Hämophilus influenzae, unbekapselte Form) sind. Eine primär bakterielle Infektion gibt es beim Keuchhusten. Bei älteren Kindern treten auch die häufigen Infektionen durch Mykoplasma oder Chlamydia pneumoniae als Primärinfektionen auf.
Bei einer unkomplizierten Bronchitis findet sich pathologisch-anatomisch eine ödematöse Schleimhautschwellung sowie eine diffuse Hyperämie mit einem schleimigen, schleimig-eitrigen oder seltener auch serösen Exsudat. Daneben

können noch hämorrhagische (Masern) und nekrotisierende Formen (z. B. nach Adenovirus) abgegrenzt werden.
Die seltene chronische Bronchitis zeichnet sich durch Kaliberunregelmäßigkeiten und Lichtungsentrundungen bei der Bronchoskopie aus. Eine ihrer wesentlichen Ursachen im Kindesalter ist eine nicht erkannte Mucoviscidose oder aber ein gastroösophagealer Reflux mit rezidivierender Aspiration von Mageninhalt. Auch eine nicht erkannte Fremdkörperaspiration kommt ätiologisch in Betracht.
Bei der komplizierten Bronchitis sind, ebenso wie bei der chronischen Bronchitis, eine Reihe von verschiedenen Ursachen möglich. In der Regel liegt neben einer Schädigung des Bronchialepithels eine Störung des mucoziliären Schleimtransportes vor. Auch immunologische Erkrankungen (Mangel an sekretorischem IgA, Mangel an IgG in den verschiedenen Subklassen, Komplementdefekte), sowie eine Allergie müssen als Ursache in Betracht gezogen werden. Auch hier ist der gastroösophageale Reflux eine häufige Ursache. Dieser wird vor allen Dingen dann zu diagnostizieren sein, wenn es neben der Bronchitis wiederholt auch zu Pneumonien kommt.
Eine ganz besondere klinische Entität stellt die obstruktive Bronchitis des Säuglings und Kleinkindes dar. Hierbei kommt es zu einer erheblichen Anschwellung der Schleimhaut und zu einer Sekretretention. Beide Veränderungen führen vor allen Dingen bei Kindern unter 4 Jahren sehr schnell zum Unterschreiten einer kritischen Lichtungsweite des Bronchialbaumes mit der Folge der Ausatmungsbehinderung und der Atemnot. Eine Lungenüberblähung ist die typische Folge der behinderten Ausatmung.
Bei der Bronchiolitis liegt eine Virusinfektion der kleinsten Bronchien vor. Bei diesem Krankheitsbild steht ebenso wie bei der obstruktiven Bronchitis des Säuglings und Kleinkindes eine ausgeprägte Überblähung der Lunge im Vordergrund der Beschwerden. Giemen und Pfeifen fehlt bei dieser Erkrankung vollständig, da die Atemflüsse hierbei oft so gering sind, daß ein physikalischer Effekt, der sich mit dem Stethoskop als Giemen bemerkbar machen würde, nicht mehr zustande kommt. Man hört dagegen Nebengeräusche die eher zu einer Pneumonie passen (ohrnahe, feuchte Nebengeräusche, fein- oder mittelblasig). Diese entstehen dadurch, daß das peribronchiale Gewebe in den Entzündungsprozeß einbezogen wird. Eine schwerste Atemnot mit dem zentralen Symptom der Hypoxie (ausgeprägter als Hyperkapnie) ist nachweisbar. Eine sofortige stationäre Behandlung wird erforderlich.
Bei der nekrotisierenden Bronchitis bemerkt man im akuten Stadium lediglich eine klinisch sehr ausgeprägte Form der Bronchitis. Wir hören ohrferne, feuchte Nebengeräusche sowie einen katarrhalischen Husten mit reichlich Sekretauswurf. Eine Atemnot kann vorhanden sein, sie ist jedoch nicht die Regel. Zumeist geht die Erkrankung mit sehr hohem Fieber einher. In der Folge stellen sich dann durch Nekrosen des Lungengerüstes chronische Atemstörungen ein, die sowohl

in Form einer Überblähung der Lunge, als auch durch expiratorische Dyspnoe und Giemen und Pfeifen bei der Atmung imponieren können. Der auslösende Erreger ist in den meisten Fällen das Adenovirus.

Klinische Symptomatologie

Das Leitsymptom der Bronchitis ist ein Husten mit Auswurf. Dabei ist der Auswurf im Kindesalter nur selten zur Diagnostik zu gewinnen, da er von dem jungen Patienten kaum entleert, sondern verschluckt wird. Ebenso darf die Diagnose Bronchitis gestellt werden, wenn neben diesem Husten ein Untersuchungsbefund bei der Auskultation vorliegt, bei dem ohrferne (nichtklingende) feuchte Nebengeräusche (grob-, mittel- oder feinblasig) auffallen. Ein reiner trockener Reizhusten, wie er z.B. auch bei einer verlegten Nasenatmung vorkommt, erlaubt somit nicht die Diagnose Bronchitis. Das Krankheitsbild ist auch bei der banalen Form nicht selten von Fieber begleitet und Teil eines umfassenderen Infektes der oberen Atemwege. Schmerzen beim Husten sind in der Anfangsphase des Krankheitsbildes häufig. Treten sie im Verlauf auf, weisen sie auf Komplikationen im Sinne einer Pleuropneumonie hin.
Bei der obstruktiven Bronchitis des Säuglings und Kleinkindes steht das expiratorische Giemen, Pfeifen und Brummen ganz im Vordergrund der klinischen Symptomatik. Daneben läßt sich ein hypersonorer Perkussionsbefund erheben. Häufig ist bereits zu sehen, daß der kindliche Thorax als Ausdruck der bestehenden Überblähung nach ventral hin aufgetrieben ist. Sehr schnell gesellen sich Symptome von Atemnot wie inspiratorische Einziehungen jugulär, epigastrisch und in den Flanken hinzu. Eine Tachypnoe tritt auf, in schweren Fällen kommt es schnell zu einer Hypoxie (Absinken der Sauerstoffsättigung des Blutes mit der Pulsoximetrie unter 90%), eine Zyanose läßt sich beobachten. Daneben kommt es zu Zeichen der Anspannung der sekundären Atemhilfsmuskulatur, ähnlich dem Asthma bronchiale. In diesem Stadium der Erkrankung sind die Kinder sehr unruhig, unleidlich, häufig lehnen sie nicht nur die Einnahme von Medikamenten sondern jede Nahrung oder auch Angebote etwas zu trinken ab. Diese Form der Erkrankung kann ebenso mit und ohne Fieber auftreten. Wenn Fieber fehlt und eine Pulsfrequenz von über 150/Min. erreicht wird muß mit einer erheblichen, ggf. auch lebensbedrohlichen Atemnot gerechnet werden.
Nasenflügelatmung ist häufig zu beobachten, sie ist jedoch ein vieldeutiges Symptom, da sie auch bei Obstruktionen in den oberen Atemwegen beobachtet werden kann.
Im Verlauf der Erkrankung treten neben den trockenen Rasselgeräuschen (expiratorisches Giemen) auch feuchte Rasselgeräusche auf, die grob bis mittelblasig sind. Bei Säuglingen ist die rasselnde und oft beschleunigte Atmung bereits auf Distanz zu hören.
Bei der seltenen echten Bronchiolitis besteht eine ausgeprägte Überblähung der

Lunge, ohne daß ein expiratorisches Giemen mit der Auskultation nachzuweisen ist. Bei diesem Krankheitsbild besteht in der Regel eine erhebliche Atemnot. Eine sofortige Klinikeinweisung ist erforderlich.

Verlauf und Komplikationen

Der Verlauf der Bronchitis ist je nach Alter des Kindes und Hinzutreten bakterieller Komplikationen (Otitis media, eitrige Sinusitis, Pneumonie) unterschiedlich. Ein protrahierter Husten mit Bronchitis läßt an eine bakterielle Sekundärinfektion (auch durch Mykoplasma pneumoniae) im Verlauf denken. Der Übergang in eine Pneumonie ist gekennzeichnet durch ein länger bestehendes Fieber (länger als 4–5 Tage) und eine zunehmend schwerer werdende Atemnot. In der Anfangsphase der Pneumonie gelingt es häufig nur mit dem Röntgenbild die Diagnose zu stellen. Klinische Daten und Labordaten bleiben häufig ohne diagnostisch verwertbare Aussage.
An Laborparametern stehen zur Verfügung: Messung der Gesamtleukozyten, wobei Werte von oberhalb von 10.000 Leukozyten/ml auffällig sind. Das C-reaktive Protein (CRP) mit Werten von über 5 mg/dl spricht für eine bakterielle Genese, unterhalb von 5 mg/dl ist eine Virusätiologie wahrscheinlicher. Die Blutsenkung ist in der Regel uncharakteristisch. Insgesamt erlauben die 3 genannten Laborkriterien in den meisten Fällen keine sichere Diskriminierung von Virus- und Bakterienätiologie.
Eine banale Bronchitis ist innerhalb von 2 Wochen abgeklungen. Ein darüber hinaus weiterbestehendes Krankheitsbild ist verdächtig auf das Vorliegen einer komplizierten Bronchitisform, von der man heute annimmt, daß sie das Vorläuferkrankheitsbild der chronischen Bronchitis des Erwachsenen im Kindesalter sei. Das Krankheitsbild der obstruktiven Bronchitis des Säuglings und Kleinkindes ist unter der allfälligen Behandlung in der Regel in Bezug auf seine Atemnot nach 2 bis höchstens 3 Tagen deutlich gebessert oder abgeklungen. Das Giemen und Pfeifen über der Lunge kann jedoch noch einige Tage weiter anbestehen.

Therapie

Die Behandlung der nichtobstruktiven Bronchitis ist nicht unumstritten (9). Einige Arbeiten zeigen insbesondere beim Krankheitsbild der häufig rezidivierenden Bronchitis des Kindes deutliche Therapieerfolge durch den Einsatz von Sekretolytika (10). Sowohl der Einsatz von Ambroxol als auch derjenige von N-Acetylcystein wird empfohlen. Eine ausgezeichnete Sekretolyse gelingt in der Regel durch Inhalation salinischer Lösungen. Bei der häufig rezidivierenden Bronchitis kann es hilfreich sein, ein orales Beta-Sympatikomimetikum einzusetzen, um über eine Steigerung der mucoziliären Clearance zu einem schnelleren Abklingen des Krankheitsbildes zu kommen. Sehr umstritten ist der Einsatz von

Bakterienhydrolysaten und von Immunglobulinen, auf die in der Regel beim banalen Krankheitsbild verzichtet werden kann. Eine ebenso kritische Frage ist der Einsatz von Antibiotika.
Da die Bronchitiden in der Regel alle zunächst ein virales Krankheitsbild darstellen (seltene Ausnahme sind z. B. Mykoplasma pneumoniae-Bronchitiden), ist eine antibiotische Therapie primär nicht indiziert. Sie kann erforderlich werden wenn eine komplizierte Bronchitis vorliegt (mehr als 2 Wochen Dauer), oder wenn eine hochfiebernde Bronchitis nach 4–5 Tagen offenbar im Übergang in eine Pneumonie ist. Auch beim Auftreten von Sekundärinfektionen im Bereich der oberen Atemwegen (z. B. eitrige Sinusitis oder Otitis media), wird eine antibiotische Therapie erforderlich. Liegt das Krankheitsbild der obstruktiven Bronchitis des Säuglings und Kleinkindes vor, und besteht die Atemnot des Patienten länger als 48 Stunden nach Therapiebeginn weiter, so ist eine antibiotische Therapie dringend zu empfehlen, da diese Kinder überdurchschnittlich häufig Pneumonien entwickeln und dann einen protrahierten Obstruktionsverlauf haben. Welche Keime ursächlich im wesentlichen in Betracht kommen, ist altersabhängig. Beim jungen Säugling handelt es sich in der Regel um Pneumokokken, Staphylokokken, Hämophilus influenzae und Moraxella catarrhalis. Hier wäre ein Cephalosporin-Antibiotikum der neueren Art angezeigt. Beim älteren Kind (über 2 Jahre) treten Staphylokokkeninfektionen seltener auf. Hier kann auch mit einem Betalaktam-Antibiotikum einfacherer Art (Amoxicillin) behandelt werden. Im Schulkindesalter dominieren eindeutig Mykoplasma pneumoniae, auch Chlamydia pneumoniae tritt zunehmend häufiger auf. In dieser Alterklasse wäre ein Makrolid-Antibiotikum erste Wahl.

Prognose

Das Krankheitsbild der akuten banalen Bronchitis heilt in der Regel in wenigen Tagen ab. Die komplizierte Bronchitis bedarf der sorgfältigen Diagnostik und Therapie. Die Prognose dieses Krankheitsbildes muß als zweifelhaft angesehen werden, da viele der beobachteten Fälle im Erwachsenenalter in das Krankheitsbild der chronischen Bronchitis überzugehen scheinen.
Die häufig rezidivierende Bronchitis des Säuglings und Kleinkindes (Kindergartensyndrom) hat eine gute Prognose. Jenseits der hochsensiblen Altersphase verschwindet sie in der Regel. Die obstruktive Bronchitis des Säuglings und Kleinkindes ist eine überaus häufige Erkrankung (es muß damit gerechnet werden, daß etwa 1/4 aller Kinder ein- oder mehrfach diese Erkrankung durchmacht). Im Verlauf des Kleinkindesalters wird sie dann seltener, etwa 2/3 der Patienten verlieren den Obstruktionscharakter jenseits des 4.–5. Lebensjahres beim Auftreten einer Bronchitis, 1/3 der Patient entwickelt sich später als Asthmatiker und bedarf einer eigenen protrahierten Langzeitbehandlung (11, 12).

Die chronische Bronchitis als eigenständiges Krankheitsbild im Kindesalter ist, wie erwähnt, selten, ihre Prognose muß als außerordentlich zweifelhaft angesehen werden.

Pneumonien

Systematik und Ätiologie

Eine Systematik der Lungenentzündungen im Kindesalter ist nicht ganz einfach (13). Man kann unterscheiden in primäre Pneumonien, bei der ein schwereres Grundleiden fehlt, sowie sekundäre Pneumonien, bei denen das klinische Bild durch eine Grundkrankheit mit resistenzmindernden Faktoren stark verändert wird (z.B. Mucoviscidose, Leukämie, AIDS, Herzinsuffizienz, Lungenödem, längere Beatmung). Daneben ist es außerordentlich wichtig, ob eine Lungenentzündung im Krankenhaus oder zu Hause erworben worden ist, da auch hier unterschiedliche auslösende Erreger in Betracht kommen. Weiterhin hat sich bewährt eine Einteilung nach der Morphologie durchzuführen.
So kann man eine Bronchopneumonie von einer Lobärpneumonie oder einer interstitiellen Pneumonie unterscheiden. Die Einteilung nach Erregern in Viruspneumonien oder bakterielle Pneumonien, ausgelöst durch Pneumokokken, Hämophilus influenzae, Mykoplasma pneumoniae, Chlamydien, Staphylokokken ist in der Pädiatrie nur selten von großer Bedeutung, da der Erreger nur in Ausnahmefällen nachweisbar ist.
In den meisten Fällen von Lungenentzündung im Kindesalter geht ein viraler Infekt durch RS-Viren, Adenoviren, Influenza- und Parainfluenzaviren, sowie seltener durch Masern-, Varizellen oder Zytomegalieviren voraus. Diese Lungenentzündungen können direkt durch die genannten Viren ausgelöst werden, sie können aber auch auftreten durch eine bakterielle Sekundärinfektion. Streng genommen handelt es sich im letzteren Fall dann um eine sogenannte sekundäre Pneumonie, da die Erreger, die hier in Betracht kommen (Pneumokokken, Hämophilus influenzae, Staphylokokken, Moraxella catarrhalis), meistens jedoch die gleichen sind, wie sie auch primäre Krankheitsbilder verursachen können, werden diese Lungenentzündungen den primären Pneumonien zugerechnet (14).

Pathogenese

Für die Pneumonieentstehung spielt die Disposition eine wichtige Rolle. Bei jüngeren Kindern begünstigt eine noch fehlende Immunität Lungenentzündungen durch Pneumokokken, Hämophilus influenzae und Chlamydien. Ein anderer begünstigender Faktor für bakterielle Pneumonien ist eine bestehende Bronchialobstruktion mit Atelektasenbildung und überblähten Bezirken nebeneinander und in der Folge somit auftretenden Ventilationsstörungen. Dies begünstigt eine Bakterienadhäsion, die als Voraussetzung der Infektion zu sehen ist. Desweiteren sind größere Geschwisterzahlen und Eintreten in den Kindergarten begünstigend (14). Immundefekte sind nur ausgesprochen selten zu diagnostizieren. Eine rezidivierende Pneumonie muß immer auf einen gastroösophagealen Reflux hin untersucht werden.

Symptome

Im Vordergrund der Symptome einer Lungenentzündung steht neben Husten und Fieber (Ausnahme interstitielle Pneumonie) eine zunehmende Atemnot. Sie ist an einer beschleunigten Atmung von anstoßendem Charakter und an Einziehungen im Bereich der oberen und unteren Thoraxapertur erkennbar. Die Schwere der Symptome geht mit der Ausdehnung der Lungenveränderungen bei weitem nicht immer parallel. Es gibt ausgedehnte Pneumoniefälle bei denen eine klinische Symptomatik nur gering ausgeprägt ist und umgekehrt.

Charakteristischerweise ist bei Kindern eine Klopfschallverkürzung bei der Perkussion nur bei den schwersten Pneumonieformen feststellbar, ohrnahe (klingende), feuchte Nebengeräusche sind jedoch charakteristisch. Sie kommen bei kleineren Kindern gelegentlich auch bei einfacher Bronchitis vor und sind somit nicht pathognomonisch für das Krankheitsbild der Pneumonie. Eine bakteriologische Diagnostik gelingt nur selten. In ausgeprägten Fällen einer bakteriellen Infektion ist mit einer Leukozytose und mit einem erhöhten CRP zu rechnen, auch eine Blutsenkungsbeschleunigung kommt vor. Diese Befunde können jedoch auch bei bakterieller Infektion fehlen, und bei viraler Infektion auftreten. Somit erlauben die Laborbefunde keine sichere Trennung zwischen viraler und bakterieller Infektion (15). Auch die Röntgenaufnahme erlaubt nur im charakteristischen Fall eine sichere Zuordnung: Eine Lobärpneumonie aufgrund einer Pneumokokken- oder Hämophilus influenzae Infektion, eine Staphylokokkenpneumonie (abszedierende Pneumonie) läßt sich im Röntgenbild recht sicher erkennen.

Alveoläre Infiltrate bei einer Bronchopneumonie sprechen für eine bakterielle Genese, schließen jedoch eine virale Genese nicht mit Sicherheit aus. Gleiches gilt für interstitielle Veränderungen die für eine virale Genese sprechen, eine bakterielle Genese aber nicht ausschließen.

Klinische Sonderformen sind insbesondere die Lobär- oder kruppöse Pneumonie mit plötzlichem Beginn und hohem Fieberanstieg (Schüttelfrost), bevorzugter Befall im Schulkindesalter, schwerer Krankheitszustand mit Kreislaufreaktionen sowie einer Larvierung als Meningitis oder Appendizitis. In der Regel wird sie durch Pneumokokken ausgelöst (seltener durch Hämophilus influenzae). Selten bildet sich einmal in einer solchen Pneumonie ein Abzeß. Dieser ist

besonders charakteristisch für die Sonderform der Staphylokokkenpneumonie, wo eine pleurale Ergußbildung oder ein Pleuraempyem ein relativ frühzeitiges Begleitphänomen darstellt. Bei intrapulmonaler Abszedierung (Einschmelzung) und Perforation der Pleura kommt es zum Pneumothorax, im schlimmsten Fall zu einem Ventilpyopneumothorax der einer sofortigen Intervention bedarf.
Eine weitere Sonderform ist die Mykoplasma-pneumoniae-Pneumonie, welche in der Regel bei Schulkindern und jugendlichen Erwachsenen auftritt und hier bis zu 2/3 aller Pneumonien ausmacht (16). Sie ist gelegentlich von einem Pleuraerguß begleitet und äußert sich radiologisch häufiger als Bronchopneumonie oder interstitielle Pneumonie. Sie ist nicht selten von einem heftigen, keuchhustenartigen Husten begleitet. Starke Kopfschmerzen stehen im Vordergrund. Der diagnostische Nachweis eines Mykoplasma pneumoniae Antikörpers erlaubt eine relativ sichere Diagnostik.

Therapie

Auch im Rahmen von viralen Infekten auftretende Pneumonien können bakteriellen Ursprungs (sekundär) sein. Aus diesem Grunde bedeutet die Diagnose Pneumonie immer die Indikation zu einer antibiotischen Therapie. Diese kann im frühen Kleinkindesalter bevorzugt mit einem Betalactam-Antibiotikum (einem der modernen Cefalosporine) erfolgen, wobei darauf geachtet werden sollte, daß eine Staphylokokkenwirksamkeit der Substanz gegeben ist (z.B. Loracarb F). Beim Kleinkind ist das Spektrum der anwendbaren Antibiotika breiter. Staphylokokkenpneumonien sind hier seltener, so daß die in Frage kommenden Antibiotika sowohl Betalactam-Antibiotika als auch Makrolide sein können. Im Schulkindesalter steht die Therapie mit Makroliden (Clarithromycin, Azithromycin) ganz im Vordergrund.
Als Begleittherapie ist eine hustensedierende Behandlung häufig unverzichtbar (retardiertes Codeinpräparat oder Dextrometorphanhaltige Formulierungen), wobei gleichzeitig eine Therapie mit Beta-Sympatikomimetika zur besseren mucoziliären Clearance und auch mit Sekretolytika sinnvoll werden kann. Eine fiebersenkende Behandlung ist in der Initialphase einer Pneumonie häufig unverzichtbar. Vorsicht ist geboten bei sedierenden Maßnahmen, um keine Atemdepression zu erreichen.

Literatur

1. Knott, A.M., Long, C.E., Brees-Hall, C.: Parainfluenza viral infections in pedeatric outpatients: seasonal patterns and clinical characteristics.Pediatr. Infect. Dis. J. 13, 269–273 11 (1994)
2. Zach, M., Erben, A., Olinsky, A.: Croup, recurrent croup, allergy and airway hyperreactivity. Arch Dis Childh 56:336–342 (1981)
3. Zach, M.: Air pollution and pediatric respiratory disease: croup. Lung 168, Suppl 353–357 (1990)
4. Schlipköter, H.W., Wichmann, H.E.: Einfluß von Luftschadstoffen auf die Krankheitsbilder Pseudokrupp und obstruktive Bronchitis in der Bundesrepublik Deutschland. Bericht für die Umweltminister-Konferenz, Mai 1989
5. Ahrens, P., Hentschel, W.: Ergebnisse einer Fragebogenerhebung zur Inzidenz einiger ausgewählter bronchopulmonaler Erkrankungen. Monatsschr. Kinderheilk. 134, 450–452 (1986)
6. Super, D.M., Cartelli, N.A., Brooks, L.J., Lembo, R.M., Kumar, M.I.: A prospective randomized double blind study to evaluate the effect of dexamethasone in acute laryngotracheitis. J Pediatr 115, 323–329 (1984)
7. Tibbals, J., Shann, F.A., Landau, L.I.: Placebo-controlled trial of prednisolone in children intubated for croup.Lancet 340, 745–748 (1992)
8. Leipzig, B., Oski, F.A., Cummings, C.W., Stochman, J.A., Swender, P.: A prospective randomized study to determine the efficacy of steroids in treatment of croup. J Pediatr 94:194–196 (1979)
9. Drew, Wil.: Controversies in viral diagnosis. Rev. Infect. Dis. 8, 814–824 (1986)
10. Bern, M.: Bronchitis. Clin. Ther. 106, 351–355 (1983)
11. Hofmann, D.: Zur Prognose der bronchialen Obstruktion im Kindesalter. Atemw.- Lungenkrh. 21, 1–3 (1995)
12. Price, J.F.: Acute and longterm effects of viral bronchiolitis in infancy. Lung Suppl. 168, 414 (1990)
13. Hofmann, D., et al: Pädiatrie, 6. Aufl., Schattauer (1991)
14. Arguedas, A.G., Marks, I.M.: Lower respiratory tract infection in: Branski, D.: Pediatric infections diseases, Karger, Basel 1993, 181–199
15. Marks, M.I.: Pediatric pneumonia: viral or bacterial? J. Respir. Dis 3, 108–115 (1982)
16. Murphy, T.F.: Nonbacteria pneumonia. Amer. J. Epiderm. 47, 347–354 (1981)

IV. Therapie

M. Bühring

Naturheilverfahren und unkonventionelle medizinische Therapie bei der Erkältungskrankheit

Einleitung

Der Begriff und der Inhalt von Naturheilverfahren sind international nicht einheitlich definiert. Wir selbst verstehen hierunter die sog. «klassischen» Naturheilverfahren, wie sie sich im europäischen Kulturraum ab Mitte des vergangenen Jahrhunderts entwickelt haben (Rothschuh, 1983) und wie sie jetzt auch von der naturwissenschaftlichen Medizin (sog. Schulmedizin) grundsätzlich anerkannt werden. Insbesondere sind dieses Verfahren der Physikalischen Therapie, der Hydro-, Balneo-, und Klimatherapie sowie der Phyto- und Ernährungstherapie (Tab. 1).
Naturheilverfahren sind also zunächst einmal methodologisch definiert: Sie benutzen Mittel und Methoden, welche unserer natürlichen Umwelt entstammen (Naturheilmittel) oder sie wenden Verfahren an, welche der natürlichen Umwelt nachgeahmt werden (Naturheilverfahren).
Eine zweite Definition von Naturheilverfahren orientiert sich am Wirkprinzip solcher Behandlungen: Häufig werden nicht unmittelbar positive Wirkungen einer Behandlung angestrebt (Akuteffekte, bei Erkältung z.B. im Sinne einer Vernichtung von Viren oder Bakterien), sondern der Organismus soll angeregt und in die Lage versetzt werden, aus sich selbst (aus seiner eigenen «Natur») eine Krankheit besser zu beherrschen bzw. eine Erkrankung abwehren zu können. Es werden dann mehr oder weniger unspezifische «Reize» gesetzt, welche im Organismus gesunde bzw. gesundende Reaktionen anregen sollen (sog. Langzeiteffekte von Naturheilverfahren). Als Erklärungsmodell wurden in der älteren

Tabelle 1: Die wichtigsten Elemente klassischer Naturheilverfahren

Elemente der «klassischen» Naturheilverfahren	
Physikalische Therapie	allgem. Bewegung, Sporttherapie Krankengymnastik, Manuelle Therapie verschiedene Massagen Wärme-, Kältebehandlungen Elektrotherapie
Hydrotherapie Balneotherapie, Thalassotherapie Klimatherapie, UV-Bestrahlungen	
Ernährungstherapie	nutritive Gesichtspunkte nicht nutr. Ges.-punkte z. B. Konstitution
Phytotherapie symptomorientiert als Element der Erfahrungsmedizin und moderne Pharmakognosie Ordnungstherapie Patientenorientierte Ethik und Moral kleine Psychagogik körperorientierte Psychotherapie	

Medizin hierfür «Selbstheilungskräfte» (vis medicatrix naturae) hypothetisiert, die naturwissenschaftliche Medizin interpretiert solche Vorgänge im Sinne funktioneller und trophischer Adaptationen. Zahlreiche Mechanismen solcher Adaptationen wurden inzwischen aufgeklärt (Einzelheiten weiter unten).
Für die Behandlung bei Erkältungskrankheiten können manche Akuteffekte im Sinne einer symptomatischen Therapie ausgenutzt werden. Langzeiteffekte nach serieller Behandlung werden im Sinne einer Abhärtung und einer Verbesserung der allgemeinen Konstitution angestrebt.
Gleichzeitig haben solche Behandlungen aber sicher auch psychische und suggestive Wirkungen. Durch das allgemeine Ambiente und die äußere Gestaltung der therapeutischen Situation, durch die sehr intensive interpersonelle Kommunikation mit ausgeprägter empathischer Zuwendung werden solche Wirkungen geradezu angestrebt. In der Pädiatrie können häusliche Behandlungen sicher auch als Familien-Rituale im Sinne von Boyce et al. (1977) aufgefaßt werden. Das Angebot einfacher, leicht durchschaubarer Therapie mit der Möglichkeit von Eigeninitiative und Selbstbehandlung liefert wichtige Grundlagen für Selbstkompetenz und für einen besseren seelischen Umgang mit chronischer bzw. rezidivierender Erkrankung.

Wir haben aber bereits erfahren (s. Beitrag Smith, S. 89), daß psychische und psychologische Bedingungen einen wichtigen Faktor für die Kontagiosität und den klinischen Verlauf viraler und bakterieller Erkrankungen sind. Psychische Wirkungen von Naturheilverfahren sind deshalb nicht im Sinne eines Placebo zu bewerten, sondern sie beinhalten beides: Möglichkeiten einer körperlichen wie auch gleichzeitig einer seelischen Einflußnahme!

Fast sämtliche Verfahren der Tab. 1 haben auch eine gelegentliche Indikation bei Erkältungskrankheiten. Für die Planung therapeutischer Strategien hat es sich bewährt, drei verschiedene Stadien der Erkrankung zu differenzieren:

1. Akute, entzündliche Krankheitsbilder mit dem Bedarf einer überwiegend symptomatischen Behandlung. Diese richtet sich vor allem gegen das allgemeine Krankheitsgefühl, Kongestion und Benommenheit im Bereich des Kopfes und gegen eventuelle Schmerzsymptomatiken, (z. B. bei Cephalgien oder Beteiligung der Nasennebenhöhlen). Gelegentlich wird auch Fieber zu behandeln sein.
2. Chronische Krankheitsbilder, bei welchen der phlogistische Prozeß noch einmal angeregt wird, um diesen dann einer endgültigen Sanierung durch körpereigene Möglichkeiten zuzuführen. Hierbei gilt es darauf zu achten, daß das Krankheitsbild nicht zu stark exazerbiert, so daß mehr Schaden gesetzt worden ist, als Anregung von Abwehrprozessen erreicht werden konnte.
3. Die eigentliche Domäne von Naturheilverfahren liegt aber auf dem Bereich der sog. Abhärtung und der Verbesserung physiologischer und immunologischer Abwehrprozesse bei infektanfälligen Personen. Dienstbier (1989) hat in diesem Zusammenhang den Begriff einer «physiological toughness» geprägt. Dieser berücksichtigt sowohl funktionelle wie auch psychische Dimensionen, welche der Klinik einer Erkältung zugrunde liegen. Die Infektionsrate soll reduziert und der jeweilige Verlauf im Erkrankungsfall abgemildert werden.

Symptomatische Behandlungen akuter Beschwerden

Im Vordergrund des Beschwerdebildes stehen häufig eine allgemeine Benommenheit, gelegentlich Kopfschmerzen, Spannungs- und Wundgefühle im oberen Respirationstrakt, welche sich (z. B. bei Beteiligung der Nasennebenhöhlen) bis zu unerträglichen Schmerzen steigern können.

Häufig können solche Beschwerden durch Fußbäder mit ansteigender Wassertemperatur beeinflußt werden: In sitzender Position werden beide Unterschenkel (bis zu den Knien) in ein Wasserbad mit einer Temperatur von etwa 37° gestellt (bei kühlen und kalten Füßen auch niedrigere Ausgangstemperaturen).

Im Verlauf von 10–15 Minuten wird dann heißes Wasser zugegeben, bis eine Temperatur von etwa 40–42° erreicht ist und der Patient zu schwitzen beginnt (meistens am Kopf). Diese thermische Einwirkung kann verstärkt werden, wenn dem Badewasser Senfmehl zugegeben wird.
Es entwickelt sich dann eine sehr ausgeprägte, lang anhaltende Hyperämie der gebadeten Haut. Es kommt zu einem stark ausgeprägten Körpergefühl in diesem Bereich mit Wärmeempfindungen und wohliger Entspanntheit. Der Kopf wird freier, evtl. algische Beschwerden lassen nach. Die rasche Besserung «Grippe»-bedingter Kopfschmerzen nach einem temperaturansteigenden Fußbad gehört zu den eindrucksvollsten Erlebnissen von Wärmebehandlungen.
Die Wirkungsmechanismen solcher Therapie sind noch offen. Diskutiert werden reflektorische Einflüsse von den unteren Extremitäten auf die Kreislaufregulation im Kopfbereich, Effekte im Sinne einer Kontrairritation (neurologische sensible Afferenzen aus dem Kopfbereich werden von Afferenzen aus dem Bereich der Unterschenkel überdeckt) oder Ableitungen der allgemeinen Körperwahrnehmung vom Kopf in caudal gelegene Körperbereiche.
Bei Beteiligung auch der mittleren Atemwege (Bronchitis), insbesondere auch bei mehr chronischen Verläufen mit trockenen Husten, haben sich Wickel aus dem Bereich der Hydrotherapie bewährt. Das Prinzip solcher Behandlung besteht darin, daß der Oberkörper kurzfristig einen Kaltreiz erfährt, welcher dann zu einer kräftigen Durchblutung und Bildung von Eigenwärme anregt. Dieses (und vielleicht auch das feuchte Milieu, in welchem der Patient verbleibt) bewirkt eine allgemeine Entspannung (häufig schlafen Patienten hierbei ein), der trockene Reizhusten läßt nach, die bronchiale Sekretion scheint angeregt zu werden, zumindest kommt es zu einer reichlicheren Expektoration von Bronchialsekret.
Die Durchführung ist denkbar einfach: Um den entblößten Oberkörper wird ein nasses, fest ausgewrungenes, kaltes Tuch gewickelt, in der Regel wird hierzu Leinen benutzt. Es kommt zu einer kurzen Schreckreaktion mit tiefen Inspirationsbewegungen. Um dieses feuchte Tuch wird Molton oder Frottee gewickelt, so daß letztere das feuchte Leinen caudal und cranial um einige Zentimeter überlappen. Um diese Packung erfolgt dann noch eine Einwickelung in eine Wolldecke. Bei Bedarf wird der ganze Körper durch weitere Abdeckungen warm gehalten. Häufig kommt es zu einer starken sudomotorischen Reaktion, letztere kann durch heiße Tees (z. B. Lindenblüten) zusätzlich befördert werden. Bei überwiegend anginösen Beschwerden werden solche Behandlungen im Halsbereich durchgeführt.
Eine weitere häufig benutzte Behandlung ist der sog. Kopfdampf, neben symptomatischen Wirkungen werden auch kurative Wirkungen für möglich gehalten. Der Patient beugt sich über ein Gefäß mit heißem Wasser (ca. 60 bis 80 °C), er wird mit einem großen Badetuch abgedeckt, so daß er die aufsteigenden heißen Dämpfe inhaliert. Tyrrell et al. (1989) haben in einer kontrollierten Behand-

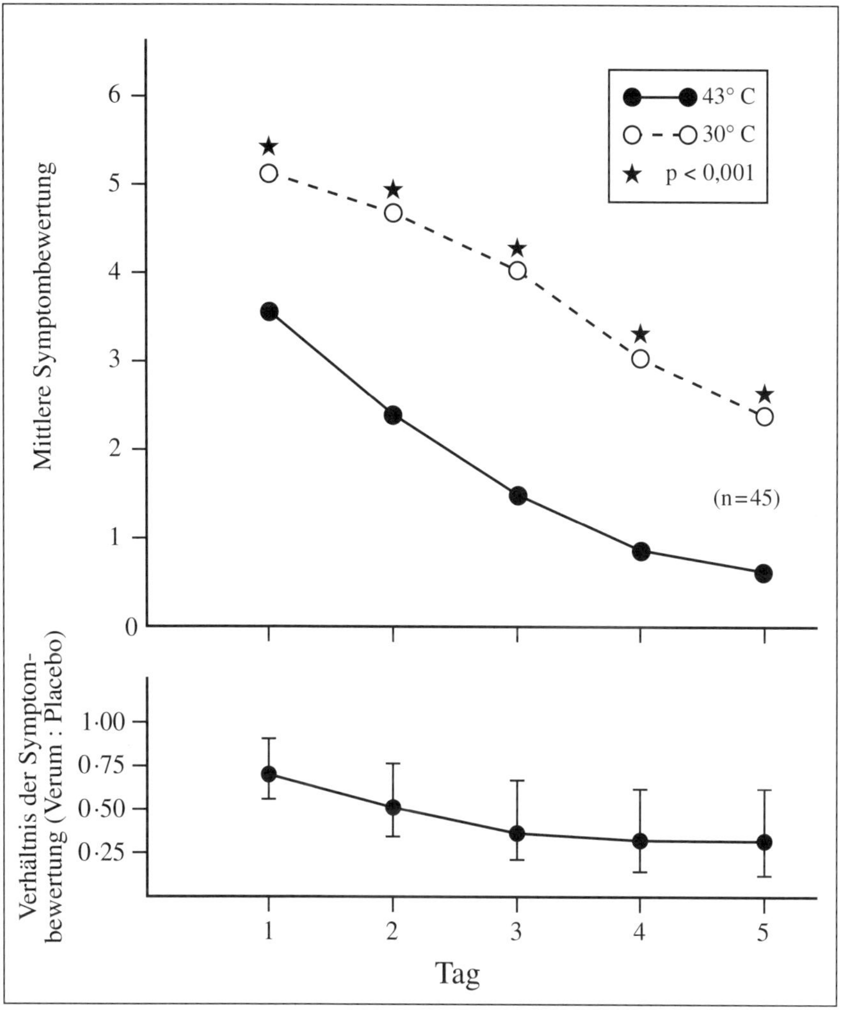

Abbildung 1: Mittlerer Beschwerdenscore im Verlauf einer spontanen Erkältungskrankheit. Am Tag 1 hatten die Patienten über 20 Minuten feuchte Luft mit einer Temperatur von 43 bzw. von 30° C durch die Nase eingeatmet (n. Tyrrell et al., 1989).

lungsstudie die Wirksamkeit solcher Therapie demonstriert (Abb. 1). Als Wirkungsmechanismen werden thermische Einflüsse auf den viralen Erreger und auf die lokale entzündliche Reaktion diskutiert. Saller et al. (1990) konnten zeigen, daß der Zusatz von Kamille die klinische Wirkung von Kopfdämpfen in Abhängigkeit von unterschiedlichen Dosierungen signifikant verstärkt. Für Inhaltsstoffe der Kamille sind antiphlogistische, spasmolytische und antibakterielle Wirkungen nachgewiesen (Hänsel, 1991) nachgewiesen.
Als eine allgemeine hygienische Empfehlung gilt, daß der Kopf während einer akuten Erkältungskrankheit grundsätzlich warm gehalten werden soll (Hut oder Mütze). Wärme hat in dieser Situation eine entspannende, durchblutungsfördernde und schmerzdämpfende Wirkung.

Fieber

Es besteht heute breiter Konsens, daß Fieber im Verlauf einer Erkältungskrankheit möglichst nicht pharmakologisch gesenkt werden soll. Fieber hat günstige Wirkungen auf den klinischen Verlauf, darüber hinaus ist die chemische Antipyrese nicht immer ganz ungefährlich. Seltene Ausnahmen bestehen in der Pädiatrie bei einer Krampfneigung des Kindes sowie in der Allgemeinmedizin bei schlechter körperlicher Verfassung von Patienten.
Auf jeden Fall sind vor einer pharmakologischen Antipyrese Maßnahmen der Physikalischen Therapie indiziert. Die bekannteste Behandlung geschieht mit kalten Wickeln (z.B. Wadenwickel). Hierbei wird auf physikalischem Wege Wärme abgeführt (Kälte des Wickels und Verdampfungswärme), darüber hinaus führt der Kaltreiz zu einer Tonisierung der Kreislaufregulation bei eventuellen kollaptischen Veränderungen. Einflüsse auf die Thermoregulation selbst wurden bisher nicht belegt.
Diese Kühlungen können ausgedehnt werden mit Vergrößerung der behandelten Körperoberfläche (z.B. Leibwickel), oder durch kühlende Bäder, welche die gesamte Körperoberfläche erreichen.
Wichtig ist, daß ausschließlich warme, gut durchblutete Körperregionen behandelt werden. In der Situation einer Kreislaufzentralisation mit kalten Extremitäten wird diese durch zusätzliche Kälte eher verstärkt. In diesem Fall ist es sinnvoll, zunächst mit lokalen Wärmebehandlungen die periphere Zirkulation wieder herzustellen.
Aus ähnlichen Überlegungen ist es unsinnig, ausgesprochen kalte Bäder (z.B. unter 25 °C) bei Fiebernden durchzuführen. Es kommt dann zu einer kutanen Vasokonstriktion, welche einen Wärmeaustausch mit dem Bademedium verhindert. Solche Bäder werden also etwas unter der Körpertemperatur begonnen (z.B. 35 °C) und langsam durch Zulaufen kalten Wassers abgekühlt.

Chronische Entzündungszustände

Die ratio naturgemäßer Behandlungen beruht in der Vorstellung, daß der Organismus den chronisch entzündlichen Prozeß nicht mehr ausreichend «wahrnimmt» und Möglichkeiten der Abwehr nicht ausreichend mobilisiert. Es wird dann versucht, mit Wärmebehandlungen den Prozeß noch einmal anzuregen (phlogistisches Prinzip der calor). Hierbei ist es nicht immer ganz einfach, die richtige Dosis an thermischer Belastung zu finden. Im ungünstigen Fall könnte es geschehen, daß der Prozeß zu stark exazerbiert mit der Folge weiterer Komplikationen (z. B. Entwicklung einer Nebenhöhlenentzündung aus einem chronischen Schnupfen nur im Bereich der Nasenschleimhaut).
Die Möglichkeiten einer Wärmezufuhr sind sehr vielfältig: Häufig werden heiße Auflagen gemacht, wie z. B. mit in kleinen Säckchen erhitzten Kamilleblüten, in heißes Öl getauchten Tüchern, zerstampften heißen Kartoffeln u. a.m. Oft werden Bestrahlungen mit infrarotem Licht als sehr angenehm empfunden; eine Erwärmung auch körpertieferer Regionen (z. B. der Nasennebenhöhlen) gelingt am besten mit Hochfrequenztechniken aus dem Bereich der Elektrotherapie. Bei dieser ist darauf zu achten, daß der Augapfel sicher außerhalb des elektromagnetischen Feldes liegt.
Bei den genannten Auflagen ist noch nicht abgeklärt, ob den jeweils benutzten Wärmeträgern selbst ebenfalls spezifische prophlogistische Wirkungen zukommen, oder ob solche Behandlungen mehr im Sinne eines Ritus mit zusätzlicher suggestiver Wirkung zu betrachten sind.
Häufig bestehen bei chronischen Krankheitsbildern auch Behandlungsmöglichkeiten aus dem Bereich der jetzt darzustellenden präventiven Therapie.

Prävention: Abhärtung

Der eigentliche Schwerpunkt und die Domäne physikalischer Behandlungen liegt in dem Bereich einer präventiven Therapie. Es sollen die Konstitution, physiologische Regelprozesse und das Abwehrsystem verbessert werden, so daß es zu weniger und leichter verlaufenden Infektepisoden kommt. Wir weisen an dieser Stelle ausdrücklich noch einmal darauf hin, daß wir damit sowohl körperliche und funktionelle wie auch psychische Dimensionen des infektanfälligen Patienten erreichen wollen. Über den Begriff einer Abhärtung hinausgehend orientieren wir uns jetzt an dem Begriff einer umfassenden physiologischen Gesundheit und Leistungsfähigkeit (physiological toughness), wie er von Dienstbier (1989) geprägt worden ist.
U.a. orientiert sich dieser Begriff an der katecholaminergen Reaktion auf kör-

perliche und seelische Belastungen. In dieser Beziehung weniger gesunde Personen reagieren verhältnismäßig schwach (bei eher hohen Ausgangswerten), die Reaktion klingt aber nur langsam ab. Während in dieser Beziehung gesundere Personen von niedrigen Basalwerten ausgehend sehr kräftige katecholaminerge Reaktionen zeigen, welche aber nur kurz andauern. Die gleichzeitige Glukokortikoidale Reaktion (z.B. plasmatische Kortisolspiegel) zeigt hohe Anstiege bei weniger Gesunden und keine oder geringe Veränderungen bei besserer physiologischer Gesundheit.
Nachdem inzwischen gut herausgearbeitet worden ist, in welchem Umfang das vegetative Nervensystem immunologische Abwehrprozesse unmittelbar mit zu beeinflussen vermag und wie stark vegetative Regelfunktionen wiederum durch physikalische Einflußnahme (z.B. körperliches Training, Warm- und Kaltreize) modifiziert (in der Regel verbessert) werden, sind die theoretischen Grundlagen für ein Verständnis abhärtender Therapie gut herausgearbeitet. Ergebnisse der modernen Neuro-Immunologie liefern ausreichend Material auch für ein Verständnis psychischer Einflußnahme auf die allgemeine Abwehr.

Hydrotherapie

Die wichtigste Methode einer abhärtenden Behandlung ist die sog. Hydrotherapie, wie sie für den europäischen Kulturraum von Vinzens Priessnitz (1790–1851) und von Sebastian Kneipp (1821–1897) geprägt worden ist. Das eigentliche Prinzip besteht in wiederholten Kaltreizen (kaltes Wasser), welche in sinnvoller Weise dosiert und an sinnvollen Körperregionen appliziert werden sollen. Eigentliches, aktuelles Ziel ist die sog. Reaktion, eine kräftige Rötung der zunächst blass werdenden Haut (primäre Vasokonstriktion und anschließende reaktive Hyperämie) mit einem angenehmen Wärmegefühl und Wohlbefinden des Patienten nach etwa 1–3 Minuten. Diese Behandlungen führen nach längerer Zeit (4–6 Wochen) zu deutlichen Veränderungen der vegetativen Regulation, in diesem Zusammenhang sind dann auch immunologische Veränderungen vorstellbar. Erste tierexperimentelle Befunde weisen eindeutig auf solche Möglichkeiten hin, unter klinisch relevanten Bedingungen wurden sie bisher am Menschen noch zu wenig untersucht (Übers. b. Dienstbier, 1989).
Hydrotherapie ist verhältnismäßig einfach und unter fast jeden Lebensbedingungen durchführbar: Bei der sog. Waschung werden einzelne Körperregionen mit einem in kaltes Wasser (10–20 °C) getauchten Frotteetuch «abgewaschen». Bei dem sog. Guß werden einzelne Körperregionen mit kaltem Wasser abgegossen, mit den sog. Voll- und Teilbädern (z.B. Sitzbad, Fußbad, Armbad) können besonders intensive Kaltreize vermittelt werden.
Diese Kältebehandlungen erfolgen nach von Kneipp ausgearbeiteten Regeln.

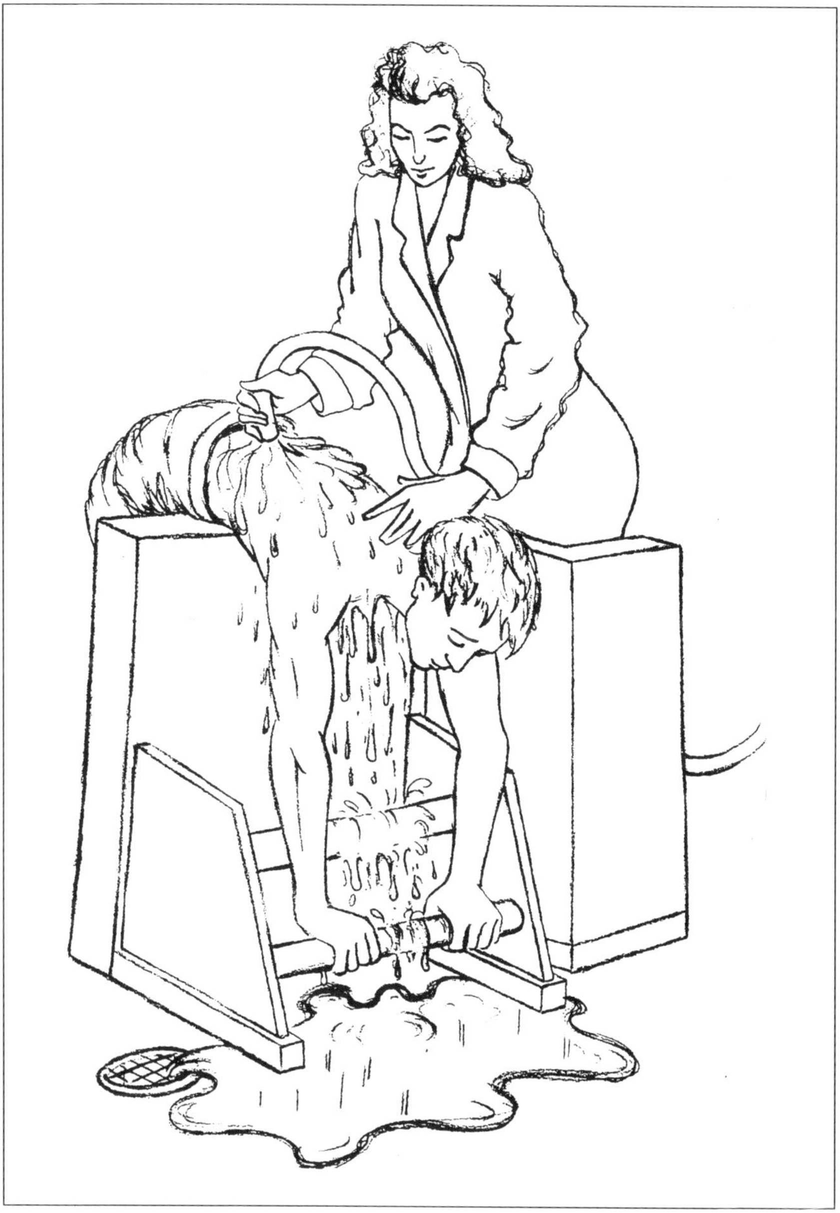

Abbildung 2: Beispiel einer Kaltreiz-Behandlung nach Kneipp (Oberguß).

Bei den Waschungen und Güssen beginnt der Kaltreiz immer in der Peripherie (Hände oder Füße) auf der Streckseite der jeweiligen Extremität. Von hier wird er langsam körpernäher bis an den Rumpf erweitert. Es werden also topographische Regionen mit geringerer Kälteempfindlichkeit zuerst behandelt, die besonders kälteempfindlichen Regionen werden zuletzt erreicht. Die rechte Körperhälfte soll vor der linken Seite behandelt werden. Abb. 2 zeigt beispielhaft die Gußführung bei einem sog. Oberguß (Einzelheiten b. Brüggemann, 1986).
Die individuelle Kälteempfindlichkeit variiert interindividuell außerordentlich stark. Bestimmend sind konstitutionelle Momente, Gewöhnung an Kaltreize und sicher auch die unterschiedliche Motivation. Es gilt, die für jeden Patienten richtige Reizdosis zu finden und diese zu applizieren. Aktuelles therapeutisches Ziel ist die oben beschriebene «Reaktion», insbesondere das anschließende körperliche Wohlbefinden. Zu einer reaktiven Hyperämie kommt es häufig erst im Verlauf einer mehrwöchigen Behandlungsserie.
Häufig werden solche Kaltreize mit vorhergehenden Wärmebehandlungen kombiniert (sog. Wechselgüsse bzw. -bäder). Der Kaltreiz kann dann stärker dosiert werden (z. B. kaltes Tauchbecken mit 12° Wassertemperatur nach der Sauna) und er wird stärker erlebt. Ein Wechselfußbad hätte dann z. B. folgende Struktur: 10 Minuten beide Füße und Unterschenkel in Wasser mit etwa 40 °C, anschließend 10–40 Sekunden beide Füße und Unterschenkel in Wasser mit etwa 15 °C, nämlich bis zum ersten Eintreten eines Kälteschmerzes. Dieser Vorgang kann 2 oder auch (selten) 3 x wiederholt werden.
Bei diesen Behandlungen kann die Intensität des Kaltreizes auf verschiedene Weise modifiziert werden. Von größter Bedeutung sind die Temperatur des verwendeten Wassers, die Dauer der jeweiligen Kältebehandlung und die Größe der behandelten Körperoberfläche. Einzelne topographische Regionen sind darüber hinaus unterschiedlich kälteempfindlich.
Grundsätzlich gilt, daß nur gut durchblutete, warme Körperregionen kalt behandelt werden sollen. Aus diesem Grunde werden z. B. kalte Waschungen gerne früh morgens gleich nach dem Aufstehen oder noch im warmen Bett durchgeführt. Kalte und kühle Regionen (z. B. kalte Füße als häufiges konstitutionelles Moment) sollen grundsätzlich vorher mit Wärme behandelt werden.
Einzelheiten müssen in der Fachliteratur nachgelesen werden (z. B. Brüggemann, 1986). In der Regel werden 1 bis 2 kleinere Anwendungen täglich empfohlen (z. B. Armbäder, Wechselfußbäder, Gesichtsgüsse oder Arm- bis Oberkörperwaschungen). Ein- bis zweimal pro Woche wären zusätzlich «große» Anwendungen wie z. B. kalte Sitzbäder oder kalte Tauchbäder nach der Sauna indiziert.
Als eine ähnliche Behandlung mit Kaltreizen kann auch die bereits besprochene Wickeltherapie aufgefaßt werden. Hierbei wird allerdings über die «Reaktion» mit angenehmem Wärmegefühl hinausgehend häufig auch eine tatsächliche Überwärmung mit Schweißausbruch angestrebt.
Immer wieder wird aber auch versucht, die allgemeine Abwehr durch ausschließ-

lich Wärmebehandlungen (Hyperthermie) zu verbessern. Bei der Sauna weisen einige Ergebnisse daraufhin, daß das eigentlich wirksame Prinzip mehr in dem anschließenden Kaltreiz als in der Heißluft zu sehen ist (Übersicht bei Bühring, 1993). Bei den häufig praktizierten Überwärmungsbädern mit Anstiegen der Rektaltemperatur um 1–2 (bis 3) °C und anschließendem Nachschwitzen werden Effekte einer Fiebertherapie angestrebt, immunologische Grundlagenforschung zum Verständnis solcher Behandlungen stammen zuletzt vor allem aus der onkologischen Hyperthermie.
Hydrotherapeutische Behandlungen werden seit langer Zeit mit großem Erfolg durchgeführt. Bis etwa in die 50er Jahre dieses Jahrhunderts gehörten sie zum sicheren Standard bedeutender Lehr- und Handbücher der Therapie. Insofern überrascht, wie wenig klinische Evaluation zu dieser Behandlung bisher vorgelegt worden ist.
In den internationalen Dokumentationen finden sich entsprechende Mitteilungen kaum. Die wichtigsten Ergebnisse aus nicht registrierten Zeitschriften der deutschsprachigen Literatur haben wir in Tab. 2 zusammengestellt. Überwiegend wurden Behandlungen mit der Sauna und häusliche Behandlungen mit kleiner Hydrotherapie durchgeführt. Abb. 3. zeigt das Ergebnis einer international publizierten Studie von Ernst et al. (1990).

Tabelle 2: Studienprotokolle und klinische Ergebnisse zur Häufigkeit von Infektionserkrankungen der oberen Atemwege in Zusammenhang mit Sauna- und Hydrotherapie

Bisherige «Erfahrung» mit abhärtender Therapie			
		Erkrankungsrate	Erkrankungsdauer
Hartmann 1958	Querschnitt	22,5% vs 5% 16,5 vs	7,25 Tage der jew. Gruppe
Mikolasek 1969	Längsschnitt, Schätzung	«um 65% reduziert»	«um 50% reduziert»
Mikolasek 1979	Längsschnitt, Schätzung	«um 60% reduziert»	«um 25% reduziert»
Schaffranek 1968	kontr. Längsschnitt	55% vs 28% der jew. Gruppe	13,5 vs 5,3 Tage
Kanig 1988	unkontr. Längsschnitt	um 35% reduziert	bei 15% d. Kinder verkürzt

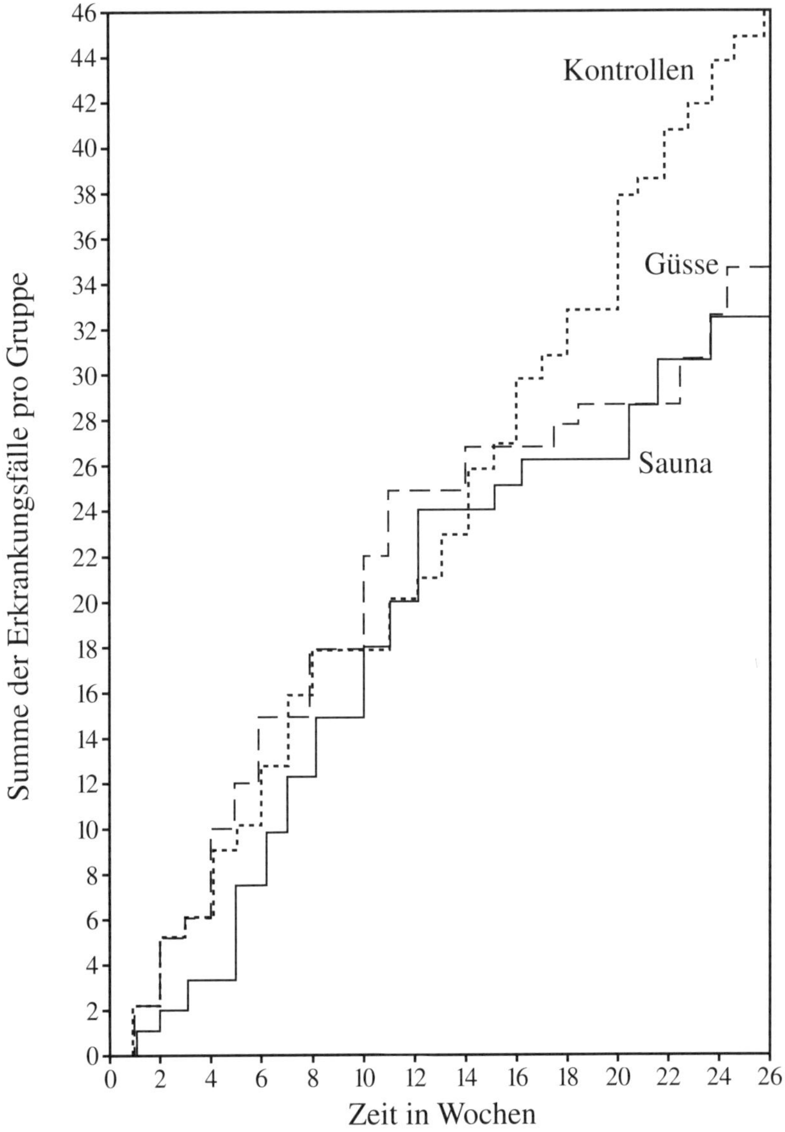

Abbildung 3: Kumulative Erkältungsfälle bei jeweils 25 gesunden Versuchspersonen. Zwei Gruppen nahmen während der Beobachtungszeit regelmäßige Saunabäder bzw. führten regelmäßig kalte Güsse durch. Am Ende der Beobachtungszeit ist der Unterschied zur Kontrollgruppe signifikant (2 p = <0,05), (n. Ernst et al., 1990).

Bewegungstherapie

Die meisten Autoren und entsprechend erfahrenen Ärzte glauben an eine verbesserte körperliche Abwehr im Zusammenhang mit einer vernünftig dosierten sportlichen Aktivität. Epidemiologische Untersuchungen zu dieser Problematik und Therapiestudien mit klinischer Fragestellung sind verhältnismäßig selten, eine neuere Übersicht (Shephard et al, 1991) belegt überwiegend günstige Wirkungen auf die Abwehr von Infektionen und auf den klinischen Verlauf.
Verschiedene Querschnittstudien haben bei Sportlern einen günstigeren Immunstatus gefunden (weißes Blutbild, antikörperabhängige und zytotoxische Aktivität natürlicher Killerzellen, Aktivität verschiedener immunologischer Mediatorsubstanzen) als bei körperlich nicht aktiven Vergleichspersonen. Ähnliche Veränderungen wurden auch in einigen Longitudinal-Studien mit überwiegend mittlerer körperlicher Belastung (z.B. 2 bis 3 Trainingseinheiten pro Woche über 1 bis 2 Monate) beobachtet. Für das Problem der Erkältungskrankheit und weiterer Atemwegserkrankungen interessieren vor allem auch erhöhte IgA-Spiegel im Plasma trainierter Personen (Übersicht bei Shephard et al., 1991).
Unmittelbar nach einer größeren körperlichen Anstrengung ist der Immunstatus (soweit dieser an Laborwerten abgelesen werden kann) eher ungünstiger. Unphysiologisch starke Anstrengungen über längere Zeit (z.B. im Sinne eines Übertrainings) führen eher zu einer Schwächung der immunologischen Abwehr mit gehäuften und schwerer verlaufenden Infekterkrankungen.
Damit scheint Bewegungstherapie den eingangs dargestellten Regeln einer Reiztherapie mit gesundenden Reaktionen des Organismus zu folgen. Sie ist nur im Sinne einer Prävention *vor* dem Beginn eines Infektes sinnvoll, nach bereits erfolgter Infektion sind körperliche Ruhe bzw. Schonung günstiger zu bewerten (Übersicht bei Shephard et al., 1991).
Entsprechende Trainingsprogramme mit dem Ziel einer physiologischen Gesundheit werden zu Beginn am besten in Gruppen und unter Aufsicht eines Physiotherapeuten durchgeführt. Entsprechend dem allgemeinen Standard auch bei anderen Indikationen (z.B. Koronarsport, obstruktive Bronchialerkrankungen, Stoffwechselstörungen) kann im Augenblick ein etwa 60-minütiges Training zweimal pro Woche empfohlen werden. Gleichzeitig werden hierbei auch Anregungen für häusliche Übungen vermittelt. Die Trainingsprogramme selbst bestehen aus raschem Gehen oder langsamem Laufen, unkomplizierter Gymnastik oder z.B. Ballspielen in der Gruppe. In der Regel werden Belastungen bis etwa 70–80% der individuellen, maximalen Sauerstoffaufnahme angestrebt oder 70–80% der individuellen maximalen Pulsfrequenz. Über günstige psychische Wirkungen körperlicher Aktivität mit Anxiolyse und antidepressiver Wirkung bei allgemeiner Relaxation und Möglichkeiten einer Sozialisation in der Gruppe s. bei Dishman (1985).

Nach allgemeiner Erfahrung können günstige Wirkungen einer Trainingsbehandlung bereits nach wenigen (4–8) Wochen erwartet werden, sie klingen aber auch rasch wieder ab. Dementsprechend hat eine Bewegungstherapie regelmäßig zu erfolgen, letztendlich muß sie jeder Patient selbständig und eigenverantwortlich zum regelmäßigen Inhalt seiner persönlichen Hygiene machen.

Heliotherapie

Zahlreiche Befunde und klinische Beobachtungen deuten auf eine verbesserte Infektresistenz nach seriellen Bestrahlungen mit ultraviolettem Licht (Übers. b. Barth, 1992). In der vorantibiotischen Zeit waren solche «umstimmenden» und «die allgemeine Abwehr anregenden» Wirkungen des UV Grundlagen zu einer Klimatherapie z. B. bei chronischen Verlaufsformen von Tuberkulose. Rachitische – weil UV-deprivierte – Kinder sind infektanfälliger als in ihrem Knochenstatus gesunde Kinder. Erste theoretische Grundlagen zu einem eventuellen Verständnis solcher Wirkungen des UV sind inzwischen erarbeitet (Übers. b. Hewison, 1992).
In den Epidermozyten der Haut werden unter der Einwirkung von UV verschiedene immunologische Mediatorsubstanzen gebildet und freigesetzt, von welchen ausgiebige immunologische Wirkungen vorstellbar sind. Die akute klinische Reaktion auf eine Überdosierung von UV (Sonnenbrand) ähnelt derjenigen des Fiebers sehr.
Für das Vitamin D-System wurde gezeigt, daß es sehr viel mehr als nur knochenmetabolische Wirkungen hat. Vitamin D-Rezeptoren finden sich z. B. auch im Knochenmark, auf Makrophagen und auf Elementen des lymphatischen Systems. Für Monozyten sind bisher eine Anregung der Phagozytose, eine Expression von Fc-Rezeptoren, eine Expression von heat shock Protein und eine Differenzierung Makrophagen-ähnlicher Zellen durch Vitamin D nachgewiesen (Hewison, 1992). Viele experimentelle Befunde deuten auf eine Anregung immunologischer Reaktionen durch serielle UV-Bestrahlungen (z. B. Abb. 4).
Heliotherapie geschieht natürlich am besten an der Sonne selbst. Inzwischen werden aber auch Strahler angeboten, deren Spektren demjenigen der Sonne sehr ähnlich sind. Die klinisch relevanten Strahlenanteile entstammen mit großer Wahrscheinlichkeit dem kurzwelligen Bereich des auf der Erdoberfläche eintreffenden Lichtes (UV-B, Wellenlänge = 280–320 nm). Nur Wellenlängen aus diesem Bereich stimulieren in der Haut den Stoffwechsel zur Bildung von Vitamin D, und überwiegend dieser Bereich führt bei Überdosierung zu einer entzündlichen Strahlenreaktion. Eine klinisch sinnvolle Heliotherapie kann also nicht in den üblichen Bräunungsstudios durchgeführt werden, in diesen werden

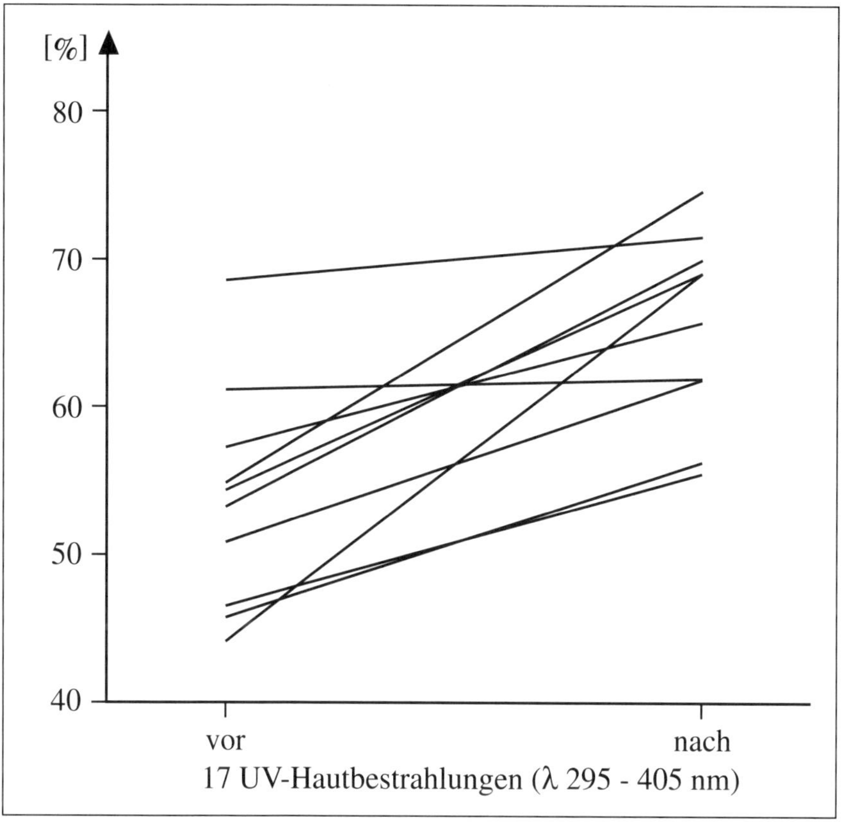

Abbildung 4: Anteil phagozytierender polymorphkerniger Leukozyten des peripheren Blutes vor und nach einer Serie von Ganzkörperbestrahlungen mit ultraviolettem Licht (n. Meffert, 1985).

vor allem Wellenlängen des ausschließlich pigmentwirksamen UVA (320–380 nm) benutzt.
Neuere Autoren halten eine ausschließliche Behandlung mit UVA geradezu für falsch. Es wird dann ausschließlich eine Bildung von Pigmentstoffen in der Haut angeregt, welche die biologisch «wertvollen» Anteile des UVB bei natürlicher Sonnenexposition weniger gut eindringen lassen. Darüber hinaus wird für UVA sogar eine Hemmung der Vitamin D-Synthese diskutiert.
Aus ähnlichen Gründen ist es auch ungünstig, sich bei starker Besonnung mit den üblichen Sonnencremes zu schützen. Oft hemmen diese ausschließlich UVB,

während das durchdringende UVA seine oben besprochenen ungünstigen Wirkungen ausüben kann.
Heliotherapie erfolgt in langsam ansteigender Dosierung (Bestrahlungsdauer). Dabei sollen erythematöse Reaktionen sorgfältig vermieden werden, u. a. gilt es also, die unterschiedliche Empfindlichkeit einzelner Hauttypen zu berücksichtigen. Bestrahlungstermine finden 1–2 mal (zu Beginn auch 3 mal) pro Woche statt.
In letzter Zeit ist die Öffentlichkeit verunsichert worden, nachdem umfangreich auch über immunsuppressive Wirkungen des UV berichtet worden ist (z.B. Kripke, 1984). Teilweise werden solche immunsuppressiven Wirkungen therapeutisch zu nutzen versucht (allergologische Erkrankungen, graft versus host-Reaktion), vor allem wird aber auch das Risiko einer Melanomerkrankung in Zusammenhang mit UV-Expositionen diskutiert.
Hierzu gilt anzumerken, daß die entsprechenden immunologischen Untersuchungen mit unphysiologisch hohen Dosen UV durchgeführt worden sind, sowie häufig mit sehr kurzen Wellenlängen, wie sie dem natürlichen Sonnenspektrum nicht mehr entsprechen. Weiter muß bedacht werden, daß diese Untersuchungen an Tieren durchgeführt worden sind (überwiegend Mäuse und Ratten), welche sicher sehr viel weniger an Sonnenbestrahlung adaptiert sind als die Spezies Mensch.
Wir selbst neigen zu einer Interpretation, welche UV wiederum als eine geringe immunologische Noxe betrachtet (einen «Reiz» im Sinne unserer einführenden Bemerkung), welche bei wiederholter Applikation das allgemeine Abwehrsystem kräftigen kann.
Inzwischen liegen verschiedene epidemiologische Studien vor, welche auf eine sehr deutliche carcinoprotektive Wirkung natürlicher Besonnung hinweisen. Nach Berechnungen von Ansleigh (1993) ist das Risiko einer onkologischen Erkrankung bei physiologischer Sonnenexposition für den gesamten Organismus deutlich niedriger, als gleichzeitig mit einem vermehrten Auftreten maligner Hauterkrankungen gerechnet werden muß.

Kochsalz, Sole

Wir beschäftigen uns noch einmal mit dem Thema der Konstitution und von Diathesen. Ältere Pädiater hatten die Begriffe eines status lymphaticus definiert und einer inflammatorischen oder exsudativen Diathese (vor allem auch mit rezidivierenden Entzündungen im oberen Respirationstrakt), welche durch allgemeine hygienische Maßnahmen und spezielle Therapien beeinflußt werden sollten. Diese Problematik ergab sich vor allem für die Pädiatrie und die Klinik des heranwachsenden Jugendlichen.

Tabelle 3: Klinische Symptomatik der exsudativen Diathese (nach de Rudder, 1957)

Elemente der exsudativen Diathese
1. Rezidivierende seborrhoeische Dermatitis, Neurodermitis
2. Schleimhautkatarrhe mit Pharyngitiden, follikuläre und retronasalen Anginen, diffusen Bronchitiden, Konjunktivitiden, Blepharitiden, Otitiden.
3. Status lymphaticus und Neigung zu Exsudationen des Lymphsystems.
4. Vasoneurotische Diathese mit Schweißen, Farbwechsel, Ohnmachten, «Pseudocroup», Nabelkoliken.
5. Dystrophieneigung im Säuglingsalter mit Neigung zu Milchnährschaden.

In Tab. 3 werden einige Gesichtspunkte zur exsudativen Diathese zusammengestellt. Punkt 2 der Tab. weist auf die besondere Bereitschaft auch für Erkältungen. Status thymolymphaticus war charakterisiert durch Hyperplasie im Bereich des Waldeyer'schen Rachenringes, der Zungen-, Rachen-, Bindehaut- und Darmfollikel sowie Hyperplasie zahlreicher Lymphdrüsen z.B. am Hals und mesenterial.
Diese Konstitution bzw. Diathese wurden wiederum mit allgemeinen und «umstimmenden» Maßnahmen behandelt, überwiegend wurden Klima- und Badekuren sowie Höhensonne benutzt. Als wichtiges «Tonikum» galt den an Konstitution interessierten Ärzten das Kochsalz.
Im mittel- und osteuropäischen Kulturraum werden seit Jahrhunderten in den Kurorten mit natürlichen Solequellen (NaCl-Gehalt über 3,5 g/l) infektanfällige Kinder und Erwachsene behandelt. Hier werden Solebäder durchgeführt, es bestehen aber auch Möglichkeiten zur Inhalation und zu Spülungen der oberen Atemwege.
Häusliche Solebehandlungen stützen sich auf Bäder mit entsprechenden künstlichen Präparationen (Badesalz), häufig werden auch Wickelbehandlungen (s.o.) empfohlen, wobei in diesem Fall statt einfachem Wasser eine Salzlösung verwendet wird. In der Volksmedizin wird gerne auch noch das sog. Salzhemd (z.B. während des Schlafes) benutzt.
Inzwischen werden gute Vernebler angeboten, mit denen auch eine häusliche Inhalationsbehandlung durchgeführt werden kann. Nach einiger Übung lernt es der Patient aber auch, Spülungen des Nasen-Rachenraumes durchzuführen, in dem er durch ein Nasenloch entsprechende Flüssigkeit einzieht. Im allgemeinen werden 1–2%ige Lösungen empfohlen.
NaCl-Wässer stimulieren im Respirationstrakt die Sekretion und die Sekretolyse. Bei zusätzlichen Kalzium- und Bikarbonat-Ionen haben sie eine entzündungshemmende Wirkung. Sie mildern den Hustenreiz, pH- und konzentrationsabhängig kommt es zu Änderungen der Zilienschlagfrequenz. Nach einer

primären Bronchokonstriktion führen sie zu einer sekundären Dilatation. Zuletzt haben noch einmal Sutton et al. (1988) die sekretmobilisierende und Ausscheidung fördernde Wirkung von Kochsalzinhalationen nachgewiesen.

Thalassotherapie

Eine ideale Kombination der bisher vorgeschlagenen Behandlungen bietet sich in der Meeresheilkunde. Zu den wirksamen Prinzipien gehören sowohl Kaltreize (Luft- und Seebäder), wie körperliche Aktivität, UV-Exposition und intensiver Kontakt mit Kochsalz (am Wasser auch per inhalationem). Für die Durchführung halten wir kühlere Klimate (im Sommer z. B. die deutsche Nord- und Ostsee) für günstiger als heißes oder gar schwüles Klima. Es kommt zu einer größeren Intensität der bisher besprochenen Reize – in der Regel auch zu einer höheren körperlichen Aktivität –, und es kann die solare Strahlung ohne die Notwendigkeit von Sonnenschutzmitteln ausgenutzt werden. Seit vielen Jahren existiert eine Europäische Gesellschaft für Thalassotherapie, welche sich auf regelmäßigen Kongreßveranstaltungen mit wissenschaftlichen Fragestellungen dieser Behandlung auseinandersetzt. An den entsprechenden Kurorten sind für diese Therapie spezialisierte Ärzte niedergelassen.

Ernährungstherapie

Unter naturheilkundlich arbeitenden Ärzten besteht Konsens, daß bei infektiösen Erkrankungen wie z. B. der oberen Atemwege im akuten Stadium unbedingt sparsam ernährt werden sollte. Eine in der Bevölkerung häufige Vorstellung, der Organismus benötige bei akuter Erkrankung eine entsprechend vermehrte Alimentation, ist falsch. Die Nahrungszufuhr besteht also z. B. in Obstsäften und leicht verdaulichem, etwas gesüßtem Kompott, leicht verdaulichem Brot oder Zwieback, insgesamt ist sie eiweißreduziert. Bei entsprechender Konstitution mit kräftigem Körperbau, eher Übergewicht und Plethora ist es sogar günstig, zu Beginn einige Tage zu fasten.
Gleichzeitig ist insbesondere bei Kindern und älteren Menschen auf eine ausreichende bis vermehrte Flüssigkeitszufuhr zu achten. Bei bronchitischer Beteiligung dient diese gleichzeitig einer Verflüssigung zäher Bronchialsekrete.
Großer Wert wird in der Volksmedizin immer noch auf eine regelmäßige Darmentleerung gelegt, häufig werden auch Einlaufbehandlungen durchgeführt. Das Erklärungsmodell zur Wirksamkeit solcher Therapie beschäftigt sich mit der Möglichkeit dysbiotischer Vorgänge und entsprechender metabolischer Prozes-

se innerhalb des Darmes (welcher gereinigt werden soll) wie auch mit Überlegungen zu der bereits dargestellten ableitenden Therapie. Überraschend günstige Wirkungen von Einlaufbehandlungen bei fiebernden Kindern haben vor kurzem noch einmal Moeller und Ulbricht (1991) aus der Tübinger Universitätsklinik mitgeteilt.
Bei chronischen Atemwegserkrankungen und dem Ziel einer weiteren Infektprophylaxe geht es um die Problematik, den allgemeinen gesundheitlichen Status eines Patienten auch mit diätetischen Methoden zu verbessern. Sowohl für Patienten mit Untergewicht als auch mit Übergewicht sind ungünstige immunologische Verhältnisse mit erhöhter Infektanfälligkeit gut dokumentiert. Zahlreiche tierexperimentelle Befunde weisen auf große immunologische Vorteile einer insgesamt eher knappen kalorischen Versorgung (z. B. Good und Lorenz, 1992). Von den nicht nutritiven Nahrungsstoffen sind für verschiedene Spurenelemente und Vitamine Wirkungen auf das Immunsystem bekannt (Kasper, 1991). Die Bedeutung antioxidativ wirksamer Nahrungsbestandteile ist Thema aktueller Forschungen.
Eine erste generelle Empfehlung sieht also eine reduzierte Kalorienzufuhr, Apfel-/Reistage, Fastentage, evtl. auch längerfristiges Fasten bei Übergewicht vor und eine vermehrte Kalorienzufuhr mit eher ballastarmen Nahrungsstoffen, ausreichend Kohlehydraten und Fett bei Patienten mit Untergewicht. Dieses in Form von vermehrten kleinen Einzelportionen im Sinne von Zwischenmahlzeiten. Die Ernährung soll «vollwertig» sein mit ausreichend Spurenelementen und Vitaminen. Produkte der modernen Nahrungsmittelindustrie werden diesen Anforderungen häufig nicht mehr gerecht.

Chiropraktik, manuelle Therapie

Die manuelle Therapie gründet auf Vorstellungen, nach welchen reflektorische Beziehungen zwischen inneren Organsystemen und Geweben der Körperoberfläche bestehen. Die bekanntesten Beobachtungen hierzu stammen von dem englischen Neurologen Head (1861–1940), welcher zunächst Hyperalgesien der Haut bei internistischen Organerkrankungen beschrieben hat.
Inzwischen sind diese Verhältnisse sehr gut untersucht und es wurden die neurobiologischen Grundlagen für solche Zusammenhänge erarbeitet (Lewit, 1992). Danach bestehen reflektorische Beziehungen zwischen z. B. der Nasenschleimhaut und übrigen Körpergeweben, welche von ungefähr dem gleichen Segment im zentralen Nervensystem versorgt werden, beide Körperregionen können sich gegenseitig negativ beeinflussen.
Der manuelle Therapeut erkennt entsprechende Veränderungen bei der funktionellen Untersuchung von Körpergelenken sowie bei der Palpation von Periost,

Muskulatur und Geweben der Haut. Er hält dann für möglich, daß eventuelle Störungen in diesem Bereich reflektorisch auch die Entzündungsbereitschaft oder einen chronisch entzündlichen Prozeß der Schleimhäute ungünstig beeinflussen können. Mit entsprechenden physikalischen Behandlungen (manuelle Therapien, Massage, therapeutischer Lokalanästhesie u. a.) versucht er, diese äußeren Befunde an der Körperoberfläche zu normalisieren.

Diese Vorstellungen sind grundsätzlich richtig, sie beruhen auf einem wissenschaftlich allgemein anerkannten neurobiologischen Konzept. Kontrollierte Studien zum Erfolg einer solchen Behandlung stehen allerdings aus. Für den praktizierenden Arzt ginge es darum, eventuelle Veränderungen zu erkennen und den Patienten dann einem Spezialisten zuzuführen.

Bei chronischer Sinusitis fällt z. B. auf, daß die Gesichtshaut und Unterhaut über der befallenen Region geschwollen sind, wenn man sie zwischen den Fingern als Falte abzuheben versucht. Man kann z. B. Vergleiche von rechts und links oder gegen die Umgebung durchführen. Bei mechanischer Manipulation – z. B. wenn man eine abgehobene Hautfalte kneift – sind diese Gewebe vermehrt schmerzempfindlich. Weitere manualtherapeutische Befunde am Kopf, in der Nackenregion und am oberen Thorax sind sehr viel schwieriger zu interpretieren.

Homöopathie

Homöopathische Ärzte gehen davon aus, daß in den von ihnen benutzten Heilmitteln über die physische Substanz hinausgehende «Kräfte» oder «Energien» enthalten sind, welche durch den homöopathischen Herstellungsprozeß verstärkt (potenziert) werden. Für die Therapie mit solchen Mitteln werden zwei Vorgehen unterschieden:

In der «klassischen» (personotropen) Homöopathie richtet sich die Auswahl homöopathischer Präparate nach sehr persönlichen und individuellen Gegebenheiten eines Patienten. In der Regel setzt dieses eine mehrstündige sorgfältige Anamnese und Befunderhebung voraus. Dieses vor dem Hintergrund einer sehr speziellen homöopathischen Ausbildung und möglichst auch einer mehrjährigen praktischen Erfahrung.

Bei der krankheitsorientierten Homöopathie richtet sich die Auswahl von Medikamenten nach der akuten Erkrankung und der aktuellen Symptomatik. Es wurden Regeln und Erfahrungsinhalte zusammengestellt, mit welchen auch der nicht speziell ausgebildete Arzt einigermaßen umgehen kann. Typische Inhaltsstoffe homöopathischer Präparate bei der Erkältungskrankheit sind Aconit, Belladonna, Ferrum phosphoricum, Eupathoria perfoliatum, Gelsemium und Phytolacca.

Aconit (Deutsch: der Sturmhut) wird in sehr frühen Stadien der Erkältung gegeben, vor allem wenn diese durch kalten Wind ausgelöst worden ist. Belladonna findet seine Indikation bei fieberhafter Symptomatik mit geröteter, heißer und trockener Haut, Tachykardie, psychomotorischer Erregung, Mydriasis und trockenem Mund (entsprechend der Symptomatik einer Atropinvergiftung). Ferrum phosphoricum wird speziell bei einer Beteiligung der Ohren ausgewählt, Eupathoria perfoliatum bei gleichzeitigen Gliederschmerzen, Gelsemium bei allgemeiner Benommenheit und Phytolacca besonders bei einer anginösen Symptomatik. Die Verdünnungen bzw. Potenzen bewegen sich im Bereich zwischen D6–D12.

Eine langfristige personotrope Behandlung wird im Intervall bei rezidivierender bzw. chronischer Infektneigung durchgeführt. Das zu wählende Medikament wird ganz auf den Einzelfall abgestimmt. Ein häufiges Konstitutionsmittel bei lymphatischer Konstitution ist z. B. Calzium carbonicum. In der personotrop orientierten Homöopathie werden in der Regel sehr starke Verdünnungen in Centesimalpotenzen verwendet. Einzelne Therapiestudien scheinen die Wirksamkeit homöopathischer Behandlungen tatsächlich zu belegen. Eine endgültig überzeugende Studie steht aber noch aus.

Akupunktur

Die traditionelle chinesische Medizin sieht die Kontagiosität von Infektionskrankheiten (wenn diese auch noch nicht als solche beschrieben werden konnten) in Zusammenhang mit ungünstigen «energetischen» Verhältnissen innerhalb des Organismus. Damit können äußere und innere Noxen nicht ausreichend abgewehrt werden. Für die Genese von Erkältungen sind vor allem bioklimatische Faktoren (z. B. Kälte, Wind, Feuchtigkeit, Hitze) von Bedeutung, sie führen zu einer Erkrankung, wenn die Energie des Lungen-Systems (das sog. Lungen-Qi) nicht ausreichend kräftig ist. Wobei festgestellt werden muß, daß Begriffe wie Kälte und Hitze oder Wind und Feuchtigkeit nicht nur als bioklimatische Bedingungen zu werten sind, sondern gleichzeitig als Metapher für kompliziertere physiologische und psychologische Verhältnisse aufzufassen sind. Insofern sind die folgenden Ausführungen stark vereinfachend (Übers. b. Cheng Xinnong, 1987).

Kältestörungen sind durch Frösteln, Kälteschauer, hellen Urin und durch eine Besserung bei Wärmeanwendungen gekennzeichnet. Für Windstörungen ist ein ständiger Wechsel der Beschwerdesymptomatik charakteristisch. Patienten mit Feuchtekrankheit klagen typischerweise über Schweregefühl besonders in der unteren Körperhälfte und über starke Schleimproduktion. Hohes Fieber, Schwitzen, dunkler Urin, Durst und Trockenheit der Schleimhäute sind typische Hitzesymptome.

Häufig sind einzelne dieser Ausprägungen miteinander kombiniert. Von praktischer Bedeutung für die Therapie der Erkältung sind vor allem die Wind-Kälte-Syndrome mit

- Frösteln, Kälte- und Windempfindlichkeit
- geringem Fieber
- Husten, Heiserkeit, rauher Stimme
- wässrigem Sputum und Nasensekret
- Kopfschmerzen
- Zunge: dünner, weißer Belag
- Puls: oberflächlich, gespannt

und die Wind-Hitze-Syndrome mit

- Fieber, Schwitzen
- Husten mit zähem gelbem Schleim
- Rötung und Schwellung des Rachens
- Durst, dunkler Urin
- Kopfschmerzen
- Zunge: rot, trockener gelblicher Belag
- Puls: oberflächlich, schnell

Ein interessanter psychosomatischer Aspekt zur Genese der Erkältung ergibt sich aus Zusammenhängen zwischen psychischen Bedingungen und unterschiedlichen energetischen Störungen des o.g. Lungen-Qi. So wird das Lungen-Qi unmittelbar durch übermäßige Trauer und Depression geschwächt, indirekt durch einen gestörten Bio-Rhythmus mit größerer Anfälligkeit für Wind-Kälte-Erkrankung, sowie durch übermäßige oder unterdrückte Erregung und Streß mit großer Anfälligkeit für Wind-Hitze-Erkrankungen.

Die theoretischen Grundlagen zur Wirkung und zur Wirksamkeit von Akupunktur können wir an dieser Stelle nicht besprechen (s. Cheng Xinnong, 1987), u.a. besteht die Vorstellung, daß energetische Systeme «tonisiert» oder «sediert» werden können und daß schädliche Verhältnisse (auch nicht-materielle Bedingungen) eliminiert werden können. Im Falle der Erkältungskrankheit geht es um eine Stärkung des Lungen-Qi und die Eliminierung der jeweils dominierenden schädigenden Faktoren.

Wichtige Akupunkturpunkte bei einem Wind-Kälte-Syndrom sind (s. Abb. 5):

Lu 7 (Lieque)	– tonisiert die Lunge, eliminiert Wind und Kälte
Du 16 (Fengfu)	– eliminiert Wind
Bl 12 (Fengmen)	– eliminiert Wind und Kälte
Di 4 (Hegu)	– eliminiert pathogene Faktoren, starke Wirkung auf Kopf und Hals; fiebersenkend; als Yuan-Punkt des Dickdarms mit direkter Verbindung zum Lungenmeridian

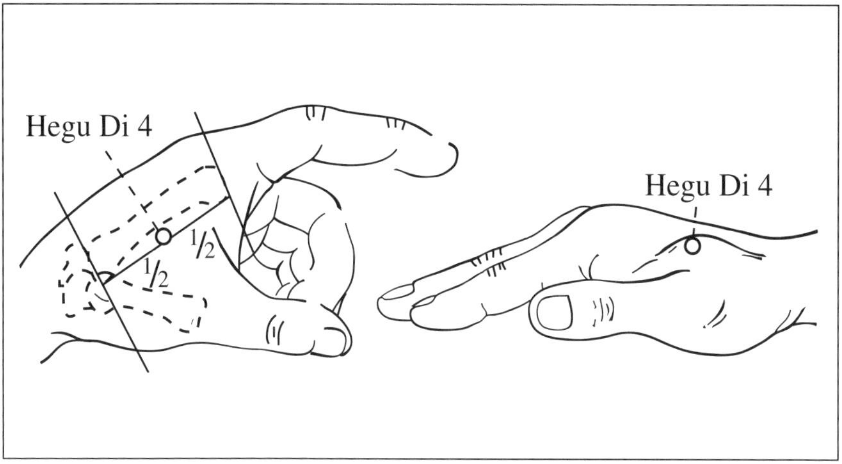

Abbildung 5: Zur Lokalisation des Akupunkturpunktes Di 4.

Wichtige Akupunkturpunkte beim Wind-Hitze-Syndrom sind:

Di 4 (Hegu) – Klären das Lungen-Qi und
Di 11 (Quchi) eliminieren die Hitze
Du 14 (Dazhui) – Kreuzungspunkt der Yang-Meridiane, eliminiert pathogene Faktoren mit Yang-Charakter

In beiden Fällen werden zur Elimination der pathogenen Faktoren sedierende Nadelungen durchgeführt.
Als Möglichkeit einer Prophylaxe gilt eine Moxibustion (besondere Form einer Wärmetherapie an Akupunkturpunkten) des Punktes Magen 36, z.B. 3 x pro Woche. Hiermit sollen Wärmekräfte des Magensystems angeregt werden, wodurch wiederum das Lungen-Qi gekräftigt werden kann.

Literaturverzeichnis

1. Ansleigh, H. G.: Beneficial effects of sun exposure on cancer mortality. Preventive Medicine *22* 132–140 (1993)
2. Barth, J.: Positive Effekte der UV-Strahlung auf den menschlichen Organismus. In: Bühring, M. und E. G. Jung (Hrsg.): UV-Biologie und Heliotherapie, Hippokrates Stuttgart 1992 S. 19–32
3. Boyce, W.Th.; E.W. Jensen; J.C. Cassel et al.: Influence of life events and family routines on childhood respiratory tract illness. Pediatrics *60* 609–615 (1977)

4. Brüggemann, W. (Hrsg.): Kneipp-Therapie. 2. Aufl., Springer-Verlag Berlin, Heidelberg, 1986
5. Bühring, M.: «Abhärtung» durch Hydrotherapie. In: Bühring M. und F.H. Kemper (Hrsg.): Naturheilverfahren und unkonventionelle medizinische Richtungen. Springer, Lose-Blatt-Werk 03.07, 1993
6. de Rudder, B.: Krankheitsbereitschaft, Krankheitsgefährdung und Lebensbedrohung im Kindesalter. In: Opitz, H. und B. de Rudder (Hrsg.): Pädiatrie, Springer-Verlag Berlin, Göttingen, Heidelberg 1957, S. 61–98
7. Cheng Xinnong (Hrsg.): Chinese Acupuncture and Moxibustion. Foreign Languages Press. Beijing (China), 1987
8. Dienstbier, R. A.: Arousal and physiological toughness: implacations for mental and physical health. Psychological Rev. *96* 84–100 (1989)
9. Dishman, R.K.: Medical psychology in exercise and sport. Med. Clin. North Am. *69* 123–144 (1985)
10. Ernst, E.; P. Wirz und L. Pecho: Wechselduschen und Sauna schützen vor Erkältung. Z. Allg. Med. *66* 56–60 (1990)
11. Good, R.A. und E. Lorenz: Nutrition and cellular immunity. Int. J. Immunopharmac. *14* 361–366 (1992)
12. Hänsel, R.: Phytopharmaka. 2. Aufl., Springer-Verlag Heidelberg, New York, London (1991)
13. Hewison, M.: Vitamin D and the immune system. J. Endocrinol. *132* 173–175 (1992)
14. Kasper, H.: Ernährungsmedizin und Diäthetik. 7. Aufl., Urban & Schwarzenberg, München, 1991
15. Kripke, M.L. und W.L. Morison: Modulation of immune function by UV radiation. J. Invest. Dermatol. *85* 62s-66s (1985)
16. Lewit, K.: Manuelle Medizin. 6. Auflage, J. A. Barth Verlag Leipzig, Heidelberg 1992
17. Meffert, H., Scherf H.-P., Bäumler, H., Ziegler-Böhme, H., Gülke, L., Struy, H., Strangfeld, D., Siewert, H. und Sönnichsen, N.: Systemische Effekte der Ultraviolett-, sichtbaren bzw. Infrarotstrahlung, bei seriellen Ganzkörperbestrahlungen. Dermatol. Mschr. *175* S. 609–622 (1989)
18. Moeller, H. und M. Ulbricht: Antipyretische Wirkung körperwarmer Einläufe. Z. Allg. Med. *67* 964–968 (1991)
19. Rothschuh, K.E.: Naturheilbewegung – Reformbewegung – Alternativbewegung. Hippokrates, Stuttgart 1983
20. Saller, R., Beschorner, M., Hellenbrecht, D. und M. Bühring: Behandlung unkomplizierter Erkältungskrankheiten mit Kamille-Konzentrat. Dosis-abhängige Symptomlinderung durch phytotherapeutische Dampfinhalation. therapeutikon *4* 680–691 (1990)
21. Shephard, R.J., T.J. Verde, S.G. Thomas und P. Shek: Physical activity and the immune systeme. Can. J. Spt. Sci. *16* 163–185 (1991)
22. Sutton, P.P., H.G. Gemmell, N. Innes et al.: Use of nebulised saline and nebulised terbutaline as an adjunct to chest physiotherapy. Thorax *43* 57–60 (1988)
23. Tyrrell, D., I. Barrow and J. Arthur: Local hyperthermia benefits natural and experimental common colds. Br. Med. J. *298* S. 1280–1283 (1989)

D. Loew

Ätherische Öle in der Behandlung der Erkältungskrankheit

Natürliche und synthetische ätherische Öle

Neben chemisch-synthetischen Substanzen finden pflanzliche Arzneimittel bzw. hieraus gewonnene Inhaltsstoffe wie ätherische Öle als Dekongestivum bzw. Expektorans eine Anwendung bei Erkrankungen der oberen und unteren Atemwege, insbesondere in der Pädiatrie. Ihre Beliebtheit leitet sich von der Antike bis heute medizinhistorisch aus dem Prinzip «trial and error» ab, was sich bewährte wurde in den ständig sich erweiternden Arzneimittelschatz übernommen, oder abgelehnt (1). Mit der analysierenden Chemie im 19. Jahrhundert begann die naturwissenschaftliche Beschäftigung mit den Arzneipflanzen. Die Empirie wurde zusehends von der rationalen Pharmakognosie, Phytochemie und Phytopharmakologie abgelöst. So gelang es in zahlreichen Pflanzen die pharmakologisch relevanten Inhaltsstoffe zu isolieren, diese auf das Wirkprofil sowie toxikologisch auf Unbedenklichkeit zu untersuchen und synthetisch bzw. partialsynthetisch ökologischer und kostengünstiger herzustellen.

Ätherische Öle werden in Blättern, Blüten, Wurzeln, Rhizomen und Hölzern, weniger in Stengeln und Rinden gebildet. Typische Ätherischöldrogen enthalten mindestens 0,1%, in der Regel 1–2%, in einigen Fällen sogar bis zu 20% ätherisches Öl (2). Nach der International Standard Organisation (ISO) handelt es sich bei den ätherischen Ölen um durch Wasserdampf – Destillation von Pflanzenteilen gewonnene Produkte bzw. die durch Auspressen der Fruchtschale einiger Zitrusarten gewonnene Öle (3). Diesen sog. phytogenen ätherischen Ölen stehen die synthetischen Öle gegenüber, wobei zwischen «naturidentischen» und künstlichen, sog. nachgestellten Ölen, unterschieden wird (4). Bei den phytogenen Ölen handelt es sich um ein Gemisch aus mehreren Einzelkomponenten und bei den naturidentischen um chemisch definierte Monosubstanzen wie z.B. Menthol, der Hauptkomponente von Menthae pipertiae aetheroleum (Pfefferminzöl), Cineol, den Hauptbestandteil von Eukalyptusöl, trans-Anethol in Anis, Thymol in Thymi herba folium (Thymian), Fenchon in Foeniculi fructus (Fenchel) und Myrtol aus den Blättern von Myrtus communis.

Physikochemische Eigenschaften und Inhaltsstoffe von ätherischen Ölen

Physikochemisch und organoleptisch sind ätherische Öle flüssige Stoffgemische mit einem flüchtigen, charakteristischen, meist aromatischen Geruch und lipophilen Eigenschaften. Sie sind leicht löslich z.B. in fettem Öl, Petrolether, Chloroform, Benzol, Ether und hochprozentigem Alkohol. Sie besitzen einen verhältnismäßig hohen Siedepunkt. Die ätherischen Öle in den Pflanzen sind heterogen zusammengesetzt. Zahlreiche chemische Verbindungen wie Monoterpene und Sesquiterpene sind bisher isoliert worden. Mit etwa 90% stellen die Terpene die Hauptmenge dar. Sie leiten sich von methylsubstitutierten Alkenen ab und weisen eine Kettenlänge auf, die ein n-faches von 4 beträgt. Monoterpene sind C_{10}-Verbindungen und gehören der acyclischen, mono – oder bicyclischen Reihe an. Bei den Sesquiterpenen mit 15 Kohlenwasserstoffatomen werden acyclische, monocyclische, bi- und tricyclische unterschieden. Diterpene sind C_{20}- und Triterpene C_{30}-Verbindungen und werden gelegentlich in den ätherischen Ölen gefunden (2, 4). Zu weiteren Bestandteilen in Ätherischöldrogen gehören Phenylpropanderivate. Es sind Abkömmlinge von aromatischen Aminosäuren bestehend aus einem Benzolring mit einer n-Propylseitenkette und modifizierte Phenylpropane wie die Kumarine (2, 4). Aus der Vielzahl von chemischen Strukturen in den ätherischen Ölen leiten sich unterschiedliche qualitative und quantitative Wirkungen sowie die differenzierte Anwendung ab. In Tabelle 1 sind die wichtigsten Ätherischöldrogen mit den pharmakologisch relevanten Inhaltsstoffen zusammengefaßt.

Anisi fructus, die getrocknete Spaltfrucht der einjährigen Pflanze Pimpinella anisum, enthält 2% (2, 5) und Sternanis, Früchte des in Ostasien heimischen Baumes Illicium verum bis zu 10% ätherisches Öl. Hauptbestandteil und typischer Geruchs – bzw. Geschmacksträger in beiden Ölen ist mit 80–90% das trans-Anethol und Nebeninhaltsstoffe Methylchavicol (Estragol) das Isomer von Anethol, Anisaldehyd, Anisketon, Anissäure, Terpinol und D-Limonen (2, 4). Therapeutisch wird vielfach synthetisches Anethol (1-Methoxy-4-propenylbenzol), die Reinsubstanz aus dem ätherischen Öl verwandt, das durch Ausfrieren aus Anisöl gewonnen wird (6).

Im Holz des Kampferbaums (Cinnamomum camphora) liegt Campher in Form der (+) und (-) Stereoisomere vor. Durch Wasserdampfdestillation wird der D-(+) Campher gewonnen, Nebenprodukte sind Borneol, Terpinol, 1,8 Cineol,

Tabelle 1: Wichtige aeth. Öldrogen, pharmakologisch relevante Bestandteile, Wirkungen und Tagesdosis

Droge	pharmakologisch relevante Bestandteile	pharmakologische und klinische Wirkung	Dosis
Anisi fructus Anis	aeth. Öle (trans-Anethol)	expektorierend antibakteriell spasmolytisch	Tagesdosis: 3 g Droge entsprechend 0,06 g aeth. Öl isoliertes aeth. Öl 0,3 g
Eucalypti aetheroleum Eucalyptusöl	aeth. Öle (1,8 Cineol)	expektorierend sekretomotorisch spasmolytisch hyperämisierend	Tagesdosis: 0,3–0,6 g Eukalyptusöl
Foeniculi aetheroleum Fenchelöl	aeth. Öle (Anethol, Fenchon maxim. 5 % Estragol)	sekretolytisch in-vitro antimikrobiell	Tagesdosis: 0,1–0,6 g Fenchelöl
Mentha arvensis aetheroleum Minzöl	aeth. Öl (Menthol, Menthylacetat, Isomenthan, Limonen)	sekretolytisch antibakteriell	Tagesdosis: 3–6 Tropfen Minzöl
Mentha piperitae aetheroleum Pfefferminzöl	aeth. Öle (Menthol, Mentan, Menthylacetat, 1,8 Cineol, Limonen)	sekretolytisch antibakteriell spasmolytisch	Tagesdosis: 6–12 Tropfen Pfefferminzöl
Myrtus communis Myrtol	aeth. Öle (Cineol, Limonen, (+)-α-Pinen)	sekretolytisch	Fertigarzneimittel mit 120 bzw. 300 mg Myrtol 3 × 1–2 Kapseln
Thymi herba Thymiankraut	aeth. Öle (Thymol Carvacol)	expektorierend spasmolytisch antibakteriell	Tagesdosis: 10 g Droge mit 0,03 % Phenolen, berechnet als Thymol

Pinen und Phellandren sowie Eugenol und Safrol (2). Der therapeutisch eingesetzte Campher wird heute überwiegend partialsynthetisch aus α- und β-Pinen hergestellt und ist ein Racemat (2, 6).

Eukalyptusöl wird durch Wasserdampfdestillation und anschließende Rektifikation aus frischen Blättern oder frischen Zweigspitzen des Eukalyptusbaums (Eucalyptus globulus, bzw. fruticetorum und smithii) gewonnen. Das Öl ist farblos bis schwach gelb gefärbt, riecht aromatisch- kampferartig und schmeckt zuerst brennend und dann kühlend (2, 4, 6). Rektifizierte und kommerzielle Öle enthalten vorrangig 1,8 Cineol (70–80%), p-Cymen, α-Pinen, Limonen, Geraniol und Camphen. In den nichtrektifizierten Ölen sind aliphatische Alkohole und Aldehyde wie Butyr-, Valeryl- und Capryl-Aldehyd hustenreizend und

Phellandren für die unerwünschte Herzwirkung verantwortlich (2, 7). Daneben kommt als Reinsubstanz 1,8 Cineol zur Anwendung.
Die Droge Fenchel enthält mindestens 4% ätherisches Öl und darunter zu ca. 20% das bitter und kampferartig schmeckende optisch aktive (+)-Fenchon und als wertbestimmenden Bestandteil das süß schmeckende trans-Anethol (50–60%) sowie als weitere Inhalsstoffe Methylchavicol (Estragol), Anisaldehyd, Foeniculin, Terpinol und verschiedene Terpenkohlenwasserstoffe (2, 4, 7).
Pfefferminzöl wird aus den blühenden oberirdischen Teilen durch Wasserdampfdestillation aus Mentha piperita gewonnen (7). Das Öl besteht fast ausschließlich aus Terpenen. Hauptbestandteil sind Menthol, Menthon und Menthylacetat, die 50–70% des Öls ausmachen, neben Isomenthon, 1,8-Cineol, Limonen, Pulegon, Menthofuran α- und β-Pinen und trans- Sabinenhydrat als weitere Bestandteile. Menthol wird entweder aus Pfefferminzöl durch Abkühlung auf Temperaturen von −22 °C gewonnen oder halb- bzw. vollsynthetisch hergestellt. Das natürliche Menthol ist linksdrehend, hat einen charakteristischen Geruch und Geschmack, gefolgt von einer kühlen Empfindung an Haut und Schleimhäuten (2, 4, 7). Das synthetische Menthol ist ein Racemat mit drei asymmetrischen Atomen am Cyclohexanring, woraus sich 6 optisch aktive Enantiomere ableiten, wobei sich das linksdrehende Menthol von den anderen Enantiomeren pharmakodynamisch unterscheidet.
Minzöl wird durch Wasserdampfdestillation aus dem Kraut der japanischen Minze, Menthae arvensis erhalten. Der Gehalt der Droge an ätherischem Öl ist vom Anbaugebiet, der Sorte sowie der Erntezeit abhängig, liegt im allgemeinen über 1% und kann bis 4% erreichen. Die chemische Zusammensetzung ist komplex mit vorwiegend Monoterpenalkoholen. Hauptbestandteile von Minzöl sind das D (−)-Menthol (25–40%), Menthon (15–30%), Menthylacetat (1–5%), Isomenthon (7–12%), Limonen (3–10%) neben weiteren Monoterpenen. In Konzentrationen unter 1% sind u.a. β-Bourbonen, Camphen, 1,8 Cineol, p-Cymen anzutreffen (7). Therapeutisch werden die partiell dementholisierten und anschließend rektifizierten Öle mit einen angenehmeren Geruch verwendet.
Myrtol ist eine bei 160–180 C siedende Fraktion aus dem ätherischen Öl der Blätter von Myrtus communis L. (4). Die Hauptbestandteile des Myrtenöls sind die Mono- und Sesquiterpene 1,8-Cineol (12–45%), α-Pinen (15–38%), Myrtenol (0,8–5%), und Myrtenylactat (4–20%) sowie Linalool (2–19%), sowie weitere Verbindungen wie Limonen, Camphen, β-Pinen und α-Terpineol (7). Myrtol ist eine Fraktion aus dem ätherischen Öl und besteht aus ca 4 Teilen Limonen, ca. 4 Teilen Cineol und ca. 1 Teil α-Pinen. Limonen und α-Pinen können in zwei optisch aktiven Formen und als Racemat vorkommen (8).
Hauptbestandteil des ätherischen Öls von Thymi herba folium sind mit 40–50% das Thymol und das isomere Carvacrol und als zusätzliche Bestandteile Terpene wie p-Cymol, Thymolmonomethyläther, Linalool, (−)-Borneol, Geraniol (2, 4).

Pharmakologische Wirkungen von ätherischen Ölen

Aufgrund der heterogenen Zusammensetzung und der Vielzahl von chemischen Strukturen besitzen ätherische Öle kein einheitliches, sondern ein mannigfaltiges Wirkprofil. Bei äußerlicher bzw. innerlicher Anwendung von Vielstoffgemischen sind Mehrfachwirkungen nicht selten. Aus diesem Grund ist für die jeweils beanspruchte Indikation eine spezifische und reproduzierbare pharmazeutische Qualität des eingesetzten ätherischen Öls oder ein isolierter Wirkstoff eine Grundvoraussetzung. In Tabelle 1 sind deshalb nur die wichtigsten pharmakologischen Wirkungen von ätherischen Ölen und isolierten Inhaltsstoffen, die im Rahmen von Erkältungskrankheiten eingesetzt werden, zusammengefaßt.

Anisöl, an narkotisierten Kaninchen durch Vernebelung appliziert, vermehrt erst in sehr hohen und bereits toxischen Dosen (729 mg/kg KG) die Schleimproduktion und reduziert die spezifische Dichte des Sekrets. Nach der hohen Dosis verstarben 20% der Tiere, im Respirationstrakt kam es zur lokalen Irritation der Schleimhaut, zur Leukozyteninfiltration und Zerstörung der Zilien (9). Werden Kaninchen in einem Wasserbad mit Dosen von 1–243 mg/kg KG Anethol vernebelt, dann nimmt die Bronchialsekretion zu mit einem Maximum bei 3 mg/kg KG. Die Volumenzunahme ist nicht dosisabhängig. Nach Inhalation von Anethol wird die Dichte des Sekrets jedoch dosisabhängig reduziert (10). Akute und subakute Toxizitätsuntersuchungen mit Anethol lassen auf eine Lebertoxizität und Induktion glandulärer epithelialer Metaplasie der Prostata schließen (11).

Eucalyptusöl wirkte im Agardiffusionstest antibakteriell u. a. gegen Escherichia coli, Pseudomonas aeruginosa und Staphylococcus aureus (12) sowie fungizid u. a. gegen Candida albicans und Aspergillus niger (13). Bei Kaninchen hatten humantherapeutische Dosen von 1 bis 5 mg/kg KG keinen Einfluß auf die Zusammensetzung des Bronchialsekrets (14). Nach fünfminütigem Einatmen von eucalyptusölhaltigen Dämpfen gaben Probanden trotz fehlender rhinometrisch registrierbarer Schleimhautabschwellung infolge des Kältegefühls eine erhöhte nasale Luftströmung und bessere Nasenatmung an (15).

Die Reinsubstanz 1,8-Cineol stimuliert die Bronchialsekretion und steigert die mucociliäre Clearance um ca 10% (16). Werden Kaninchen über 80 min. mit einem Cineol-Luftgemisch beatmet, dann steigt während der Freisetzung von 500 µmol Cineol im Blut die Cineolmenge kontinuierlich bis auf 55 µmol an. Die Lungencompliance bessert sich bei 300 µmol freigesetztem Cineol bzw. 15µmol Cineol im Blut und fällt trotz steigendem Cineolangebot wieder auf den Ausgangswert ab (17).

Fenchelöl ist in vitro antibakteriell gegen Escherichia coli, Streptococcus pyogenes und Staphylococcus aureus (18) und fungizid u. a. gegen Aspergillus niger (19). Die Reinsubstanz Fenchon ist im Plattenverdünnungstest bei Konzentra-

tionen von 1:128 bis 1:512 bakterizid gegen Enterokokken, Escherichia coli, Proteus mirabilis, Pseudomonas aerugionosa, Staphylococcus aureus und fungizid gegen Candida albicans, Trichospora cutaneum (20). Bei Kaninchen steigerte Fenchon nach Vernebelung im Wasserbad von 1–243 mg/kg KG mit dem Maximum bei 9 mg/kg KG die Bronchialsekretion und verbesserte dosisabhängig die Verflüssigung (10).
An 22 im Agardiffusionstest getesteten Mikroorganismen wie Bakterien, Hefen und Schimmelpilzen wirkte Pfefferminzöl gegen 18 wachstumshemmend (21) und im Agarverdünnungstest fungizid gegen die Dermatophyten Epidermophyton floccosum, Trichophyton mentagrophytes var. interdigitale und Trichophyton rubrum (21). Menthol verbessert nach topischer Anwendung als Nasenspray subjektiv die Nasen-Luftpassage ohne klinisch nachweisbare Abschwellung der Nasenschleimhäute und registrierbare Abnahme des Luftwiderstandes (14, 23). Bereits 1927 hat Fox (24) experimentell nachgewiesen, daß Campher und Menthol direkt auf die Nasenschleimhaut aufgebracht keinen dekongestiven Effekt haben, jedoch subjektiv die Nasenatmung verbessern. Der subjektiv als kühlend und erweiternd empfundene Effekt in der Nase wird nach der grundlegenden Forschung der Arbeitsgruppe um Eccles (14, 23, 25, 26) mit der Erregung von Thermorezeptoren in der Nasenschleimhaut und Weiterleitung über den Nervus Trigeminus (27, 28), bzw. im Larynx nach Inhalation über Stimulation afferenter Nerven erklärt (29), wobei unter den verschiedenen Isomeren l-Menthol die aktive Substanz ist (30, 31). Da ausschließlich l-Menthol die Nasen-Luftpassage verbessert wird ein spezifischer Rezeptor postuliert. Nach Isenberg et al. (32) und Schäfer et al. (33) beruht der Mechanismus auf einer Depolarisation der Kälterezeptoren durch Hemmung des Kalziumeinstroms in die Zelle. Hierbei verstärkt l-Menthol den supprimierenden Effekt des reflektorisch ausgelösten Kühlreflex auf die Respiration und die Aktivität der akzessorischen Atemmuskulatur (34, 35, 36). Sant'Ambrogio et al. (37) untersuchten an narkotisierten, tracheotomierten Hunden den Einfluß eines niedrigen (15–50 ml/sec) und hohen (100–150 ml/sec) Luftstroms mit und ohne l-Menthol auf laryngeale Mechano- und Kälterezeptoren. l-Menthol hatte keinen Einfluß auf die Mechanorezeptoren, aktivierte jedoch signifikant die Kälterezeptoren, wobei der Effekt bei niedrigem Luftstrom stärker (164%) war als nach dem hohen Luftstrom (111%). An jungen narkotisierten und tracheotomierten Hunden konnten diese Befunde bestätigt werden, wobei der stimulierende Effekt auf die Kälterezeptoren nach Inhalation von warmer Luft + l-Menthol mit der Inhalation von kalter Luft vergleichbar war, jedoch deutlich schneller eintrat (38). Diese Befunde wurden von Orani et al. (39) an narkotisierten und tracheotomierten Meerschweinchen bestätigt. Die Inhalation von warmer Luft (37 C) mit l-Menthol unterdrückte die Ventilation stärker als kalte Luft (25 °C) und verlängerte signifikant die Ausatmung. Der Effekt von l-Menthol war nach nasaler Applikation deutlich stärker als nach laryngealer Anwendung. Dies läßt auf eine höhere Anzahl an Kältere-

zeptoren mit einer stärkeren Beeinflußung in der Nase als im Larynx schließen. In einer doppelblinden randomisierten Studie zeigten Eccles et al. (26) bei 36 Probanden, daß eine Lokalanästhesie der Nase mit 4% Lidocain die Empfindung der Nasen-Luft-Passage für l-Menthol verschlechtert, ein Hinweis dafür, daß letztlich die sensorischen Nervenendigungen des Nervus Trigeminus in der Nase für den kühlen und erfrischenden Effekt verantwortlich sind. In einer weiteren Doppelblind-Studie erhielten 62 Personen mit einer akut verstopften Nase im Rahmen einer Erkältungskrankheit randomisiert entweder ein Placebo (n = 30) oder eine Pastille mit 11 mg Menthol (n = 32). Der rhinomanometrisch gemessene nasale Luftwiderstand änderte sich unter Placebo und Verum gegenüber dem Ausgangswert. Es bestand jedoch kein Unterschied zwischen beiden. In der Verumgruppe wurde dagegen nach 10 min. über eine signifikant verbesserte Atmung berichtet. Der Effekt war nach 40 min. abgeklungen (40). Der antitussive Effekt von l-Menthol kommt vermutlich ebenfalls über eine Stimulierung von Kälterezeptoren im Larynx zustande (37). Die Inhalation von Menthol unterdrückt nämlich über eine Stimulation von Kälterezeptoren die Einatmung und beeinflußt über den Luftstrom den reflektorisch ausgelösten Husten (27, 38, 39, 41).

Reines Menthae arvenis-Öl zeigte im Agardiffusionstest an Stämmen von Escherichia coli, Proteus mirabilis, Candida albicans, Staphylococcus, vergrünenden und hämolysierenden Streptokokken eine antibakterielle Wirkung (42). Äußerlich angewendet ruft Minzöl ein Kältegefühl auf der Haut und Schleimhäuten hervor. Dieses Kälteempfinden beruht nicht auf einem kalorischen Kühleffekt, sondern auf der selektiven Erregung von Kälterezeptoren durch Menthol. Bereits 1951 konnte Hensel (43) tierexperimentell zeigen, daß niedrige Mentholkonzentrationen (< 0,04%) die Kälterezeptoren aktivieren. Aus dem Erlöschen der Kühlwirkung durch Zufuhr von Wärme schloß Hensel auf die Sensibilisierung von Thermorezeptoren mit einer Schwellensenkung gegenüber Kaltreizen. Nach Green (44) ist die Dichte der Kälterezeptoren in den Körperarealen sehr unterschiedlich. An Stellen, wo Wärmerezeptoren überwiegen, wie im Bereich der Augenlider oder an Gelenken, löst Menthol häufig ein Wärmegefühle aus. In einer offenen klinisch-pharmakologischen Studie an 20 gesunden Probanden und an Patienten mit akuter Rhinitis konnten Hamann et al. (45, 46) mittels Rhinomanometrie und Glatzel'schem Spiegel objektiv eine Verbesserung der Nasen-Luft-Passage nach Inhalation von Minzöl nachweisen. Bei den Probanden hielt die Wirkung durchschnittlich 27,4 min. an, wobei ein kühlender und erfrischender Effekt an der Schleimhaut beschrieben wurde. Bei Patienten mit akuter Rhinitis im Rahmen einer Erkältungskrankheit trat die Wirkung 4 Minuten nach Inhalation des Minzöls ein und hielt ca. 30 min. an. Mit der rhinomanometrischen Bestimmung der Druckvolumenverhältnisse konnte bei 2/3 der Rhinitispatienten eine Verbesserung der Nasenatmung objektiviert werden.

Myrti aetherolum und Myrtol wirken in vitro antibakteriell gegen Staphylococcus aureus, Escherichia coli, Pseudomonas, aeruginosa Klebsiella pneumon. (8, 47) und fungizid gegen Candida albicans (8, 48). An isolierten Flimmerepithelien von normalen und bronchitischen Ratten ist für Myrtol eine leichte Stimulation der Zilienfrequenz und des Schleimtransports sowie eine bronchospasmolytische Wirkung beschrieben. Myrtol hatte keinen Einfluß auf die mukoziliäre Clearance von radioaktiv markierten Partikeln (8).

Pharmakokinetik von ätherischen Ölen

Für eine rationale Anwendung von ätherischen Ölen sind nicht nur Kenntnisse zum pharmakodynamischen Wirkprofil, sondern auch zur Pharmakokinetik insbesondere aus sicherheitspharmakologischen Gesichtspunkten wichtig. Ätherische Öle sind lipophile Substanzen, werden deshalb gut aus dem Magen-Darm-Trakt bzw. über die Haut resorbiert, besitzen ein hohes Verteilungsvolumen und eine besondere Affinität zu lipophilen Strukturen. Quantitative Daten zur Resorptionsquote, – geschwindigkeit, Verteilung, zum Metabolismus und zur Elimination am Menschen liegen nur von wenigen ätherischen Ölen bzw. kaum von Reinsubstanzen vor.

Beim Menschen wurden 54–69% der verabreichten Radioaktivität von trans-Anethol im Urin, 13–17% mit der Ausatmungsluft und nur geringe Mengen über die Faeces eliminiert. Hauptmetabolit war 4-Methoxyhippursäure (etwa 56%), neben 4-Methoxybenzoesäure und drei weiteren bisher nicht identifizierten Metaboliten. Aus der Abatmung der verabreichten Radioaktivität als CO_2 wird auf eine O-Demethylierung geschlossen (49, 50).

Nach p.o. Gabe von Pfefferminzöl in einer magenlöslichen Gelatinekapsel an 6 Probanden wurden 35% des darin enthaltenen Menthols im Urin als Glucuronid wiedergefunden. Nach 2 h waren bereits 26,3% und nach 4 h 34,5% eliminiert (51). An 6 männlichen und 6 weiblichen Probanden wurde der Plasma-Konzentrations-Zeitverlauf von α-Pinen, Camphen, β-Pinen, 3 Caren und Limonen nach perkutaner Applikation von ca 2 g auf 400 cm^2 der Hautfläche im Thoraxbereich einer handelsüblichen Salbe aus Eucalptusöl, Kiefernnadelöl und Menthol untersucht. Bereits 5 min. nach der Applikation wurden von den 5 Monoterpenen maximale Plasmakonzentrationen gemessen. Stellvertretend für die gemessenen Monoterpene wurden für α-Pinen die pharmakokinetischen Kenngrößen berechnet.

Die Absorptionshalbwertszeit betrug 0,05 h, die Eliminationshalbwertszeit 0,44 h und das Verteilungsvolumen (V_s) 8425 l. Das hohe Verteilungsvolumen hängt vermutlich mit der besonderen Affinität der Monoterpene zu lipophilen Struktu-

ren zusammen und die hohe Clearance spricht für eine kurze und niedrige systemische Belastung (52).
Römmelt et al. (53) untersuchte die Resorption, Verteilung und Ausscheidung von α-Pinen, Camphen, β-Pinen und Limonen nach einem 30 min. Vollbad in 450 l Badewasser mit 150 ml Fichtennadelbadeöl über 5 h durch die Haut unter Ausschaltung der Aufnahme über die Atemluft. Bereits 10–15 min. nach Badebeginn konnten die ersten und nach 20–30 min. das Maximum der 4 Terpene in der Atemluft gemessen werden. Danach kam es zu einem langsamen Abfall der Terpene in der Atemluft, wobei eine Abhängigkeit von der Badeölkonzentration bestand. Nach einer 10minütigen Wasserdampfinhalation über einen Inhalator (500 ml 80 Grad Celsius warmes Wasser + 5,0 Gramm Pinimenthol Salbe) wurden bereits nach 2 Min. maximale Plasmaspiegel von Menthol, Kampfer, Eukalyptusöl und Koniferenölen nachgewiesen. Die entsprechenden ätherischen Öle wurden mit einer Halbwertszeit von 31,7–39,9 Min. eliminiert. Die pulmonale Resorption lag zwischen 59–76%. Entscheidend für den therapeutischen Nutzen der Terpene ist eine Wassertemperatur von 80 Grad Celsius; niedrigere Temperaturen führen zu einer verringerten Abgabe ätherischer Öle aus der Flüssigkeitsphase in die Inhalationsluft (54).

Anwendungsgebiete für ätherische Öle

Ätherische Öle werden seit altersher in der Volksheilkunde innerlich und äußerlich bei Erkältung und Erkrankungen der Atemwege angewendet. Daneben stehen heute die Reinsubstanzen aus den Ätherischöldrogen therapeutisch zur Verfügung. Hierbei dürfte weniger den antibakteriellen und fungiziden Wirkungen, als den Terpenen eine klinische Relevanz zukommen. Sie wirken nicht kausal, sondern rein symptomatisch. Beim Schnupfen sind Eukalyptusöl, Minzöl sowie die Reinsubstanzen Menthol, Kampfer und Cineol klinisch geprüft. Die topische und inhalative Anwendung vermittelt das Gefühl einer Zunahme des Luftstroms im Nasen-Rachenraum mit einer Besserung der subjektiven Beschwerden ohne abschwellenden Effekt auf die Nasenschleimhaut und Abnahme des intranasalen Atemwegs-Widerstands. Der Effekt beruht auf einer Erregung der Kaltrezeptoren in der Nasenschleimhaut bzw. im Rachen. Hierbei wird der Verlauf des Schnupfens nicht abgekürzt (55). Entscheidend für die Behandlung des Schnupfens sind sinnvolle Formulierungen. Da lipophile Substanzen sich nur in lipophilen Grundlagen technologisch einarbeiten lassen, werden vielfach Vaseline oder Wollwachsalkohole für Nasensalben und fette pflanzliche Öle für Nasentropfen verwendet (56).

Rhinologische Präparate sollten die physiologische Schutzfunktion und Ciliarbewegung der Nasenschleimhaut möglichst wenig behindern (57). Da rein fettige Präparat sich mit dem Nasenschleim vermischen, dadurch mit der Nasenschleimhaut wenig in Kontakt kommen und vor allem die Ciliarbewegung durch die hohe Viskosität der hydrophoben Grundlage behindert wird, werden Inhalationen, Nasentropfen und Einreibungen empfohlen, die den Wirkstoff über die Einatmungsluft an die Nasenschleimhäute heranbringen (56). Vielfach sind in Hustendragees, Hustenbonbons und Hustenkaramellen Anisöl, Fenchelöl, Menthol, Pfefferminzöl und Thymianöl enthalten. Die ätherischen Öle sollen über eine vermehrte Speichelsekretion den Schluckreflex anregen und dadurch den Husten unterdrücken. Nach Eccles (27) und Sant' Ambrogio et al. (37) beruht der antitussive Effekt von l-Menthol auf einer Hemmung der inspiratorischen Aktivität über eine Erregung der Kaltrezeptoren im Larynx bzw. der Beeinflußung von Rezeptoren, die den Husten auslösen. Dieser Mechanismus ist bisher nur l-Menthol und nicht für andere ätherische Öle untersucht.

Anwendungsbeschränkung, Nebenwirkung, Wechselwirkung

Kampfer, Menthol, Minzöl bzw. stark riechende ätherische Öle dürfen wegen der Gefahr eines reflektorischen Glottiskrampfes, eines Bronchospasmus, asthamaähnlicher Zustände bis hin zum Atemstillstand oder Kreislaufkollaps bei Säuglingen und Kleinkindern nicht im Bereich des Gesichts, speziell der Nase aufgetragen werden; sie sind auch zur Inhalation nur eingeschränkt zu verwenden. Zu weiteren Gegenanzeigen gehören bekannte Überempfindlichkeiten gegen das jeweilige ätherische Öl bzw. die Reinsubstanzen, z. B. Allergien gegen Anis bzw. Anethol, Cineol, Menthol, Myrtol. Zu den seltenen Nebenwirkungen nach Inhalation gehören Hustenreiz, nach innerlicher Anwendung Magenbeschwerden und nach äußerlicher Anwendung Hautreaktionen bzw. Kontaktallergien

Ausblick und offene Fragen zu ätherischen Ölen

Ätherische Öle bzw. hieraus gewonnne Reinsubstanzen zählen zu den weitverbreiteten Arzneimitteln im Rahmen der Selbstmedikation bei der Erkältungskrankheit. Obwohl ätherische Öle sich über Jahrhunderte beim Schnupfen,

Husten und Katarrhen der Luftwege bewährt haben, sind noch viele Fragen zur Wirksamkeit, zum Wirkungsmechanismus und insbesondere zur Pharmakokinetik offen. Unter den aufgeführten ätherischen Ölen bzw. Reinsubstanzen sind lediglich Menthol und bedingt Minzöl klinisch-pharmakologisch eingehender untersucht. Im naturwissenschaftlichen Zeitalter rechtfertigt die Empirie nicht alleine den therapeutischen Einsatz eines Arzneimittels. Für eine rationelle Therapie fordert der Gesetzgeber deshalb mit Recht den Nachweis der Wirksamkeit und insbesondere der Unbedenklichkeit für Arzneimittel im Rahmen der Selbstmedikation. Mit den modernen Untersuchungsverfahren sind diese Auflagen zu erfüllen.

Literatur

1. Benedum J., Loew D., Schilcher H. (1994): Arzneipflanzen in der traditionellen Medizin. Hrsg. Kooperation Phytopharmaka Postfach 200 848, 53138 Bonn
2. Wagner H.: Pharmazeutische Biologie. Drogen und ihre Inhaltsstoffe. Gustav Fischer Verlag Stuttgart New York 1980
3. ISO (International Organization for Standardization); Geneva, Switzerland
4. Steinegger E., Hänsel R.: Lehrbuch der Pharmakognosie und Phytopharmazie. Springer-Verlag Berlin Heidelberg New York London Paris Tokyo. 1988.
5. Pharm. Eur. III
6. DAB. 10, 1991.
7. Hagers Handbuch der pharmazeutischen Praxis. 5. Auflage Band 4 Drogen A- D und Band 5 Drogen E-O. Hrsg. Hänsel R., Keller E., Rimpler H., Schneider G. Springer- Verlag, Berlin Heidelberg New York London Paris Tokyo Hing Kong Barcelona Budapest. 1993.
8. Monographie zu Myrtol BAnz (Entwurf B6 Juli/August 1993).
9. Boyd EM, Sheppard EP: The effect of steam inhalation of volatile oils on the output and composition of respiratory tract fluid. J. Pharmacol Exp. Ther. 1968, 163: 250–256.
10. Boyd EM., Sheppard EP.: An autumn enhanced mucotropic action of inhaled terpenes and related volatile agents. Pharmacology 1971; 6: 65–80.
11. Monographie zu Anethol BAnz Nr. 217 vom 23. 11. 1991.
12. Ross SA., El-Keltawi NE, Megalla SE: Antimicrobial Activity of Some Egyptian Aromatic Plants. Fitoterapia 1980; 4; 201–205.
13. zit. Hagers Handbuch der Pharmazeutischen Praxis. Hrsg. R. Hänsel, K. Keller, H. Rimpler, G. Schneider. Springer Verlag, 1994.
14. Boyd EM. A review of studys of the phamacology of the expectorants and inhalants. Int. J. Clin. Pharmacol Ther. Tox. 1970; 3: 55–60.
15. Burrow A., Eccles R., Jones AJ: The effect of camphor, eucalyptus and menthol vopour on nasal resitance to airflow and nasal sensation. Acta Otolaryngol 1983; 96: 157–161.
16. Monographie zu Cineol BAnz Nr. 106 vom 10. 06. 1994.
17. Zanker KS., Tölle W., Blümel G., Probst J: Evaluation of surfactant like effects of commonly used remedies for colds. Respiration 1980; 39: 150–157.
18. Afzal H., Akhtar: Preliminary studies on the antibacterial properties of essential oil extracts from five folk medicines. J. Pak Med. Assoc. 1981; 31:230–232.
19. Maruzzella JC., Liquori L.: The In Vitro Antifugal Activity of Essential Oils. J. Am Pharm Assoc. 1958; 47: 250–254.

20. Göckeritz D., Weuffen W., Höppe H.: Terpene und Terpenderivate vom Carvon-und Camphertyp – ihre antimikrobiellen und verminoxen Eigenschaften. Pharmazie 1974; 29: 339–344.
21. Blakeway J.: The anti-microbial properties of essential oils. Soap Perfum Cosmet 1986; 59; 201–203.
22. Janssen AM., Scheffer JJC., Parhan-van Atten AW., Baerheim Svendsen A.: Screening of some essential oils for their activities on dermatophytes. Pharm Weekbl. (Sci) 1988; 10: 277–280.
23. Eccles R., Jones AJ: The effect of menthol on nasal resistance to airflow. J. Laryngol Otol 1983; 97: 705–709.
24. Fox N.: Effect of camphor, eucalyptol and menthol on the vascular state of the mucous membrane. Arch. Otolaryngol 1972; 6: 112–122.
25. Eccles R., Lancashire B., Tolley N.S.: The effect of aromatics on inspiratory and exspiratory nasal resistance to airflow. Clin. Otolaryngol 1987; 12, 11–14.
26. Eccles R., Morris S., Tolley N.S.: The effects of nasal anaesthesia upon nasal sensation of airflow. Acta Otolaryngol 1988; 106:152–155.
27. Eccles R: Menthol for cough and nasal congestion a clinical update. Europharmarmacy 1993. Edited Eccles R.: Royal society of medicine services limited. London New York. 1994.
28. Wallois F., Macron JM., Jounieaux V., Duron B.: Trigeminal nasal receptors related to respiration and to various stimuli in cats. Respiration Physiology 1991; 85: 111–125.
29. Mathew OP., Anderson JW., Sant'Ambrogio FB., Sant'Ambrogio G.: Cooling mediates the ventilatory depression associated with airflow trough the larynx. Respiration Physiology 1990: 82: 359–368.
30. Eccles R., Griffiths D.H., Newton C.G., Tolley N.S.: The effects of D and L isomers of menthol upon nasal sensation of airflow. Journal of Laryngology and Otology 1988; 102: 506–508.
31. Eccles R., Griffiths D.H., Newton C.G., Tolley N.S.: The effects of menthol isomers on nasal sensation of airflow. Clin. Otolaryngol 1988; 13: 25–29.
32. Isenberg C., Schäfer K., Braun H.A.: The effect of menthol on discharge pattern of cold receptors. Pfügers Arch. 400, R17 abstract.
33. Schäfer K., Braun H.A., Isenberg C.: Effect of menthol on cold receptor activity. Journal of General Physiology 1986; 88: 757–776.
34. McBride and Whitelaw: A physiological stimulus to upper airway receptors in humans. Journal of applied Physiology 1981; 51: 1189–1197.
35. Davies A.M., Eccles R.: Electromyographic responses of nasal muscle to stimulation of nasal vestibule in the cat. Journal of Physiology 1987; 391: 25–38.
36. Eccles R., Jaward M.S.M., Morris S.: Olfactory and trigeminal threshold and nasal resistance to airflow. Acta Otolaryngol 1989; 108:268–273.
37. Sant'Ambrogio F.B., Anderson J.W., Sant'Ambrogio G.: Effect of l-menthol on laryngeal receptors. J. Appl. Physiol. 1991;70(2): 788–793.
38. Sant'Ambrogio F.B., Anderson J.W., Sant'Ambrogio G.: Menthol in the upper airway depress ventilation in newborn dogs. Respiration Physiology 1992; 89: 299–307.
39. Orani G.P., Anderson J.W., Sant'Ambrogio G., Sant'Ambrogio F.B.: Upper airway cooling and l-menthol reduce ventilation in the guinea pig. J. Appl. Physiol. 1991; 70(5): 2080–2086.
40. Eccles R., Jaward M.S.M., Morris S.: The effect of oral administration of (−) menthol on nasal resistance to airflow and nasal sensation of airflow in subjects suffering from nasal congestion associated with common cold. J. Phar. Pharmacol 1990 ; 42: 652–654.

41. Eccles R., Lancashire B., Tolley N.S.: The effect of l-menthol on electromyographic activity of the alae nasi muscle in man (abstract). Journal of Physiology, London 412,34P.
42. Krall B.: Menthae arvensis aetheroleum. DAZ 1993; 45: 80–83.
43. Hensel H., Zottermann Y.: The effect of menthol on the thermoreceptors. Acta Physiol. Scand. 1951; 24: 27–34.
44. Green B.G.: Menthol modulates oral sensation of warmth and cold. Physiology & Behavior 1985; 35: 427–434.
45. Hamann K.F., Bonkowsky V.: Minzöl- Wirkung auf die Nasenschleimhaut von Gesunden. DAZ 1987, 127: 855–858
46. Hamann K.F., Bonkowsky V.: Wirksamkeit von JHP Rödler auf die behinderte Nasenatmung bei akuter Rhinitis. Pharmazeutische Rundschau. 1988, 26–30.
47. zit. Hagers Handbuch der Pharmazeutischen Praxis. Hrsg. R. Hänsel, K. Keller, H. Rimpler, G. Schneider. Springer Verlag, 1994.
48. zit. Hagers Handbuch der Pharmazeutischen Praxis. Hrsg. R. Hänsel, K. Keller, H. Rimpler, G. Schneider. Springer Verlag, 1994.
49. Caldwell J., Sutton JD.: Influece of dose size on the disposition of trans-(methoxy-^{14}C) anethole in human volunteers. Food Chem Tox 1988; 26: 87–91.
50. Sangister SA., Caldwell J., Hutt AJ., Antony A., Smith RL.: The metabolic disposition of methoxy-14C-labelled trans-anethole estragole and p-propylanisole in human volunteers. Xenobiotica 1987; 17: 1223–1232.
51. Somerville K.W., Richmond C.R., Bell G.D.: Delayed release peppermint capsules (Colpermin) for the spastic colon syndrome: a pharmacokinetic study. J. Clin. Pharmacol 1984; 18: 638–640.
52. Schuster O., Haag F., Priester H.: Transdermale Absorption von Terpenen aus den ätherischen Ölen der Pinimenthol-S-Salbe. Med. Welt 1986; 37: 100–102.
53. Römmelt H.: Experimentelle Untersuchungen zur Resorption, Verteilung und Ausscheidung von ätherischen Ölen bei Anwendung als Badezusatz. Nürnberger Gespräche über die Kneipptherapie, Band 3, Phytotherapie 1976.
54. Römmelt H., Schnitzer W., Swoboda M., Senn E: Pharmakokinetik ätherischer Öle nach Inhalation mit einer terpenhaltigen Salbe. Z. Phytotherapie 1988; 9: 14–16.
55. Jork K.: Erkältungskrankheiten- Pathomorphologie und Therapie. Medizin in unserer Zeit 1979; 3: 15–19.
56. Hänsel R.: Phytopharmaka. 2. völlig überarbeitete Auflage Springer Verlag, Berlin, Heidelberg, New-York London Paris Tokyo Hon Kong Barcelona Budapest 1991
57. Dolder R.: Arzneiformen zur Anwendung an Auge, Ohr und Nase. In: Sucker H., Fuchs P., Speiser P (Hrsg.) Pharmazeutische Technologie, Thieme Stuttgart 1978, 693–729.

P. B. van Cauwenberge

Dekongestiva

Schleimhautabschwellende Nasentropfen und orale Dekongestiva sind die bei den Symptomen des Schnupfens am häufigsten verwendeten Medikamente. Sie gehören zu den meistverkauften pharmakologischen Zubereitungen weltweit. Allgemein werden sie bei Gebrauch über kurze Zeit als sicher und wirksam eingestuft.

Einige Anmerkungen zur verstopften Nase

Die verstopfte Nase ist eines von vielen Symptomen, die bei einer allergischen Reaktion oder einer Infektion in der Nase auftreten. Es ist allerdings das hartnäckigste Symptom und nicht leicht zu behandeln. Dies liegt daran, daß an der Verstopfung der Nase mehr als nur ein Mechanismus beteiligt ist. Dies bedeutet, daß ein einzelner therapeutischer Ansatz, der andere Symptome wie Schmerzen, Niesen, Juckreiz oder das Laufen der Nase (Rhinorrhoe) erfolgreich lindert, normalerweise nicht ausreicht, um auch das Symptom der Verstopfung der Nase zu kurieren.

Ursachen und Mechanismus der Verstopfung hat Eccles in diesem Werk ausführlich beschrieben (Kapitel «Verstopfte Nase, Mittelohr- und Nebenhöhlenbeschwerden», Seite 143). Ursachen bei einer Erkältung sind die Erweiterung der subepithelialen Kapillaren und der kavernöse Sinusoide, Ödeme in der Hautschicht unterhalb des Epithels (Lamina propria) und entzündliche Prozesse, bei denen Neutrophile und Kinine eine wichtige Rolle spielen. Histamin spielt nur eine untergeordnete Rolle bei der Entstehung der Symptome einer Erkältung. Über die Rolle von Prostaglandinen und Leukotrienen ist noch wenig bekannt.

Die verstopfte Nase ist nicht das erste Symptom einer Erkältung. Schon vorher treten Halsschmerzen, Niesen und Rhinorrhoe auf. Zwischen dem dritten und sechsten Tag nach der Infektion mit dem Virus erreicht die Verstopfung ihren Höhepunkt, danach verschwindet sie bei den meisten Patienten rasch. In einigen Fällen, bei Patienten mit einer unspezifischen Hyperreaktivität der Nase, kann dieses Symptom einige Wochen anhalten und mit einer verschleppten Infektion verwechselt werden (z. B. subakuter oder chronischer Sinusitis).

Die autonome Innervation der Nasenschleimhaut

Der Tonus der Blutgefäße in der Lamina propria wird vom Sympathikus bestimmt. Der wichtigste von den präsynaptischen Gefäßen freigesetzte Neurotransmitter ist Noradrenalin. Es kann drei verschiedene Gewebsrezeptoren stimulieren: α_1-, α_2- und β_2-Rezeptoren (Anderson & Bende, 1984; Wang, 1990; Antonelli et al., 1994). Die Stimulation der α-Rezeptoren führt zu einer Vasokonstriktion mit unterschiedlichen Eigenschaften: α_1-Stimulation setzt den nasalen Widerstand herab, indem die Blutmenge in den kapazitiven Gefäßen reduziert wird, ohne die Durchblutung der Schleimhaut zu beeinflussen oder durch eine Vasokonstriktion den Gefäßwiderstand zu erhöhen (Jackson, 1991). Eine Stimulation der α_2-Rezeptoren drosselt sowohl die Blutmenge als auch den Blutstrom, jedoch nicht den Gasaustausch (Falck et al, 1990). Die Funktion der β-Adrenozeptoren in der Nasenschleimhaut wird noch diskutiert (Mygind et al., 1992). Eine Stimulation des parasympathischen Systems setzt Acetylcholin frei und verursacht so eine leichte Gefäßerweiterung, sie führt jedoch vor allem zur Produktion seromuköser Sekrete durch die seromukösen Drüsen in der Lamina propria. Diese Drüsen werden direkt nur vom parasympathischen System innerviert; das adrenerge System hat – über die Gefäßversorgung der Drüsen – nur indirekten, sehr schwachen Einfluß. Dekongestiva hemmen folglich nur das Transudat und in geringem Ausmaß die wäßrige Sekretion der Drüsen, deshalb ist ihre Wirkung gegen wäßrige Rhinorrhoe nur sehr begrenzt (Klaassen et al., 1988).

Auch Neuropeptide spielen bei der Innervation von Blutgefäßen und Drüsen eine wichtige Rolle. Sie treten auf in sensorischen Nerven (Substanz P, CGRP, Somatostatin), sympathischen Nerven (NPY, PP) und dem parasympathischen System (VIP).

Pharmakologische und klinische Aspekte

Da es noch keine Behandlung der Ursachen der viralen Rhinitis gibt, sollte eine Behandlung der Symptome auch symptomatisch erfolgen. Eine symptomatische Behandlung der verstopften Nase kann bei jeder Art nasaler Beschwerden mit Schwellung der Nasenschleimhaut als Folge einer Vasodilatation erfolgen.

Zu den Vasokonstriktoren zählen

1) *alpha-adrenerge Agonisten* wie Adrenalin, Noradrenalin, Oxy- und Xylometazolin (s. Abb. 1 und 2)

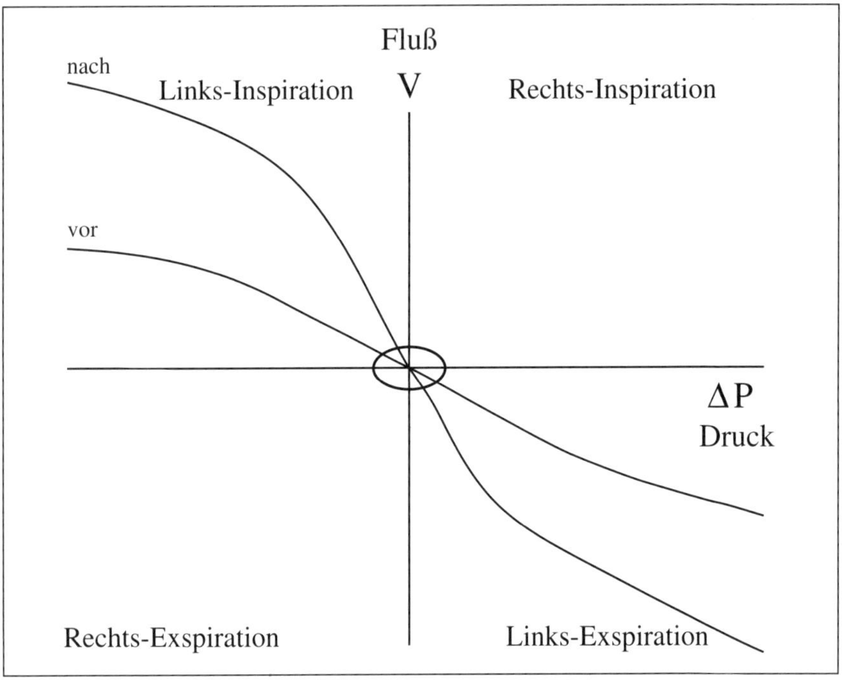

Abbildung 1: Nasaler Widerstand, gemessen mit Hilfe der aktiven Rhinomanometrie, vor und nach topischer Applikation von Oxymetazolin.

2) *Noradrenalin freisetzende Substanzen* wie Pseudoephedrin, Phenylpropanolamin und Amphetamin und
3) *Medikamente, die die Wiederaufnahme von Noradrenalin verhindern*, wie etwa Kokain, trizyklische Antidepressiva und Phenylpropanolamin (Malm & Änggård, 1993).

Zu den *topischen Dekongestiva* zählen die Imidazolin-Derivate, die als selektive α_2-Agonisten wirken: Oxymetazolin, Xylometazolin und Naphazolin, und die selektiven α_1-Agonisten: Ephedrinsulfat, Phenylephrin-Hydrochlorid und Phenylpropanolamin.
Oxy- und Xylometazolin sind am längsten und stärksten wirksam (Hamels & Clement, 1994), sie sind auch am sichersten, was unerwünschte Nebeneffekte im ZNS angeht. Die länger anhaltende Wirkung kann mit dem langsameren Abtransport wegen der geringeren Durchblutung der Schleimhaut erklärt werden (Bende & Loth, 1986).

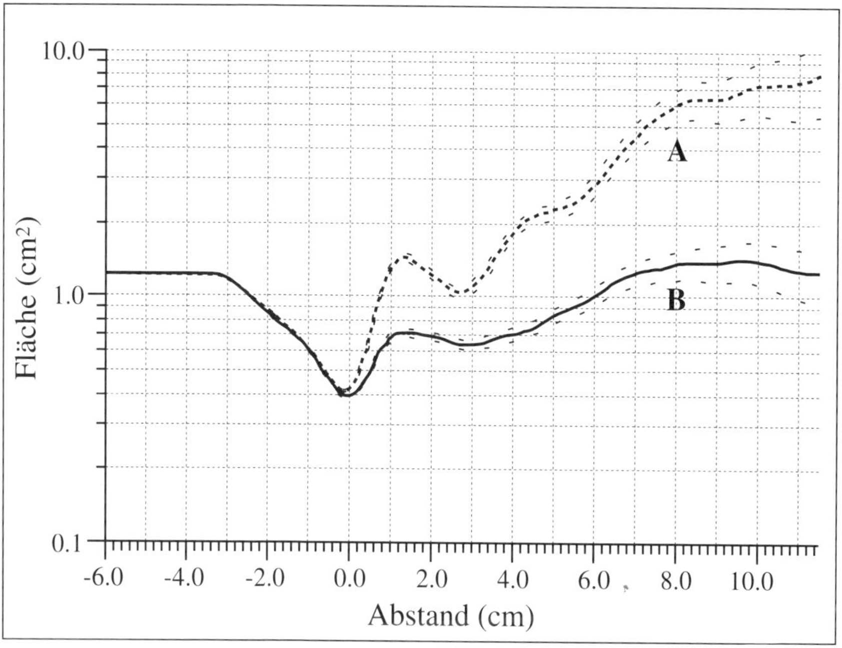

Abbildung 2: Querschnittsflächenmessung mit Hilfe der akustischen Rhinometrie, vor (B) und nach (A) topischer Applikation von Oxymetazolin.

Rebound-Effekt

Anhaltender Gebrauch (> 10 Tage) topischer Vasokonstriktoren kann zu einer erneuten Schwellung der Nasenschleimhaut und zu einer «Arzneimittelrhinitis» (Rhinitis medicamentosa) führen. Ein solcher Rebound-Effekt kann auftreten, wenn nach dem Ende der medikamentösen Therapie und dem Verschwinden des vasokonstriktorischen Effekts die Nasenschleimhaut erneut anschwillt, manchmal sogar stärker als vor Einsatz des Vasokonstriktors. Dies führt zu einem häufigeren Gebrauch des topischen Vasokonstriktors mit einer (viel) höheren Dosis und zur Medikamentensucht (Tachyphylaxie). Einige Autoren haben jedoch gezeigt (Petruson, 1981; Graf & Juto, 1994a, 1995), daß der vasokonstriktorische Effekt in Wirklichkeit auch nach anhaltendem Gebrauch gleich bleibt, allerdings die Dauer des Effekts verkürzt wird. Graf und Juto (1995) zeigten auch, daß selbst eine höhere Dosis des Vasokonstriktors die Rebound-Schwellung nicht weiter erhöhte als bei der empfohlenen Dosis von Oxymetazolin. Es ist

die verkürzte Dauer des vasokonstriktorischen Effekts, die zu einer häufigeren Anwendung des Medikaments führt und somit zu einer höheren Tagesdosis.
Die kürzere Wirkung kann entweder durch eine Down-Regulation der α-Rezeptoren oder eine veränderte Affinität zu den α-Rezeptoren nach anhaltender Anwendung des Medikaments hervorgerufen werden (Ross et al., 1985), und/oder durch die Verringerung der endogenen Freisetzung von Noradrenalin durch die Stimulation präsynaptischer α_2-Rezeptoren.
Andere Autoren haben vorgeschlagen – aber bisher nicht belegt –, daß das Ausmaß der Rebound-Schwellung proportional ist der Behandlungsdauer mit dem Medikament, der Häufigkeit der Anwendung und der verabreichten Menge (Baldwin, 1977; Fleece et al., 1984). Die Wirksamkeit eines Vasokonstriktors steht üblicherweise in umgekehrtem Zusammenhang mit potentiellen Rebound-Effekten: Topische Vasokonstriktoren mit kurzer Wirkdauer rufen solche Effekte leichter hervor.

Effekte topischer Dekongestiva auf die Schlagfrequenz der Zilien

Bisher wurden keinerlei von Oxy- oder Xylometazolin hervorgerufene funktionelle oder morphologische Veränderungen der Schleimhaut der Atemwege gefunden (Petrusson & Hansson, 1982; Berg et al., 1994). Allerdings konnten Ingels et al. (1992) zeigen, daß der α-Agonist Xylometazolin in einem Modell mit Schleimhautbiopsien aus der menschlichen Nase die ziliäre Schlagfrequenz (CBF) und -harmonie (CBH) verringert. Der sympathische β-Agonist Isoprenalin und der parasympathische Agonist Carbachol stimulierten dagegen CBF und CBH.
Berg et al. (1994) zeigten, daß Benzalkoniumchlorid – eine oberflächenaktive kationische quaternäre Ammoniumverbindung und weit verbreiteter Konservierungsstoff – in einem Gewebekulturmodell die ziliäre Schlagfrequenz erheblich beeinträchtigten. Es ist daher dringend davon abzuraten, Benzalkoniumchlorid als Zusatzstoff bei Dekongestiva-Formulierungen einzusetzen.
Deitmer & Scheffler (1993) demonstrierten ebenfalls, daß nicht Oxymetazolin, sondern die Konservierungsstoffe (Benzalkoniumchlorid eingeschlossen) in einem Kulturmedium mit Flimmerepithel aus der Nasenschleimhaut einen signifikanten und irreversiblen Abfall der CBF hervorrufen.

Morphologieeffekte topischer Dekongestiva

Eine Reihe von Autoren berichten, daß die Langzeitanwendung topischer Dekongestiva zu einer Umwandlung respiratorischen Epithels in Plattenepithel führt. Berg et al. (1994) zeigten jedoch bei Studien mit Gewebekulturen, daß nur Zubereitungen mit Benzalkoniumchlorid diese histologischen Veränderungen hervorrufen. Die reinen Dekongestiva (Oxy- und Xylometazolin) zeigten diesen Effekt nicht.
Rijntjes (1982) berichtet über Gewebeumwandlungen (Metaplasien) bei Patienten, die länger als sechs Monate Nasentropfen verwendeten. Talaat et al. (1981) beschrieben ähnliche Effekte bei mit Nasentropfen behandelten Kaninchen schon nach zwei Wochen.
Die Langzeitanwendung topischer Vasokonstriktoren bei Ferkeln führte zu irreversiblen Schäden an den Blutgefäßen der Schleimhaut bis hin zum Schwund der Nasenschleimhaut (Gaudin, 1975).
Nach weltweiten klinischen Erfahrungen mit topischen Dekongestiva ist der Gebrauch konservierter wie unkonservierter Zubereitungen über begrenzte Zeit völlig harmlos. Einige der Widersprüche zwischen den Laborbefunden und den Ergebnissen in vivo können mit den unterschiedlichen Konzentrationen der verwendeten Zubereitungen erklärt werden, und mit der begrenzten Fähigkeit zur Zellteilung und Gewebereparatur in vitro, die das in-vitro-Modell der Nasenschleimhaut gegenüber toxischen Substanzen empfindlicher macht als die Schleimhaut in situ (Berg et al., 1994).

Anstieg der Histaminempfindlichkeit nach Gebrauch topischer Dekongestiva

Bei einem Experiment mit gesunden Freiwilligen war nach einer zehntägigen Behandlung mit Oxymetazolin die Empfindlichkeit der Nasenschleimhaut gegenüber Histamin geringfügig erhöht (Graf & Juto 1994b). Nach weiteren 20 Tagen war die Sensitivität deutlich erhöht, vergleichbar mit Patienten mit nichtallergischer nasaler Hyperreaktivität. Für die Autoren bestätigen diese Ergebnisse die Empfehlung, diese Medikamente nicht länger als zehn Tage lang anzuwenden.
Orale Vasokonstriktoren beeinflussen nasale Obstruktionen weniger als topische Dekongestiva. Obwohl zahlreiche Studien gezeigt haben, daß das Symptom

der nasalen Obstruktion gelindert wird, gibt es kaum überzeugende Berichte, daß diese Medikamente den Widerstand der Nasenluftpassage verringern. Rebound-Vasodilatation tritt nicht auf.

Als oraler Vasokonstriktor wird Pseudoephedrin anderen β-Phenylethylaminderivaten vorgezogen, da es das beste Nutzen/Risiko-Verhältnis aufweist. Ephedrin stimuliert tatsächlich signifikant das ZNS und kann erhebliche sekundäre kardiovaskuläre Nebenwirkungen haben (Empey et al., 1980). Norephedrin kann Störungen des ZNS hervorrufen, und die gastrointestinale Resorption von Phenylephrin fällt für orale Anwendung zu unterschiedlich aus. Phenylpropanolamin-Hydrochlorid wird im Magen-Darm-Trakt rasch metabolisiert, was die kurze Wirkdauer erklärt.

Pseudoephedrin sollte nicht eingesetzt werden bei Kleinkindern unter einem Jahr, bei älteren Patienten, schwangeren Frauen, Patienten mit Bluthochdruck, Kardiopathie, Hyperthyreose, Glaukom und psychiatrischen Störungen, und bei Patienten, die Betablocker oder MAO-B-Hemmer einnehmen. Aus dieser Aufzählung wird klar, daß eine sorgfältige Anamnese vor der Verschreibung von Pseudoephedrin notwendig ist. Trotzdem ist Pseudoephedrin in vielen Ländern immer noch rezeptfrei erhältlich. Andererseits sind die genannten schwerwiegenden Nebenwirkungen ausgesprochen selten.

Gronborg et al. (1983) untersuchten die Wirkung von oralem Norephedrin (Phenylpropanolamin-Hydrochlorid) gegen die Symptome der Erkältung. Rhinomanometrische Messungen zeigten zwei Stunden nach der Einnahme signifikante Unterschiede gegenüber der Placebogruppe; die von den Patienten subjektiv bewertete Wirkung hielt während der gesamten Beobachtungsdauer von zehn Stunden an.

Anticholinerge Medikamente

Anticholinerge Medikamente hemmen die Rhinorrhoe, wirken jedoch nicht gegen die Verstopfung der Nase, da Acetylcholin in den postganglionären parasympathischen Nerven vor allem der für die Stimulation der seromukösen Drüsen verantwortliche Mediator ist (Borum et al., 1984). VIP dagegen bewirkt eine Vasodilatation und wird von anticholinergen Medikamenten nicht gehemmt.

Ätherische Öle, Menthol und topische Anästhetika

Diese Substanzen verändern den Widerstand der Nasenluftpassage nicht. Die Applikation ätherischer Öle und verschiedener aromatischer Substanzen erweckt jedoch das Gefühl einer verbesserten nasalen Durchgängigkeit, vermutlich weil diese Substanzen die Empfindlichkeit der Kälterezeptoren erhöhen (Cole & Haight, 1985; Eccles & Jones, 1983; Burrow et al., 1983). Zusammen mit Dekongestiva können sie deren Dosis verringern.

Zusammenfassung

Topische Dekongestiva, besonders die Imidazolinderivate, haben sich als sehr wirkungsvoll bei der Behandlung der nasalen Obstruktion erwiesen. Ihre Wirkung ist stark und anhaltend. Die meisten Studien zu topischen Dekongestiva zeigen, daß eine kurzzeitige Anwendung keine funktionalen oder morphologischen Nebenwirkungen haben. Allerdings kann eine Langzeitanwendung zu raschem Abfall der Wirkung (Tachyphylaxie) führen, zu irreversiblen Gewebeveränderungen und zu nasaler Hyperreaktivität. Daher sollte die Dauer der Anwendung auf zehn Tage beschränkt werden.
Unter den oralen Dekongestiva hat Pseudoephedrin das beste Nutzen/Risiko-Verhältnis. Die Wirkung oraler Dekongestiva auf das Symptom nasale Obstruktion ist schwächer als die topischer Dekongestiva.
Aromatische Substanzen reduzieren den Widerstand der Nasenluftpassage nicht, sie erwecken jedoch das Gefühl einer verbesserten nasalen Durchgängigkeit.

Literatur

Andersson KE, Bende M. Adrenoceptors in the control of human nasal mucosal blood flow. Ann Otol RThinol Laryngol, 1984,93:179–182.

Antonelli AR, Nicolai P, Tomenzoli D, Bazzana T, Mantini G, Monici M. Vasoconstrictors. In D. Passali (ed) Rhinology up-to-date. Ind Grafica Romana, Roma, 1994, pp. 244–246.

Baldwin R. Rhinitis medicamentosa. An approach to treatment. J Med Ass St Ala, 1977, 47:33–35.

Bende M, Löth S. Vascular effects of topical oxymetazoline on human nasal mucosa. The Journal of Laryngology and Otology, 1986, 100:285–288.

Berg OH, Lie K, Steinsvåg SK. The effect of decongestive nosedrops on human respiratory mucosa in vitro. Laryngoscope, 1994, 104:1153–1158. Borum P, Mygind N, Schulz Larsen F. Ipratropium treatment for rhinorrhoea in patients with perennial rhinitis. An open follow-up study of efficacy and safety. Clin Otolaryngol, 1983, 8:267–272.

Burrow A, Eccles R, Jones AS. The effects of camphor, eucalyptus and menthol vapour on nasal resistance to airflow and nasal sensation. Acta Otolaryngol (Stockh), 1983,96:157–161.

Cole Ph, Haight JSJ. Nasal mucosal anaesthesia and airflow resistance. Rhinology, 1985, 23:209–212.

Deitmer T, Scheffler R. The effect of different preparations of nasal decongestants on ciliary beat frequency in vitro. Rhinology, 1993, 31:151–153.

Eccles R, Jones AS. The effect of menthol on nasal resistance to airflow. J Laryngol Otol, 1983, 97:705–709.

Empey DW, Young GA, Letley E, et al. Dose-response study of the nasal decongestant and cardiovascular effects of pseudoephedrine. Br J Clin Pharmacol, 1980, 9:351–358.

Falck B, Svanholm H, Aust R. The effect of xylometazoline on the mucosa of human maxillary sinus. Rhinology, 1990, 28:239–247.

Fleece L, Mizes SJ, Jolly PA, Baldwin RL. Rhinitis medicamentosa: Conceptualization, incidence and treeatment. Alabama J Med Sci, 1984, 21:205–208.

Graf P, Juto J.-E. Decongestion effect and rebound swelling of the nasal mucosa during four-week use of oxymetazoline. ORL, 1994a, 56:131–134.

Graf P, Juto J-E. Histamine sensitivity in the nasal mucosa during four-week use of oxymetazoline. Rhinology, 1994b, 32:123–126.

Graf P, Juto J.-E. Sustained use of xylometazoline nasal spray shortens the decongestive response and induces rebound swelling. Rhinology, 1995, 33:14–17.

Gronborg H, Winther B, Brofeldt S, Borum P, Mygind N. Effects of oral norephedrine on common cold symptoms. Rhinology, 193, 21:3–12.

Hamels K, Clement PAR. Decongestiecapaciteit van twee frequent gebruikte topische nasale decongestiva bij gezonde profpersonen: vergelijkende studie. Acta oto-rhino-laryng belg, 1994, 48:265–269.

Ingels KJAO, Meeuwsen F, Graamans K, Huizing EH. Influence of symapthetic and parasympathetic substances in clinical concentrations on human nasal ciliary beat. Rhinology, 1992, 30:149–160.

Jackson RT. Mechanism of action of some commonly used nasal drugs. Otolaryngol Head Neck Surg, 1991, 104:433.

Klaassen ABM, van Megen YJB, Kuijpers W, van den Broek P. Autonomic innervation of the nasal mucosa. ORL, 1988, 50:32.

Malm L, Änggård A. Vasoconstrictors. In: N. Mygind, RM Naclerio (eds.): Allergic and non-allergic rhinitis. Clinical aspects. Munksgaard, Copenhagen, 1993, pp. 95–100.

Petruson B, Hansson H-A. Function and structure of the nasal mucosa after 6 weeks use of nose drops. Acta Otolaryngol (Stockh), 1982, 94:563–569.

Petruson B. Treatment with xylometazoline (Otrivin) nosedrops over a sixweek period. Rhinology, 1981, 19:167–172.

Rijntjes E. Rhinopathia medicamentosa. Rhinology, 1982, 20:49–5 1.

Ross EM, Gilman AG. Pharmacodynamics: Mechanisms of drug action and the relationship between drug concentration and effect. In: Goodman LS, Gilman A (eds) The pharmacological basis of therapeutics. Macmillan Publ Co, New York, pp. 35–48.

Talaat M, Belal A, Aziz T, et al. Inhibitory effects of nasal drops components on granulocyte chemotaxis. Pharmacol Toxicol, 1989, 64:321–323.

Van Cauwenberge P: Recent development of anti-allergic drugs. Rhinology, 1992, suppl. 14: 67–71.

Wang HW. Pre- and post-synaptic alpha-2 adrenoceptors in the canine nasal mucosa. Eur Arch Otorhinolaryngol, 1990, 247:36 1.

H. Matthys

Antitussiva

Husten ist keine Krankheit, sondern ein Symptom. Er ist Teil eines wichtigen Schutzmechanismus unseres Körpers, der für die Gesunderhaltung der Atemwege wichtig ist. Deshalb sollte Husten primär nicht ohne Kenntnis der Ursache bzw. des Auslösers mit antitussiven Medikamenten behandelt werden. Der Husten kann ein physiologischer Abwehrmechanismus sein, bei dem Schmerzrezeptoren auf mechanische oder chemische Reize ansprechen («nozizeptiver Reflex»), oder er kann rein psychisch ausgelöst werden und als konditionierter Reflex persistieren. Der krankheitsbedingte Husten, physiologisch (Allergenreiz) oder psychologisch (zentral) ausgelöst (z.B. Konzertsaalhusten), kann auch ein somatisches Risiko darstellen (insbesondere nach Operationen im Bauchraum, Rippenbrüchen etc.).
Der Hustenreflex wird durch Irritationen des Larynx, der Trachea, der Bronchien, des Lungenparenchyms (Cave Lungenstauung, Lungenödeme), der mediastinalen, visceralen, parietalen Pleura des Diaphragmas, des äußeren Gehörganges oder zentral emotional bzw. abdominal ausgelöst. Fast alle Lungenkrankheiten (Asthma, Bronchitis, Lungen- oder Brustfellentzündung, Tumoren, Alveolitis, Fremdkörper, Aspiration etc.) können Ursache für einen Husten sein, daher ist es wichtig, das Symptom Husten differentialdiagnostisch näher zu hinterfragen.
Wir unterscheiden zwischen

a) produktivem Husten mit Aushusten von Sekret (Expektoration) und
b) unproduktivem, sogenanntem trockenem Husten.

Husten kann insbesondere den Schlaf beeinträchtigen und zusätzliche Schmerzen hervorrufen, z.B. bei Rippenfrakturen und nach Operationen. Außerdem kann die starke mechanische Beanspruchung des Thorax-Lungen-Systems mit repetitiven Valsalva-Manövern, z.B. bei der Bronchitis, Bluthusten (Hämoptoe) bzw. blutig gefärbtes Sputum und konjunktivale Blutungen (Keuchhusten) mit plötzlicher Ohnmacht (Synkopen) zur Folge haben.
Andererseits ist der trockene Husten gelegentlich auch ein Zeichen für bronchiale Hyperreagibilität (z.B. bei Asthma). Produktiven Husten wird man, wann immer möglich, nicht unterdrücken, da er der Freihaltung der Atemwege dient, und unter anderem auch ein Hinweis sein kann für eine darniederliegende mukoziliäre Clearance. Letztere kann infektiös, toxisch oder angeboren (Mukoviszidose, dyskinetisches Ziliensyndrom, Asthma bronchiale) gestört sein. Der

Hustenreflex stellt hier die einzige physikalische Möglichkeit dar, die Atemwege von obstruierendem Sekret freizuhalten.
Antitussiva werden im allgemeinen auch in *peripher* und in *zentral angreifende* Substanzen eingeteilt. Peripher angreifende Wirkstoffe heilen die Ursache des Hustens symptomatisch oder kausal (z. B. topische Steroide bei Asthmahusten peripher kausal eingreifend). Zentral den Hustenreflex unterdrückende Substanzen, z. B. Codein und seine Derivate, zählen zur nicht-kausalen Hustenbehandlung.
Eine dritte Gruppe von Substanzen schließlich löst selbst Husten aus, beispielsweise ACE-Hemmer oder Betablocker, letztere über Atemwegsobstruktion und Zilienmotilitätsstörung (Hyperreagibilität auslösend oder verstärkend). Dies gilt auch für Substanzen, welche den gastro-oesophagealen Reflux als Pathomechanismus mit nächtlicher Sekretaspiration auslösen bzw. unterhalten, z. B. vorwiegend zentral wirksame Antitussiva und Sedativa, aber auch Theophyllin (Cardiarelaxierende Wirkung).

Zentral angreifende Antitussiva

Klinisch handelt es sich hierbei meist um Morphinderivate wie Codeinphosphat, Dihydrocodein, Hydrocodon, Ethylenmorphin, Tebacon, Normethadon, Levopropoxyphen, Noscapin und Dextromethorphan. Letzteres ist ein rein synthetisches Produkt und zeigt keine morphintypischen Effekte. Überdosierungen bis zu 1,5 g/Tag führen zu erhöhter Wachheit und leichter Ataxie mit Sprechstörungen (1). Dextromethorphan konkurriert mit Monooxidasehemmern. Es wird auch diskutiert, ob es einen eigenen neuralen Dextromethorphanrezeptor gibt.
Die meisten Morphinderivate haben den Nachteil, daß sie zu Medikamentenmißbrauch und -abhängigkeit führen können. So ist Codeinphosphat heute in modernen Kliniken das häufigste und billigste Suchtsubstitutionsmittel für Drogenabhängige. Weiter ist die sedative Wirkung auf das Atemzentrum bei höheren Dosen eher unerwünscht, insbesondere bei Patienten mit respiratorischer Globalinsuffizienz, d. h. zentral- oder atempumpenversagenbedingter Hypoventilation.
Eine Kombination von Antitussiva mit Schlafmitteln ist bei diesen Patienten äußerst gefährlich, da es zum Erstickungstod oder zur zerebralen Hypoxie als Folge von zentraler Hypoventilation kommen kann. Dieser zentral sedierende Effekt ist bei Dextromethorphan (2) und Noscapin, welche praktisch nicht suchterzeugend und nicht analgetisch wirksam sind, am geringsten. Diese Mittel gelten in therapeutischen Dosen von 20–30 mg (3, 4, 5) als nicht sedativ.
Dextromethorphan soll im Gegensatz zu Codeinderivaten nicht zu einer Hemmung der mukoziliären Clearance führen, was insbesondere bei produktivem

Husten wichtig ist (6). Die Beeinflussung der Schlafarchitektur ist bis heute bei fast allen Antitussiva noch nicht oder noch nicht ausreichend untersucht worden. Hingegen ist von Codeinphosphaten bekannt, daß diese Sekreteliminationsstörungen und Obstipationen bewirken können. Dextromethorphan verstärkt Alkoholeffekte nicht (7) und ist daher auch aus dieser Sicht ein zentral angreifendes Antitussivum erster Wahl.
Bei zentral angreifenden Antitussiva ist allgemein darauf zu achten, daß sie nach Möglichkeit eine geringe Toxizität sowie eine geringe atemdepressorische Wirkung aufweisen. Wichtig ist ebenfalls, daß diese Antitussiva nicht über die Hemmung der mukoziliären Clearance den Schleimabfluß stören, insbesondere bei Patienten mit sekretproduzierenden Bronchialerkrankungen, da die Substanzen schon die Husten-Clearance zentral unterdrücken. Zudem sollten sie keine Suchteffekte und insbesondere keine atemdepressorischen Medikamenteninteraktionen provozieren. Unter diesen Aspekten sind Dextromethorphan und Noscapin den anderen Codeinderivaten vorzuziehen.

Peripher angreifende Antitussiva

Unter den peripher angreifenden Antitussiva sind die Beta-2-Mimetika, die Anticholinergika, eventuell auch das Theophyllin, aber insbesondere die topische und systemische Gabe von Steroiden zu empfehlen bei allen obstruktiven Lungenerkrankungen, welche auf eine asthmatische (eosinophile allergische oder nicht allergische) oder inhalativ toxische Entzündung zurückzuführen sind (z. B. Inhalation von Rauchgasen oder chemische und infektiöse Entzündungen der oberen und unteren Atemwege). Spezifische Entzündungen werden durch entsprechende Tuberkulostatika-Gabe gleichzeitig bekämpft, wobei zu beachten ist, daß auch Mykoplasmeninfektionen Husten wie Pertussis über Monate auslösen können. Im allgemeinen sind langwierige Hustensymptome aber auf Asthma, Raucherbronchitis mit oder ohne Emphysem oder auf eine Lungenfibrose zurückzuführen.
Damit der Schleim effizient ausgehustet werden kann, sollte nicht nur der Hustenreflex intakt sein, es sollten auch die Atemwege möglichst weit sein mit einem optimal expektorierbaren Mukus.
Mukolytika und Sekretolytika beeinflussen die Menge und Zusammensetzung des Sekretes und damit auch die Abhustbarkeit (Adhäsivität und Viskoelastizität des Sputums).
Die vermehrte Sekretproduktion ist als erster Abwehrmechanismus bei Überladung unseres Luftfilters durch inhalierte Partikel und Schadstoffe oder durch Überproduktion von Sekret abnormer Zusammensetzung (z. B. chronische Raucherbronchitis oder Mukoviszidose) anzusehen. Die neuesten Mukolytika und

Sekretolytika sind DNAse und als Aerosol applizierte Diuretika (Amilorid), welche bei Mukoviszidose eine gewisse Symptomverbesserung bringen. Klassische Mukolytika (N-Acetylcystein, Bisolvon, Ambroxol etc.) wirken nach neuesten Erkenntnissen vorwiegend prophylaktisch (als Antioxidans wie Vitamin E) bei chronisch entzündlichen Erkrankungen der Atemwege. Eine Messung der Expektoration ist mit objektiven Methoden, der mukoziliären und tussiven Clearance-Messung mittels radioaktiv markierter Partikel und Szintillationskamera, am Menschen möglich (8).
Im Gegensatz zu den oben zuerst erwähnten Medikamenten (Beta-2-Mimetika, Theophyllin, Glukokortikoide und Amilorid) konnte nach der akuten Gabe von Sekretolytika und Mukolytika (N-Acetylcystein, Bisolvon und ihren Derivaten) keine überzeugende Wirkung insbesondere bei Asthma nachgewiesen werden. Diese Antioxidantien (N-Acetylcystein, Ambroxol, Bisolvon etc.) müssen bei Patienten mit chronischem Bronchitishusten – wenn überhaupt – als Prophylaxe gegen eine Verschlechterung konsequent eingenommen werden. Im akuten Schub der Exazerbation sind Antibiotika bei sensiblen Keimen, und bei Entzündungen nichtinfektiöser Natur topische oder systemische Glukokortikoide den erwähnten Antioxidantien vorzuziehen. Besteht gleichzeitig eine bronchiale Obstruktion, sind sogenannte Bronchodilatatoren wie Theophyllin und Beta-2-Mimetika, eventuell topische Steroide, Anticholinergika und Cromoglicinsäure (insbesondere beim Asthmahusten) vorzuziehen. Ihre Wirkungen sind durch entsprechende Studien auch belegt (9).

Wie sollen Antitussiva getestet werden?

Es ist schwierig den klinischen Wert von Antitussiva zu messen. Der generelle klinische Eindruck kann irreführend sein, und die objektive Messung ihrer Wirkung hat sich als schwierig erwiesen. Tierversuche allein erlauben nur eine begrenzte Information über antitussive Aktivität und Nebenwirkungen einer Substanz, insbesondere kann die Schlafqualität in Analogie zum Menschen kaum überprüft werden. Hustenprovokation mit Zitronensäure oder mittels mechanischer Irritation afferenter Nerven hat ebenfalls nur limitierte Aussagekraft in Bezug auf Effizienz und Brauchbarkeit (10). Die meisten Patienten mit starkem Husten klagen über anfallsweise Hustenattacken, insbesondere nachts, die bis zu Erstickungssymptomen führen. Da der Hustenreflex durch Schmerz unterdrückt werden kann und zudem durch Afferenzen höherer Hirnzentren, insbesondere tagsüber, stark beeinflußt wird, sollten wissenschaftliche Hustenmessungen vorwiegend nachts, d. h. im Schlaf, erfolgen.
Patienten spüren subjektiv mehr die Stärke des Hustens, d. h. seine Amplitude,

als die Frequenz: Häufiges Hüsteln wird kaum als einschneidend empfunden, im Gegensatz zu starken, nur episodisch auftretenden Hustenanfällen mit Synkopen. Patienten mit chronischer Bronchitis, Lungenfibrose und Asthma unterschätzen ihre Hustensymptome ebenso wie Patienten mit Tuberkulose. Patienten mit Bronchialkarzinom geben eine relativ objektive, mit den Meßwerten übereinstimmende Häufigkeit und Schwere der Hustenanfälle an (11).
Vergleichende Messungen der Hustenfrequenz mit Mikrophonen und auf dem Hals im Kehlkopfbereich angebrachten Drucksensoren werden im allgemeinen verwendet, um ein aufwendiges direktes Zählen der Hustenstöße über Stunden zu umgehen (12). Die transkutane Überwachung der Blutgase oder der Atembewegungen (Respitrace) erlaubt die Abschätzung von Hypoventilationsphasen und Desoxygenierungsphasen im Schlaf oder bei starker Sedation. Von Schlafmessungen wissen wir, daß solche Phasen auch mit Schnarchen und Sprechen einhergehen können. Aus diesem Grund haben wir ein spezielles Mikrophon mit Bandpass-Filter entwickelt, um Sprech- und Schnarchfrequenzen von Husten zu unterscheiden (12). Mit modernen, polysomnographischen Apparaten zur Evaluation des Schlafapnoe-Syndroms und einem differenzierenden Mikrophon lassen sich auch Hustenstudien durchführen. Die Hustenfrequenz kann aus der Anzahl der Hustendruckamplituden, die Hustenintensität aus der Höhe der Amplitude abgelesen werden. Durch Multiplikation der Hustenfrequenz mit der zugehörigen Amplitude können Schweregrad bzw. Stärke des Hustens zahlenmäßig objektiviert werden.
Bei der Patientenauswahl für Studien, die sich über mehrere Nächte erstrecken (im allgemeinen randomisiert, doppelblind, intraindividuell im Crossover-Versuch) ist es von Vorteil, wenn der Husten über die gesamte Studienzeit konstant bleibt. Daher eignen sich Patienten mit akutem, infektiösem Husten für solche Studien weniger, als Patienten mit stabilem Husten als Folge von chronischer, nicht-exazerbierter Bronchitis, Lungenfibrose, Bronchialkarzinom oder zystischer Fibrose.
Unsere Studien haben gezeigt (13), daß Codein die Hustenfrequenz- und stärke dosisabhängig bei Dosen von 2 x 20 bis 2 x 60 mg unterdrückt (Abb. 1). Bei 60 mg ist die Wirkung mindestens vier Stunden befriedigend, während bei niedrigen Dosen schon nach zwei Stunden, insbesondere in den frühen Morgenstunden, die Wirkung als Folge der erhöhten Hustenfrequenz nachläßt (morgendliches Abhusten bei chronischer Bronchitis oder verstärkte Bronchokonstriktion bei Asthma).
Vergleichsstudien von Plazebo, 2 x 20 mg Dextromethorphan, 2 x 30 mg Dihydrocodein bzw. Noscapin zeigen eine gleiche Wirkung dieser Medikamente auf die Hustenfrequenz (Abb. 2). Auch die Stärke und damit der Schweregrad des Hustens konnten mit beiden Präparaten gleich stark unterdrückt werden. Bei der subjektiven Befragung schnitt Dextromethorphan besonders günstig ab, was vermuten läßt, daß die Substanz noch eine weitere zerebrale Wirkung hat, die

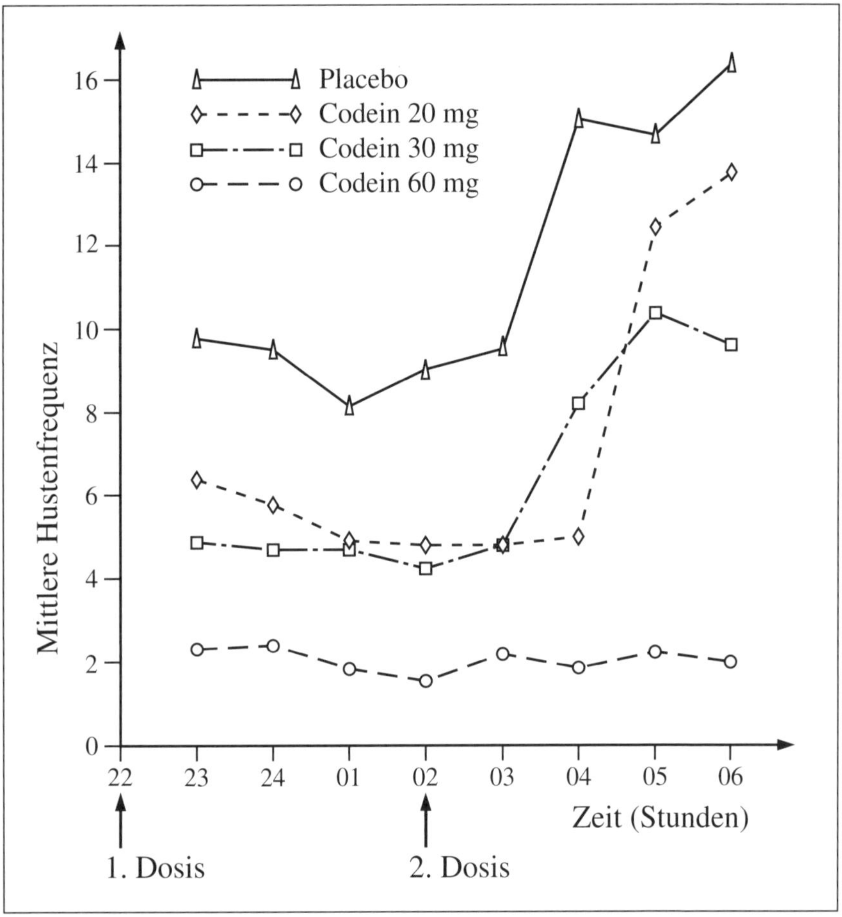
Placebo
Codein 20 mg
Codein 30 mg
Codein 60 mg
Mittlere Hustenfrequenz
0
2
4
6
8
10
12
14
16
22
23
24
01
02
03
04
05
06
Zeit (Stunden)
1. Dosis
2. Dosis

Abbildung 1

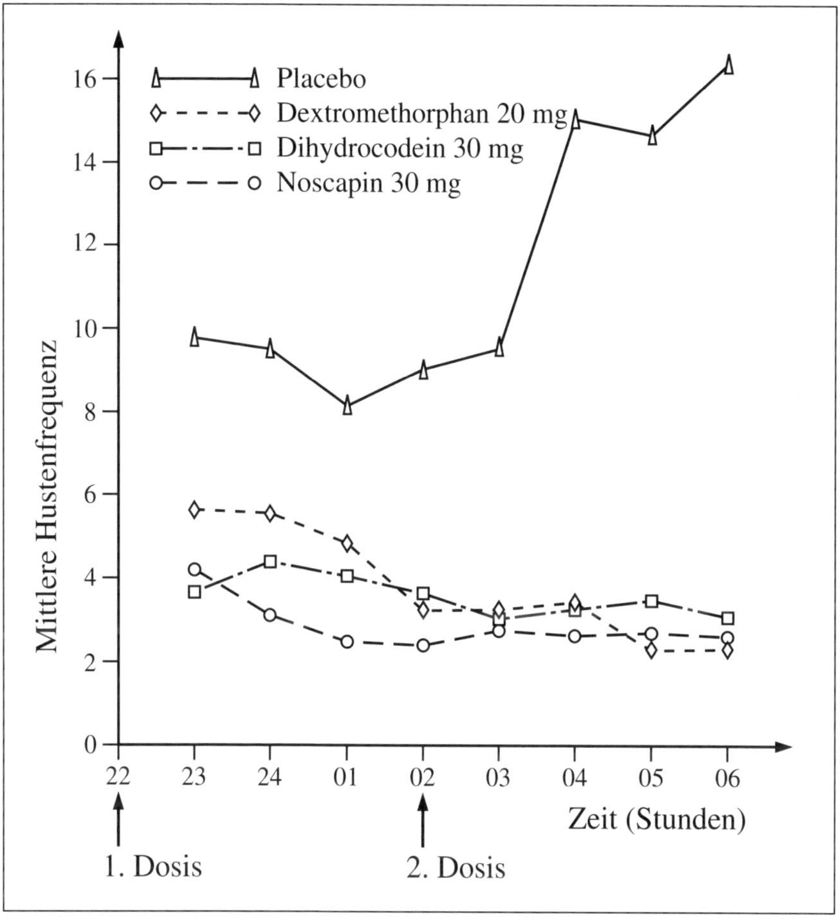
Placebo
Dextromethorphan 20 mg
Dihydrocodein 30 mg
Noscapin 30 mg
Mittlere Hustenfrequenz
0
2
4
6
8
10
12
14
16
22
23
24
01
02
03
04
05
06
Zeit (Stunden)
1. Dosis
2. Dosis

Abbildung 2

näher untersucht werden sollte. Bezüglich unerwünschter Nebenwirkungen ist sie linksdrehenden Codeinderivaten vorzuziehen. Entsprechende Analysen der Schlafstadien mit Polysomnographie unter Antitussiva sowie gleichzeitige mukoziliäre und tussive Clearance-Messungen werden erst jetzt aufgrund neuer arzneimittelrechtlicher Prüfauflagen an alte und neue zentral und/oder peripher angreifende Antitussiva nachgeholt (13).

Literatur

1. Degwitz, R.: Dextromethorphan als Rauschmittel. Nervenarzt 35 (1964), 412–414
2. Drug Evaluation, 6th Edition 1986, p. 386, American Medical Association
3. Jasinsky, D. R.: Morphine and Nonaddicting Analgesics: A current perspective, In: Beers, R.F., Basset, E. G. /Ed./Mechanisms of Pain and Analgesic Compounds/Miles International Symposium Series No. 11/pp. 475–479, Raven Press, New York 1979
4. Jansisky, D.R., Martin, W.R., Mansky, P.A.: Progress report on the assessment of the antagonists nalbuphine and GPA-2087 for abuse potential and studies of the effects of dextromethorphan in man. Report to the Committee on Problems of Drug Dependence, Vol. 1, pp. 143–178. National Research Council, Washington, D.C., 1971
5. Mansky, P.A., Jasinsky, D.R.: Effects of dextromethorphan in man. Pharmacologist 12 (1970), 231
6. Kurz, H.: Antitussiva und Expectoranzien, pp. 86ff., Wissenschaftliche Verlagsgesellschaft GmnbH, Stuttgart, 1989
7. Eddy, N.B. et al.: Codeine and it's alternatives for pain and cough relief. WHO geneva (1970) 169–178
8. Task Group on Mucoactive Drugs, Special Report: Recommendations for guidelines on clinical trials of mucoactive drugs in chronic bronchitis and chronic obstructive pulmonary disease. Chest 106 (1994), 1532–1537
9. Matthys, H.: Bedeutung der mukoziliären und tussiven Clearance. Therapiewoche 36, (1986), 4642–4646
10. Cox, I. D. et al.: An electromyographic method of objectively assessing cough intensity and use of the method to assess effects of codeine on the dose-response curve to critic acid. Br. J. clin. Pharmac. (1984), 18, 377–382
11. Matthys, H., Erhardt, J., Rühle, K. H.: Objektivierung der Wirkung von Antitussiva mittels Tussometrie an Patienten mit chronischem Husten. Schweiz. med. Wschr. 115 (1985), 307–311
12. Matthys, H.: Pneumologie, 2. Auflage. Springer Berlin-Heidelberg-New York-Tokyo-Sydney 1988
13. Matthys, H.: Husten und Antitussiva. Münch. med. Wschr. 133 (1991), 487–489

M. Finiguerra

Sekretolytika

Einleitung: Das Bronchialsekret

Um eine Schädigung der Atemwege durch feinste Partikel, Rauch, Chemikalien und Mikroorganismen zu verhindern, ist die Trachea und fast das gesamte Bronchialsystem mit einem Feinstfilter ausgekleidet: dem Flimmerepithel. Auf den beweglichen Flimmerhärchen (Zilien) unterstützt eine Schleimschicht, das Bronchialsekret, den Abtransport der Fremdstoffe. Die biochemische Zusammensetzung dieses Sekrets ist weitgehend erschlossen. Offen ist jedoch noch, wie diese Substanzen unterschiedlicher Herkunft und unterschiedlicher Molekülstruktur interagieren, welche die Grundlage der pathologischen Veränderungen darstellen.

Schon unser Wissen über den Schleim, der als «normal» bezeichnet wird, ist sehr dürftig. So gibt es bis heute nur Anhaltspunkte über die täglich produzierte Menge Bronchialschleim, die Schwankungen seiner Zusammensetzung und ihre Bedeutung. Schwierigkeiten gibt es auch bei der biochemischen und rheologischen Untersuchung der pathologischen Sekretion. Diese ist sowohl quantitativ wie qualitativ unterschiedlich, da sie ihren Ursprung nicht nur in unterschiedlichen Erkrankungen hat, sondern auch vom Entwicklungsstadium der Krankheit selbst abhängt. Dazu kommt eine große Variabilität der für die Forschung ausgewählten Individuen. Schließlich gibt es kein eindeutiges experimentelles und pharmakologisches Modell, das die pathologische Situation im Menschen reproduzieren kann.

Das Bronchialsekret setzt sich aus einer Vielzahl von Substanzen zusammen, die vor allem von den sekretorischen Zellen der Schleimhaut (Mukosa) und den submukösen Drüsen produziert werden. Dies sind zum Teil spezialisierte Zellen (Becherzellen) der Bronchien und Alveolen, aber auch Plasmazellen.

Die biochemische Analyse findet in diesem Sekret neben einem hohen Anteil an Wasser sowie Natrium-, Chlorid-, Calcium- und Kaliumionen auch Glykoproteine. Diese Glykoproteine haben ein hohes Molekulargewicht; im Zentrum sitzt ein Protein, an das seitlich verschiedene Polysaccharidgruppen gebunden sind, die wiederum aus einem oder mehreren Molekülen Sialsäure, Fucose und Sulfat bestehen. Die Menge und das Verhältnis dieser Glykoproteine zueinander variiert je nach metabolischer Ausrichtung der sezernierenden Zellen. Die metabolische Ausrichtung hängt wiederum ab von der Gegenwart und der Aktivität bestimmter Enzyme (Fucose-, Sulfo-, Sialyltransferasen).

Andere Komponenten des Bronchialsekrets sind gut bekannt: Proteine mit niedrigerem Molekulargewicht wie das Albumin, einige Fraktionen der Alphaglobulin-Gruppe, Enzyme aus dem Plasma oder Enzyme, die vor Ort produziert werden, Lipidfraktionen und vor allem sezernierte Immunglobuline.
Wir wissen heute, daß Disulfidbrücken die grundlegenden Bindungen in diesen komplexen Makromolekülen sind. Sie verbinden die Fibrillen und bewirken so die gelartige Konsistenz der Sekretionen. Die Fibrillen werden hauptsächlich von Sekretions-IgA und – zu kleineren Teilen – von Lactoferrin und Serumalbumin gebildet.
Wir wissen weiterhin, daß rheologisch betrachtet die Sekretion vom Mucingehalt beeinflußt wird, und daß sich die viskoelastischen Eigenschaften des Schleims ändern, wenn sich das Gleichgewicht in der Glykoproteinproduktion ändert. Betrachten wir die Sol-Fraktion, muß hervorgehoben werden, daß seine gute Hydratation grundlegend ist um ein effizientes Gleiten der Gel-Fraktion sicherzustellen, vor allem für die Aktion der beweglichen Zilien; jede Veränderung der Sol-Fraktion würde die Bewegung der Zilien einschränken.

Klassifikation sekretolytisch wirksamer Pharmaka von klinischem Interesse

Als «sekretolytisch wirksam» werden Substanzen zusammengefaßt, die durch unterschiedliche Mechanismen die Mobilität des Schleims erhöhen: Pharmaka, die direkt und indirekt auf die Bronchialsekretion einwirken und so den Schleim beeinflussen. Ziel ist es, den Schleim so zu verändern, daß er leicht abgehustet werden kann.
Es ist schwierig, die Wirkung und die unterschiedlichen therapeutischen Effekte dieser Pharmaka zu beweisen und gleichzeitig ein optimales Einsatzgebiet für jedes einzelne Arzneimittel festzulegen. Deshalb bleiben viele offene Fragen, die an eine Klassifikation gebunden sind, nach der sich die uns heute zur Verfügung stehenden therapeutischen Prinzipien vernünftig einordnen ließen.
In der Therapie werden viele verschiedene Substanzen eingesetzt, eine Klassifizierung nach der chemischen Zusammensetzung ist daher nur eingeschränkt möglich. Weiterhin wurden nur einige, pharmakologisch gut definierte Moleküle über lange Zeiträume mit modernsten Methoden und durch zahlreiche Kasuistiken in kontrollierten Studien untersucht. Für viele von ihnen wurden daraufhin zwei oder mehr Wirkungsmechanismen beschrieben.
Schließlich existiert eine Gruppe von Substanzen, die pharmakologisch nicht

Tabelle 1: Klassifikation klinisch interessanter sekretolytischer Pharmaka (nach Morandini et al., modifiziert)

Direkter Wirkungsmechanismus (Lyse des präformierten Schleims)	reduzierend	Acetylcystein Tiopronin (alpha-mercapto-Propyonylglycein) Mesna (2-Mercapto-ethansulfonat Natrium)
	enzymatisch	Trypsin Chymotrypsin und alpha-Chymotrypsin Serratiopeptidasen
Indirekter Wirkungsmechanismus	Pharmaka, die auf den Metabolismus der sezernierenden Zellen wirken (überwiegende Wirkung auf die GEL-Phase)	Bromhexin S-Carboxymethylcystein Letostein Telmestein Iodpropylidenglycerol Iodethylenglycerol (Domiodol) Ambroxol 2(alpha-Thenoyl-thio)-Propyonylglycinat Lysin
	hydratisierende Pharmaka (SOL-Phase) Natrium- und Kaliumsalze	Wasser Tenside
Pharmaka mit mehrfacher Wirkung		Sobrerol Guaifenesin Eprazinon Guacetisal Guaimesal

genau definierbar sind, die aber trotzdem wirkungsvoll Sekrete mobilisieren; vor allem, wenn sie über längere Zeit eingesetzt werden.

Eine schematische Einteilung der Sekretolytika ist auch deshalb schwierig, da sie – mit Ausnahme derer mit einer freien SH-Gruppe, welche auf die Gel-Phase der Sekretionen wirken – entweder durch eine Zunahme der Dicke der Sol-Phase oder durch eine Modifikation der Struktur der Gel-Phase, falls diese in diesem Stadium der Krankheit verändert ist, oder durch beide Mechanismen eingreifen. Dennoch können wir in Übereinstimmung mit Untersuchungen der klinischen Pharmakologie die Substanzen, die die Bronchialsekretion verändern, in zwei große Gruppen unterteilen:

- Substanzen mit *direkter Wirkung* auf den bronchialen Schleim greifen direkt am Sekret an und verändern dessen wichtigste physikalische und chemische Eigenschaften (in vivo und in vitro).

- Substanzen mit *indirekter Wirkung* wirken auf die sekretbildenden Strukturen und verändern dort das Verhältnis der verschiedenen Sekretkomponenten zueinander.

Substanzen mit direkter Wirkung

Innerhalb der eng abgegrenzten Gruppe der Sekretolytika mit «direkter» Wirkung nimmt *Acetylcystein* zu Recht eine herausragende Position ein.
Als direkte Wirkung sieht man hier den Bruch der intermolekularen Bindungen der Mucoproteine. Als Reduktionsmittel mit einer freien Sulfhydryl- oder Thiolgruppe (SH-Gruppe) zerstört Acetylcystein die polymeren Strukturen des Schleims (Havez et al., 1970): In vivo und in vitro öffnet es die Disulfidbrücken im Inneren der verschiedenen Mucinketten, vor allem in den komplexen Sekretions-IgA-Mucinen, Serumalbuminmucinen, die ebenfalls Kohäsionspunkte zwischen den Fibrillen des Schleims darstellen und die ihm die typischen viskoelastischen Eigenschaften verleihen.
Der Inhalationsweg scheint die richtige Form der Applikation zu sein – trotz seltener bronchospastischer Episoden, die eher auf zu hohe Konzentrationen oder eine Entzündung der Schleimhaut zurückzuführen sind, als auf eine allergische Sensibilisierung. Es wurde jedoch nachgewiesen, daß es auch bei systemischer Gabe seine volle sekretolytische Wirkung entfalten kann, wenn auch mit verzögertem Eintreten der Wirkung.
Es scheint weiterhin, als wirke Acetylcystein protektiv auf die alveolären Strukturen, indem es sich der cytotoxischen Wirkung oxydierender Radikale entgegensetzt.
Im Kielwasser des Acetylcysteins wurden andere thiolische Reduktionsmittel zur klinischen Anwendung gebracht, darunter der Methylester des Cysteins (*Methylcystein*), das alpha-Mercaptopropyonylglycein (*Thiopronin*) und das 2-Mercaptoethansulfonat-Natrium (*Mesna*). Alle tragen freie SH-Gruppen und haben gute sekretolytische Wirkung sowie positive symptomatische Effekte auf einige Parameter, die mit Mukostase und bronchialen Entzündungen zusammenhängen.
Zu dieser Gruppe zählt auch die *4-Thiazolidincarbonsäure*, die – obwohl ein zyklisches Derivat des Cysteins ohne freie SH-Gruppe – im Gewebe SH-Gruppen freisetzt.
Eine Mukolyse im eigentlichen Sinn, eine Zerstörung der Eiweißbestandteile im Schleim, bewirken die proteolytischen Enzyme Trypsin und Chymotrypsin. Diese beiden Endopeptidasen greifen die fibrilläre Architektur des Schleims an: Sie depolymerisieren die Glykoproteinketten und lysieren die faserigen Triebe.
Die Substanzen können jedoch als Antigen wirken. Außerdem traten in der

Folge ihres Einsatzes bei Patienten mit alpha-1-Antitrypsin-Mangel schwerwiegende unerwünschte Nebenwirkungen auf. Dies führte dazu, daß man trotz erwiesener Wirksamkeit von diesen Substanzen nach und nach abgekommen ist. Im Gegensatz dazu sind Hypersensibilitätsphänomene selten bei der Verabreichung von Serrapeptasen, die gleichzeitig proteolytisch und stark antibradykinin wirken. Sie verflüssigen so schleimige oder schleimig-eitrige Sekretionen.

Substanzen mit indirekter Wirkung

Substanzen dieser heterogenen Gruppe beeinflussen auf unterschiedliche Weise verschiedene Parameter, so z. B. die biochemische Zusammensetzung der Mucine, die Fähigkeit des schleimigen Sekrets zur Adhäsion, die Veränderungen der Sol-Fraktion und den vago-gastralen Reflex. Sie bewirken indirekt, durch Veränderungen der zellulären Aktivität, eine quantitative und qualitative Veränderung der Bronchialsekretion.
Bekanntester Vertreter ist das *Bromhexin*, das oral oder parenteral verabreicht wird. Es kann die Mucopolysaccharid-Säure-Fibrillen verdünnen oder fragmentieren. Dies geschieht hauptsächlich durch Veränderungen an den Lysosomen der schleimsezernierenden Zellen, die in der Folge Enzyme produzieren, die eine solche hydrolytische Depolymerisation durchführen können, oder durch Veränderung des Metabolismus der Carboanhydrasen zugunsten einer Zunahme der neutralen Mucine (Bruce und Kumar, 1968).
Im *Carboxymethylcystein* ist eine SH-Gruppe blockiert. Es kann damit nicht direkt auf die Sekretion einzuwirken. Plausibler erscheint ein indirekter Wirkungsmechanismus: Zelluläre Elemente könnten durch Sialyltransferasen und Hemmung der Neuraminidasen angeregt werden, ein besonders sialomucinreiches Sekret zu produzieren. Diese Hypothese muß noch weiter abgeklärt werden (Polu et al., 1978).
Dem Carboxymethylcystein ähnlich ist das *Letostein*, ein zyklisches Derivat des Cysteins, ebenfalls mit einer blockierten SH-Gruppe. Verschiedene Versuche erklärten, wie Letostein in die verschiedenen pathogenen Mechanismen eingreift, die in der Bronchialschleimhaut für die Sekretion verantwortlich sind. Letostein aktiviert das Enzym Sialyltransferase und bewirkt so mit Hilfe der schleimsezernierenden Zellen eine Zunahme der Synthese der Sialomucine (Meroni et al., 1983). Die Erhöhung des Verhältnisses Sialo/Fucomucine trägt dazu bei, die Viskosität der Gel-Phase der bronchialen Sekretion zu verringern (Luisetti et al., 1982). Die Zunahme an Sialomucin trägt weiterhin zu einer Hemmung der Aktivität von Entzündungsmediatoren wie den Kininen bei, die die Entzündung der Bronchialschleimhaut reduzieren (Gribino et al., 1983).
Auch das *2(alpha-thenoylthio)Propyonylglycanat* des Lysins wirkt signifikant

mukolytisch. Dieser Effekt entsteht durch die Stimulierung der Synthese von Sialomucin, welches wiederum auf Grund seiner hydrophilen Eigenschaften auf die Hydratation des Schleims einwirkt und so seine Elimination begünstigt.
Das *Telmestein* scheint außer der Depolymerisation der Mukoprotein-Bestandteile auch protektiv auf die Alveolen durch eine Hemmung der pulmonalen Elastasen zu wirken. Folglich ist es besonders indiziert bei der Behandlung von Formen der chronischen obstruktiven Bronchopneumopathie, auch bei emphysembedingten Komplikationen.
Iodhaltige anorganische Verbindungen werden zur Zeit kaum eingesetzt. Um einen signifikanten mukolytischen Effekt zu erzielen muß auf derart erhöhte Dosen zurückgegriffen werden, daß leicht die typischen Begleitphänomen dieser Verbindungen hervorgerufen werden. Sie potenzieren die normalerweise geringe Aktivität der Proteasen in den Zellen der Luftwege und bewirken so eine schnelle und effiziente Verflüssigung. Jedoch werden auch andere Wirkungsmechanismen der Iodverbindungen nicht ausgeschlossen, so eine direkte Wirkung auf die bronchialen Drüsen oder ihre durch vagale Reflexe vermittelte Stimulierung.
In organischen Iodverbindungen (*Iodpropylidenglycerin* und *Iodethylenglycerin* oder *Domiodol*) verhindert der an das Iod gebundene organische Anteil seine Freisetzung im Magen-Darm-Trakt und verlangsamt so seinen Metabolismus, was günstig auf die Dauer des therapeutischen Effekts wirkt. Gleichzeitig wird die Manifestation der charakteristischen Nebenwirkungen von Substanzen mit hoher Iodkonzentration vermieden. Diese Verbindungen wirken auf den Schleim sowohl über eine Hydratisierung, als auch über eine Verstärkung der Aktivität der Proteasen in den Zellen der Luftwege, weiterhin über eine Stimulation der brochialen Drüsen selbst. Die Wirkung organischer Iodverbindungen zeigt sich wesentlich deutlicher bei schleimig-eitrigen Sekretionen. Ihr schleimlösender Effekt scheint weiter zuzunehmen durch eine Erhöhung der ziliären Beweglichkeit, die einen schnelleren mukoziliären Transport zur Folge hat (Cantarelli et al., 1979).
Auch *Ambroxol* interveniert auf der Ebene der tubulo-acinösen Drüsen und stellt das quantitative Gleichgewicht zwischen serösem und mukösem Schleim wieder her. Es normalisiert die Viskosität des Schleims. Ein interessanter Aspekt von Ambroxol ist sein Einfluß auf die Synthese und die Sekretion des alveolären Surfactant. Es verringert die Adhäsivität des Schleims und begünstigt so die Ablösung der mukösen Beläge von den Wänden des Respirationstrakts.
Unter den Arzneimitteln, deren Wirkmechanismus verschiedenen Gruppen zugeordnet werden kann, scheint das *Guaifenesin* – ein Kondensationsprodukt von Glycerin mit Guajakol (2-Methoxyphenol) – das Verhältnis der einzelnen Komponenten des Schleims mit direkter Wirkung auf die submukösen Drüsen zu verändern und gleichzeitig eine Zunahme des Wassergehalts des Sekrets zu induzieren (Boyd et al., 1967).

Außer einer direkten Wirkung auf die Azini der Drüsen wird die Bronchialsekretion reflektorisch über den Vagus durch eine Reizung der Magenschleimhaut stimuliert. Rezeptoren im Magen senden bei Stimulation afferente Impulse durch die sensitiven vagalen Fasern zu den entsprechenden bulbären Nuclei. Von dort gelangen Impulse über sensito-motorische Reflexbögen und efferente vagale Fasern bis zu den Drüsen, die innerviert werden und Sekret produzieren. Kontrollierte klinische Studien haben gezeigt, daß die zunehmende Verflüssigung des Sekrets nach Verabreichung von Guaifenesin ableitbar ist aus der klinischen beobachteten erleichterten Schleimlösung, die zu einer Abnahme des Hustens und einer Verbesserung der thorakalen und funktionellen Leistung führt (Chodosh, 1973; Robinson et al., 1977).
Sobrerol ist ein wasserlösliches, synthetisches Terpenderivat, das in vivo verflüssigend auf die bronchialen Sekretionen wirkt. Man nimmt folgenden Wirkungsmechanismus an: Wasser wird indirekt – durch einen von Kallikrein und Kininen vermittelten Mechanismus – den Kapillaren entzogen. Der Wassereinstrom in das Sekret ist auch die Folge einer deutlichen zunehmenden Eliminierung von Chloridionen und einer gleichzeitig verminderten Aufnahme von Natriumionen in die Bronchialschleimhaut.
Das *Guacetisal*, ein synthetisches Molekül, wird im Intestinum absorbiert und in den Guajakolester der Salicylsäure umgewandelt, welcher wiederum von Esterasen der Leber in Guajakol und Salicylsäure gespalten wird.
Im Gegensatz dazu hat das *Eprazion* keine lytische Wirkung auf den bereits gefertigten Schleim und auf die Schleimproduktion der Drüsen. Es ist offenbar vielmehr in der Lage, die pathologische Transformation des Schleims zu verhindern, indem es durch einen kompetitiven Sättigungsmechanismus die Fixierung von Proteinen hemmt, die in der Folge einer Entzündung als Exsudat die Kapillaren des Gewebes verlassen.

Schlußfolgerungen

Bei Erkrankungen des Respirationstraktes ist das Problem der Infektion und des Bronchospasmus aufgegriffen und mit guten Resultaten gelöst, während man bei der Behandlung der Veränderungen der bronchialen Sekretion noch weit entfernt ist von einer eindeutigen, korrekten pharmakologischen Haltung.
Einige Autoren behaupten, daß trotz der aufgestellten Theorien und deren biochemischen, physiopathologischen und pharmakologischen Bestätigungen bis heute keine konkreten Beweise existieren, die eine reale Wirkung sekretolytischer Pharmaka belegen. Sie gehen vielmehr von einer überwiegend symptomatischen Therapie aus (Drigo et al., 1986).
Im Gegensatz dazu halten andere Autoren das Feld der sekretolytisch wirksa-

men Pharmaka für weit genug, daß Substanzen ohne vollständig bekannten Wirkmechanismus nicht empirisch eingesetzt werden müßten. Daher sollte der therapeutische Einsatz den Pharmaka vorbehalten bleiben, die sich, auf einer theoretischen Ebene anerkannt, trotz Schwierigkeiten und Unzulänglichkeiten in der Methodik, objektiv als wirksam erwiesen haben.
Heute kennen wir die Quellen der Sekretion, wir haben ein mäßiges Wissen über die Bindungen zwischen den einzelnen Komponenten und wir können die physiko-chemischen Eigenschaften des Schleims bei einzelnen Krankheiten und in ihren verschiedenen Entwicklungsstadien analysieren.
Obwohl zu diesem Thema eine Fülle von Forschungsarbeiten existieren, ist es noch immer schwierig, eine rationale pharmakologische Therapie zu etablieren, mit der die Struktur des Schleims zugunsten einer Abnahme des Sekrets oder seiner erleichterten Expektorabilität verändert werden kann. Dies liegt in erster Linie an der Komplexizität der chemischen Struktur des Sputums und an den unterschiedlichen Krankheitssituationen, die einen pathologischen Schleim hervorrufen.
So kann sich das Phänomen der Hypersekretion mit festem und viskösem Schleim oder mit flüssigem Schleim mit einer stark verminderten Viskosität darstellen. Daneben existieren pathologische Situationen, bei denen wenig Sekret vorliegt, das aber fest an den Bronchialwänden haftet.
Jegliche Veränderung der bronchialen Sekretion führt natürlich zu einem Schaden der ziliären Aktivität, so daß bei Überwiegen oder Mangel an Sol-Phase die Zilien sich nicht effizient bewegen können. Dasselbe gilt für die Gel-Phase, vor allem bezüglich einer Zunahme seiner Visko-Elastizität.
Im allgemeinen ist das einzige Problem, das es zu lösen gilt, die drastische Reduktion der Sekretion, wenn diese im Übermaß vorhanden ist, oder aber – bei trockenem oder Reizhusten – eine Zunahme der Sekretion zu provozieren.
Dies mag für Krankheiten mit geringer Bedeutung annehmbar sein, jedoch kann das Problem nicht oberflächlich behandelt werden, wenn es sich um chronische Erkrankungen mit ernster Beeinträchtigung der respiratorischen Funktion handelt. In diesen Fällen wäre vor der Auswahl des geeigneten Medikaments eine einleitende Untersuchung der Bronchialsekretion angezeigt.
Die biochemisch-rheologischen Untersuchungen der Sekretion ist jedoch keine übliche Praxis, außerdem gibt es keine den Bronchialschleim bildende Substanz, deren Anwesenheit oder Konzentrationsänderung als sicherer Marker zur Definition einer Krankheit oder eines eindeutigen Entwicklungsstadiums der Krankheit selbst herangezogen werden könnte. Deshalb beruht die Auswahl des sekretolytischen Pharmakons in der Mehrzahl der Fälle auf der individuellen Erfahrung. Diese Erfahrung erstreckt sich auch auf seine korrekte Anwendung bezüglich Dosis und Applikationsform.
Therapeutisch anders angegangen werden akute Infektionen des Respirationstraktes, die sich klinisch äußern in einem oberen respiratorischen Syndrom

(common cold) mit Schnupfen, Pharyngitis und Laryngitis und in einem mittleren respiratorischen Syndrom mit Tracheitis und Tracheobronchitis. Sie stellen die «gewöhnlichsten» Krankheiten des Menschen dar. Ätiologisch gesehen werden diese Formen im wesentlichen von Viren ausgelöst. Oft begünstigt ein oberes respiratorisches Syndrom dieser Art, wenn es nicht angemessen und im richtigen Augenblick behandelt wird, pulmonale bakterielle Infektionen.
Bei diesen respiratorischen Syndromen liegen fast immer eine Vielzahl an Symptomen vor, zum Teil zu Lasten des Rhinopharynx und des Larynx, zum Teil zu Lasten des Tracheobronchialsystems. Es werden Mukositiden der oberen Luftwege beobachtet, die außerdem verbunden sind mit Kopfschmerzen oder Myalgien, mit Rachenschmerzen, mit Dysphonie und vor allem mit Reizhusten, teilweise in Anfällen auftretend, wenig produktiv, mit mehr oder wenig reichlicher nasaler und pharyngealer Sekretion, die entweder flüssig oder dickflüssig-mukös oder viskos ist.
Die Stauung des Schleims in den Luftwegen ist ein vorübergehendes Ereignis. Nach Erholung der Schleimhaut ist es komplett reversibel.

Literatur

Boyd E. M., Sheppard E. P., Boyd, C. E.: The pharmacological basis of the expectorant action of glyceryl guaiacolate. Applied Therapeutics, 9:55, 1967.

Bruce R. A., Kumar V.: The effect of a vasicine on bronchial mucus. Br.Clin.Pract., 22:289, 1968.

Cantarelli G., Carissimi M., Gentili P., Ravenna F.: Preparazione e studio farmaco-tossicologico di un nuovo iododerivato ad attività mucolitica. Il Farmaco, XXXIV, 9, 393, 1979.

Chodosh S.: Objective sputum changes associated with glyceryl guaiacolate in chronic bronchial diseases. Bull.Physiopath.Resp., 9:452, 1973.

Dirgo R., Zamperlin A., Rampazzo F., Gava R., Casiglia E.: I farmaci mucolitici espettoranti nella broncopneumopatia cronica ostruttiva: criteri di valutazione ed indirizzi per un corretto impiego. Le Basi razionali della terapia, vol XVI, n.3, 1986.

Girbino G., Bagnato G. F., Giacobbe G.: La letosteina nella broncopathia cronica. Archivio Monaldi 38:167, 1983.

Havez R., Degand P., Roussel P., Randoux A.: Mode d› action biochimique des derives de la cysteine sur le mucus bronchique. Poumon et Coeur, 26:81, 1970.

Luisetti M., Abbà L., Colombo M. L., Pozzi E.: Studio mucoreografico e clinico sulla proprietà mucolitica della letosteina. Med. Torac., 4:344, 1982.

Meroni P., Palmieri G., De Bartolo G., Barcellini W., Albrici A., Froldi M.: la letosteina nelle broncopneumopatie ostruttive croniche. Clin.Ter., 105:109, 1983.

Morandini G. C., Finiguerra M., Cucco S., Moro G.: Le secrezioni bronchiali. Relazione al 1° Congresso Nazionale di Broncopneumologia Pediatrica. Roma, 11–13 marzo 1982. In Broncopneumologia Pediatrica, Ed. Verducci, Roma, 1982, pag. 77.

Polu J. M., Puchelle E., Sadoul P.: Les fluidifiants bronchiques: conceptions actuelles. Nouv. Press. Med. 7, 557, 1978.

Robinson R., Cummings W., Deffenbaugh E. R.: Effectiveness of guaifensesin as an expectorant: a cooperative double-blind study. Cur.Ther.Res. 22, 284–296, 1977.

K. Brune
I. Tegeder

Antipyretische Analgetika bei viralen Atemwegs- erkrankungen (Common Cold)

Einleitung

Passagere Atemwegserkrankungen können durch eine Vielzahl von Viren ausgelöst werden. Sie beeinflussen das Allgemeinbefinden und die Arbeitsfähigkeit für etwa 1 Woche und stellen einen Hauptgrund für temporäres Fernbleiben vom Arbeitsplatz dar. Eine sichere Prophylaxe dieser Erkrankungen ist weder durch sogenannte Immunstimulanzien noch durch Impfungen möglich. Eine Verminderung der Beschwerden kann durch topische und systemische Therapie erreicht werden. Systemisch angewendete antiypretische Analgetika gehören zu den am häufigsten zur symptomatischen Besserung von passageren Atemwegserkrankungen verwendeten Arzneistoffen. Es handelt sich im wesentlichen um die drei Prototypen der antipyretischen Analgetika:

- die *n*icht *s*teroidalen *A*nti*r*heumatika (NSAR): Salicylate, insbesondere Acetylsalicylsäure, neuerdings wird auch Ibuprofen zur symptomatischen Therapie eingesetzt.
- Anilinderivate, insbesondere Paracetamol
- Pyrazolderivate, insbesondere Phenazon und Propyphenazon.

Auf der Basis der Pathophysiologie der passageren Atemwegserkrankungen soll die Sinnhaftigkeit der Verwendung dieser Gruppe (antipyretische Analgetika) diskutiert werden.

Pathophysiologische und anatomische Gegebenheiten

Die Atemwege dienen dazu, die Versorgung des Organismus mit Sauerstoff und die Entsorgung des CO_2 zu garantieren. Dazu ist eine große Alveolenfläche (> 100 m^2) über den Tracheobronchial-Rachen-Nasen-Raum mit der Umgebungsluft verbunden. Akute Atemwegserkrankungen spielen sich insbesondere an den oberen Luftwegen, weniger an den Alveolen ab. Kommt es zur Entzündung auch der Alveolen, liegt eine Lungenentzündung vor (Richardson and Phipps, 1978). Durch die anatomischen Gegebenheiten werden partikuläre Bestandteile der Luft, wie Staubpartikel, Hefen und Bakterien spätestens im Bronchialbaum

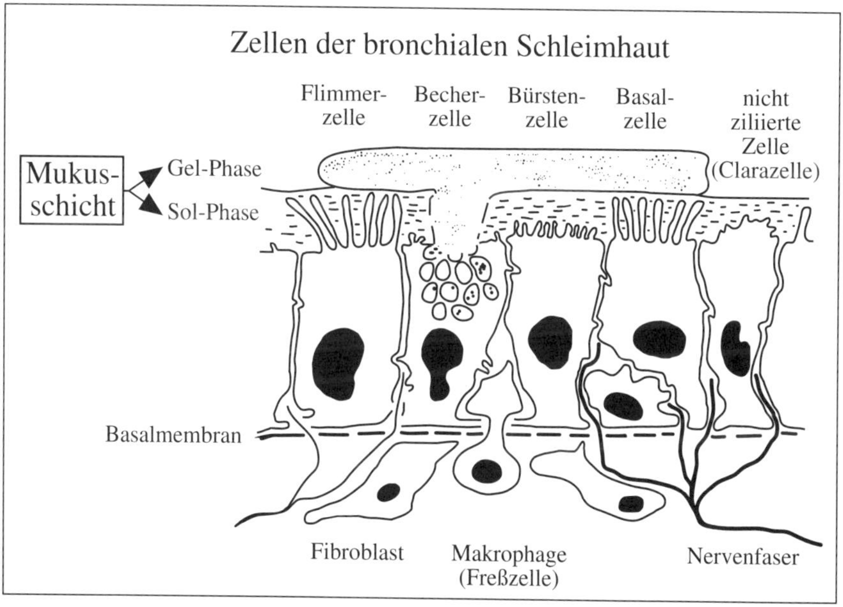

Abbildung 1: Normaler Aufbau der Bronchialschleimhaut. Auf der Basalmembran wächst ein zweireihiges, meist zylindrisches Epithel, dessen Zellen für die Produktion des Bronchialschleims (Gelphase und Solphase) und für den Transport des Schleims zum Mund- und Rachenraum durch rhythmisches Schlagen der Zilien der Flimmerzellen verantwortlich sind. Unter der Basalmembran verzweigen sich Nervenzellen. Ihre Endigungen liegen zwischen den Mukosazellen. Fibroblasten sind für die Aufrechterhaltung der Bindegewebsstruktur verantwortlich. Freßzellen (Makrophagen, Granulozyten) durchwandern die Basalmembran, um nicht abtransportierbare Partikel zu phagozytieren und zu eliminieren.

abgefangen. Man geht davon aus, daß auch beim Einatmen sauberer Luft pro Atemzug etwa eine Milliarde Partikel von den Zellen der oberen Luftwege abgefangen und im Normalfall entsorgt werden. Da sie schwerer sind als die Atemluft, treffen sie bei Richtungsänderungen des Luftstroms, d.h. bei jeder Verzweigung des Bronchialbaumes, auf die Bronchialschleimhaut auf und werden in ihrem Schleim gefangen. Um dieser Funktion zu entsprechen, zeigt der Nasen-Rachen-Tracheal-Bronchialbaum einen typischen Aufbau. Strukturelle passagere Schäden führen zu den bekannten Symptomen der passageren Erkältungskrankheit.

Grundsätzlich weist die Schleimhaut der oberen Luftwege die gleichen Zelltypen auf. Allerdings sind sie in unterschiedlicher relativer Dichte vorhanden. Wie Abb. 1 zeigt, besteht die Schleimhaut aus einem zweireihigen Epithel. Über flachen Basalzellen baut sich ein Zylinder-Epithel mit Flimmerzellen und Becherzellen, durchsetzt mit keulenförmigen Clarazellen und Bürstenzellen, auf. Die Dichte der Becherzellen schwankt, wie auch die der Basalzellen. Schleimdrüsen (nicht dargestellt) entleeren sich zusätzlich in den Bronchialbaum. Zwischen diesen Zellen findet man aus dem Blut eingewanderte Freßzellen (polymorphkernige Leukozyten und Makrophagen). Die Funktion der Schleimhaut ergibt sich aus den speziellen Fähigkeiten der genannten Zellen. Bei den Basalzellen handelt es sich um Vorläufer der anderen ortsständigen Zellen. Die Freßzellen phagozytieren anderweitig nicht eliminierbares Material und eliminieren es entweder durch interne Verdauung oder durch Abtransport in die Lymphbahnen. Becherzellen produzieren einen Schleim, der als Gelphase einer weniger viskösen Solphase aufliegt (Iravani and Melville, 1981). (Die Gelphase entsteht unter dem Einfluß des CO_2's der Atemluft.) Die Flimmerzellen bewegen durch rhythmisches und koordiniertes Schlagen diese Gelphase oralwärts und führen dadurch zur Ausscheidung aller in der Gelphase gefangenen Partikel (Luchtel, 1978) (ca. 50 ml Schleim/Tag werden beim Gesunden entweder verschluckt oder abgehustet).

Bei einer akuten viralen Atemwegserkrankung kommt es:

1. zu einer Epithelschädigung durch die virale Infektion die zu einer Entzündungsreaktion in der Schleimhaut mit Akkumulation von Phagozyten führt. Die entzündliche Reaktion bedingt eine Störung des Gel-/Solverhältnisses und eine Schwellung der Schleimhäute sowie eine Reizung der in die Schleimhaut eingelagerten Nervenendigungen.
2. zur Störung zwischen Gel- und Solphase durch eine qualitativ und quantitativ veränderte Schleimproduktion und Transsudation von Gewebeflüssigkeit.
3. aufgrund der vermehrten Schleimproduktion zu den bekannten Symptomen des Schnupfens und des produktiven Hustens. Die Schleimhautschwellung bedingt Atembeschwerden.
4. Die Reizung der in der Schleimhaut eingelagerten Nervenendigungen löst

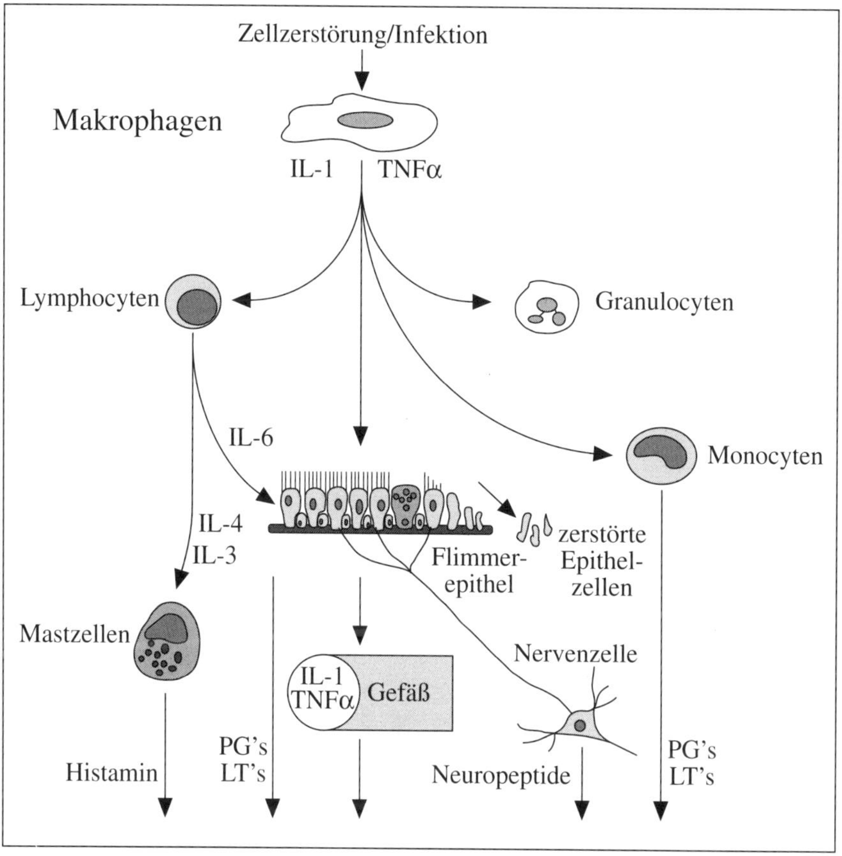

lokal → Entzündung: Blutfluß ↑, Gefäßneubildung, Schleimproduktion gesteigert, Reizhusten
systemisch → Fieber, Müdigkeit

Abbildung 2: Stark vereinfachte Darstellung der Prozesse in der Bronchialschleimhaut bei einer viralen Infektion. Die Infektion von epithelialen Zellen führt zur Zellzerstörung. Die Zellzerstörung zieht Freßzellen an (Makrophagen, Granulozyten). Makrophagen und Granulozyten sezernieren Zytokine, die lokal die Produktion von Eikosanoiden, Bradykinin, Histamin und Neuropeptiden anregen und damit eine lokale Entzündung auslösen. Die Cytokine, insbesondere IL1 und TNF führen zur Einwanderung von Lymphozyten, die z. B. als sogenannte cytotoxische T-Zellen infizierte Epithelzellen zerstören und damit den Entzündungsprozeß verstärken. Unter dem Einfluß später Zytokine wie TGF kommt es zur Heilung. Lokal und systemisch freigesetztes Interleukin 1 und TNF führen zu Allgemeinsymptomen wie Fieber, Abgeschlagenheit, Müdigkeit u. a. durch Prostaglandinfreisetzung im Hypothalamus.

den Nies- und Hustenreflex, aber auch Schmerzen im gesamten Bronchialbaum aus. Zusätzlich erfolgt eine Verstärkung der Entzündung durch Freisetzung von Neuropeptiden (Barnes and Chung, 1987).

5. durch vermehrte Phagozytose von abgestorbenen Schleimhautzellen zur Produktion sogenannter Zytokine, wie Interleukin 1, TNFα etc. Sie führen zu einer lokalen Entzündung der Schleimhaut mit Zelleinwanderung, Zellzerstörung und Viruselimination. Zusätzlich kommt es zu Allgemeinsymptomen, wie Fieber, Abgeschlagenheit, Müdigkeit etc. (Dinarello, 1988) (Abb. 2).

Die unter 4. und 5. genannten pathogenetischen Mechanismen können durch die antipyretischen Analgetika symptomatisch positiv beeinflußt werden.

Wirkungsweise der antipyretischen Analgetika bei Erkältungskrankheiten

Virale Infektionen der oberen Luftwege führen zu einer exsudativen (schleimproduzierenden) Entzündung der Atemwege. Einwandernde Freßzellen und Lymphozyten zerstören und phagozytieren von Viren befallene Schleimhautzellen und werden dabei zur Freisetzung von Zytokinen (Abb. 2) stimuliert (IL1, TNFα etc.), die einerseits die lokale Entzündung fördern (durch Freisetzung von Histamin, Bradykinin, lysosomalen Enzymen), andererseits auf dem Blutwege zu Allgemeinsymptomen wie Fieber, Abgeschlagenheit und Müdigkeit führen. Schließlich werden die feinen Nervenendigungen unter der Schleimhaut indirekt und direkt durch die freigesetzten Mediatoren stimuliert. Sie melden über eine erhöhte Depolarisationsrate die Veränderungen in der Schleimhaut über den Nervus vagus und das sympathische Nervensystem an das Zentralnervensystem. Nicht nur im entzündlich veränderten Schleimhautgewebe werden dabei Prostaglandine freigesetzt, sondern auch in mindestens zwei zusätzlichen Strukturen des Zentralnervensystems, nämlich im Bereich der vagalen sensorischen Kerne im Stammhirn und im Hypothalamus. Hier befinden sich besonders für Zytokine empfindliche Strukturen. Sie werden von IL1 aktiviert und setzen Prostaglandine frei (Dinarello, 1988). Diese Prostaglandine führen zur Entstehung von Fieber, aber auch zum Symptom Müdigkeit und Abgeschlagenheit. Ob die Prostaglandine im Bereich der vagalen Kerne von großer Bedeutung für die Wahrnehmung der Schleimhautentzündung sind, ist unklar. Grundsätzlich besteht so die Möglichkeit, daß antipyretische Analgetika auf zwei Ebenen symptomreduzierend wirken:

1. Hohe Dosen, vor allen Dingen der sauren (Tabelle 1) antipyretischen Analgetika, wie Acetylsalicylsäure und Ibuprofen, können die Prostaglandinsyn-

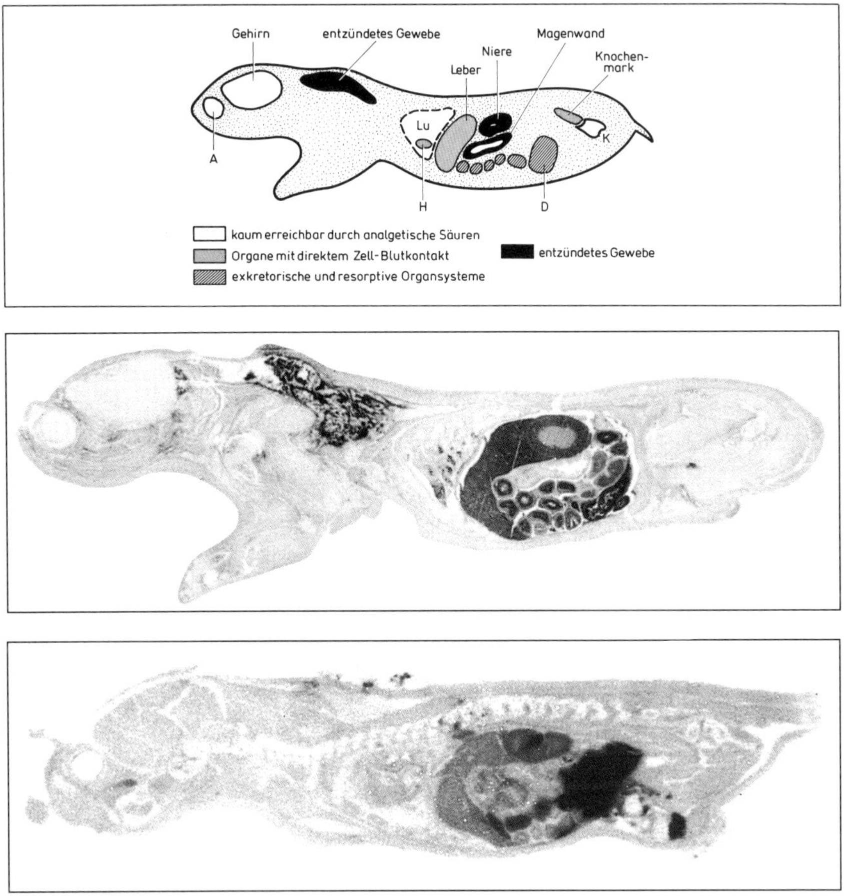

Abbildung 3: Autoradiographien von mit ^{3}H-markiertem Phenylbutazon und Phenazon behandelten Ratten. Bei den Ratten wurde eine entzündete Stelle im Nacken mit dem sauren Phenylbutazon (Mitte) beziehungsweise mit dem schwach basischen Phenazon (unten) behandelt. Die Schwärzung in den Längsschnitt-Radiographien der Tiere verrät, wo sich die Pharmaka anreichern. Besonders hohe Konzentrationen von Phenylbutazon (mittleres Bild) finden sich im entzündeten Gewebe selbst, den Nieren, in der Leber, im Blut, im Knochenmark, in der Magenwand (nicht aber im Magenlumen) und im Darmlumen (nicht aber in der Darmwand). Phenazon dagegen verteilt sich weitgehend homogen im Organismus (unteres Bild) und erreicht auch das ZNS. Gewisse Anreicherungen finden sich lediglich im Nierenbecken, in der Blase und im unteren Darmabschnitt (Metaboliten). Die unterschiedliche Verteilung im Organismus erklärt, warum neutrale und basische Analgetika im Gegensatz zu NSA mit Säurecharakter nur analgetisch und antipyretisch, nicht aber antiphlogistisch sowie gastro- und nephrotoxisch wirken (2).

these im entzündeten Schleimhautgewebe reduzieren. Es kommt dadurch zu einer verminderten Erregbarkeit der lokalen Nervenendigungen, einer verminderten Durchblutung und Schwellung. Dieser Effekt kann auftreten, er ist aber bei den üblichen relativ niedrigen Dosen von Acetylsalicylsäure und Ibuprofen nicht sicher zu erwarten. Paracetamol und Propyphenazon (Phenazon) sind keine Säuren, sie reichern sich nicht im peripheren entzündeten Gewebe an (vgl. Abb. 3), und sie sind in den verabreichten Dosen sicher nicht in der Lage, die Prostaglandinsynthese in der entzündeten Schleimhaut zu reduzieren, wohl aber im ZNS. Ihr Effekt muß also überwiegend zentraler Natur sein (Brune, 1994).

2. Im Gegensatz zu den sauren antiphlogistischen Analgetika dringen Paracetamol, Phenazon und Propyphenazon sehr gut ins Zentralnervensystem ein. Die sogenannte Blutliquorschranke stellt für die wenig an Eiweiß gebundenen, wenig polaren Substanzen keine ernsthafte Barriere dar (Abb. 3). Obwohl diese Pharmaka sehr schwache Hemmer der Prostaglandinsynthese sind, sind sie in der Lage, die im Zusammenhang mit Schmerz und Entzündung im Zentralnervensystem gebildeten Prostaglandine zu vermindern. Es läßt sich vermuten, daß dadurch Symptome wie Fieber, Abgeschlagenheit und Müdigkeit reduziert werden. Auch die sauren antiphlogistischen Analgetika wie Acetylsalicylsäure und Ibuprofen haben, wie ihre antipyretische Wirkung zeigt, Effekte im ZNS. Aus Acetylsalicylsäure wird zwar bereits im Blut Salicylsäure, die auch ein sehr schwacher Hemmer der Prostaglandinsynthese ist, aber recht gut ins Zentralnervensystem eindringen kann. Ibuprofen bleibt von den genannten antipyretischen Analgetika der potenteste Hemmer der Prostaglandinsynthese. Man kann vermuten, daß selbst geringe Konzentrationen von Ibuprofen im Zentralnervensystem zu einer Reduktion der Prostaglandinsynthese und damit zu analgetischen und antipyretischen Effekten führen. Alle diese Pharmaka sind also in der Lage, durch eine Reduktion der Prostaglandinsynthese im Zentralnervensystem die Wirkungen der fieberinduzierenden Zytokine zu reduzieren und damit das Wohlbefinden der Patienten zu verbessern (Shimada et al., 1994).

Pharmakokinetische Eigenschaften

Bei der Bekämpfung von Allgemeinsymptomen passagerer Atemwegserkrankungen legt der Patient Wert auf einen schnellen Wirkungseintritt und eine genügend lange Wirkungsdauer. Die Geschwindigkeit des Wirkungseintritts ist nicht nur durch Substanzeigenschaften und die Anatomie unseres Magen-Darm-Traktes bedingt (bei peroraler Zufuhr), sondern auch von der galenischen Formulierung des Arzneistoffes (Menzel et al., 1993).

Generell läßt sich feststellen, daß antipyretische Analgetika als Reinsubstanzen, aber auch in Kombinationen für den Symptomenkomplex: «Fieber, Müdigkeit, Abgeschlagenheit, entzündliche Reaktionen der Atemwege» in flüssiger und fester galenischer Formulierung zur peroralen Applikation angeboten werden. Flüssige Formen (Tropfen, Sirup, Brausen, sogenannte Heißgetränke etc.) führen zu einer schnelleren Absorption als feste Zubereitungen (Tabletten, Dragees, Kapseln etc.). Die in Tabelle 1 angegebenen pharmakokinetischen Parameter (T-max) stellen naturgemäß Mittelwerte nicht nur aus größeren Probandenpopulationen dar, sondern differenzieren die einzelnen galenischen Formen nicht speziell. Es sei daher angemerkt, daß Acetylsalicylsäure, Ibuprofen, Phenazonderivate und Paracetamol in flüssiger Form auf nüchternen Magen eingenommen, Spitzenkonzentrationen bereits nach ca. 20 bis 40 Minuten erreichen. Bei der Einnahme fester Arzneiformen, werden ähnliche Spitzenkonzentrationen (natürlich bei gleicher Dosis) nach 40 bis 80 Minuten erzielt. In den für die genannten Indikationen empfohlenen Dosierungen verlassen alle Wirkstoffe

Tabelle 1: Pharmakokinetische Parameter von antipyretischen Analgetika

	Zeit bis zur höchsten Pharmakokonzentration t_{max} (h)	Bioverfügbarkeit %	Eliminationshalbwertszeit $t_{1/2}$ (h)	Verlängerung bei Patienten mit
Säuren mit antiphlogistischer Wirkung				
Salicylate				
Acetylsalicylsäure	0.5–1.5[c]	–30 (100[b])	0.2 (2–30[b,d])	Nierenschäden[b]
Salicylsäure	0.5–1.5	–100	2–30[d]	Nierenschäden
Propionsäuren				
Ibuprofen	1–4[c]	–100	1–3	–
Substanzen ohne antiphlogistische Wirkung				
Anilinderivate				
Paracetamol	1–2	80–100	2–4	Leberschäden[b]
Phenazonderivate				
Metamizol	0.5–1.5[c]	80–100[b]	2–4[b]	Leberschäden[b]
Phenazon	0.5–1.5	~100[d]	5–25	Leberschäden
Propyphenazon	0.5–1.5	~100[d]	2–3	?[a]

[a] exakte Daten fehlen
[b] für den aktiven Metaboliten
[c] abhängig von der galenischen Form
[d] dosisabhängig
[e] ohne klinische Bedeutung

(mit Ausnahme von Phenazon) den menschlichen Organismus mit einer Halbwertzeit von 2 bis 6 Stunden. Diese Eliminationsrate erscheint für die angestrebte Indikation angemessen. Sie erlaubt eine zweite Dosisgabe nach etwa zwei bis vier Halbwertszeiten, d.h. 4 bis 12 Stunden (Tabelle 1). Es sollte aber bedacht werden, daß bei zu hoher Dosierung (z.B. $>$ 1,0 g Acetylsalicylsäure als Einzeldosis) nicht mehr mit einer kalkulierbaren kurzen Halbwertszeit zu rechnen ist, sondern daß der Hauptmetabolit der Acetylsalicylsäure, nämlich die Salicylsäure, die ja auch wesentlicher Träger der analgetischen Wirkung ist, nur noch sehr langsam mit einer konstanten Eliminationsgeschwindigkeit eliminiert wird. Die Gabe von mehr als 3 g Acetylsalizylsäure täglich (beim Erwachsenen) kann also zur Kumulation der Salizylsäure und damit zu vermehrten, unerwünschten Arzneimittelwirkungen führen. Wegen seiner sehr variablen Eliminationshalbwertszeit kann Phenazon bei langfristiger Anwirkung relativ hoher Dosen ebenfalls kumulieren (Brune and McCormack, 1994). Diese Probleme bestehen bei Paracetamol und Ibuprofen nicht, insbesondere da diese Substanzen auch bei eingeschränkter Nieren- und Leberfunktion nicht wesentlich langsamer eliminiert werden als beim Gesunden (Tabelle 1).

Unerwünschte Arzneimittelwirkungen (Nebenwirkungen)

Arzneistoffe, die bei trivialen passageren, d.h. von selbst ausheilenden Erkrankungen zur Verbesserung der Befindlichkeit gegeben werden, sollten prinzipiell fast frei von unerwünschten Arzneimittelwirkungen sein. Die hier angeführten weltweit für diese Indikation verwendeten Substanzen erfüllen diese Anforderungen nicht oder zumindest nicht perfekt (Tabelle 2). Bekannt ist, daß Acetylsalicylsäure auch in den üblichen niedrigen Dosierungen zu einer deutlichen Einschränkung der Blutgerinnungsfähigkeit über Tage führt. Das Auftreten von Blutungen bei vorbestehenden Ulcerationen der Haut oder der Schleimhäute, insbesondere des Magen-Darm-Trakts, ist daher auch in dieser Dosierung möglich. Darüber hinaus steht Acetylsalicylsäure im begründeten Verdacht, bei Kindern vor der Pubertät im Zusammenhang mit Virusinfektionen (Influenza, Masern, Windpocken) u.U. letal verlaufende Schäden im Magen-Darm-Trakt, der Leber und im Zentralnervensystem auszulösen (Reye-Syndrom). Bei Überdosierung von Acetylsalicylsäure kommt es zum bekannten Syndrom des «Salicylismus» (Ohrensausen, Tinnitus, Azidose, Alkalose, Koma). Beim Kind können auch akute Leberschäden auftreten. Ibuprofen ist bis auf die bei allen Pharmaka gelegentlich beobachtbaren allergischen Reaktionen weitgehend frei von akuter Toxizität (auch bei Risikogruppen). Paracetamol wird im allgemei-

nen gut vertragen, bei Überdosierungen kommt es zu irreversiblen Leberschäden. Der chronische Konsum von Paracetamol, insbesondere zusammen mit anderen Analgetika und Coffein (Mischanalgetika, s.u.) kann zu Analgetikamißbrauch und zur sogenannten Analgetikanephropathie führen. Darüber hinaus ist für Paracetamol bei chronischer Anwendung die Rolle als Cofaktor bei der Entstehung von Karzinomen der Harnwege nicht ausgeschlossen. Phenazon und Propyphenazon sollen relativ häufig allergische und pseudoallergische Reaktionen auslösen; eine kausale Rolle von Phenazon und Propyphenazon beim Auftreten der sehr seltenen arzneimittelinduzierten Agranulozytose ist nicht ausgeschlossen (Brune and McCormack, 1994).
Zusammenfassend läßt sich feststellen, daß beim sonst Gesunden und bei passagerem Gebrauch der genannten antipyretischen Wirkstoffe unerwünschte Arzneimittelwirkungen seltener sind als Schäden im Straßenverkehr, die wir als Risiko täglich auf uns nehmen. Alle Formen von Mißbrauch (Langzeiteinnahme, Überdosierung, Anwendung in Risikogruppen) sind gefährlich und sollten aus-

Tabelle 2: Besondere substanztypische «Nebenwirkungen» von antipyretischen Analgetika

	häufig(1–10%)	selten (1 %> < 1 %ooooo)	Einzelfälle
Säuren mit antiphlogistischer Wirkung			
Salizylate			
Acetylsalicylsäure	Mikroblut. Magen	(pseudo)allergische Reaktionen, Magenblutungen, Duodenalblutungen	Reye Syndrom Schock
Salicylsäure	∅	(pseudo)allergische Reaktionen	Schock(?)
Propionsäuren			
Ibuprofen	∅	Darmblutungen (?), allergische Reaktionen	Schock
Substanzen ohne antiphlogistische Wirkung			
Anilinderivate			
Paracetamol	∅	(pseudo)allergische Reaktionen	Leberschäden (Harnwegstumoren)
Phenazonderivate			
Metamizol	∅	allergische Reaktionen	Agranulozytose
Phenazon	∅	(pseudo)allergische Reaktionen	Agranulozytose?
Propyphenazon	∅	allergische Reaktionen	Agranulolzytose?

geschlossen werden. Die Risiken aller 4 Wirkstoffgruppen sind in Tabelle 2 zusammengefaßt.

Mischanalgetika

Die traditionelle deutsche Medizin verwendet die genannten Wirkstoffe in einer Unzahl von Kombinationen, die z.T. mehrere der antipyretischen Analgetika miteinander kombinieren, darüber hinaus aber auch noch Zusätze von Coffein, Antihistaminika sowie Vitaminen, Spurenelementen, Pflanzenextrakten etc. beinhalten. Aus pharmakologischer Sicht sind diese Kombinationen «sinnlos». Eine überlegene Wirksamkeit ist in keinem Fall belegt. Es liegt auf der Hand, daß eine Vermehrung der Inhaltsstoffe zumindest zu einer erhöhten Inzidenz von Arzneimittelallergien (und Pseudoallergien) führen muß. Auch die oft behauptete Risikominderung durch Risikostreuung wurde nie bewiesen. So mindert die Zugabe von Paracetamol das Blutungsrisiko von Acetylsalicylsäure nicht. Auch die Lebertoxizität von Paracetamol wird beim Menschen durch Acetylsalicylsäure nicht vermindert. Die behauptete Beschleunigung der Absorption von Paracetamol durch die Beifügung von Coffein ist kein gutes Argument. Besser wäre es, Paracetamol in einer geeigneteren galenischen Form anzubieten. Dieses gilt besonders deshalb, weil zahlreiche Untersuchungen belegen, daß Abusus fast ausschließlich mit coffeinhaltigen Mischanalgetika betrieben wird (vgl. z.B. Diener et al., 1988). Allerdings erscheint es angemessen, zwei Arzneistoffe mit unterschiedlichem Wirkmechanismus in adäquater Dosierung zu kombinieren, um die unterschiedlichen Symptome die bei der Erkältung auftreten können, zu behandeln, vorausgesetzt, daß die beanspruchte breite Wirkung durch klinische Erfahrung belegt ist.

Schlußbemerkung

Die Verwendung von antipyretischen Analgetika in adäquater galenischer Formulierung und niedriger Dosierung bei passageren Atemwegserkrankungen des im übrigen gesunden Patienten erscheint sinnvoll und rational begründbar. Alle Formen von Überdosierung und Mißbrauch sind abzulehnen, und auch manche Arzneimittelgemische zeigen keinen therapeutischen Vorteil, sind aber mit dem Risiko erhöhter Inzidenz unerwünschter Arzneimittelwirkungen und der Begünstigung von Mißbrauch mit Folgeerkrankungen, wie Analgetikanephropathien, behaftet.

Literatur

Barnes PJ and Fan Chung K.: Closely Mimics Pathology of Asthma, TIPS 8, 285–287 (1987).

Brune K. and McCormack K.: The Over-the-Counter Use of Nonsteroidal Anti-Inflammatory Drugs and Other Antipyretic Analgesics, pp. 97–126 in: Nonsteroidal Anti-Inflammatory Drugs, Mechanisms and Clinical Use, Second Edition, Lewis, A.J., Furst, D.E. (Eds.) Marcel Dekker New York (1994).

Brune K.: Spinal Cord Effects of Antipyretic Analgesics, Drugs 47 (Suppl.5) 21–27 (1994).

Diener HC, Bühler KU, Dichgans J, Geiselhart S, Gerber D, Scholz E: Analgetikainduzierter Dauerkopfschmerz, Arzneimitteltherapie 6, 156–163 (1988).

Dinarello CA, Cannon JG, Wolff SM: New Concepts on the Pathogenesis of Fever, Rev. Infect. Dis., 10 (1), 168–189 (1988)

Iravani J, Melville GN: Mucociliary Function in the Respiratory Tract is Influenced by Physicochemical Factors, pp. 477–500 in: Respiratory Pharmacology, Ed. Widdicombe JG Pergamon Press, Oxford (1981).

Luchtel DL: The Mucous Layer of the Trachea and Major Bronchii in the Rat, Scanning Electron Microscopy 11, 1089–1095 (1978).

Menzel S, Geisslinger G, Brune K: Frei verkäufliche Analgetika im Vergleich, Deutsche Apotheker Zeitung 133, 17–20 (1993).

Richardson PS, Phipps RJ: The Anatomy, Physiology, Pharmacology and Pathology of the Tracheobronchial Mucus Secretion and the Use of Expectorant Drugs in Human Disease, Pharmac. Ther. B 3, 441–479 (1978).

Shimada SG, Otterness IG, Stitt JT: A Study of the Mechanism of Action of the Mild Analgesic Dipyrone, Agents Actions 41, 188–192 (1994).

W. Stille

Antibiotika bei der Erkältungskrankheit

Als Erkältungskrankheiten werden weitgehend harmlose akute Infektionen des Respirationstraktes bezeichnet. Ihre Haupterreger sind eine Vielzahl unterschiedlicher Viren – Kälteexposition dagegen ist kein pathogenetischer Faktor für Erkältungen. Typische Symptome eines Virusinfekts lassen sich durch Zufuhr von Interferon erzeugen; es gibt gute Hinweise für das Konzept, daß wesentliche Symptome eines «grippalen Infekts» durch Interferon-Freisetzung bedingt sind. Virusinfektionen aller Art lassen sich generell nicht durch herkömmliche Antibiotika beeinflussen.
Antibiotika haben dennoch eine wichtige Stellung in der Behandlung akuter Infektionen des Respirationstrakts. Praktische Ärzte verordnen häufig und mit guten Begründungen Antibiotika an Patienten mit akuten Infektionen des Respirationstrakts. Hierfür gibt es drei wichtige Argumente:

1. Eine Reihe von leicht verlaufenden bakteriellen Infektionen können das klinische Vollbild eines grippalen Infektes perfekt simulieren. Im einzelnen sind zu nennen:
Chlamydien-Infektionen: Hierbei spielen Infektionen durch Chlamydia pneumoniae offensichtlich die wichtigste Rolle. Ihre erhebliche Bedeutung wurde erst in den letzten Jahren erkannt. Pneumonien, chronische Verlaufsformen und vieldeutige Spätfolgen sind möglich. Die Entdeckung der Bedeutung von Chlamydia pneumoniae (früher Chlamydia TWAR) ist ein Grund dafür, in Zukunft wesentlich großzügiger Antibiotika auch bei leicht verlaufenden respiratorischen Infektionen einzusetzen. Auch Infektionen durch Chlamydia psittaci, den Erregern der Ornithose, sind keineswegs selten. Die Anamnese (z.B. Kauf eines Wellensittichs) kann wichtige Hinweise geben. Leichte Verlaufsformen einer Infektion mit Mycoplasma pneumoniae sind relativ häufig, werden aber nur selten diagnostiziert. Keuchhusten-Infektionen beim Erwachsenen präsentieren sich als chronischer therapieresistenter Husten mit glasigem Auswurf; auch ihre Häufigkeit wurde in der Vergangenheit offenbar unterschätzt. Legionella-Infektionen gehen meist mit einem grippalen Vorstadium einher. Seltenere, aber durchaus relevante Erkrankungen mit grippalem Verlaufsformen sind Q-Fieber, andere Rickettsiosen, Leptospirose, ggf. auch leichte Verlaufsformen eines Ty-

phus abdominalis. Grippal verlaufende bakterielle Infektionskrankheiten sprechen meist auf Tetracycline, Makrolide ggf. auch auf Fluochinolone, nicht aber auf Betalaktam-Antibiotika an.

2. Virusinfektionen führen häufig zu sekundären bakteriellen Infektionen des Respirationstrakts. Im Regelfall handelt es sich um eine Selektion von Pneumokokken bzw. Haemophilus influenzae, seltener werden auch Streptokokken, Staphylokokken, Branhamella, Moraxella, Meningokokken gefunden. Mit anderen Erregern ist nur bei Patienten mit schweren Grundkrankheiten zu rechnen. Die sekundäre Selektion bakterieller Erreger äußert sich im Regelfall als eitrige Bronchitis, ggf. liegt aber auch eine eitrige Rhinitis, eine Otitis oder Sinusitis vor. Es muß betont werden, daß eine eitrige Bronchitis das typische Vorstadium einer Pneumonie darstellen kann. Die meisten Pneumonien entstehen aus einer eitrigen Bronchitis.
Das primäre Therapieziel der Behandlung einer sekundären bakteriellen Bronchitis im Anschluß an einen Virusinfekt ist die Prophylaxe einer möglichen Pneumonie. Ein sekundäres Therapieziel ist die Abkürzung des Krankheitsbildes. Eine Bronchitis durch Selektion von Haemophilus influenzae im Anschluß an eine Virusinfektion ist bei Patienten ohne Grundkrankheit ein selbstheilender Prozeß, der mit einer ein- bis dreiwöchigen Heilungsphase verbunden ist. Eine Antibiotikatherapie eliminiert die Erreger binnen weniger Tage. Die zwei wesentlichen Ziele der Antibiotika-Behandlung sind somit die Verkürzung des Krankheitsbildes bzw. die Prophylaxe der Entwicklung einer Pneumonie.

3. Eine gesonderte Position haben Patienten mit schweren Grundkrankheiten; sie können durch Virusinfektionen des Respirationstraktes erheblich gefährdet sein. Dieses gilt insbesondere beim Auftreten einer Influenza Epidemie. Zu nennen sind insbesondere Patienten mit Leukämie, Organtransplantationen, schweren Lungenkrankheiten wie Mukoviszidose sowie Herzinsuffizienz. Eine großzügige präventive Antibiotika-Therapie ist auch bei Patienten mit hohem Alter, bei Patienten mit chronischer Bronchitis, mit Bronchiektasien bzw. schwerem Asthma bronchiale indiziert. Das primäre Therapieziel ist es, die hierbei häufig auftretenden sekundären bakteriellen Pneumonien zu verhindern. Es liegt also eine Antibiotika-Prophylaxe vor; die Therapiedauer kann daher kurz sein.

Überlegungen zu Indikationen einer Antibiotika-Therapie

Gegen die Einleitung einer Antibiotika-Therapie sprechen das Vorliegen einer wäßrigen Rhinitis, Halsschmerzen ohne Zeichen einer Tonsillitis, Heiserkeit und unproduktiver Husten, glasiges Sputum, beidseitige Konjunktivitis oder

Vorliegen von Diarrhoen. Eine Eosinophilie, eine Leukopenie, eine normale BSG und normales CRP sind Argumente gegen eine Antibiotika-Therapie.
Die Entscheidung *für* eine Antibiotika-Therapie erfordert eine genaue Anamnese: eine spezielle Exposition kann bei Ornithose, Q-Fieber, Leptospirose und Pertussis eruiert werden. Das Vorliegen eines ausgeprägten klinischen Vollbildes einer Influenza sowie die aktuelle epidemiologische Situation können zusätzliche Argumente für eine Antibiotika-Therapie darstellen. Wichtige klinische Symptome, die für eine Gabe von Antibiotika sprechen, sind eitriges Sputum, Infiltrationszeichen, Hinweis für eine eitrige Rhinitis, Sinusitis, Otitis sowie Vorliegen von länger anhaltendem Fieber. Bei Influenza-Symptomatik ist das Auftreten eines zweiten Fieberschubes ein deutliches Alarmzeichen. Die Erhöhung der BSG, eine Leukozytose, ein Anstieg des CRP's sowie der Nachweis von Pneumokokken, A-Streptokokken, Haemophilus oder Meningokokken sind weitere Gründe für die Antibiotika-Therapie.
Eine optimale Behandlung respiratorischer Infektionen schließt immer auch eine gewisse Übertherapie mit Antibiotika ein. Es gibt keineswegs selten Konstellationen, bei denen klinisch noch nicht entschieden werden kann, ob bereits eine etablierte bakterielle Infektion vorliegt. Zumindest bei Patienten mit Grundkrankheiten ist das Therapieziel nicht die Behandlung der bereits eingetretenen Infektionen sondern die Prophylaxe der häufig auftretenden Sekundär-Infektion. Zur Verhinderung einer post-grippalen Pneumonie beim alten Menschen reicht offensichtlich eine kurzdauernde Antibiotika-Prophylaxe aus.
Die Kunst des Arztes liegt darin zu entscheiden, welche Patienten bereits eine Antibiotika-Therapie brauchen, bzw. bei welchen Patienten eine Antibiotika-Therapie noch nicht angezeigt ist. In der Vergangenheit wurde das Risiko einer Übertherapie kräftig überschätzt. Eine kurzdauernde Übertherapie führt weder zum Auftreten von resistenten Erregern, noch zu relevanten toxischen oder biologischen Effekten beim Patienten. Die Kosten/Nutzen-Relation spricht für eine großzügige Antibiotika-Therapie bei respiratorischen Infektionen.

Auswahl des Antibiotikums

Die Therapie von akuten Atemwegsinfektionen spielen in der Praxis des niedergelassenen Arztes eine überaus wichtige Rolle. Die meisten Antibiotika werden in der Praxis für diese Indikation verordnet. Die Therapie wird fast ausschließlich mit oralen Antibiotika durchgeführt. Sie stützt sich in erster Linie auf die Standard-Antibiotika Penicillin V, Amoxicillin, Doxycyclin, Cotrimoxazol. Weitere wichtige Präparate sind klassische Oral-Cephalosporine (Cefaclor, Loracarbef), neue Oral-Cephalosporine (Cefixim, Cefuroxim-Axetil), Makrolide (Clarithromycin, Roxythromycin, Azitromycin). Chinolone (Ciprofloxacin, Ofloxacin) kommen nur ausnahmsweise in Betracht. Eine parenterale Therapie

ist allenfalls mit Ceftriaxon (1g/Tag) möglich. Bei einer eitrigen Bronchitis kann die Therapiestrategie sehr variabel sein. Mit Penicillin V erfaßt man nur die häufig vorliegenden Pneumokokken sowie die nur selten beteiligten A-Streptokokken bzw. Meningokokken, nicht aber Haemophilus influenzae. Vom Konzept her erscheint es günstiger, bei einer Therapie respiratorischer Infektionen die Haemophilus-Komponente mit zu erfassen. Falls Verdacht auf das Vorliegen von Mykoplasmen oder Chlamydien-Infektionen besteht, sollten Doxycyclin oder ein Makrolid bevorzugt werden. An dieser Stelle sei erwähnt, daß die Entscheidung des Arztes welches das richtige Antibiotikum ist, maßgeblich von seinem Wissen um das Keimspektrum in seiner Geographie und der Lebensumgebung seines Patienten bestimmt wird.
Entscheidend ist das Ansprechen auf die Therapie. Banale respiratorische Infektionen, z. B. eine eitrige Bronchitis durch Haemophilus sprechen auf eine zweibis dreitägige Therapie an. Damit verbunden ist die Forderung, daß der behandelnde Arzt für eine entsprechende Rückmeldung über den Therapieerfolg durch den Patienten Sorge trägt. Bei Nichtansprechen auf eine Behandlung, mit der die beiden Haupterreger Pneumokokken bzw. Haemophilus erfaßt werden, muß überlegt werden, welche sonstige Infektion vorliegen könnte. Eine Behandlung mit Doxycyclin oder Makroliden kommt in Frage, um Chlamydien, Mykoplasmen, evtl. auch Legionellen zu erfassen. Bei HIV-positiven Patienten, bei denen eine fieberhafte Bronchitis auf die übliche Antibiotika nicht binnen drei Tagen angesprochen hat, muß mit einer Pneumocystis Pneumonie, ggf. auch mit einer Tuberkulose gerechnet werden.
Das Nichtansprechen einer eitrigen Bronchitis auf eine Therapie erfordert daher stets eine weitere diagnostische Abklärung, insbesondere durch die Durchführung von Röntgenuntersuchungen. Hinter anhaltendem Husten können sich immer auch Allergien, Bronchialkarzinome, eine Tuberkulose aber auch unspezifische Mechanismen wie Reaktionen auf ACE-Hemmer verstecken.

Vertiefende Literatur

C.Simon/W. Stille «Antibiotikatherapie in Klinik und Praxis», Schattauer Verlag, 8. Auflage, 1993

D. A. J. Tyrell

Die Behandlung der Erkältungskrankheit – eine Orientierungshilfe für Apotheker

Üblicherweise klagt ein hilfesuchender Patient oder Kunde über ein beschwerliches Symptom, kommt mit einer selbstgestellten Diagnose oder dem Wunsch nach einem Medikament, das er oder sie vorher in der Werbung gesehen oder empfohlen bekommen hat. In der Verantwortung des Apothekers liegt es nun sich zu überzeugen, daß die Beschwerden ohne ärztliche Hilfe vom Patienten selbst behandelt werden können und auch richtig behandelt werden. Der verantwortungsbewußte Apotheker sollte sich daher zusammen mit dem Patienten die Zeit für einige Fragen nehmen.

Grundsätzlich können folgende Erkrankungen vorliegen

1. Eine normale Virusinfektion – Schnupfen, Grippe oder Halsentzündung.
2. Eine nasale Allergie wie etwa Heuschnupfen.
3. Eine bakterielle Infektion, entweder primär oder als Komplikation einer Virusinfektion oder Allergie.
4. Der Beginn einer ernsthaften breiteren Infektion.

Fragen zur Sicherung der Diagnose

1. Wie lange dauern die Symptome schon an? *Unkomplizierte Erkältungen und Grippe dauern normalerweise eine oder höchstens zwei Wochen.*
2. Wie sieht die Epidemiologie der Erkrankung aus? Grassiert gerade eine Erkältung? Hatte der Patient zu Hause oder am Arbeitsplatz Kontakt mit

erkrankten Personen? Gibt es am Ort gerade eine Grippewelle? Treten die Symptome im Sommer auf, bei Kontakt mit Gräsern oder Blumen, oder zu anderen Jahreszeiten und bei Kontakt mit Staub, Federn etc.?

3. Wurde gelbes oder grünes Sekret beobachtet, insbesondere in Zusammenhang mit Schmerzen im Gesicht oder Kopfschmerzen? *Dies deutet auf eine bakterielle Sinusitis hin.*
4. Mußte der Patient husten, und falls ja, tritt dabei Sputum auf, ist dieses eitrig oder blutig oder «rostig»? *Dies könnte auf eine bakterielle Infektion hindeuten.*
5. Keucht der Patient, mit oder ohne Husten? *Dies könnte auf eine Beteiligung der unteren Atemwege oder auf Asthma hinweisen.*
6. Gibt es Anzeichen einer heftigeren Infektion, etwa Erbrechen, heftigen Schüttelfrost, hohes Fieber, Kurzatmigkeit oder Schmerzen in der Brust? War der Patient im Ausland, insbesondere in einem Entwicklungsland?

Nun müssen Sie eine Behandlung vorschlagen

- Falls es möglich oder wahrscheinlich ist, daß eine bakterielle Infektion vorliegt, empfehlen Sie dem Patienten einen Besuch bei seinem Hausarzt.
- Falls der Patient eine bisher unerkannte Allergie zu haben scheint, besonders Asthma, empfehlen Sie eine gründliche Untersuchung und den Rat eines Arztes.
- Handelt es sich um eine Erkältung oder eine ähnliche leichte Atemwegsinfektion, dann erklären Sie dies dem Patienten und weisen ihn darauf hin, daß nur die Symptome behandelt werden können – damit man sich besser fühlt, während die Erkrankung abklingt.
- Falls die Symptome innerhalb von vier bis fünf Tagen nicht abklingen oder sich zumindest deutlich bessern, sollte der Patient wieder in die Apotheke kommen oder seinen Hausarzt aufsuchen.

In der Regel genügen ganz einfache Mittel: Ein heißes Bad hilft meistens, es erleichtert vor allem die Reizung und Entzündung der Schleimhäute, und oft lindern heiße süße Getränke die Halsschmerzen. Das Inhalieren von Dampf – entweder auf traditionelle Art und Weise, oder mit einem Gerät, das feuchtigkeitsgesättigte warme Luft liefert – kann lokale Symptome erleichtern, hat aber keinen Einfluß auf das Virus. Wenn der Patient schlafen kann, dann hilft das ganz normale Umschalten des Körpers auf das parasympathische Nervensystem, unter anderem die Sekretion auszutrocknen.

Ist eine spezielle Behandlung erforderlich, so sollte sie auf den Patienten abgestimmt sein, d. h. auf das unangenehmste Symptom. Machen beispielsweise Nase und Hals kaum Beschwerden, dafür jedoch Schüttelfrost oder Gliederschmerzen, dann sind Aspirin, Paracetamol oder Ibuprofen Mittel der Wahl.

Eine verstopfte oder verschleimte Nase kann erleichtert werden durch intranasale Sprays, die sympathomimetische Amine enthalten. Diese sollten jedoch sparsam eingesetzt werden. Daß das Inhalieren von ätherischen Ölen die Atemwege verbessert, konnte bisher nicht belegt werden; allerdings erleichtert Menthol das Gefühl der Nasenblockade und kann nützlich sein, besonders wenn die verstopfte Nase den Patienten am Einschlafen hindert. Ältere Antihistaminika sind in vielen Erkältungsarzneien enthalten, vor allem weil ihre anticholinerge Wirkung beim Eintrocknen des Schleims hilft und ihr sedierender Effekt den Patienten besser schlafen läßt.
Unter Umständen kann dem Patienten, wenn mehrere lokale und systemische Symptome vorliegen, mit einer Kombination aus einem sympathomimetischen Wirkstoff und einem nichtsteroidalen Entzündungshemmer geholfen werden. Diese Kombination kann als Tablette oder Flüssigkeit mit verzögerter Wirkstofffreisetzung gegeben werden. Dabei ist zu beachten, daß derartige oral gegebene Präparate den Patienten mit mehr Wirkstoff versorgen als lokal nötig wäre. Auch wenn viele Patienten Sprays oder Tropfen ablehnen, so ist die Wahrscheinlichkeit unerwünschter Wirkungen geringer, da insgesamt weniger Wirkstoff gegeben wird und weniger davon «irrelevantes» Gewebe wie das ZNS oder arterielle Blutgefäße erreicht. Es gibt keine Rechtfertigung, Mixturen mit einer Vielzahl unwirksamer Substanzen wie Vitamin C oder Pflanzenextrakten zu empfehlen, die oft zu unverhältnismäßig hohem Preis angeboten werden.
Der Patient mit allergischer Rhinitis muß anders behandelt werden. Dabei sollte man sich in Erinnerung rufen, daß die Behandlung mit wirksamen modernen Antihistaminika bei vielen Patienten die Symptome ohne jede Nebenwirkung erleichtern kann. In schwereren Fällen können diese Wirkstoffe auch lokal angewendet werden. Die orale Behandlung beispielsweise mit Terfanidin oder Citerizin kann am Beginn stehen. Damit können Begleitsymptome wie tränende und juckende Augen gelindert werden. Es gibt individuelle Unterschiede in der Reaktion auf antiallergische Wirkstoffe; Sprays oder Tropfen beispielsweise mit Beclomethason können angewendet werden, wenn die Symptome der Nase oder Bindehaut nicht zurückgehen.
All diese Medikamente haben auch unerwünschte Wirkungen – viele können bei Patienten mit anderen Beschwerden oder zusammen mit anderen Medikamenten Probleme bereiten. Daher ist es besonders wichtig, daß sich der Apotheker nach solchen möglichen Gegenanzeigen erkundigt und den Patienten auf mögliche Wechselwirkungen, die ihm relevant erscheinen, hinweist (z. B. sympathomimetische Amine und Bluthochdruck oder Monoaminoxidase-Hemmer). Der Kunde sollte auf den Beipackzettel und die dort aufgeführten Gebrauchsinformationen hingewiesen werden.
Allgemein sollte jeder Patient daran erinnert werden, unverzüglich einen Arzt aufzusuchen, wenn sich die Symptome nicht innerhalb weniger Tage bessern – besonders dann, wenn neue oder unerwartete Symptome auftreten.

V. Die Zukunft

F. Brown

Impfungen und neue Ansätze zur Verhinderung der Infektion

Die meisten Erkältungskrankheiten werden von Viren verursacht, die zu den Adeno-, Corona- und Rhinoviren zählen. In diesem Kapitel soll vor allem auf Rhinoviren eingegangen werden, die für die Mehrzahl der Erkältungen verantwortlich sind und auf die die meisten Forschungsansätze abzielen.
Rhinoviren stellen eine eigene Gattung der *Picornaviridae* dar, eine Familie zu der auch so unterschiedliche Erreger wie die der Poliomyelitis, Hepatitis A und der Maul- und Klauenseuche zählen. Wegen ihrer Bedeutung für die Gesundheit von Mensch und Tier wurde die Struktur dieser Viren und der Mechanismus ihrer Replikation im Detail untersucht. Die im folgenden zusammengefaßten Ergebnisse dieser Studien liefern eine solide Basis für rationale Ansätze zu einer Impfung, dem Drug Design und anderen Mitteln zur Verhütung der Erkrankung.

Strukturuntersuchungen

Rhinoviren sind runde Partikel, ihr Durchmesser beträgt etwa 30 nm, und sie bestehen aus einem Molekül einzelsträngiger RNA mit einem Molekulargewicht von etwa $2{,}5 \cdot 10^6$ und je 60 Kopien von vier Proteinen. Die Proteine VP1, VP2 und VP3 haben Molekulargewichte von etwa $30 \cdot 10^3$, das Protein VP4 von etwa $8 \cdot 10^3$. Diese Proteine sind ikosaedrisch angeordnet, mit VP1, VP2 und VP3 an der Oberfläche und VP4 im Inneren des Partikels.
Die genaue Anordnung der Proteine wurde 1985 mittels der Röntgenstrukturanalyse bestimmt [1]. Mit Hilfe dieses Wissens konnte die Wechselwirkung des Virus mit den Zielzellen und neutralisierenden Antikörpern [2] auf atomarer Ebene untersucht werden. Diese Studien lieferten wertvolle Einblicke, auf deren Basis nun Medikamente maßgeschneidert werden sollen, die das Virus beim Anheften an die Zelle und Auspacken seiner RNA stören und so eine Infektion verhindern.

Die Vermehrung des Virus

Die einzelnen Schritte, die bei der Replikation des Virus durchlaufen werden, sind in Abbildung 1 zusammengefaßt [3]. Diese komplizierte Abfolge bietet die Möglichkeit, bei den verschiedensten Stadien innerhalb des Kreislaufs einzugreifen und so die Infektion zu verhindern. Ganz offensichtlich wäre es am besten, wenn man das Virus daran hindern könnte, die Zielzelle zu infizieren. Dies kann man mit Hilfe neutralisierender Antikörper erreichen, die die Viren aus dem Verkehr ziehen. Dieser Ansatz wird im Abschnitt über Impfungen diskutiert.
Einmal in der Zelle angekommen, setzt das Virus seine RNA frei, welche die Replikation in Gang setzt. Wichtige Anstrengungen, die unternommen wurden, um dieses Öffnen der Hülle zu verhindern, werden im Abschnitt über das Drug Design beschrieben.

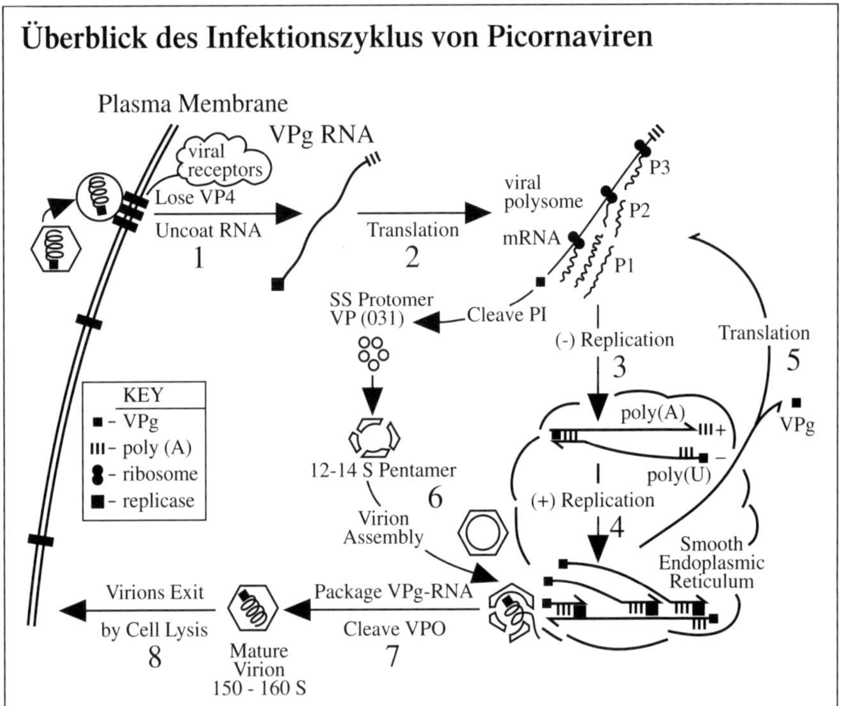

Abbildung 1: Überblick des Infektionszyklus von Picornaviren

Die komplizierten Schritte der Replikation wurden bis ins Detail untersucht. Mit Hilfe der Ribosomen und weiterer Apparate der Zelle zur Proteinsynthese steuert die RNA die Synthese eines Polyproteins, das der vollen Länge der RNA entspricht. Dieses Polyprotein wird noch während der Synthese enzymatisch gespalten: Es entstehen die Vorläufer (P1) von VP1 bis VP4, ein mittlerer Abschnitt (P2) und ein weiteres Stück (P3), das sich wiederum in drei Abschnitte teilt: in (a) die Protease, die zur Spaltung der viralen Proteine benötigt wird, (b) ein Protein namens VPg, das mit der Virus-RNA verbunden ist und (c) die RNA-Polymerase, welche die RNA für die zahlreichen «Nachkommen» des Virus kopiert.

All diese Schritte bieten eine Möglichkeit zum Eingreifen. Die Kunst ist jedoch, die Virusvermehrung so zu verhindern, daß der Metabolismus der Zelle nicht gestört wird.

Impfung

Impfstoffe sind im 20. Jahrhundert zu einem besonderen Triumph in der Geschichte der Gesundheit von Mensch und Tier geworden. Wir konnten mit ansehen, wie die Pocken ausgerottet wurden, und wie die Medizin in den entwikkelten Ländern neun wichtige Infektionskrankheiten unter Kontrolle bekam: Diphtherie, Masern, Mumps, Kinderlähmung, Röteln, Wundstarrkrampf, Tuberkulose, Keuchhusten und Gelbfieber. Mit Ausnahme der Kinderlähmung war hier ein Faktor von besonderer Bedeutung: die antigene Konstanz der Angreifer. Wenn ein infektiöses Agens als Vielzahl antigener Varianten vorkommt, dann bietet die Genesung nach einer Infektion keinen Schutz gegen andere Subtypen desselben Erregers. Damit wird auch die Bereitstellung eines Impfstoffes viel schwieriger. Bei den meisten Erregern, die in verschiedenen Antigen-Varianten auftreten (das Poliovirus kommt in drei Subtypen vor; das Maul- und Klauenseuchevirus in sieben Subtypen), behilft man sich mit multivalenten Impfstoffen.

Doch bei Rhinoviren scheint eine unendliche Zahl verschiedener Varianten zu existieren. Jeder weiß, daß schon wenige Wochen nach einer Erkältung der nächste Schnupfen auftreten kann. Die einzige logische Erklärung dafür wäre die antigene Vielfalt. Nicht bekannt ist, welche genauen antigenen Beziehungen dabei auftreten. Es gibt kein Versuchstier, an dem man die antigenen Zusammenhänge aus serologischen Untersuchungen mit Studien zur Vorbeugung in Verbindung bringen kann. Es war auch nicht möglich, auf das Ausmaß antigener Veränderungen zu schließen, das eine erneute Infektion erlaubt – oder, anders herum, welche genetische Konservierung eine zweite Infektion noch verhindert. Dieser Mangel an Wissen hat die Forscher davon abgehalten, nach einem Impfstoff gegen den Schnupfen zu suchen. Das Auftreten von Erkältungen in abgegrenzten Personengruppen wurde untersucht, und es hat sich gezeigt, daß eine zweite Erkältung kurz nach einer ersten Infektion kein Wiederaufflammen der ersten Erkrankung war, sondern durch eine antigene Variante oder auch durch ein Adeno-oder Coronavirus verursacht war. Solche Daten versetzen uns jedoch keinesfalls in die Lage bestimmte Serotypen von Viren für einen Impfstoff auszuwählen, der dann vor den mehr als hundert verschiedenen heute bekannten Serotypen wirksam schützt. Wir benötigen eine Wissensgrundlage, auf der man die Serologie und die entsprechende Antikörperantwort mit einer Schutzwirkung oder einem Mangel an Schutzwirkung verknüpfen könnte.

Die Strukturuntersuchungen haben diejenigen Regionen des Virus herausgestellt, die mit neutralisierenden Antikörpern reagieren. Jetzt muß bestimmt werden, ob es Regionen gibt, die bei verschiedenen Serotypen gleich sind und damit Antikörper stimulieren könnten, die eine Infektion des Wirts verhindern.

Der Rezeptor der Zelle als Angriffspunkt

Der erste Schritt der Infektion ist das Ankoppeln des Virus an einen oder mehrere Rezeptoren an der Oberfläche der Wirtszelle. Mehr als 90 Prozent aller Rhinoviren gelangen über einen einzigen Rezeptor in die Zelle. Daher sollte eine Intervention bei der Wechselwirkung zwischen Virus und Rezeptor die Infektion verhindern können. Colonno und Mitarbeiter konnten als erste die Wirkung dieses Ansatzes zeigen [4]. Sie verwendeten monoklonale Antikörper der Maus gegen den wichtigsten Zellrezeptor und zeigten, daß dieser Antikörper in Gewebekulturen die Virusvermehrung wirksam unterbinden konnte, ohne den Zellen zu schaden. Eine daraufhin begonnene klinische Untersuchung lieferte das enttäuschende Ergebnis, daß die intranasale vorbeugende Anwendung dieser Antikörper den Ausbruch der Symptome nur verzögerte, jedoch keinen Einfluß auf die Häufigkeit von Infektionen hatte.

Dieser Ansatz bleibt theoretisch attraktiv, jedoch muß immer nach der Wirkung von Antikörpern gegen normale Bestandteile des gesunden Körpers gefragt werden. Obwohl in dieser Untersuchung keine unerwünschten Nebenwirkungen beobachtet wurden, ist der Einsatz eines Antikörpers gegen eine natürliche Struktur im Körper stets mit Vorsicht zu betrachten.

Marlin und Mitarbeiter verfolgten diesen Ansatz weiter: Sie zeigten, daß die lösliche Form des Rezeptormoleküls die Virusreplikation in der Zellkultur blokkieren kann. Selbst Bruchstücke des Rezeptors binden an Rhinoviren und halten sie so davon ab, die Zielzelle zu infizieren. Dieser Gedanke ist vielversprechend

– wenn sich der genaue Bindungsort als kleines Molekül identifizieren ließe, könnte daraufhin ein antivirales Medikament chemisch synthetisiert werden.

Drug Design

In den letzten Jahren wurden zwei Schritte der Virusreplikation besonders genau untersucht: das Anheften des Virus und das Auspacken der RNA [5].
Die dreidimensionale Struktur des Virus enthüllte eine Reihe wichtiger Details:

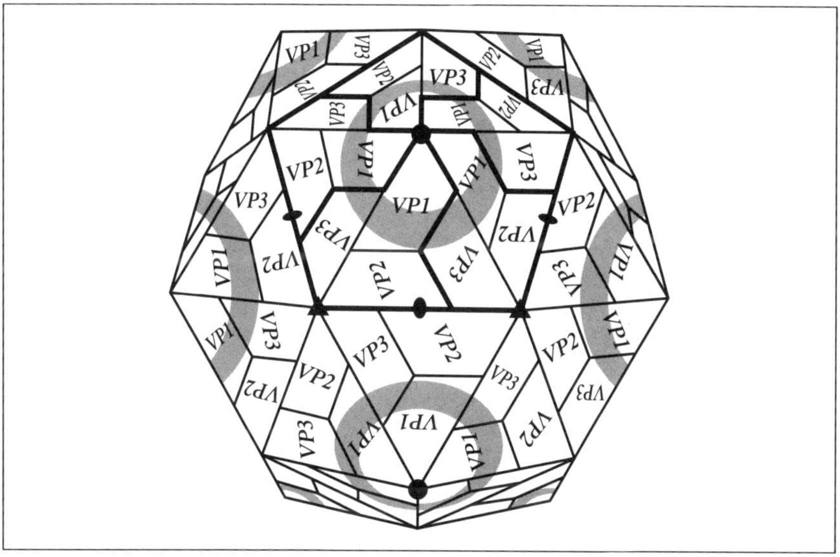

Abbildung 2: Schematische Darstellung der icosahedralen Symmetrie, Organisation von Untereinheiten und der Lage des Canyon (schattiert) von HRV 14. VP4 ist an der Innenseite des viralen Capsids lokalisiert.

Rossmann und Mitarbeiter fanden an der Oberfläche des Virus eine 25-Å-Kerbe rund um jede fünffache Symmetrieachse. Sie vermuteten, daß dieser sogenannte Canyon der Ort der Bindung an den Rezeptor der Zelle darstellt (Abbildung 2). Neutralisierenden Antikörpern ist dieser Ort jedoch nicht zugänglich. Veränderungen der Aminosäuren am Grund dieses Canyons durch gezielte Mutagenese führte zu Veränderungen der Affinität des Virus zum Rezeptor. Wichtiger für die Verhinderung des Andockens war die Demonstration von Pevear und Mitarbeitern, daß antivirale Wirkstoffe, die durch Bindung in eine hydrophobe Tasche unterhalb des Canyons den Boden des Canyons anheben, das Anheften an den Rezeptor ebenfalls verhindern [7]. Dieselben Verbindungen hatten keinen Einfluß auf die Bindung der 10 Prozent an Rhinoviren, die nicht an diesem Rezeptor andocken. Diesen Unterschied führten sie darauf zurück, daß bei dieser kleinen Gruppe von Rhinoviren keine Konformationsänderungen am Boden des Canyons auftreten.

Nach der Bindung an den Rezeptor dringt das Virus in die Zelle ein. Der pH-Wert im Inneren liegt leicht unterhalb des Neutralpunktes, wodurch das eingeschlossene Protein VP4 freigesetzt wird. Es tritt durch einen Kanal im Zentrum der pentameren Einheit an der fünffachen Symmetrieachse aus. Anschließend wird die RNA in das Cytoplasma freigesetzt.

Eine Vielzahl von Verbindungen können an das Virus binden und das Abstreifen der Hülle verhindern. Was sie verbindet ist ihre hydrophobe Natur. Strukturuntersuchungen zeigten, daß der Bindungsort auf dem Virus unterhalb des Bodens des Canyons liegt. Hierhin gelangt der Wirkstoff durch eine Öffnung in der Nähe des Canyons. Diese Bindungstasche ist vor allem mit Aminosäuren des Proteins VP1 ausgekleidet. Im nativen Zustand verdeckt ein Teil des Proteins die Tasche. Durch die Bindung des Wirkstoffs wird diese Region nach oben gedrückt und führt zu einer Verdrehung des Bodens des Canyons. Diese Distorsion verhindert offenbar das Anheften an den Zellrezeptor.

Die eigentliche Herausforderung bei diesem Ansatz ist das Design einer Verbindung, die Aktivität gegen die Vielzahl verschiedener Serotypen des Virus zeigt. Weil sich die Aminosäuren in der Tasche von Serotyp zu Serotyp unterscheiden, ist die Konstruktion eines solchen Wirkstoffs schwierig. Außerdem haben die Vertreter der angesprochenen Minderheit unter den Viren eine deutlich kürzere Tasche. Dies paßt zu der Beobachtung, daß kürzere Moleküle größere Aktivität gegen diese Viren zeigten als gegen die verbleibende Mehrheit. Die Bindung dieser Wirkstoffe induzierte hier außerdem keinerlei Konformationsänderungen des Canyonbodens, was die fehlende Aktivität erklären kann.

Trotz des enormen Aufwandes, mit dem diese Studien betrieben wurden, gibt es noch keine Gewißheit darüber, wie die Wirkstoffe das Auspacken verhindern. Die wahrscheinlichste Erklärung ist, daß sie die notwendigen Konformationsänderungen verhindern. Doch weil die Bindung ausgerechnet in der VP1-Tasche erfolgt, die sich bei den einzelnen Serotypen unterscheidet, ist es vermutlich nicht möglich, einen universellen Wirkstoff gegen alle Serotypen zu entwickeln. Wie bei den meisten Medikamenten entwickeln sich auch hier schnell Resistenzen. Da alle an die Virushülle bindenden Wirkstoffe offenbar an der gleichen Stelle angreifen, beobachtet man auch bei allen Wirkstoffen gleichermaßen Resistenz. Deshalb ist es äußerst unwahrscheinlich, daß die Behandlung mit einem Cocktail aus verschiedenen Substanzen solche Mutationen überwindet.

Angriff bei der Replikation

Viele Schritte im Replikationszyklus bieten sich als Ziel für eine Behandlung an. Leider gibt es auf diesem Gebiet bisher kaum Fortschritte, bei Rhinoviren ebensowenig wie bei den anderen Picornaviren. Eine besondere Schwierigkeit ist hier, geeignete Medikamente an den Wirkort in der Zelle zu schleusen.

Die Zukunft

Das Auftreten einer derartigen Vielzahl von Serotypen des Rhinovirus ist das Hauptproblem bei der Bekämpfung von Erkältungskrankheiten. Wie auch immer eine zukünftige Strategie aussehen mag, sie muß auf Gebiete auf der Oberfläche des Virus abzielen, die allen Serotypen gemeinsam sind und am Prozeß der Infektion beteiligt sind. Nachdem die Geschichte der Impfung gegen Viruserkrankungen eine Vielzahl erfolgreicher Werkzeuge kennt, erscheint dieser Weg auch bei Schnupfenviren erfolgversprechender als medikamentöse Ansätze, vor allem deshalb, weil der Schnupfen schon wieder verschwunden ist, bevor das auslösende Agens identifiziert ist. Auch die Studien, die auf detaillierte strukturelle Arbeiten zurückgehen, scheinen auf die Notwendigkeit einer spezifischen Substanz für jeden Serotyp hinzudeuten.
Die meiste Hoffnung bietet offenbar, das Anheften des Virus an die Zelle zu stören, besonders wenn es gelingt, eine einfache Verbindung zu finden, welche die Bindungsstelle auf dem Virus nachahmt. Eine derartige Verbindung könnte als Nasenspray eingesetzt werden und so das Virus auf der Suche nach dem Rezeptor der Zelle verdrängen.

Literatur

1. Rossmann, M.G., Arnold, E., Erickson, J.W. et al. Structure of a common cold virus and functional relationship to other picornaviruses. Nature 1985, *317*, 145–153
2. Liu, H., Smith, T.J., Lee, W.M. et al. Structure determination of an Fab fragment that neutralizes human rhinovirus 14 and analysis of the Fab-virus complex. J. Mol. Biol. 1994 *240*, 127–137
3. Rueckert, R.R. Picornaviruses and their replication. *In* Fields, B.N. (ed.) Virology, Chapter 32, 1985, pp. 705–738
4. Colonno, R.J., Colahan, P.L. and Long, W.J. Isolation of a monoclonal antibody that blocks attachment of the major group of rhinoviruses. J. Virol., 1986, *57*, 7–12
5. McKinley, M.A., Pevear, D.C. and Rossmann, M.G. Treatment of the picornavirus common cold by inhibitors of viral uncoating and attachment. Ann. Rev. Microbiol. 1988, *46*, 635–654
6. Rossmann, M.G. The canyon hypothesis. J. Biol. Chem. 1989, *264*, 14587–14590
7. Pevear, D.C., Fancher, M.J., Felock, P.J. et al. Conformational changes in the floor of the human rhinovirus canyon blocks adsorption to HeLa cell receptors. J. Virol. 1989, *63*, 2002–2007

Sachregister

F

G

H

R

S

T